한 번에 합격, 자격증은 이기적

이렇게 기막힌 적중률

 함께 공부하고 특별한 혜택까지!

이기적 스터디 카페

 구독자 약 15만 명, 전강 무료!

이기적 유튜브

오직 스터디 카페 멤버에게만
주어지는 특별 혜택!

이기적 스터디 카페

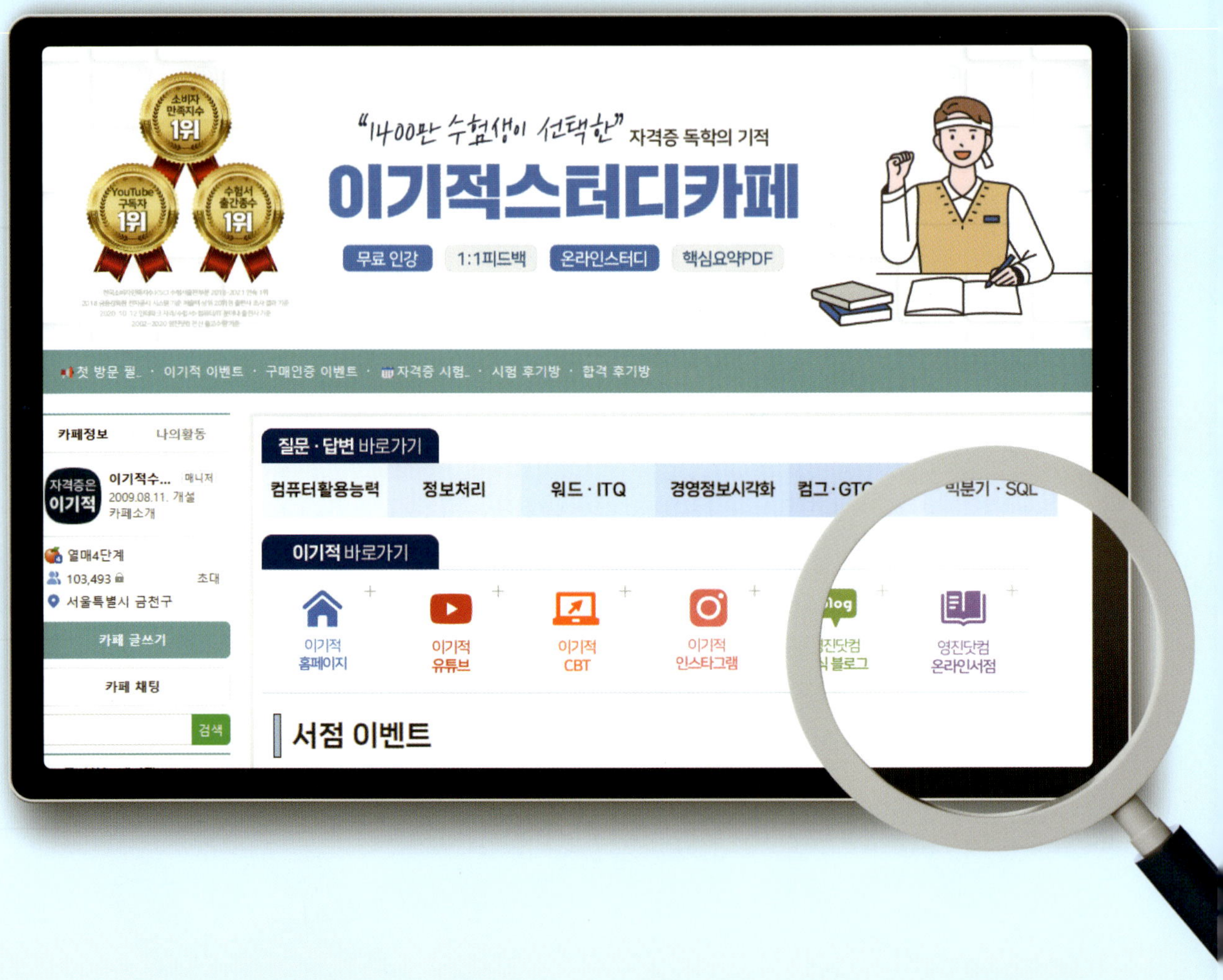

이기적 스터디 카페

 합격을 위한 기적 같은 선물
또기적 합격자료집

 혼자 공부하기 외롭다면?
온라인 스터디 참여

 모든 궁금증 바로 해결!
전문가와 1:1 질문답변

 1년 내내 진행되는
이기적 365 이벤트

 도서 증정 & 상품까지!
우수 서평단 도전

 간편하게 한눈에
시험 일정 확인

합격까지 모든 순간 이기적과 함께!

이기적 365 EVENT

QR코드를 찍어 이벤트에 참여하고 푸짐한 선물 받아가세요!

1 기출문제 복원하기

이기적 책으로 공부하고 시험을 봤다면 7일 내로 문제를 제보해 주세요!

2 합격 후기 작성하기

당신만의 특별한 합격 스토리와 노하우를 전해 주세요!

3 온라인 서점 리뷰 남기기

온라인 서점에서 책을 구매하고 평점과 리뷰를 남겨 주세요!

4 정오표 이벤트 참여하기

더 완벽한 이기적이 될 수 있게 수험서의 오류를 제보해 주세요!

※ 이벤트별 혜택은 변경될 수 있으므로 자세한 내용은 해당 QR을 참고해 주세요.

모두에게 당신의 합격 스토리를 들려주세요
합격 후기 EVENT

합격하고 마음껏 자랑하세요.
후기를 남기면 네이버페이 포인트를 선물로 드려요.

N Pay

네이버페이
포인트 쿠폰

20,000원

5,000원

 블로그에 자랑 남기기

개인 블로그에
합격 후기 작성하고 20,000원 받기!

20,000원
네이버페이 포인트 지급

▲ 자세히 보기

 카페에 자랑 남기기

이기적 스터디 카페에
합격 후기 작성하고 5,000원 받기!

5,000원
네이버페이 포인트 지급

▲ 자세히 보기

※ 자세한 참여 방법은 QR코드 또는 이기적 스터디 카페 '이기적 이벤트' 게시판을 확인해 주세요.
※ 이벤트에 참여한 후기는 추후 마케팅 용도로 활용될 수 있으며 혜택은 변동될 수 있습니다.

도서 인증하면 고퀄리티 강의가 따라온다!
100% 무료 강의

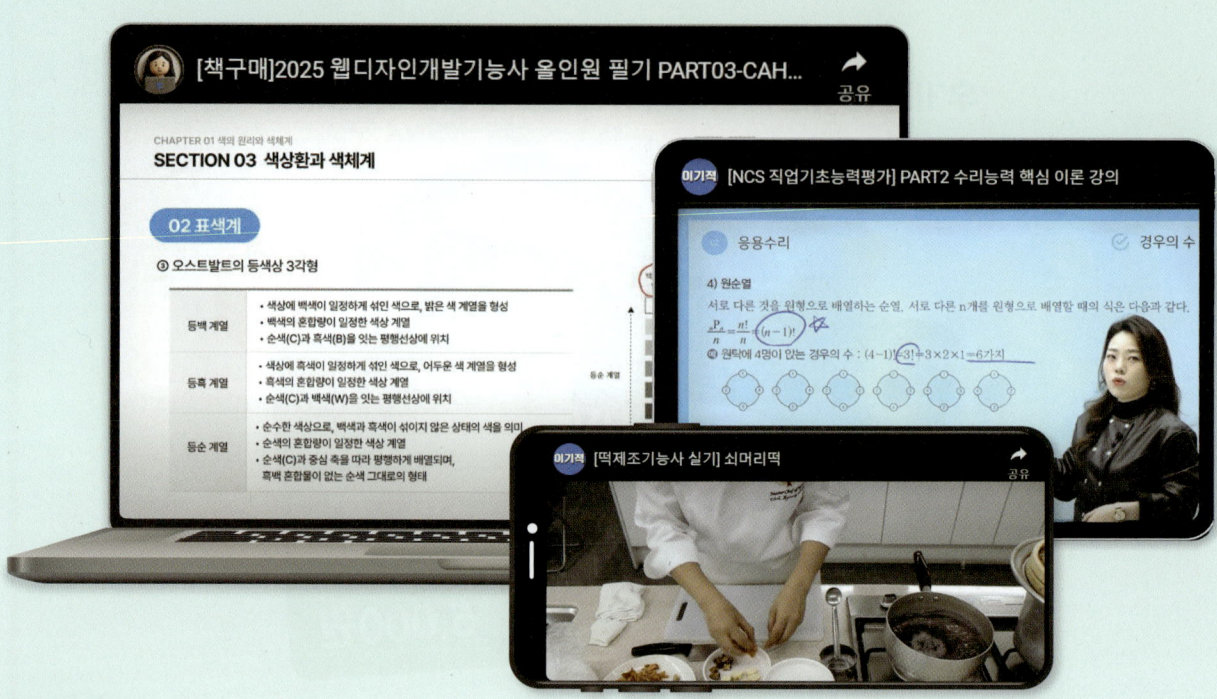

이용방법

STEP 1

이기적 홈페이지
(https://license.
youngjin.com/) 접속

STEP 2

무료 동영상
게시판에서 도서와
동일한 메뉴 선택

STEP 3

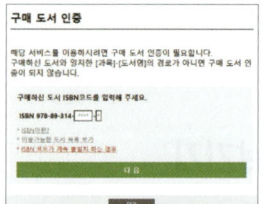

책 바코드 아래의
ISBN 코드와
도서 인증 정답 입력

STEP 4

이기적 수험서와
동영상 강의로
학습 효율 UP!

※ 도서별 동영상 제공 범위는 상이하며, 도서 내 차례에서 확인할 수 있습니다.

◀ 이기적 홈페이지 바로가기

영진닷컴 이기적

합격을 위해 모두 드려요.
이기적 합격 솔루션!

이기적이 여러분을 위해 준비했어요

저자가 직접 알려주는, 무료 동영상 강의

자격증 독학 어렵지 않아요. 혼자 공부하지 마세요.
어려운 문제 풀이는 선생님과 함께 해요.

시험 주요 내용을 한눈에, 또기적 합격자료집

프로그래밍기능사 시험과 관련한 주요 내용을 모아 정리하였습니다.
또기적 PDF로 합격생들의 수기를 확인하고 스터디 플랜도 작성해보세요.

무엇이든 물어보세요, 1:1 질문답변

공부하다 궁금한 내용이 생기셨나요? 무엇이든 물어보세요.
이기적 스터디 카페에서 선생님이 금방 답해 드립니다.

기출 풀이의 중요성 알고 있어요, 기출 모의고사

더 많은 문제를 풀고 싶으신가요?
이기적이 준비한 기출문제로 연습하고 최종 합격까지!

※ 〈2026 이기적 프로그래밍기능사 실기 기본서〉를 구매하고 스터디 카페에서 인증한 회원에게만 드리는 자료입니다.

◀ 모든 혜택 한 번에 보기

정오표 바로가기 ▶

또, 드릴게요! 이기적이 준비한 선물
또기적 합격자료집

1 **시험에 관한 A to Z 합격 비법서**
책에 다 담지 못한 혜택은 또기적 합격자료집에서 확인

2 **편리하고 똑똑한 디지털 자료**
PC · 태블릿 · 스마트폰으로 언제든 열람하고 필요한 부분만 출력 가능

3 **초보자, 독학러 필수 신청**
혼자서도 충분한 학습 플랜과 수험생 맞춤 구성으로 한 번에 합격

※ 도서 구매 시 추가로 증정되는 PDF용 자료이며 실제 도서가 아닙니다.

◀ 또기적 합격자료집 받으러 가기

이렇게
기막힌
적중률

프로그래밍기능사
실기 기본서

"이" 한 권으로 합격의 "기적"을 경험하세요!

차례

난이도에 따라 분류하였습니다.
- 상 : 반드시 보고 가야 하는 이론
- 중 : 보편적으로 다루어지는 이론
- 하 : 가볍게 이해할 수 있는 이론

▶ 합격 강의
동영상 강의가 제공되는 부분을 표시했습니다.
이기적 수험서 사이트(license.youngjin.com)에 접속하여 시청하세요.

▶ 본 도서에서 제공하는 동영상은 1판 1쇄 기준 2년간 유효합니다. 단, 출제기준안에 따라 내용은 변경될 수 있습니다.

부록
BONUS

또기적 합격자료집   PDF

• 시험장 스케치
• 스터디 플래너
• 최신 기출문제(정보처리기능사)

※ **참여 방법** : '이기적 스터디 카페' 검색 → 이기적 스터디 카페(cafe,naver,com/yjbooks) 접속 → '자료 신청하기' 게시판 →
구매 인증 → 메일로 자료 받기

STEP 1 핵심이 정리된 기초이론

전문가가 알기 쉽게 정리한 완벽 이론

- 난이도와 빈출태그 확인
- QR 코드로 동영상 강의 바로 시청
- 다양한 팁으로 학습 능력 상승

STEP 2 이론 복습 & 유형 파악

기출 프로그래밍 공략 & 합격을 다지는 예상문제

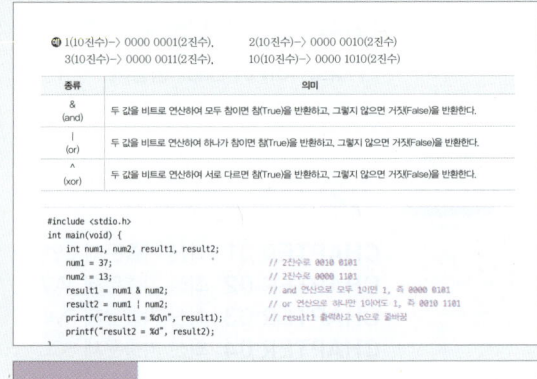

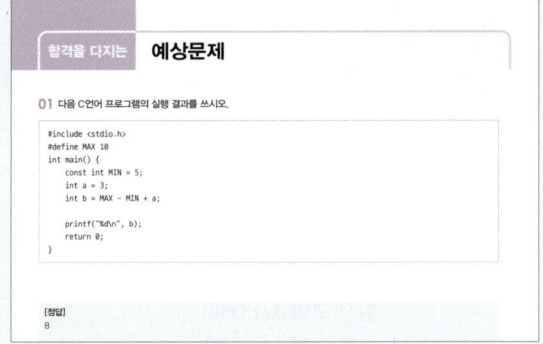

- 시험을 위한 관련 문제 정리
- 문제풀이로 빈출 유형 확인
- 상세한 해설로 기초실력 완성

시행처 예시문제 반영 & 고득점을 돕는 친절한 해설

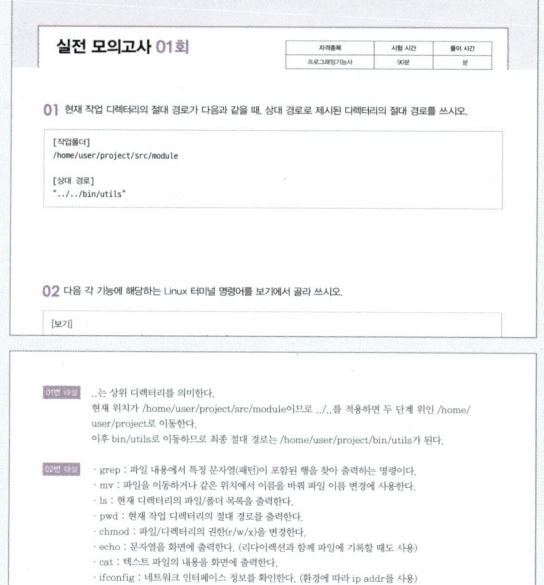

- ✅ 출제기준에 맞춘 모의고사로 실력 체크
- ✅ 오답 정리와 해설로 실전 대비
- ✅ 어려운 문제는 스터디 카페에서 질문

도서 구매자 특별 제공
스터디 플래너 + 정보처리기능사 기출문제

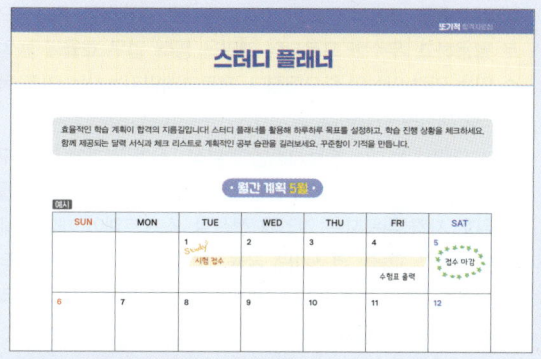

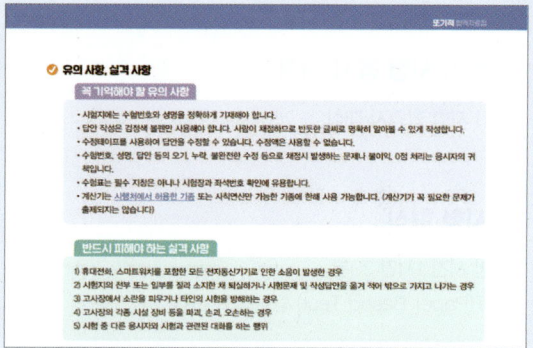

- ✅ 스터디 카페 인증으로 PDF 받기
- ✅ 정보처리기능사 기출문제로 추가 학습
- ✅ 직접 작성하는 플래너로 스케줄 관리

시험 알아보기

● 프로그래밍기능사 소개

정보화사회로 이행하면서 지식 · 정보의 양이 급속히 증가하였다. 또한 각종 업무의 전산화 요구가 확대되고 컴퓨터산업이 빠르게 성장하면서 이 분야의 전문인력 수요도 꾸준히 증가했다. 이러한 흐름 속에서 정교한 소프트웨어로 컴퓨터를 효과적으로 활용하고, 우수한 프로그램 개발을 통해 업무 효율을 높일 수 있는 인력 양성이 중요해졌다. 프로그래밍기능사는 이를 목적으로 제정된 자격이다.

프로그래밍기능사는 정보시스템의 분석 · 설계 결과에 따라 구현, 시험, 운영, 유지보수 등 관련 업무를 수행하는 직무 역량을 다룬다. 자격 취득자는 기업체 전산실, 소프트웨어 개발업체, 정부 · 언론 · 교육 · 연구기관, 금융 · 보험, 병원 등에서 컴퓨터 시스템을 개발 · 운용하거나 데이터 통신을 활용한 정보처리 업무를 담당하며 활동한다.

● 실기 시험 응시 자격

필기 시험 합격자 대상

● 시험 형식

시험 시간 1시간 30분
PBT(Paper Based Test) 형식으로 진행

출제 기준

● 실기 검정

1. 응용소프트웨어 개발에 사용되는 프로그래밍 언어의 기본문법을 활용하여 기본 응용소프트웨어를 구현할 수 있다.
2. 관계형 데이터베이스에서 SQL을 사용하여 목적에 적합한 데이터를 정의하고, 조작하며, 제어할 수 있다.
3. 응용소프트웨어 개발에 사용되는 프로그래밍 언어의 기본문법을 활용하여 기본 응용소프트웨어를 구현할 수 있다.
4. 관계형 데이터베이스에서 SQL을 사용하여 목적에 적합한 데이터를 조회하고 수정할 수 있다.

주요항목	세부항목
프로그래밍 언어 활용	구조적 프로그래밍 언어 활용
	객체지향 프로그래밍 언어 활용
	스크립트 활용
프로그래밍 언어 응용	언어특성 활용
	라이브러리 활용
SQL 활용	기본 SQL
	고급 SQL
SQL 작성	데이터 조회
	데이터 수정

접수 및 응시

- **접수 기간**

필기합격 발표 후 공지된 기간동안 진행
(www.q-net.or.kr 시험일정 확인)

- **시험 회차**

연 4회 시행

- **시험 접수**

시행처 홈페이지(www.q-net.or.kr)에서 접수

- **준비물**

신분증, 수험표, 검정색 필기구 지참
스마트워치 등 전자통신기기 소지 불가

합격 발표

- **합격 기준**

100점 만점에서 60점 이상 득점
과락 기준 없음

- **합격 발표**

시행처 홈페이지에서 공지된 날짜에 발표

- **자격증 발급**

인터넷 신청 후 우편배송
상장형 자격증은 즉시발급(출력)

고사장 및 시험 관련 문의

- 시행처 : 한국산업인력공단
- www.q-net.or.kr

📞 **1644-8000**

프로그래밍기능사 실기 시험은 90분동안 운영체제와 프로그래밍 언어, SQL을 필답 형태로 풀이하는 내용입니다. 시행처에서 공개한 예시문제와 정보처리기능사의 기출문제를 분석하면 다음과 같은 출제 경향을 가져갈 것으로 예상할 수 있습니다.

01 전체 구성에서 보이는 출제 경향

프로그래밍을 위한 전반적은 기초 지식을 필요로 합니다. OS/개발환경 기초(리눅스) → 코드 읽기/수정(C, JAVA, Python 등) → DB 질의(SQL) 순으로, 현업에서 자주 하는 기본 작업을 폭넓게 알아야 합니다.

- 문제 유형은 크게 4가지로 분류됩니다.
① 개념-기능 매칭 : 명령어/키워드/메서드 고르기
② 실행 결과 예측 : 코드 읽고 출력 쓰기
③ 오류 위치 찾기 + 수정 후 결과 : 디버깅 접근
④ SQL 작성/결과 계산 : DDL, 와일드카드, 서브쿼리, 집계 등

이 구성은 실무자가 현장에서 자주 맞닥뜨리는 '환경 이해-코드 읽기-기초 수정-데이터 조회' 능력을 주어진 시간에 폭넓게 점검하려는 의도로 볼 수 있습니다.

02 영역별 출제 포인트

1. 리눅스 터미널 환경

경로 해석에 대한 내용과 기본 명령어 기능에 대한 내용이 주로 출제됩니다.

- 상대경로는 현재 위치를 기준으로 해석하는 원리를 이해하고 최종 경로를 도출할 수 있어야 합니다.
- 리눅스의 주요 명령어를 암기해야 합니다. 명령어의 옵션까지 깊게 묻기보다는 최소한의 기본기를 갖추었는지 확인합니다.

2. 구조적 프로그래밍 영역

C와 Python은 실행 결과 예측, 구문 빈칸 채우기, 오류 찾기 등이 기본적인 출제 유형입니다. JavaScript도 프로그래밍 문제로 출제될 수 있으므로 기초 문법을 익혀 대비해야 합니다.

- 문법을 설명하기보다, 코드를 읽고 결과를 맞히는 방식이 중심입니다.
- 기초 자료구조/반복/재귀/배열/리스트·딕셔너리 활용 등이 핵심입니다.
- 들여쓰기와 반환 위치, 변수의 변화를 헷갈리지 않고 확인할 수 있어야 합니다.

3. 객체지향 문법과 참조/생성자 흐름

JAVA 역시 실행 결과 예측, 구문 빈칸 채우기, 오류 찾기 등의 형식이 출제될 수 있습니다. 중요한 것은 JAVA의 객체지향 개념과 문법에 대해 이해하는 것입니다.

- 생성자 호출 순서(this/super)와 상속 관계의 출력 흐름을 명확히 이해합니다.
- 인터페이스/상속/생성자/참조 비교처럼 기초 객체지향 개념을 반복적으로 점검합니다.
- 특히 참조를 활용하는 내용은 초급자가 자주 틀리는 지점이므로 주의합니다.

4. SQL 기초 문법과 DDL

SQL은 실행 결과 예측, 쿼리 작성과 빈칸 채우기의 형식이 주로 출제됩니다. 특히 SQL 문제는 조건이 자세히 주어지는 편이므로 지문을 꼼꼼하게 읽어야 합니다.

- 테이블 구조와 데이터 추가, 삭제, 연관 조건의 내용을 넓게 이해해야 합니다.
- SELECT 문에서는 와일드카드, 서브쿼리 등 WHERE 조건에 대한 내용을 중요하게 다룹니다.
- 다양한 함수에 대한 활용을 묻는 문제가 출제될 수 있습니다.

03 학습 및 실전 대비 전략

90분 내 다양한 영역의 문항을 풀어야 하므로 속도, 정확도, 실수 방지에 전략을 맞춰야 합니다.

- 프로그래밍 문제는 코드를 보고 결과를 맞히는 연습을 반복하세요.
- SQL은 서브쿼리 결과 집합 먼저 적기 → 바깥 조건 적용 → 남은 행 집계를 습관화하세요.
- 시험에서는 짧고 확실한 문제를 먼저 처리하고 재검토가 필요한 긴 문항을 뒤에 해결해서, 확보 가능한 점수를 먼저 고정하는 전략을 적용해보세요.
- 정확한 철자·대소문자·기호 사용을 습관화하여 아깝게 점수를 놓치지 않도록 하세요.

Q&A

Q 프로그래밍을 잘 모르는 비전공자입니다. 합격할 수 있을까요?

A 네! 충분히 합격하실 수 있습니다.

전공 여부는 걱정하지 않으셔도 됩니다. 실기 시험은 필기에서 학습한 내용을 컴퓨터 환경에서 적용해 보는 과정으로, 개념과 원리는 동일합니다. 또한 프로그래밍기능사 실기는 기초 이론 중심으로 출제되어 난이도가 높지 않습니다.

본 도서는 정보처리 분야의 최근 기출문제들을 분석해, 출제 경향에 맞춘 다양한 실전 예제를 상세히 설명합니다. 책의 흐름대로 체계적으로 학습하시면 충분히 높은 점수로 합격을 기대할 수 있습니다.

Q 합격을 위해 어느 정도의 공부 기간이 필요할까요?

A 총 50~63시간을 기준으로 학습 계획을 세우는 것을 추천합니다.

필기 시험의 결과 발표 후 해당 회차 실기 시험까지는 보통 5~6주의 기간이 있으며, 이는 시험을 준비하기에 매우 충분한 시간입니다.

본 도서는 초심자도 기초 프로그래밍부터 고득점 포인트까지 익힐 수 있도록 상세히 구성되어 있습니다. 개인별 기초 지식의 차이가 있음을 고려해도 하루 2~3시간씩 약 3주 정도의 기간이면 누구든 합격에 필요한 실력을 갖출 수 있습니다.

시험 직전까지는 도서에 수록된 기출문제들을 반복 연습하며 마무리하면 더욱 탄탄한 실력을 다질 수 있습니다.

Q 공부하면서 이해되지 않는 부분이 있습니다. 도움을 받을 수 있을까요?

A 이기적 스터디 카페에서 최선을 다해 도와드리겠습니다.

학습 중 이해되지 않는 부분이나 궁금한 점이 있다면 cafe.naver.com/yjbooks 질문답변 게시판을 활용해 보세요. 선생님이 커뮤니티에서 질문을 해결해 드리기 위해 실시간으로 노력 중이며, 추가 자료와 효과적인 학습 방법도 함께 공유하고 있습니다. 또한 다양한 분야의 정보와 고민 등도 함께 나누며 학습 동기를 유지하실 수 있습니다.

여러분의 성공적인 시험 합격을 적극적으로 지원하겠습니다.

Q 이 도서를 가지고 유형별로 어떻게 준비하면 좋을까요?

A 유형별 풀이 루틴을 정해 반복 학습하는 것이 가장 효과적입니다.

프로그래밍기능사 실기는 90분 동안 리눅스 · 프로그래밍 · SQL을 필답형으로 점검하므로, 개념을 읽는 것보다 유형별 풀이 순서를 고정해 실전처럼 반복하는 방식이 합격에 유리합니다. 이 도서는 유형별 핵심 개념과 예제를 통해 루틴을 만들 수 있도록 구성되어 있으니, 아래 방식으로 학습해 보세요.

1) 개념-기능 매칭(명령어/키워드/메서드)

알면 바로 맞히고 모르면 오래 붙잡아도 어려운 유형입니다.

- 기능 설명을 보고 정답을 먼저 적은 뒤 해설로 확인하세요.
- 헷갈리는 항목만 표시해 짧게 자주 반복하는 것이 가장 효율적입니다.
- 시험에서는 가장 먼저 풀어 점수를 고정하기 좋습니다.

2) 실행 결과 예측(코드 읽고 출력 쓰기)

가장 비중이 큰 유형으로, 핵심은 문법 암기보다 흐름 추적입니다.

- 책의 예제 코드는 해설을 보기 전 출력을 먼저 써보고 검증하세요.
- 루틴은 ①초기값 확인 ②조건/반복 범위 표시 ③변수 변화 추적 ④출력 시점 확인 순으로 고정하면 실수를 줄일 수 있습니다.

3) 오류 찾기 + 수정 후 결과(디버깅)

자주 나오는 오류 패턴을 익히면 빨라집니다.

- 먼저 "어디가 이상한지"를 찾고, 수정 이유를 한 줄로 정리하세요(들여쓰기/return 위치/범위 · 인덱스 등).
- 바로 떠오르지 않으면 표시해두고 넘어가 시간을 관리하는 것이 좋습니다.

4) SQL 작성/결과 계산(DDL, LIKE, 서브쿼리, 집계)

지문이 길수록 실수가 늘어나는 영역이라 해석 순서 고정이 중요합니다.

- 결과 계산형은 "서브쿼리 결과 먼저 → 바깥 조건 적용 → 집계" 순서로 처리하세요.
- LIKE는 %와 _를 혼동하기 쉬우니 대표 패턴을 책에서 정해 즉시 떠올릴 수 있게 정리해 두면 좋습니다.

프로그래밍 언어

파트 소개

프로그래밍 언어 파트에서는 컴퓨터가 이해할 수 있는 형태로 문제를 표현하는 방법을 다룬다. 변수와 자료형, 연산자, 제어문, 배열과 문자열, 함수 등 프로그램을 구성하는 기본 요소들을 체계적으로 살펴본다. 이를 통해 "데이터를 어떻게 저장하고(메모리), 어떻게 처리하며(연산/제어), 어떻게 외부와 주고받는지(입출력)"를 이해하는 것이 핵심 목표이다. 이 파트의 내용을 익히면, 단순한 예제를 넘어 실제 문제를 코드로 설계하고 구현할 수 있는 기반을 갖추게 될 것이다.

구조적 프로그래밍 언어

학습 방향

구조적 프로그래밍 언어를 학습할 때는 먼저 순차(순서대로 실행), 선택(if, switch), 반복(for, while)이라는 세 가지 기본 제어 구조를 정확히 이해하는 것이 중요하다. 그 위에 배열·포인터·함수·구조체를 이용해 "데이터를 어떻게 나누고, 코드를 어떻게 모듈화할지"를 연습하며, 작은 기능을 함수로 나누고 다시 조합하는 방식(Top-Down 설계)에 익숙해져야 한다. 또한 재귀, 파일 입출력, 표준/외부 라이브러리 활용을 통해 현실적인 문제를 단계적으로 해결하는 경험을 쌓는 것이 좋다. 결국 목표는 "읽기 쉽고, 수정하기 쉬운 구조"로 코드를 구성하는 능력을 개발하는 것에 있다.

SECTION 01

프로그래밍 언어 기초 및 기본 문법

▶ 합격 강의

난이도 상 중 (하)
반복학습 1 2 3

빈출 태그 상수와 변수, 자료형, 형변환, 널문자, 입출력, 연산자

01 구조적 프로그래밍

구조적 프로그래밍(Structured Programming)은 프로그램의 논리적 흐름을 명확하게 하여 가독성과 유지보수성을 높이는 프로그래밍 방법이다. GOTO 문과 같은 무분별한 점프를 지양하고, 주로 순차, 선택, 반복의 세 가지 기본 제어 구조를 중심으로 사용함으로써 코드의 복잡성을 줄인다. 또한 프로그램을 작고 독립적인 함수나 모듈 단위로 나누어 설계하여 하향식으로 문제를 해결하도록 돕는다.

이처럼 구조적 프로그래밍 언어는 명확한 제어 흐름과 모듈화를 통해 읽기 쉽고 유지보수가 용이한 코드 작성을 목표로 하며, 대표적인 예로 C, Pascal, Ada 등이 있다.

02 데이터와 기억 공간

프로그램은 결국 데이터를 저장하고, 읽고, 계산하는 작업을 반복하는 과정이다. 그래서 프로그래밍에서 가장 먼저 이해해야 할 것은 "어디에, 무엇을, 어떻게 저장하는가?"이다.

C언어에서는 메모리의 한 칸(혹은 여러 칸)을 확보한 뒤 그곳에 이름을 붙여 사용하며, 이때 그 이름을 식별자(identifier)라고 부른다.

이러한 저장 공간은 값이 실행 중에 변하는지 아닌지에 따라 두 가지로 나눌 수 있다.

- 상수(constant) : 프로그램 실행 중 값이 변하지 않는 데이터
- 변수(variable) : 프로그램 실행 중 값을 바꿀 수 있는 저장 공간

1) 상수와 변수 이해하기

① 상수(Constant)

- 프로그램 실행 중 값이 변하지 않는 데이터로 변수와 달리 한 번 정해진 값은 변경이 불가하다.
- 프로그램의 가독성 향상 및 유지보수 용이성을 위해 사용된다.

▶ 상수의 종류

구문	설명	예시
리터럴 상수(Literal Constant)	프로그램에 직접 쓰인 값	10, 'A', "KOREA", 3.14
명명된 상수(Symbolic Constant)	식별자에 이름을 붙인 상수	#define PI 3.14, const int MAX = 100;
const로 선언한 상수	읽기 전용 변수처럼 사용	const double PI = 3.14159;

② 상수의 선언

- 상수는 선언과 동시에 초기화를 진행해야 한다.
- 상수의 선언은 const와 #define으로 선언이 가능하며 코딩에서 암묵적으로 대문자를 사용한다.

③ 변수(Variable)

- 프로그램 실행 중 값을 저장·변경할 수 있는 이름이 붙은 메모리 공간을 의미한다.
- 변수는 프로그램 소스코드의 공유, 유지 관리, 표준화 등을 위해 일정한 규칙에 따라 작성된다.

④ 변수의 선언

- 변수 = (이름, 자료형, 값)의 조합 → 선언(메모리 확보)과 초기화(초기값 대입)를 구분하여 선언한다.
- 영문자/숫자/밑줄은 사용 가능하나 숫자로 시작하거나, 공백·특수문자, 이미 사용되고 있는 예약어는 사용할 수 없다.

▶ **상수와 변수 비교**

구문	상수	변수
값 변경	불가능	가능
선언 예	#define PI 3.14, const int MAX = 100;	int a = 10;
사용 목적	변하지 말아야 할 값	계산 과정에서 바뀌는 값

2) 자료형(데이터 타입)

변수에 들어갈 값의 특성을 구분하여 그 특성에 맞게 저장할 수 있도록 하는 데이터 속성 값의 길이 및 성질이다.

유형	설명		
불린 타입	참과 거짓을 의미하는 데이터 타입으로 bool이라고도 부른다. • 참을 의미하는 true와 거짓을 의미하는 false의 두 값을 가지고 있다.		
	종류	데이터 타입	크기
	JAVA	boolean	1Byte
문자 타입	문자 하나를 저장할 때 사용한다. char a = 'A';		
	종류	데이터 타입	크기
	C	char	1Byte
	JAVA	char	2Byte
문자열 타입	문자열을 저장할 때 사용한다. (C언어에서는 지원하지 않고 배열을 이용) string a = "welcome"; // C++, JAVA에서 사용		
정수 타입	정수값을 저장하고자 할 때 사용한다.		
	종류	데이터 타입	크기
	C	short	2Byte
		int	4Byte
		long	4Byte
		long long	8Byte
	JAVA	byte	1Byte
		short	2Byte
		int	4Byte
		long	8Byte

	소수점을 포함하는 실숫값을 저장하고자 할 때 사용한다.		
실수 타입	**종류**	**데이터 타입**	**크기**
	C	float	4Byte
		double	8Byte
		long double	8Byte
	JAVA	float	4Byte
		double	8Byte
배열 타입	여러 데이터를 하나로 묶어서 저장하고자 할 때 사용한다. • C언어 정수형 배열 선언 Array[5] = {1, 2, 3, 4, 5}; • JAVA 정수형 배열 선언 Array[] = {1, 2, 3, 4, 5}; • C언어에서는 배열의 공간(크기)을 선언하고 JAVA는 비워둔다.		
포인터 타입	객체를 참조하기 위해 메모리의 주소를 값으로 하는 자료 형이다. • 커다란 배열의 원소를 효율적으로 저장하고자 할 때 이용한다. • 고급 언어에서 주로 사용되며, 지원 프로그래밍 언어로는 C언어와 C++이 있다.		

① 정수형(Integer Type) : 정수형은 소수점이 없는 수를 저장할 때 사용

```
int age = 20;                // int : 가장 기본이 되는 정수형
short year = 2025;           // short : 더 작은 범위의 정수
long total = 1000000;        // long : 더 큰 범위의 정수
unsigned int count = 50;     // unsigned : 부호(+,-) 없이 0 이상의 값만 저장
```

② 실수형(Floating Point Type) : 소수점이 있는 값을 저장할 때 사용

```
float f = 3.14f;             // float : 단정밀도(약 6~7자리 정도 표현 가능)
double pi = 3.141592;        // double : 배정밀도(약 15자리 정도 표현 가능)
```

③ 문자형(Character Type) : 문자 1글자를 저장할 때 char 자료형을 사용

```
char grade = 'A';            // 작은따옴표 'A' : 문자 1개
char ch = '0';               // 작은따옴표 '0' : 숫자 0이 아닌 문자 '0'
char str[] = "A";            // 큰따옴표 "A" : 문자열 (뒤에 \0이 붙어 최소 2바이트 이상)
```

C언어 내부적으로 문자는 ASCII 코드값(정수)으로 저장된다. 이를 응용하면 문자형도 사실은 정수형의 일종이므로 연산이 가능하다.

> **F 기적의 TIP**
> ---
> **아스키 코드를 활용한 문자형 연산**
> ```
> char c = 'A';      // 아스키 코드에서 'A'는 65
> c = c + 1;         // 66 → 'B'
> ```

3) 형 변환(Type Conversion)

자료형이 서로 다른 값끼리 연산을 하면, C에서는 자동으로(implicit) 형 변환이 일어난다.

① 자동 형 변환(묵시적) : 작은 범위 → 큰 범위로 자동 승격

```
int a = 3;
double b = 2.5;
double c = a + b;            // a가 double로 변환되어 3.0 + 2.5 = 5.5
```

② 강제 형 변환(명시적) : 프로그래머가 명시적으로 자료형을 변경

```
int a = 10;
int b = 3;
double c;
c = (double)a / b;          // 10.0/3 → 3.3333...
```

03 C언어의 입력과 출력

1) 표준 입출력과 서식 지정

① C언어 표준 입출력 명령어

입력 함수	scanf	표준 입력 함수
	getchar	문자 입력 함수
	gets	문자열 입력 함수(라인 입력)
출력 함수	printf	표준 출력 함수
	putchar	문자 출력 함수
	puts	문자열 출력 함수(라인 출력)

② 형식 지정자(서식 지정자, Format Specifier)

변수 혹은 값을 출력문을 통해 출력하기 위해 사용한다.

정수형	%d	부호 있는 10진수 정수
	%u	부호 없는 10진수 정수
	%o	부호 없는 8진수 정수
	%x	부호 없는 16진수 정수
실수형	%f	소수점 6번째까지의 실수
	%e	0.000000e+00, 실수 지수 표현
	%g	숫자 값의 크기에 따라 %e나 %f로 표현
문자형	%c	단일 문자 출력
	%s	문자열 출력

③ 이스케이프 문(Escape Sequence, 탈출 문)

printf 함수는 형식 지정자(%d, %f, %s 등)를 통해 뒤에 오는 변수들의 값을 출력한다. 이때 이스케이프 문자는 문자열 안에서 줄바꿈 등의 특수 문자를 표현하는 데 사용된다.

이스케이프 문자	의미	설명
\a	경보(alert)	경보를 울림
\b	백스페이스(backspace)	백스페이스
\f	폼피드(form feed)	커서를 다음 페이지의 시작부분으로 넘김
\n	개행, 뉴라인(new line)	커서를 다음줄 첫번째 위치로 넘김
\r	복귀, 캐리지 리턴(carriage return)	커서를 다음줄로 넘기지 않고 첫번째 위치로 넘김
\t	수평 탭(horizontal tab)	키보드의 tab키와 같은 기능
\v	수직 탭(vertical tab)	수직으로 탭
\0	널 문자(Null)	널 문자 출력
\\	백슬래시(backslash)	백슬래시를 표기해줌(₩또는\로 표기)

🏁 기적의 TIP

이스케이프 시퀀스
- 문자 그대로 쓰기 어렵거나, 특별한 의미를 가진 문자를 '다른 표기법'으로 적는 방법이다.
- 코딩 환경에서 \가 ₩로 보이기도 한다.

---

2) 입출력 함수와 활용

① 출력 함수

- printf()는 형식 문자열을 이용하여 원하는 형태로 데이터를 출력하는 함수이다.
- 기본 형태 : printf("형식문자열", 출력할값1, 출력할값2, …);

② 자주 쓰는 출력 형태

▼ 소수점 자릿수 지정

```
printf("%.2f", 3.14159);        // 3.14
```

▼ 문자열 + 변수 혼합 출력

```
int age = 20
printf("나이 : %d세\n", age);        // 나이 : 20세
```

③ 입력 함수

- scanf()는 사용자 입력값을 변수에 저장하는 함수이다.
- 기본 형태 : scanf("형식문자열", &변수명);

scanf()에서 &를 붙이는 이유
- C언어에서 변수 이름은 저장공간의 주소(address)를 의미해야 한다.
- scanf()는 입력된 값을 그 주소에 직접 저장하므로 주소 연산자 &가 필요하다.
- 단, 문자열(char 배열)에는 배열 자체가 주소이므로 &를 붙이지 않는다.

④ 자주 쓰는 입력 형태

▼ 정수 입력

```
scanf("%d", &a);
```

▼ 실수 입력

```
scanf("%lf", &d);          // double은 %lf
```

▼ 문자 입력

```
scanf("%c", &ch);
```

▼ 문자열 입력

```
scanf("%s", name);          // name을 배열이라 할 때 & 필요 없음
```

⑤ 입력 시 주의사항

- scanf("%s", name)은 공백 전까지만 입력받는다.
  예 "Hello world" 입력 → "Hello"만 저장
- 공백 포함 입력이 필요할 경우 gets() 또는 fgets()를 사용한다.

04 연산자

프로그램 실행을 위해 연산을 표현하는 기호로, 프로그램 내에서는 +, −와 같은 연산자가 사용된다. 산술 연산자, 시프트 연산자, 관계 연산자, 논리 연산자 등으로 구분할 수 있다.

1) 연산자 개요

① 연산자의 종류

분류	연산자	설명	예시
산술 연산자	+, −, *, /, %	사칙연산 및 나머지 연산	a + b, a % b
증감 연산자	++, −−	1 증가 또는 감소	i++, −−i
대입 연산자	=, +=, −=, *=, /=, %=	결과를 왼쪽 변수에 저장	x += 3

관계 연산자	>, <, >=, <=, ==, !=	참/거짓 비교	a == b
논리 연산자	&&, ||	두 피연산자 사이의 논리적인 관계를 정의	a<5 && b>5
비트 연산자	&, |, ^	0과 1의 자리에 대한 연산을 수행	7 & 5
시프트 연산자	《, 》	10진수의 값을 2진수로 변환하여 비트의 위치를 이동	a 《 4
조건(삼항) 연산자	조건 ? 참 : 거짓	조건에 따른 선택	(a >b) ? a : b
형 변환 연산자	(type)	데이터형 변환	(int)3.14

② 연산자 우선순위

우선순위	연산자	내용
1	(), []	괄호, 대괄호, 멤버 접근
2	++, ――, !, ~, (type)	단항, 형변환, 증감
3	*, /, %	곱셈, 나눗셈 연산자
4	+, −	더하기, 빼기 연산자
5	《, 》	시프트 연산자
6	<, <=, >, >=	관계 연산자
7	==, !=	같음, 다름
8	&	비트 연산자 AND
9	^	비트 연산자 XOR
10	|	비트 연산자 OR
11	&&	논리 연산자 AND
12	||	논리 연산자 OR
13	조건 ? 참 : 거짓	조건(삼항) 연산자
14	=, +=, −=, /= 등	대입, 할당 연산자

2) 수치 계산 관련 연산자

① 산술 연산자

프로그래밍 언어에서도 일반적으로 우리가 알고 있는 수학과 동일한 연산자에 우선순위를 따르게 되고, 같은 우선순위 안에서는 왼쪽부터 우선적으로 연산한다.

우선순위	1	2	3
연산자	( )	*, /, %	+, −

```
#include <stdio.h>
int main() {
    int result1, result2;
    result1 = 10 + 15 % 4 - 20 % 9;        // 우선순위에 의해 10 + 3 - 2
    result2 = 10 * 15 % 4 - 20 % 9 + 5;     // 우선순위에 의해 150 % 4 - 2 + 5

    printf("결과 : %d %d", result1, result2);   // %d로 정수형 출력

    return 0;
}
```

[출력 결과]
결과 : 11 5

② 시프트 연산자

10진수의 값을 2진수로 변환하여 비트의 위치를 이동시키는 연산자이다.

종류	의미
《《 (Left)	우측 값만큼 비트의 위치를 좌측으로 이동
》》 (Right)	우측 값만큼 비트의 위치를 우측으로 이동

```
#include <stdio.h>
main() {
    int num = 5;                // 2진수로 0000 0101
    int result = num << 2;      // 좌측으로 2만큼 비트 이동 0001 0100
    printf("%d", result);       // 10진수로 20 출력
}
```

[출력 결과]
20

```
#include <stdio.h>
main() {
    int num1, num2, result;
    num1 = 15;                  // 2진수로 0000 1111
    num2 = 4;
    result = num1 >> 3 << num2; // num1을 오른쪽으로 3번 시프트하면 0000 0001
                                // 이어서 num2만큼 왼쪽 시프트해서 0001 0000
    printf("%d", result);       // 10진수로 16 출력
}
```

[출력 결과]
16

3) 비교와 논리 판단 연산자

① 관계 연산자

두 피연산자 사이의 크기를 비교하는 연산자로 참(True)과 거짓(False)을 구분한다. 언어마다 논리 결과를 출력하는 방식은 차이가 있다.

종류	예시
> 초과와 미만	printf("%d", 10 > 3); // 결과: 1(True)
>= <= 이상과 이하	printf("%d", 5 <= 5); // 결과: 1(True)
== 같음	printf("%d", 10 == 3); // 결과: 0(False)
!= 다름	printf("%d", 5 != 3); // 결과: 1(True)

언어	참	거짓
C언어	1	0
JAVA	true	false
Python	True	False

② 논리 연산자

두 피연산자 사이의 논리적인 관계를 정의하는 연산자이다.

종류	의미	예시
&& (and)	두 가지의 논릿값이 모두 참일 경우 참(True)을 반환하고 그렇지 않으면 거짓(False)을 반환한다.	10 > 5 && 5 < 10 결과 : 0
|| (or)	두 개의 논리값중 하나가 참이면 참(True)을 반환하고, 그렇지 않으면 거짓(Flase)을 반환한다.	10 > 5 || 5 < 10 결과 : 1

📕 **기적**의 TIP

Python의 논리 연산

Python에서는 논리 연산자 대신 and, or을 직접 작성한다.

C언어	Python
a > 10 && b < 10	a > 10 and b < 10

---

4) 비트 및 값 변경 연산자

① 비트 연산자

- 비트 연산자는 0과 1의 각 자리에 대한 연산을 수행하며, 0 또는 1의 결과값을 가진다.
- 우리가 일상에서 사용하는 수는 보통 10진수로 표현되지만, 컴퓨터는 내부에서 2진수(비트)로 처리한다.

예 1(10진수)→ 0000 0001(2진수),   2(10진수)→ 0000 0010(2진수)
3(10진수)→ 0000 0011(2진수),   10(10진수)→ 0000 1010(2진수)

종류	의미
& (and)	두 값을 비트로 연산하여 모두 참이면 참(True)을 반환하고, 그렇지 않으면 거짓(False)을 반환한다.
| (or)	두 값을 비트로 연산하여 하나가 참이면 참(True)을 반환하고, 그렇지 않으면 거짓(False)을 반환한다.
^ (xor)	두 값을 비트로 연산하여 서로 다르면 참(True)을 반환하고, 그렇지 않으면 거짓(False)을 반환한다.

```
#include <stdio.h>
int main(void) {
    int num1, num2, result1, result2;
    num1 = 37;                              // 2진수로 0010 0101
    num2 = 13;                              // 2진수로 0000 1101
    result1 = num1 & num2;                  // and 연산으로 모두 1이면 1, 즉 0000 0101
    result2 = num1 | num2;                  // or 연산으로 하나만 1이어도 1, 즉 0010 1101
    printf("result1 = %d\n", result1);      // result1 출력하고 \n으로 줄바꿈
    printf("result2 = %d", result2);
}
```

[출력 결과]
result1 = 5
result2 = 45

② 증감 연산자

피 연산자를 1씩 증가시키거나 감소시킬 때 사용하는 연산자이다. 부호의 위치에 따라 전위 연산자와 후위 연산자로 구분한다.

• 전위 연산자(++a / --a) : 피연산자 증감 후, 해당 라인의 연산 수행

```
int a = 5; int b = 5;
printf("%d %d", ++a, --b);                  // 결과 : 6 4
printf("%d %d", a, b);                      // 결과 : 6 4
```

• 후위 연산자(a++ / a--) : 해당 라인의 연산 수행 후, 피연산자 증감

```
int a = 5; int b = 5;
printf("%d %d", a++, b--);                  // 결과 : 5 5
printf("%d %d", a, b);                      // 결과 : 6 4
```

▼ 전위 후위 연산자 응용

```c
#include <stdio.h>
void main() {
    int x = 7;
    int y = 7;
    int result;
    result = ++x + y--;            // 전위 연산자 x는 증가해 8이 된 상태에서 연산
                                   // 후위 연산자 y는 7인 상태에서 연산 후 1 감소

    printf("결과 : %d %d %d", result, x, y);
}
```

[출력 결과]
결과 : 15 8 6

③ 복합 대입 연산자

산술 연산자와 대입 연산자(=)을 간결하게 사용하는 작업이다.

종류	예시
+=	a += 2 → a = a + 2
−=	a −= 2 → a = a − 2
*=	a *= 2 → a = a * 2
/=	a /= 2 → a = a / 2
%=	a %= 2 → a = a % 2

```c
#include <stdio.h>
void main() {
    int num = 13;
    num += 1;              // num = num + 1 -> 14
    num -= 2;              // num = num - 2 -> 12
    num *= 3;              // num = num * 3 -> 36
    num /= 4;              // num = num / 4 -> 9
    num %= 5;              // num = num % 5 -> 4
    printf("결과 : %d", num);
}
```

[출력 결과]
4

5) 조건 및 진법 관련 연산자

① 삼항 연산자

• 조건에 부합할 경우, True와 False에 해당하는 값을 출력하는 연산자이다.

```c
#include <stdio.h>
int main() {
    int num1 = 10; int num2 = 3;
    char result;
    result = num1 > num2 ? 'A' : 'B';          // 조건 ? 참 : 거짓
                                               // 10 > 3 ? 'A' : 'B'는 참이므로 result에 'A'
    printf("result = %c", result);
}
```

[출력 결과]
result = A

• Python의 삼항 연산은 x if 조건 else y 구조이다. (조건이 맞으면 x 아니면 y)

```python
a = 10
b = 20
max_value = a if a > b else b
print(max_value)
```

[출력 결과]
20

② 진법 입력 및 출력 연산자

프로그래밍에서 기본적으로 10진법 형태의 숫자를 사용하지만 다음과 같이 다른 진법으로 표현할 수 있다.

	C언어	Python	JAVA
입력	2진법 = 0b 8진법 = 0 16진법 = 0x	2진법 = 0b 8진법 = 0o 16진법 = 0x	2진법 = Integer.valueOf(int,2) 8진법 = Integer.valueOf(int,8) 16진법 = Integer.valueOf(int,16)
출력	10진법 = %d 8진법 = %o 16진법 = %x	2진법 = bin() 8진법 = oct() 16진법 = hex()	2진법 = Integer.toBinaryString(int) 8진법 = Integer.toOctalSting(int) 16진법 = Integer.toHexSting(int)

```
[C언어]
#include <stdio.h>

int main(void) {
  int num = 0b11010;

  printf("10진수: %d\n", num);
  printf("8진수: %o\n", num);
  printf("16진수: %x\n", num);
}
```

```
[Python]
num = 30
b = bin(num)
o = oct(num)
h = hex(num)

print(b)
print(o)
print(h)
```

```
[JAVA]
public static void main (String[] args) {
  int i = 100;
  String b = Integer.toBinaryString(i);
  String o = Integer.toOctalString(i);
  String h = Integer.toHexString(i);

  System.out.println(b);
  System.out.println(o);
  System.out.println(h);
}
```

[출력 결과]

10진수: 26	0b11110	1100100
8진수: 32	036	144
16진수: 1a	0x1e	64

01 다음 C언어 프로그램의 실행 결과를 쓰시오.

```c
#include <stdio.h>
#define MAX 10
int main() {
    const int MIN = 5;
    int a = 3;
    int b = MAX - MIN + a;

    printf("%d\n", b);
    return 0;
}
```

[정답]

8

[해설]

MAX = 10 (define 상수

MIN = 5 (const 상수)

a = 3

b = MAX − MIN + a = 10 − 5 + 3 = 8

02 다음 C언어 프로그램의 실행 결과를 쓰시오.

```c
#include <stdio.h>
int main() {
    int a = 7, b = 2;
    int c;
    double d, e;

    c = a / b;
    d = a / b;
    e = (double)a / b;

    printf("c = %d\n", c);
    printf("d = %.1f\n", d);
    printf("e = %.1f\n", e);

    return 0;
}
```

[정답]
c = 3
d = 3.0
e = 3.5

[해설]
c = a / b;
• a와 b 둘 다 int이므로 7 / 2 = 3 (정수 나눗셈) → c = 3
d = a / b;
• 위와 같이 a / b는 여전히 정수 나눗셈이므로 → 3
• double인 d에 대입되면서 3.0으로 저장된다. → d = 3.0

e = (double)a / b;
• (double)a → 7.0 (실수로 전환)
• 7.0 / 2 → 3.5 (실수 나눗셈) → e = 3.5

03 다음 C언어 프로그램의 실행 결과를 쓰시오.

```c
#include <stdio.h>
int main() {
    int a = 5;
    int b = 5;
    int x, y;
    x = ++a;
    y = b++;

    printf("a = %d, x = %d\n", a, x);
    printf("b = %d, y = %d\n", b, y);
}
```

[정답]

a = 6, x = 6
b = 6, y = 5

[해설]

x = ++a;
- a를 먼저 6으로 증가시키고 그 값을 x에 대입한다.
- 결과: a = 6, x = 6

y = b++;
- 먼저 b의 현재 값 5를 y에 대입하고 b를 6으로 증가시킨다.
- 결과: b = 6, y = 5

04 다음 C언어 프로그램의 실행 결과를 쓰시오.

```c
#include <stdio.h>
int main() {
    double a;
    a = (int)3.7 + (int)2.2;

    printf("%.1f\n", a);
    return 0;
}
```

[정답]
5.0

[해설]
(int)3.7 → 3 (소수점 버림)
(int)2.2 → 2 (소수점 버림)
더하면 3 + 2 = 5이다.
a는 double이므로 5.0 저장된다.
printf("%.1f") → 5.0 출력

05 다음 C언어 프로그램에 대하여 각 물음에 답하시오

```
1   #include <stdio.h>
2   const int g;
3   int main(void) {
4       int x;
5       g = 0;
6       x = g + 5;
7       printf("%d\n", x);
8       return 0;
9   }
```

① 오류가 발생하는 Line의 번호를 쓰시오.
② 오류가 발생하는 Line을 삭제하고 프로그램이 실행되었을 때의 실행 결과를 쓰시오.

[정답]
① 5   ② 5

[해설]
g는 전역변수로 자동으로 0의 값으로 초기화 된다.
g는 const(읽기 전용)인데 여기에 g = 0으로 값을 대입하려 하고 있어 컴파일 에러가 발생한다.
5번 Line을 삭제하거나 int g = 0;으로 수정하면 정상 실행된다.

06 다음 C언어 프로그램의 실행 결과를 쓰시오.

```c
#include <stdio.h>
main() {
    int a = 4;
    int b = 7;
    int c = a | b;
    printf("%d",c);
}
```

[정답]
7

[해설]
a = 4는 2진수로 0000 0100
b = 7는 2진수로 0000 0111
a와 b를 비트 연산으로 OR 연산하면 0000 0111
%d로 출력하면 10진수 7로 출력

07 다음 C언어 프로그램의 실행 결과를 쓰시오.

```c
#include <stdio.h>
int main() {
    int result = 20 << 2;
    printf("20 << 2 = %d\n", result);
    return 0;
}
```

[정답]
20 << 2 = 80

[해설]
20을 2만큼 왼쪽으로 시프트하는 연산이다.
20은 2진수 0001 0100이고 왼쪽으로 2만큼 시프트하면 0101 0000으로 이것은 10진수로 80이다.
printf에서 큰따옴표 안에 미리 적혀 있는 부분까지 출력되는 것에 유의하여 작성한다.

08 다음 C언어 프로그램의 조건식 부분을 삼항 연산자를 사용하여 간결하게 작성하시오.

```
int a = 10, b = 20;
int max;

if ( a > b ) {
    max = a;
}
else {
    max = b;
}
```

[정답]

max = (a > b) ? a : b ;

[해설]

삼항(조건) 연산자는 조건 ? 참 : 거짓의 형식이다.

09 다음 C언어 프로그램의 실행 결과를 쓰시오.

```
#include <stdio.h>
int main() {
    int a = 8;
    printf("%d %d %d", a << 1, a >> 1, a & 3);
}
```

[정답]

16 4 0

[해설]

a << 1 → 16 (왼쪽 시프트 1비트 = 2배)

a >> 1 → 4 (오른쪽 시프트 1비트 = 1/2)

a & 3 → 8은 1000이고 3은 0011이므로, & 연산하면 0000이다.

제어문(조건/반복/제어)

난 이 도 상 (중) 하
반복학습 ① ② ③

빈출 태그 if, else, switch, break, for, while, continue

01 조건문

1) if

① if 문

if 문은 조건식이 참일 때만 특정 문장을 실행한다.

```
if (조건식) {
    실행문;
}
```

```
if (a > 10) {
    printf("크다");
}
```

② if ~ else 문

조건식이 참이면 if 블록, 거짓이면 else 블록을 실행한다.

```
if (조건식) {
    실행문;
}
else {
    실행문;
}
```

```
if (a % 2 == 0) {
    printf("짝수");
}
else {
    printf("홀수");
}
```

③ 다중 if ~ else 문

```
if (조건식) {
    실행문;
}
else if (조건식) {
    실행문;
}
else {
    실행문;
}
```

```
if (score >= 90)
    grade = 'A';
else if (score >= 80)
    grade = 'B';
else if (score >= 70)
    grade = 'C';
else
    grade = 'F';
```

④ 중첩 if 문

```
if (조건식) {
    if (조건식) {
        실행문;
    }
}
```

```
if (a > 0) {
    if (a % 2 == 0)
        printf("양의 짝수");
}
```

2) switch와 break

① switch 문

switch 문은 특정 값에 따라 여러 분기 중 하나를 선택하는 구조로 if 문보다 분기가 많을 때 가독성이 좋다.

```
switch (식) {                    // 식에는 정수형 또는 문자형만 가능
    case 값1:                    // 값1과 일치하면 실행문1 실행
        실행문1;
        break;                   // 실행문1을 실행하면 switch 문을 종료함
    case 값2:                    // 값2와 일치하면 실행문2 실행
        실행문2;
        break;                   // 실행문2를 실행하면 switch 문을 종료함
    ...
    default:                     // 어느 case도 해당되지 않을 때 실행문3 실행
        실행문3;
}
```

② break

만약 switch 문에서 break가 없으면 다음 case로 연속 실행(fall-through) 된다.

▼ break가 없는 switch 문 예시

```
int n = 1;
switch (n) {
    case 1:
        printf("A");
    case 2:
        printf("B");
}            // 최종 출력은 AB이다.
```

▣ 기적의 TIP

switch 문에서 default의 위치
- default가 반드시 마지막일 필요는 없다.
- default는 어디든 있어도 되지만 반드시 switch 블록 안에 하나만 존재해야 한다.

---

02 반복문

1) for와 while

① for문

- 반복 횟수가 "정해져 있을 때" 가장 많이 쓰이는 형식이다.

```
for (초기식; 조건식; 증감식) {
    실행문;
}
```

```
for (int i = 1; i <= 5; i++)
    printf("%d ", i);
// 출력 : 1 2 3 4 5
```

▼ for 문 조건을 생략한 예시

```
for (  ;  ;  )
    printf("무한 반복");
```

- 종료 조건을 넣지 않으면 무한 반복 구조로 계속 반복되어 버린다.

▼ 반복문을 중첩 사용하는 예시

```
for (초기식; 조건식; 증감식) {
    for (초기식; 조건식; 증감식) {
        실행문;
    }
}
```

```
for (i = 1; i <= 3; i++){
    for (j = 1; j <= 2; j++){
        printf("(%d,%d) ", i, j);
    }
}
// 출력 : (1,1) (1,2) (2,1) (2,2) (3,1) (3,2)
```

② while 문

조건을 먼저 평가해서 참인 경우 실행하는 반복문이다.

```
초기값
while (조건식) {
    실행문;
}
```

```
int i = 1;
while (i <= 5) {
    printf("%d ", i);
    i++;
}
// 출력 : 1 2 3 4 5
```

▼ while 문 무한반복 예시

```
i = 1;
while (1) { // 조건식이 참이므로 무한 반복
    printf("%d ", i++);
}
```

```
i = 1;
while (i <= 5){
    printf("%d ", i);
    // i 값이 증가하지 않아 무한 반복
}
```

③ do-while 문

반드시 한 번은 실행되는 반복문이다.

```
초기값
do {
    실행문;
} while (조건식);
```

```
int i = 1;
do {
    printf("%d ", i);
    i++;
} while (i <= 5);
// 출력 : 1 2 3 4 5
```

2) break와 continue

① break

반복문을 즉시 종료한다.

```
for (i = 1; i <= 10; i++) {
    if (i == 5) break;
    printf("%d ", i);
}
// 출력 : 1 2 3 4
```

② continue

현재 반복을 건너뛰고 다음 반복으로 이동한다.

```
for (i = 1; i <= 5; i++) {
    if (i == 3) continue;
    printf("%d ", i);
}
// 출력 : 1 2 4 5
```

▼ continue와 break의 차이

```
for (int i = 5; i >= 0; i--) {
    if (i % 2 == 0)
        ① break;   ② continue;
    printf("%d", i);
}
```

① break인 경우	② continue인 경우
결과는 5 if 조건이 만족했을 때 break로 해당 반복문을 탈출하여 반복문이 종료된다. • i가 5일때 i % 2 == 0 조건을 만족하지 않으므로 아래 printf 문을 출력한다. • i가 4일때 i % 2 == 0 조건을 만족하므로 반복문을 탈출한다.	결과는 531 if 조건이 만족했을 때 continue는 아래 구문을 실행하지 않고 다음 반복으로 건너뛴다. • i가 5일때 i % 2 == 0 조건을 만족하지 않으므로 아래 printf 문을 출력한다. • i가 4일때 i % 2 == 0 조건을 만족하므로 continue로 다음 반복으로 건너뛴다. 이때 아래 구문을 실행하지 않고 for 문으로 가게 되어서 출력은 없다. • i가 3일때 i % 2 == 0 조건을 만족하지 않으므로 아래 printf 문을 출력한다. • i가 2일때 i % 2 == 0 조건을 만족하므로 다음 반복으로 건너뛴다. • i가 1일때 i % 2 == 0 조건을 만족하지 않으므로 아래 printf 문을 출력하고 반복문을 종료한다.

예상문제

01 다음 C언어 프로그램의 실행 결과를 쓰시오.

```c
#include <stdio.h>
int main() {
    int a = 3, b = 5;
    if (a > b)
        printf("A");
    else
        printf("B");
    printf("C");
}
```

[정답]

BC

[해설]

if 조건에서 조건식 결과는 FALSE이므로 B가 출력되며 조건문이 종료된다.
그다음 메인 함수의 printf 문인 C가 출력된다.

02 다음 C언어 프로그램의 실행 결과를 쓰시오.

```c
#include <stdio.h>
int main() {
    int x = 10;
    if (x > 5)
        if (x < 20)
            printf("A");
        else
            printf("B");
    else
        printf("C");
}
```

[정답]
A

[해설]
바깥쪽 if와 안쪽 if 조건을 차례로 만족하므로 'A'를 출력하고 모든 조건문이 종료된다.
else는 항상 가장 가까운 앞쪽의 if와 짝이 된다.

03 다음 C언어 프로그램의 실행 결과를 쓰시오.

```c
#include <stdio.h>
int main() {
    int x = -5;
    if (x)
        printf("T");
    else
        printf("F");
}
```

[정답]
T

[해설]
if 문의 조건에는 참/거짓으로 해석 가능한 식은 무엇이든 들어갈 수 있다.
즉 if (x)는 x가 0이면 거짓이고 0이 아니면 참이다.

04 다음 C언어 프로그램의 실행 결과를 쓰시오.

```
#include <stdio.h>
int main() {
    int n = 5;
    switch (n) {
        default: printf("D");
        case 1: printf("A"); break;
        case 5: printf("B"); break;
    }
}
```

[정답]

B

[해설]

default는 아무 case도 안 맞을 때 가는 곳이다. switch 문 안에서 default의 위치는 어느 레이블과 매칭될지와는 상관없지만, 실행이 시작된 이후에 어떤 코드들이 이어서 실행될지는 default의 위치에 따라 달라진다.

만약, 해당 코드의 설정값이 n = 5 또는 n = 1이 아니라면 "DA"가 출력된다.

• switch(n)은 n 값과 맞는 case 레이블을 처음 찾을 때만 조건을 보고, 실행 중에는 더 안 본다.

• 따라서 위 문제 코드에서는 default에서 시작하면 case 1: printf("A")까지 흘러가서 break;를 만나는 것이다.

05 다음 C언어 프로그램의 실행 결과를 쓰시오.

```c
#include <stdio.h>
int main() {
    int a = 4;
    switch (a) {
        case 5:
            printf("A");
        case 3:
            printf("B");
        case 1:
            printf("C");
        default:
            printf("D");
    }
    return 0;
}
```

[정답]
D

[해설]
해당 코드의 a = 4로 case에 해당하는 값이 없어서 default로 진행되게 되어 "D"가 출력된다.
만약 a의 값이 3이라면 case 3부터 break가 없으므로 default까지 실행되어 "BCD"가 출력된다.

06 다음 C언어 프로그램의 실행 결과를 쓰시오.

```c
#include <stdio.h>
int main() {
    int cnt = 0;
    for (int i = 1; ; i++) {
        if (i > 10) {
            break;
        }
        if (i % 3 == 0) {
            cnt++;
        }
    }
    printf("3의 배수 개수 : %d\n", cnt);
    return 0;
}
```

[정답]
3의 배수 개수 : 3

[해설]
for (int i = 1; ; i++)는 반복의 중단 지점이 지정되지 않았으므로 무한 루프로 진행하다가 아래 if 문에서 i 〉 10을 초과하면 break에 의해 반복이 종료된다.
반복문 진행 중에 if (i % 3 == 0)에서 3으로 나눈 나머지가 0일 때 cnt 증가한다. 즉, 1부터 10까지 3의 배수의 개수가 cnt에 누적되어 출력된다.

07 다음 C언어 프로그램의 실행 결과를 쓰시오.

```c
#include <stdio.h>
int main() {
    for(int i = 1; i <= 5; i++) {
        if(i == 2 || i == 4)
            continue;
        printf("%d", i);
    }
}
```

[정답]
135

[해설]
for 문에서 continue를 만나면 그 다음 코드는 실행하지 않고 for 문의 증감식(i++)으로 바로 점프한다.
||는 논리 OR 연산자이다.
위 문제는 for 문에서 1부터 5까지 증가하며 if 조건식에서 2 또는 4일 때는 아래 구문을 건너뛰고 반복문이 진행되어 "135"가 출력된다.

08 다음 C언어 프로그램의 실행 결과를 쓰시오.

```c
#include <stdio.h>
int main() {
    int sum = 0;
    for(int i = 1; i <= 5; i++)
        sum += i * 2;
    printf("%d", sum);
}
```

[정답]

30

[해설]

for 문에서 i가 1부터 5까지 증가하며 sum에 i와 2를 곱한 값이 누적되게 된다.

정리하면 (1 × 2) + (2 × 2) + (3 × 2) + (4 × 2) + (5 × 2) = 30

09 다음 C언어 프로그램의 실행 결과를 쓰시오.

```c
#include <stdio.h>
int main() {
    int n = 12;
    int cnt = 0;
    for (int i = 1; i <= n; i++)
        if (n % i == 0) cnt++;
    printf("%d", cnt);
}
```

[정답]

6

[해설]

위 코드는 i를 1부터 12까지 하나씩 증가하면서 12 % i == 0이면, 즉 i가 12의 약수이면 cnt를 1 늘린다.

정리하면 약수들의 개수를 구하는 코드로서 12의 약수인 1, 2, 3, 4, 6, 12일 때 개수가 누적되어 6이 출력된다.

10 다음 C언어 프로그램의 실행 결과를 쓰시오.

```c
#include <stdio.h>
int main() {
    for (int i = 1; i <= 2; i++) {
        for (int j = 1; j <= 3; j++) {
            printf("%d ", i + j);
        }
    }
}
```

[정답]
2 3 4 3 4 5

[해설]
중첩 반복문이다. i가 1일 때 j는 1부터 3까지 진행하며 i와 j를 더해서 반복적으로 출력한다.
- 바깥 for: i = 1, 2
- 안쪽 for: j = 1, 2, 3

i = 1
- j = 1 → 1 + 1 = 2
- j = 2 → 1 + 2 = 3
- j = 3 → 1 + 3 = 4

i = 2
- j = 1 → 2 + 1 = 3
- j = 2 → 2 + 2 = 4
- j = 3 → 2 + 3 = 5

SECTION 03

배열과 문자열

난 이 도 (상) 중 하
반복학습 1 2 3

빈출 태그 배열의 차원, 문자열, 정렬과 탐색 알고리즘

▶ 합격 강의

01 배열

배열(Array)은 같은 자료형의 데이터를 연속된 메모리 공간에 저장한 구조이며, 여러 데이터를 하나의 이름으로 관리한다.
배열에서 각 데이터는 인덱스(index)로 구분되며 C언어에서 인덱스는 0부터 시작한다.

1) 1차원 배열

자료형 배열명[크기]의 형태로 사용한다.

```
int a[5];              // 정수 5개 저장
char str[10];          // 문자 10개 저장
```

▼ 1차원 배열 초기화 방법

초기화 방법	예시
전체 초기화	int a[5] = {1, 2, 3, 4, 5};
일부만 초기화 → 나머지는 0	int a[5] = {1, 2}; // 1, 2, 0, 0, 0
크기 생략 → 초기값 개수로 크기 결정	int a[] = {10, 20, 30}; // 크기 = 3

> ▣ **기적의 TIP**
>
> **배열의 크기**
> • 배열의 크기는 선언할 때 정해지며, 실행 중에 늘리는 것은 불가능하다.
> • 인덱스는 0부터 시작이므로 int a[5]라고 만들면 사용 가능한 인덱스는 a[0] ~a[4]이다. a[5]는 범위 밖이다.

2) 2차원 배열

1차원 배열을 확장하여 행(row) × 열(column)로 구성된 표 형태의 데이터이다.

```
int a[3][4];              // 3행 4열
```

▼ 2차원 배열 초기화 방법 예시

초기화 방법	예시
전체 초기화	int a[2][3] = { {1, 2, 3}, 　　　　　　　　{4, 5, 6} };
행별로 초기화 생략 가능	int a[2][3] = {1, 2, 3, 4, 5, 6};

② 자주 나오는 배열 활용 알고리즘

배열과 반복문을 활용하면 데이터를 일정한 순서로 나열하는 정렬 알고리즘과 원하는 값을 찾는 탐색 알고리즘을 구현할 수 있다. 정보처리 분야 시험에 자주 출제되는 대표적인 알고리즘들을 꼭 연습하도록 한다.

1) 버블 정렬(Bubble Sort)

- 인접한 두 값을 비교하여 큰 값을 뒤로 보내는 방식이다. 첫 번째 반복 시 가장 큰 값이 가장 뒤로 그다음 두 번째 반복 시 두 번째로 큰 값이 뒤로 이동하면서 정렬되는 형식이다.
- "거품처럼 큰 값이 위로 올라가는 모습"이라 하여 버블 정렬이라 한다.

```
for (i = 0; i < n - 1; i++) {              // 바깥 반복: 전체 패스를 n-1번 수행
    for (j = 0; j < n - 1 - i; j++) {      // 안쪽 반복: 아직 정렬되지 않은 구간만 비교
        if (a[j] > a[j+1]) {               // 인접한 두 원소 a[j]와 a[j+1]를 비교
            temp = a[j];                   // 앞에 있는 값이 더 크면 서로 자리 바꿈
            a[j] = a[j+1];
            a[j+1] = temp;
        }
    }                                      // i번째 패스가 끝나면, 현재 구간에서 가장 큰 값 하나가 맨 뒤로 이동
}                                          // 배열 a[0] ~ a[n-1]을 오름차순으로 정렬
```

2) 선택 정렬(Selection Sort)

- 가장 작은 값을 찾아 앞쪽으로 옮기는 방식이다.
- i번째 위치에 들어갈 최소값의 위치(min)를 먼저 찾은 다음 변경하는 방식이다.

```
for (i = 0; i < n - 1; i++) {              // 현재 위치 i를 "최솟값이 있는 위치"라고 가정
    min = i;                               // i 다음 위치부터 끝까지 돌면서, 진짜 최솟값의 위치 찾기
    for (j = i + 1; j < n; j++) {          // a[j]가 현재까지 찾은 최솟값 a[min]보다 더 작다면
        if (a[j] < a[min])                 // 최솟값의 위치를 j로 업데이트
            min = j;                       // a[min]에는 가장 작은 값이 들어 있음
    }
    temp = a[i];                           // 그 최솟값을 앞쪽 자리 a[i]와 교환해서 i 위치를 확정
    a[i] = a[min];
    a[min] = temp;
}                                          // 배열 a[0] ~ a[n-1]을 오름차순으로 정렬
```

3) 순차 탐색(선형 탐색, Linear Search)

- 배열의 첫 번째(0)부터 끝(n)까지 순서대로 검사한다.
- 데이터가 정렬되어 있지 않아도 사용 가능한 가장 단순한 탐색 방법이다.

```
for (i = 0; i < n; i++) {          // i를 0부터 n-1까지 하나씩 증가시키며 배열을 순서대로 검사
    if (a[i] == key) {             // 현재 위치 a[i]가 찾는 값 key와 같다면
        loc = i;                   // 찾은 위치 i를 loc에 저장하고 반복문 종료
        break;
    }
}                                  // 배열 a[0] ~ a[n-1]에서 값이 key인 원소를 찾음
```

4) 이진 탐색(Binary Search, 이분 검색)

- 배열이 오름차순으로 정렬되어 있어야 하며, 중간 값을 기준으로 범위를 절반씩 줄여가며 탐색한다.
- 반드시 "정렬된 배열"이어야 한다는 조건을 가진다.

```
low = 0;                           // 탐색 구간의 시작 인덱스
high = n - 1;                      // 탐색 구간의 끝 인덱스
while (low <= high) {              // 탐색 구간이 남아 있는 동안 반복
    mid = (low + high) / 2;        // 가운데 인덱스 계산
    if (a[mid] == key) {           // 중간 값이 찾는 값 key와 같다면 탐색 종료
        break;
    } else if (a[mid] > key) {     // 중간 값이 key보다 크면
        high = mid - 1;            // key는 왼쪽 구간에 있으므로, 탐색 범위를 왼쪽으로 줄임
    } else {                       // 중간 값이 key보다 작으면
        low = mid + 1;             // key는 오른쪽 구간에 있으므로, 탐색 범위를 오른쪽으로 줄임
    }
}
```

🅕 기적의 TIP

빈도수(Frequency) 카운트

배열에서 특정 조건을 만족하는 값의 개수를 세는 패턴은 자주 출제되므로 알아둔다.

```
int cnt = 0;
for (int i = 0; i < n; i++) {
    if (a[i] % 2 == 0) cnt++;      // cnt를 증가시켜 짝수 개수를 얻는다.
}
```

03 문자열 활용

1) 문자열의 기본구조

- C언어에서 문자열(String)은 여러 개의 문자를 순서대로 저장한 것이며, 실제 메모리에는 char 형 배열의 형태로 저장된다.
- 문자열의 맨 끝에는 반드시 문자열의 끝을 나타내는 특수한 문자 '\0'(널 문자)가 들어간다. '\0'은 눈에 보이는 글자가 아니라, 여기서부터는 더 이상 문자가 없다는 것을 알려주는 표시이며, ASCII 코드 값으로는 숫자 0에 해당한다.

▼ char str[6] = "Hello";로 선언한 배열의 메모리 구조

인덱스	0	1	2	3	4	5
문자	'H'	'e'	'l'	'l'	'o'	'\0'

- 배열의 크기는 문자열 길이 + 1만큼 필요한 것에 유의한다.

2) 다차원 문자열 배열

여러 개의 문자열을 한 번에 저장하기 위해 2차원의 char 배열을 사용하기도 한다.

▼ 2차원 문자열 예시

```
char words[3][10] = { "PATH", "C", "JAVA" };
words[0] = "PATH"
words[1] = "C"
words[2] = "JAVA"
```

01 다음 C언어 프로그램의 실행 결과를 쓰시오.

```c
#include <stdio.h>
int main() {
    int a[5] = {3, 8, 2, 9, 4};
    int max = a[0];
    for (int i = 1; i < 5; i++) {
        if (a[i] > max)
            max = a[i];
    }
    printf("%d", max);
}
```

[정답]

9

[해설]

max를 배열의 첫 번째 값인 3으로 초기화하고 이 값과 이어지는 배열의 값들을 차례대로 비교해 나가면서 큰 값을 max에 대입한다. 즉 배열에서 최대값을 찾는 선형 탐색 코드이다.

02 다음 C언어 프로그램의 실행 결과를 쓰시오.

```c
#include <stdio.h>
int main() {
    char city[3][10] = {"SEOUL", "BUSAN", "JEJU"};
    printf("%s", city[2]);
}
```

[정답]

JEJU

[해설]

city는 3×10 크기의 2차원 char 배열이다.
- city[0] → "SEOUL"
- city[1] → "BUSAN"
- city[2] → "JEJU"

03 다음 C언어 프로그램의 실행 결과를 쓰시오.

```c
#include <stdio.h>
int main() {
    int m[2][3] = { {1,2,3}, {4,5,6} };
    int sum = 0;
    for (int i = 0; i < 2; i++)
        for (int j = 0; j < 3; j++)
            sum += m[i][j];
    printf("%d", sum);
}
```

[정답]
21

[해설]
중첩 for 문에서 더해지는 순서:
- i = 0, j = 0 → sum += 1 → sum = 1
- i = 0, j = 1 → sum += 2 → sum = 3
- i = 0, j = 2 → sum += 3 → sum = 6
- i = 1, j = 0 → sum += 4 → sum = 10
- i = 1, j = 1 → sum += 5 → sum = 15
- i = 1, j = 2 → sum += 6 → sum = 21

2×3 배열의 모든 원소를 더해서 출력하는 코드이다.

04 다음 C언어 프로그램의 실행 결과를 쓰시오.

```c
#include <stdio.h>
int main() {
    char s[] = "Hello";
    int len = 0;
    while (s[len] != '\0')
        len++;
    printf("%d", len);
}
```

[정답]

5

[해설]

문자열 "Hello"를 char 배열 s에 저장한다.

while 반복을 이용해 배열 s에서 끝 문자('\0')가 나올 때까지 len을 증가시킨다.

'\0' 문자를 찾으면 len을 출력한다. 정리하면 문자열 "Hello"의 길이를 직접 세는 코드이다.

05 다음 C언어 프로그램의 실행 결과를 쓰시오.

```c
#include <stdio.h>
int main() {
    char s[] = "Let me see";
    int cnt = 0;
    for (int i = 0; s[i] != '\0'; i++){
        if (s[i] == 'e')
            cnt++;
    }
    printf("%d", cnt);
}
```

[정답]

4

[해설]

for 반복문으로 문자열을 한 글자씩 검사한다.

if 조건문으로 해당 위치의 글자가 'e'이면 cnt를 증가시킨다.

정리하면 문자열에서 등장하는 'e'의 개수를 세는 프로그램이다.

06 다음 C언어 프로그램의 실행 결과를 쓰시오.

```c
#include <stdio.h>
int main() {
    char s[] = "ABCD";
    int l = 0, r = 3;
    char t;
    while (l < r){
        t = s[l];
        s[l] = s[r];
        s[r] = t;
        l++; r--;
    }
    printf("%s", s);
}
```

[정답]

DCBA

[해설]

왼쪽 끝과 오른쪽 끝에서 하나씩 안쪽으로 오면서 문자를 서로 교환(swap)한다.

• 1회전 (l = 0, r = 3)

• 2회전 (l = 1, r = 2) 교환 후에 l < r 조건이 되면 while 탈출

정리하면 문자열 "ABCD"를 뒤집어서 출력하는 코드이다.

07 다음 C언어 프로그램의 실행 결과를 쓰시오.

```c
#include <stdio.h>
int main() {
    int a[5] = { 5, 3, 4, 1, 2 };
    int i, j, t;
    for (i = 0; i < 4; i++) {
        for (j = 0; j < 4 - i; j++) {
            if (a[j] > a[j+1]) {
                t = a[j];
                a[j] = a[j+1];
                a[j+1] = t;
            }
        }
    }
    for (i = 0; i < 5; i++)
        printf("%d ", a[i]);
}
```

[정답]

1 2 3 4 5

[해설]

인접한 두 원소 a[j]와 a[j+1]을 비교해서 앞의 값이 더 크면 서로 자리를 바꾼다.
바깥 반복문(i 한 바퀴)이 한 번 실행될 때마다, 현재 남은 구간에서 가장 큰 값 하나가 배열의 뒤쪽으로 밀려가는 버블 정렬 코드이다.

08 다음 C언어 프로그램의 실행 결과를 쓰시오.

```c
#include <stdio.h>
int main() {
    int a[5] = { 9, 1, 7, 3, 5 };
    int i, j, min, t;
    for (i = 0; i < 4; i++) {
        min = i;
        for (j = i + 1; j < 5; j++) {
            if (a[j] < a[min])
                min = j;
        }
        t = a[i];
        a[i] = a[min];
        a[min] = t;
    }
    for (i = 0; i < 5; i++) {
        printf("%2d", a[i]);
    }
}
```

[정답]

1 3 5 7 9

[해설]

바깥 for (i) : i 위치에 들어갈 값을 결정하는 반복

안쪽 for (j) : i 뒤쪽에서 가장 작은 값을 찾는 반복

그 후 a[i]와 a[min]을 교환해서, 앞에서부터 차례대로 정렬이 완료되는 선택 정렬 코드이다.

09 다음 C언어 프로그램의 실행 결과를 쓰시오.

```c
#include <stdio.h>
int main() {
    int su[3][2] = { 33, 22, 44, 66, 77, 100 };
    int sum = 0;
    for (int i = 0; i < 3; i++) {
        for (int j = 0; j < 2; j++) {
            sum += su[i][j];
        }
    }
    printf("합 : %d", sum);
}
```

[정답]
합 : 342

[해설]
su[0][0] = 33   su[0][1] = 22
su[1][0] = 44   su[1][1] = 66
su[2][0] = 77   su[2][1] = 100
2차원 배열의 모든 원소를 sum에 누적한 합계를 출력한다.

10 다음 C언어 프로그램의 실행 결과를 쓰시오.

```c
#include <stdio.h>
int main() {
    char str[] = "C언어";
    printf("%c", str[0]);
}
```

[정답]
C

[해설]
str[0]에 해당하는 문자 하나를 출력하는 코드이다.
한글은 인코딩상 멀티바이트로 표현되기 때문에 만약 printf에서 str[1]이나 str[2]로 수정하면 깨져서 출력된다.

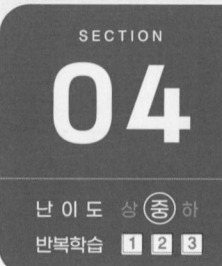

▶ 합격 강의

빈출 태그 return, void, 매개변수, 값전달, 주소전달, 지역변수, 재귀함수

01 함수(Function) 사용하기

프로그램에서 특정 작업을 수행하는 독립된 코드 블록이다. 함수를 적절히 활용하면 중복되는 코드를 줄이고 재사용성과 가독성을 높일 수 있다.

• 함수 실행 3단계 : 선언(프로토타입) –〉 정의(실제 함수 몸체) –〉 호출

1) 함수 선언 방식

① return 방식(반환값 있음)

```
int add(int a, int b) {       // int 형으로 반환하는 함수 add 정의
    return a + b;             // a와 b를 더한 값을 호출한 곳으로 반환
}
int main() {
    printf("%d", add(2, 3));  // 함수 add를 호출, add(2, 3)의 결과인 5를 출력
}
```

[출력 결과]
5

② void 방식(반환값 없음)

```
void print() {
    printf("Hello");
}
int main() {
    print();                  // print 함수를 호출해서 "Hello"를 출력
}
```

[출력 결과]
Hello

③ 프로토 타입(선언 및 정의)

- C언어에서 함수 프로토 타입은 "이런 이름의 함수가 나중에 등장하고, 이런 타입의 인자를 받아서 이런 타입을 돌려준다"라는 정보를 컴파일러에 미리 알려 주는 역할을 한다.
- 이렇게 미리 선언해 두면, 컴파일러가 함수 호출 시 매개변수의 개수와 타입, 반환 타입이 올바른지 검사하여 잘못된 호출을 컴파일 단계에서 바로 잡아 줄 수 있다.
- 특히 함수 정의가 main 함수 아래쪽에 있거나, 아예 다른 파일에 있을 때도 프로토 타입만 알고 있으면 안전하게 그 함수를 호출할 수 있다.

```c
int square(int x);          // 함수 선언(프로토 타입)
int main() {
    printf("%d", square(4));
}
int square(int x) {         // 함수 정의
    return x * x;
}
```

[출력 결과]
16

2) 함수의 구성 요소

① 매개변수(Parameter)
함수 호출 시 함수로 전달되는 값 또는 변수이다.

```c
int add(int a, int b)       // 매개변수는 a와 b
```

② 반환값(Return)

- 함수는 하나의 값을 반환(return)할 수 있다.
- C언어에서는 함수가 돌려주는 이 반환값을 하나의 값처럼 표현식 안에서 사용할 수 있다.
- 예를 들어 int result = add(2, 3);처럼 대입 연산의 오른쪽에 두거나, printf("%d", add(2, 3));처럼 다른 함수의 인자로 넣어 다른 계산의 일부로 활용할 수 있다.
- return 문이 실행되면 함수는 그 즉시 종료되며, return 아래에 코드가 있어도 실행되지 않는다.

📙 **기적**의 TIP

return 문 사용 규칙
- 함수의 반환형과 return 값의 타입은 호환 가능해야 하며, 필요하면 자동 형 변환이 일어난다. (정수↔정수, 실수↔정수 등)
- void 함수에서는 return;처럼 값 없이 사용할 수 있으며, 단순히 함수를 미리 종료하는 역할만 한다. (return 값; 형태는 사용할 수 없다)

⑩ 함수의 인자 전달

1) 값 전달(Call by Value)

함수에 인자를 넘길 때, 원래 변수의 값이 복사되어 함수 매개변수에 전달되는 방식이다. 그래서 함수 안에서 매개변수 값을 바꿔도 호출한 쪽의 원래 변수 값은 전혀 영향을 받지 않는다.

```
void f(int a) {
    a = a + 7;                    // 매개변수 a(복사본)에만 7이 더해져 10으로 바뀜
}
int main() {
    int a = 3;
    f(a);                         // main의 a 값 3이 복사되어 함수 f의 a로 전달
    printf("%d", a);              // main의 a는 그대로 3
}
```

[출력 결과]
3

2) 주소 전달(Call by Reference)

포인터를 이용하여 원본을 바꾸는 방식이다. (포인터의 활용은 다음 섹션에서 자세히 다룬다)

```
void f(int *p) {
    *p = 10;                      // 포인터 p가 가리키는 실제 변수에 10을 대입
}
int main() {
    int a = 3;
    f(&a);                        // a의 주소를 f 함수에 전달
    printf("%d", a);              // f 함수에서 a의 값이 10으로 변경됨
}
```

[출력 결과]
10

3) 배열 전달

배열의 이름은 곧 "첫 번째 원소의 주소"이다. 즉 주소 전달(Call by Reference)과 개념은 동일하다.

```c
void change(int arr[]) {
    arr[0] = 99;                    // 호출한 쪽의 배열 a[0] 값을 99로 변경
}
int main() {
    int a[3] = {1, 2, 3};
    change(a);                      // 배열 이름 a를 전달하면 a[0]의 주소가 전달
    printf("%d", a[0]);             // change 함수에서 a[0]이 99로 변경됨
}
```

[출력 결과]
99

03 변수의 종류

1) 지역 변수(Local Variable)

- 함수 내부에서 선언된 변수로 함수가 호출될 때 생성되고, 함수 종료 후 소멸한다.
- 다른 함수에서는 접근 불가하다. 즉 동일 이름의 변수가 여러 함수에 있어도 상관없다.

```c
void f() {
    int x = 10;                     // 함수 f 안에서만 사용하는 지역 변수
}
```

2) 전역 변수(Global Variable)

- 모든 함수 밖에서 선언된 변수로, 프로그램 시작 시 생성되며 프로그램 종료까지 유지된다.
- 프로그램 실행 시 모든 함수에서 접근이 가능하다.

```c
int g = 10;                         // 모든 함수에서 사용 가능한 전역 변수
void f() {
    printf("%d", g);
}
```

```
#include <stdio.h>
int a = 100;            // 전역변수 a
void f() {
    int a = 5;          // 지역변수 a(전역변수 a를 가리는 같은 이름)
    printf("%d", a);    // 지역변수 a 출력
}
int main() {
    f();
}
```

[출력 결과]
5

3) static 지역 변수

static으로 선언된 지역 변수는 프로그램 종료까지 소멸되지 않고 유지된다.

```
void f() {
    static int x = 0;   // 프로그램 시작 시 한 번만 0으로 초기화되고 함수 호출이 끝나도 값은 유지
    x++;
    printf("%d ", x);
}
int main() {
    f(); f(); f();      // 세 번의 호출
}
```

[출력 결과]
1 2 3

04 재귀 함수(Recursive Function)

재귀 함수는 함수 내부에서 자기 자신을 다시 호출하는 함수이다. 큰 문제를 똑같은 구조의 더 작은 문제로 쪼개면서, "함수 → 자기 자신 호출 → 또 자기 자신 호출 → …" 이런 식으로 반복해서 해결해 나가는 방식이다.

재귀 함수는 무한히 호출되지 않도록, 더 이상 쪼갤 수 없는 지점(종료 조건, 기저 사례)에서 재귀 호출을 멈추고 값을 반환하는 구조로 작성해야 한다.

1) 재귀 함수의 기본 구조

재귀 함수는 반드시 종료 조건과 재귀 호출의 두 파트를 포함해야 한다.

▼ 재귀 함수 구조 예시

```
void f(int n) {
    if (n <= 0) return;   // 종료 조건(Base Case)
    f(n-1);               // 재귀 호출(Recursive Call)
}
```

① 재귀 호출 흐름(Call Stack)

`f(3);`

호출: f(3) → f(2) → f(1) → f(0)
반환: f(3) ← f(2) ← f(1) ← f(0)

- 재귀 호출은 함수가 자기 자신을 부를 때, 호출된 함수들이 "위로 차곡차곡 쌓였다가 거꾸로 하나씩 내려오는 과정"이라 볼 수 있다.
- 함수를 호출할 때마다, 그 함수의 매개변수/지역 변수/실행 위치 정보가 스택에 하나씩 쌓인다.
- 재귀 호출이 더 이상 진행되지 않고 종료 조건에 도달하면, 그때부터는 마지막에 쌓인 함수부터 차례대로 반환(return) 되며 스택에서 사라진다.
- 즉 재귀는 "호출은 앞으로, 결과 정리는 거꾸로" 진행된다고 이해할 수 있다.

② 재귀 구조 출력

```
void f(int n) {
    if (n == 0) return;
    printf("%d ", n);
    f(n-1);              // 출력 → 재귀 호출
}
main() {
    f(3);
}
```

```
void f(int n) {
    if (n == 0) return;
    f(n-1);
    printf("%d ", n);    // 재귀 호출 → 출력
}
main() {
    f(3);
}
```

[출력 결과]
3 2 1

[출력 결과]
1 2 3

같은 재귀 구조를 가져도 printf가 위에 있냐, 아래에 있냐에 따라 그 결과가 달라진다. 즉 호출할 때 출력하는가, 되돌아올 때 출력하는가의 차이이다.

2) 재귀 함수와 반복문의 차이

재귀 함수는 반복문에 비해 느리고 까다로울 수 있지만 알고리즘 표현에는 재귀가 더 직관적일 수 있다.

구분	반복문	재귀
형태	for, while 등 이용	함수 호출 이용
사용 자원	변수 직접 조작	호출 스택 사용
속도	빠름	상대적으로 느림

01 다음 C언어 프로그램의 실행 결과를 쓰시오.

```c
#include <stdio.h>
void f(char s[]) {
    s[1] = 'x';
}int main() {
    char s[] = "DOG";
    f(s);
    printf("%s", s);
}
```

[정답]

DxG

[해설]

배열을 함수 인자로 전달할 때는 배열의 주소(참조)가 전달되기 때문에, 함수 안에서 s[1]을 바꾸면 호출한 쪽의 실제 배열 내용이 직접 수정되어 최종 출력 결과가 "DOG"가 아니라 "DxG"가 된다.

02 다음 C언어 프로그램의 실행 결과를 쓰시오.

```c
#include <stdio.h>
int a = 20;
int main() {
    int a = 5;
    printf("%d", a);
}
```

[정답]

5

[해설]

같은 이름의 전역 변수와 지역 변수가 동시에 존재할 때, 함수 내부에서는 지역 변수가 우선되므로 이 코드는 화면에 5를 출력한다.

```
#include <stdio.h>
int fact(int n) {
    if (n == 1) return 1;
    return n * fact(n - 1);
}
int main() {
    printf("%d", fact(5));
}
```

[정답]

120

[해설]

이 코드는 재귀 함수를 이용해 n! 팩토리얼을 계산한다.

n이 1이면 팩토리얼은 1이므로 1을 반환한다. (기저 조건)

그렇지 않으면 n과 fact(n-1) 결과를 곱하여 반환한다.

재귀적으로 n이 1이 될 때까지 호출하여 최종 결과를 도출한다.

• fact(5) → 5 × fact(4)

• fact(4) → 4 × fact(3)

• fact(3) → 3 × fact(2)

• fact(2) → 2 × fact(1)

• fact(1) → 1 (기저 조건)

04 다음 C언어 프로그램의 실행 결과를 쓰시오.

```
#include <stdio.h>
void f(int n) {
    if (n == 0) return;
    printf("A");
    f(n - 1);
    printf("B");
}
int main() {
    f(2);
}
```

[정답]
AABB

[해설]
f(2)
   n == 0이 아니므로 "A" 출력 → A
  f(1) 호출
     f(1)에서도 "A" 출력 → AA
    f(0) 호출
      f(0)은 n == 0이므로 아무 것도 출력하지 않고 바로 return
    f(1)으로 되돌아와 "B" 출력 → AAB
  다시 f(2)로 돌아와 마지막 "B" 출력 → AABB

05 다음 C언어 프로그램의 실행 결과를 쓰시오.

```c
#include <stdio.h>
int digit(int n) {
    if (n < 10) return n;
    return (n % 10) + digit(n / 10);
}
int main() {
    printf("%d", digit(235));
}
```

[정답]

10

[해설]

return (n % 10) + digit(n / 10);은 n의 마지막 자릿수(n % 10) 와 나머지 앞부분 숫자들 n / 10의 자릿수 합 digit(n/10)을 더한 값을 반환한다.

- digit(235)
  - → 235 〈 100이 아니므로
  - → (235 % 10) + digit(235 / 10)
  - → 5 + digit(23)
- digit(23)
  - → 23 〈 100이 아니므로
  - → (23 % 10) + digit(23 / 10)
  - → 3 + digit(2)
- digit(2)
  - → 2 〈 10이므로 그대로 2 반환

이제 아래에서부터 값을 계산하면

- digit(2) = 2
- digit(23) = 3 + 2 = 5
- digit(235) = 5 + 5 = 10

06 다음 C언어 프로그램의 실행 결과를 쓰시오.

```c
int fib(int n) {
    if (n <= 2) return 1;
    return fib(n - 1) + fib(n - 2);
}
int main() {
    printf("%d", fib(6));
}
```

[정답]

8

[해설]

주어진 fib 함수는 재귀함수를 이용한 피보나치 수 $F(n) = F(n-1) + F(n-2)$ $(n \geq 3)$ 계산 함수이다.

n이 2 이하이면 1을 반환(기저 조건)하고, 그 외에는 fib(n-1)과 fib(n-2)를 재귀 호출하여 결과를 더한 값을 반환한다.

- fib(6) → fib(5) + fib(4)
- fib(5) → fib(4) + fib(3)
- fib(4) → fib(3) + fib(2)
- fib(3) → fib(2) + fib(1)
- fib(2) → 1 (기저조건)
- fib(1) → 1 (기저조건)

각 단계 결과가 더해지면

- fib(3) = fib(2) + fib(1) = 1 + 1 = 2
- fib(4) = fib(3) + fib(2) = 2 + 1 = 3
- fib(5) = fib(4) + fib(3) = 3 + 2 = 5
- fib(6) = fib(5) + fib(4) = 5 + 3 = 8

SECTION 05 C언어 포인터

난 이 도 **상** 중 하
반복학습 **1** **2** **3**

빈출 태그 포인터 연산자, 이중 포인터, 포인터 문자열, 함수 포인터

01 포인터의 기본

C언어에서 포인터(pointer)는 변수의 메모리 주소를 저장하는 변수로, 일반 변수가 값 자체를 저장하는 것과 달리, 포인터는 그 값이 저장된 "주소"를 저장한다.

포인터는 메모리에 직접 접근하거나, 배열을 효율적으로 처리하거나, 함수에 인수를 '참조 방식'처럼 전달할 때 등 다양한 상황에서 활용된다. 다만 초기화하지 않은 포인터는 쓰레기값(알 수 없는 주소)을 가지므로, 항상 NULL이나 유효한 주소로 반드시 초기화한 뒤에 사용해야 한다.

정리하면 포인터는 "값 그 자체가 아니라, 그 값이 저장된 위치(주소)를 가리키는 변수"이다.

1) 포인터 선언

① & (주소 연산자)와 * (간접 참조 연산자)

   & : 변수의 주소를 얻는다. (**예** &a)

   * : 포인터가 가리키는 주소의 값에 접근(역참조, dereference)한다.

```
int a = 10;              // 값 : 10
int *p                   // 포인터 변수 선언
p = &a;                  // p에는 'a의 주소' 저장
printf("%d\n", *p);      // 출력 : 10
```

• 포인터를 선언할 때는 *를 사용한다. 위에서 p는 int형 변수의 주소를 저장하는 포인터라는 의미가 된다.

▼ 자료형과 포인터 선언

```
int *p;                  // int를 가리키는 포인터
double *d;               // double을 가리키는 포인터
char *c;                 // char를 가리키는 포인터
```

• 포인터는 값이 아니라 주소를 저장하며, 포인터의 타입은 자신의 크기가 아니라 그 주소를 어떤 자료형으로 해석할지를 나타낸다.

2) 포인터 초기화

포인터는 반드시 유효한 주소를 넣어서 포인터를 초기화한 후에 사용해야 한다.

[잘된 예]
 	
int a = 10;
int *p = &a;
	[잘못된 예]
	
	int *p;
	*p = 10;　　　// p가 아무 주소도 가리키지 않으므로 위험

3) 포인터의 구조

```
int a = 10;
int *p = &a; int a = 10;
int *p = &a;
```

- 예로 a는 10이라는 값을 가지고 메모리 주소가 0x100이라 가정한다면 p는 변수 a의 주소를 저장하는 포인터 즉, p = &a = 0x100이다.
- *p는 p가 가리키는 주소의 값이다. → 즉, *p = a = 10
- *p는 간접 참조의 형태이다. → 포인터가 가리키는 주소에 있는 값

변수 이름	메모리 주소	저장된 값
a	0x100	10
p	0x200	0x100

02 포인터의 활용

1) 포인터와 배열

- 배열의 이름은 첫 번째 원소의 주소처럼 동작한다.

```
int a[3] = {1, 2, 3};
int *p = a;
printf("%d\n", *(p + 1));          // *(p + 1)은 p[0 + 1] 즉, p[1]을 가리킴
```

[출력 결과]
2

- 즉, p[1] == *(p + 1) == a[1]의 구조를 가진다.

```
int a[3] = {1, 2, 3};
int *p = a;
printf("%d %d %d", *p, *(p + 1), p[2]);
```

[출력 결과]
1 2 3

2) 포인터와 2차원 배열

2차원 배열의 이름은 첫 번째 행의 주소이다.

```
int a[2][3];                     // a[i][j] == *(*(a + i) + j)
```

- a   → 첫 행, a[0]의 주소
- a[0] → 첫 행 자체
- &a[0] → 첫 행 a[0]의 주소

3) 포인터와 함수

① 일반적인 함수 호출(Call by Value)

```c
void swap(int a, int b) {
    int temp = a;
    a = b;
    b = temp;
}
int main() {
    int x = 5, y = 10;
    swap(x, y);
    printf("x = %d, y = %d\n", x, y);    // x, y 값은 변경 안 됨
    return 0;
}
```

[출력 결과]
x = 5, y = 10

② 포인터를 이용한 함수 호출(Call by Reference 효과)

```c
void swap(int *a, int *b) {
    int temp = *a;              // 포인터가 가리키는 값 저장
    *a = *b;                    // a가 가리키는 위치에 b의 값 저장
    *b = temp;                  // b가 가리키는 위치에 temp 저장
}
int main() {
    int x = 5, y = 10;
    swap(&x, &y);
    printf("x = %d, y = %d\n", x, y);    // x, y 값이 변경됨
    return 0;
}
```

[출력 결과]
x = 10, y = 5

4) 이중 포인터

이중 포인터는 포인터를 가리키는 포인터로서 포인터 변수의 주소를 저장하는 변수이다. 주로 다중 레벨 포인터 연산이나 함수에서 포인터의 값을 변경해야 할 때 사용한다.

```
int a = 5;
int *p = &a;                    // p는 a의 주소를 가짐
int **pp = &p;                  // pp는 p의 주소를 가짐 (즉, 이중 포인터)
printf("%d\n", **pp);
```

[출력 결과]
5

▶ *p와 **p의 차이(위 코드에 대한 해석)

표현	의미
p	a의 주소
*p	a의 실제값
pp	p의 주소
*pp	p의 값(a의 주소)
**pp	a의 값

5) 포인터 문자열

문자열은 문자 배열(char[])로 구성되며, 문자열을 가리키는 포인터는 char * 형식으로 선언된다.

```
char *p = "Hello";

[H][e][l][l][o][\0]
 ↑
 p (문자열 첫 주소)
```

- p는 문자열의 첫 문자 주소를 가진다.
- p[i]와 *(p+i)는 동일하다.
- 문자열 리터럴은 수정할 수 없다. (수정하면 에러 또는 예측불가)

▼ 포인터 문자열 활용 예시

```
char *p = "ABC";
printf("%c", p[1]);
printf("%c", *(p + 2));
```

[출력 결과]
BC

```
char *p = "KOREA";
printf("%c %c", p[2], *(p + 4));
```

[출력 결과]
R A

▼ 이중 포인터로 문자열 접근

```
char *s[] = {"aaa", "bbb", "ccc"};
char **p = s;
printf("%s", p[1]);        // "bbb"
printf("%c", p[2][0]);     // 'c'
```

[출력 결과]
bbbc

6) 포인터 연산(Pointer Arithmetic)

포인터는 "자료형 크기"를 기준으로 이동한다. 즉, 포인터에 +1을 하면 자료형 크기만큼 주소가 증가한다.

- int = 4byte라면 포인터에서

  p = 1000

  p + 1 = 1004

  p + 2 = 1008로 정수+1이 아니라 다음 요소의 주소로 이동하는 것이다.

03 함수 포인터

함수도 메모리에 저장되므로 "주소"가 존재한다. 함수 포인터는 특정 함수의 시작 주소를 가리키고, 그 포인터를 통해 함수를 호출할 수 있다.

```
int (*pf)(int, int);      // int 두 개를 인자로 받아 int를 반환하는 함수를 가리키는 포인터 변수 pf
```

- 반환형 : int
- 매개변수 : (int, int)
- pf는 "그런 형태의 함수를 가리키는 포인터"

▼ 기본 함수 포인터 사용 방법

```
int add(int a, int b) {
    return a + b;
}
int main() {
    int (*fp)(int, int);
    fp = add;
    printf("%d", fp(3, 4));
}
```

[출력 결과]
7

▼ 함수 포인터 배열

```
int add(int a, int b) { return a + b; }
int sub(int a, int b) { return a - b; }
int main() {
    int (*fp[2])(int, int) = { add, sub };
    printf("%d", fp[1](10, 3));
}
```

[출력 결과]
7

▼ 함수 포인터 매개변수 전달 방법

```
int mul(int a, int b) { return a * b; }
void run(int (*f)(int, int)) {
    printf("%d", f(5, 6));
}
int main() {
    run(mul);
}
```

[출력 결과]
30

▼ 함수 포인터를 이용한 조건 선택 방법

```c
int add(int a, int b) { return a + b; }
int sub(int a, int b) { return a - b; }
int main() {
    int (*fp)(int, int);
    fp = add;
    printf("%d ", fp(8, 3));        // 11
    fp = sub;
    printf("%d", fp(8, 3));         // 5
}
```

[출력 결과]
11 5

🏴 **기적**의 TIP

Java와 Python에서 포인터가 없는 이유

- Java는 JVM(Java Virtual Machine)이 메모리 관리를 자동으로 수행하며, 보안성과 안정성을 위해 참조만 허용하도록 설계되었다.
- Python은 참조 기반 언어로서, 모든 값을 객체로 취급하고 이를 참조로 다루도록 설계하여 코드의 단순성과 안전성을 높였다.

01 다음 C언어 프로그램의 실행 결과를 쓰시오.

```c
#include <stdio.h>
int main() {
    int a[3] = { 1,2,3 };
    int *p = a;
    p++;
    printf("%d", *p);
}
```

[정답]
2

[해설]
p는 배열 a의 첫 번째 요소인 a[0]을 가리키는 포인터이고, p++ 연산은 포인터를 다음 요소로 이동시켜 p가 a[1]을 가리키게 만든다.
따라서 *p는 a[1]의 값인 2가 출력된다.

02 다음 C언어 프로그램의 실행 결과를 쓰시오.

```c
#include <stdio.h>
int main() {
    int a[3] = { 4, 5, 6 };
    int *p = a;
    printf("%d", *(p + 2));
}
```

[정답]
6

[해설]
p는 int형 포인터이며 배열 a의 첫 번째 요소 주소인 &a[0]을 가리킨다.
*(p + 2)는 포인터 p에서 두 칸 뒤의 요소 값을 의미하므로 a[2], 즉 값 6을 참조하게 된다.

03 다음 C언어 프로그램의 실행 결과를 쓰시오.

```c
#include <stdio.h>
int main() {
    int a[2][3] = { 1, 2, 3, 4, 5, 6 };
    printf("%d", *(*(a + 1) + 2));
}
```

[정답]
6

[해설]
a는 2행 3열 크기의 2차원 배열로, a + 1은 두 번째 행(인덱스 1, 즉 {4, 5, 6})의 주소를 가리킨다.
*(a + 1)은 두 번째 행 자체를 의미하고, *(a + 1) + 2는 두 번째 행의 세 번째 요소(a[1][2])의 주소이다.
((a + 1) + 2)는 이 주소가 가리키는 값, 즉 a[1][2]를 의미하며, 값은 6이다.

04 다음 C언어 프로그램의 실행 결과를 쓰시오.

```c
#include <stdio.h>
int main() {
    char *p = "ABCDEF";
    printf("%c", *(p + 3));
}
```

[정답]
D

[해설]
*(p + 3)은 포인터 p에서 3칸 뒤, 즉 p[3]를 가리키므로 문자열 "ABCDEF"에서 네 번째 문자 'D'가 출력된다.

05 다음 C언어 프로그램의 실행 결과를 쓰시오.

```c
#include <stdio.h>
int main() {
    char *p = "ABCDEF";
    printf("%c", *p + 2);
}
```

[정답]

C

[해설]

*p는 문자열 "ABCDEF"의 첫 번째 문자 'A'를 의미하고, *p + 2는 'A'의 ASCII 코드 값 65에 2를 더한 67이 된다.
printf("%c", *p+2);는 이 코드값 67을 문자로 출력하므로, 결과는 문자 'C'가 된다.

06 다음 C언어 프로그램의 실행 결과를 쓰시오.

```c
#include <stdio.h>
int main() {
    char *s[] = {"cat", "dog", "fox"};
    char **pp = s;
    printf("%c", *(*(pp + 2) + 1));
}
```

[정답]

o

[해설]

s는 "cat", "dog", "fox"를 가리키는 문자열 포인터 배열이고, pp는 이 배열의 첫 번째 원소를 가리키는 이중 포인터로 pp == s처럼 동작한다.
pp + 2는 s[2], 즉 "fox"를 가리키고, *(pp + 2)는 "fox"의 첫 글자를 가리키는 포인터이다.
여기에 + 1을 해서 두 번째 문자 위치로 이동하고, 다시 역참조하면 'o'가 되어 출력된다.

07 다음 C언어 프로그램의 실행 결과를 쓰시오.

```c
#include <stdio.h>
float multiply(float x, float y) {
    return x * y;
}
float divide(float x, float y) {
    return x / y;
}
int main() {
    float (*funcPtr)(float, float);
    funcPtr = multiply;
    printf("%.2f ", funcPtr(5.5, 2.0));
    funcPtr = divide;
    printf("%.2f", funcPtr(10.0, 4.0));
    return 0;
}
```

[정답]

11.00 2.50

[해설]

함수 포인터 funcPtr은 float(float, float) 형태의 함수를 가리킬 수 있는 포인터이다.

먼저 funcPtr = multiply;로 설정하여 funcPtr(5.5, 2.0)을 호출하면 multiply(5.5, 2.0)과 동일하게 동작하며, 계산 결과는 11.0이 된다. 이를 printf("%.2f ", ⋯);로 출력하면 소수 둘째 자리까지 포맷이 적용되어 11.00이 화면에 출력된다.

이후 funcPtr = divide;로 바꾸어 funcPtr(10.0, 4.0)을 호출하면 divide(10.0, 4.0)과 같은 효과로 2.5가 계산되고, printf("%.2f", ⋯);에 의해 2.50이 출력된다.

따라서 전체 실행 결과는 11.00 2.50이 순서대로 출력되며, 함수 포인터를 통해 서로 다른 함수를 번갈아 호출할 수 있음을 보여주는 예제이다.

SECTION 06 C언어 파일 처리

난이도 상**중**하
반복학습 **1** **2** **3**

빈출태그 파일 포인터, EOF, 파일 입출력 함수

01 파일 처리(File I/O)

파일(File)이란 프로그램 외부에 저장되는 데이터이다. C언어에서 파일을 다룰 때는 FILE 포인터를 사용한다.

1) FILE 포인터의 개념

C언어에서 파일의 읽기/쓰기는 FILE 구조체를 가리키는 포인터를 사용한다.

```
FILE *fp;
```

① 파일 열기 – fopen()

```
FILE *fopen(const char *filename, const char *mode);
```

- FILE * : 파일을 나타내는 구조체에 대한 포인터(파일 포인터)
- filename : 열고 싶은 파일 이름 (문자열)
- mode : "r", "w", "a", "r+" 같은 파일 모드 문자열
- 반환값 : 파일을 가리키는 FILE * 포인터를 반환, 실패하면 NULL

② 파일 모드

fopen으로 파일을 열 때, 그 파일을 "어떤 용도와 방식으로" 사용할지를 지정하는 것이다.

▶ **파일 모드 종류**

모드	의미
"r"	읽기 전용 (파일 있어야 함)
"w"	쓰기 전용 (없으면 생성, 있으면 덮어씀)
"a"	추가 모드 (없으면 생성)
"r+"	읽기/쓰기 (파일 있어야 함)
"w+"	읽기/쓰기 (기존 내용 삭제)
"a+"	읽기/쓰기 (추가 전용)

③ 파일 닫기 - fclose()

```
fclose(fp);
```

2) 파일 입출력 함수

① C언어 파일 입출력 함수

C언어의 파일 입출력은 기본적으로 〈stdio.h〉에 정의된 함수에 FILE * 포인터를 사용하는 방식이다.

역할	함수 사용 예
문자 단위 입력	fgetc(fp)
문자 단위 출력	fputc('A', fp)
문자열 단위 입력	fgets(str, sizeof(str), fp)
문자열 단위 출력	fputs("Hello", fp)
형식화 입력	fprintf(fp, "%d %s", num, str)
형식화 출력	fscanf(fp, "%d %s", &num, str)

② 파일 끝 확인 - feof()와 EOF

- EOF(End Of File)는 stdio.h에 정의된 매크로 상수로서 파일의 끝에 도달했는지 확인하는 특별한 값이다.

feof() 사용 예	EOF 사용 예

feof() 사용 예
EOF 사용 예
while (!feof(fp)) {
   ...
}
	while (fgetc(fp) != EOF) {
	   ...
	}

02 파일 포인터의 사용

▼ 파일 쓰기 사용 예시

```
#include <stdio.h>
int main() {
    FILE *fp = fopen("data.txt", "w");
    fprintf(fp, "Hello\n");
    fprintf(fp, "123");
    fclose(fp);
}
```

[data.txt 내용]
Hello
123

▼ 파일 읽기 + 출력 예시

```
#include <stdio.h>
int main() {
    FILE *fp = fopen("data.txt", "r");
    char str[30];
    fgets(str, sizeof(str), fp);
    printf("%s", str);
    fgets(str, sizeof(str), fp);
    printf("%s", str);
    fclose(fp);
}
```

[출력 결과]
Hello
123

▼ fgetc로 문자 개수 세기

```
#include <stdio.h>
int main() {
    FILE *fp = fopen("data.txt", "r");
    int ch, cnt = 0;
    while((ch = fgetc(fp)) != EOF) {
        cnt++;
    }
    printf("%d", cnt);                      // \n까지 하나의 문자로 포함해서 9
}
```

[출력 결과]
9

▼ fscanf로 숫자 여러 개 읽기(num.txt의 내용 : 10 20 30)

```
#include <stdio.h>
int main() {
    int a, b, c;
    FILE *fp = fopen("num.txt", "r");
    fscanf(fp, "%d %d %d", &a, &b, &c);
    printf("%d", a + b + c);
}
```

[출력 결과]
60

01 다음 C언어 프로그램의 실행 결과를 쓰시오.

```
[data.txt 내용]
Hello World
```

```c
#include <stdio.h>
int main() {
    FILE *fp = fopen("data.txt", "r");
    char str[10];
    fgets(str, 10, fp);
    printf("[%s]", str);
}
```

[정답]

[Hello Wor]

[해설]

fgets(str, 10, fp)는 9글자까지 읽고 마지막에 널문자('\0')를 붙인다.

"Hello World"에서 처음 9글자 "Hello Wor"까지만 읽어 str에 저장된다.

따라서 "Hello Wor"라는 문자열이 대괄호 안에 출력된다.

02 다음 C언어 프로그램의 실행 결과를 쓰시오.

```
[data.txt 내용]
XYZ
```

```c
#include <stdio.h>
int main() {
    FILE *fp = fopen("data.txt", "r");
    int ch = fgetc(fp);
    printf("%c", ch);
}
```

[정답]

X

[해설]

fgetc(fp)는 파일에서 문자 1개를 읽어 int 타입으로 반환하는 함수이다. 파일에서 맨 처음 문자인 'X'를 읽어 ch에 저장한다.
printf에서 %c는 정수 값 ch를 문자로 출력하므로 첫 문자 'X'가 그대로 출력된다.
정리하면 이 프로그램은 data.txt의 첫 번째 문자만 읽어 출력한다.

SECTION
07

사용자 정의 자료형

난이도 상 (중) 하
반복학습 1 2 3

빈출 태그 구조체, 점 연산자, 구조체 포인터, 공용체, 열거체

01 구조체(Structure)

구조체는 서로 다른 자료형의 변수를 묶어서 하나의 새로운 자료형처럼 사용하는 사용자 정의 자료형이다. 구조체 내부에는 원하는 타입의 멤버 변수를 자유롭게 선언할 수 있으며, C언어에서는 멤버 함수 자체를 넣을 수는 없지만, 구조체와 관련된 함수를 따로 정의하거나 함수 포인터를 멤버로 두어 함수처럼 활용할 수 있다.

1) 구조체 정의

```
struct 이름 {
    자료형 변수명;
    반환자료형 함수명();
};
```

```
struct Student{
    int id;
    char name[20];
    double score;
};
```

> **기적의 TIP**
>
> **함수 정의와 구조체 선언의 세미콜론 차이**
> • 구조체 정의는 그 전체가 선언(declaration)으로 취급되므로 세미콜론(;)으로 끝나야 한다.
> • 함수 정의는 그 자체가 하나의 실행 코드(문)이므로 뒤에 세미콜론을 붙이지 않는다.

① 구조체 정의와 변수 선언

```
#include <stdio.h>
struct Student {              // 구조체 정의(틀 만들기)
    int id;
    char name[20];
};
int main() {
    struct Student s;         // 구조체 Student 타입의 변수 s 선언
    ...
}
```

② 정의와 동시에 선언

```
struct Student{
    int id;
    char name[20];
} s1, s2;                          // 구조체 Student 타입의 변수 s1, s2 선언
...
```

2) 구조체 멤버 접근

① 점(.) 연산자를 사용한 접근

```
#include <stdio.h>
#include <string.h>                // strcpy 사용을 위해 필요
struct Student {
    int id;
    char name[20];
};
int main() {
    struct Student s;
    s.id = 10;                     // 구조체 s의 id에 10 대입
    strcpy(s.name, "Lim");         // 구조체 s의 name에 "Lim" 복사
}
```

② -> 연산자를 사용한 접근(구조체 포인터)

```
#include <stdio.h>
struct Student{
    int id;
    char name[20];
};
int main() {
    struct Student s;              // 실제 구조체 변수 선언
    struct Student *p = &s;        // s의 주소를 구조체 포인터 p에 저장
    p->id = 10;                    // (*p).id = 10;과 같은 의미
}
```

02 공용체(Union)

공용체는 C언어에서 여러 멤버가 하나의 메모리 공간을 공유하도록 하는 사용자 정의 자료형이다. 구조체 (struct)가 각 멤버마다 별도의 메모리를 갖는 것과 달리, 공용체는 모든 멤버가 가장 큰 멤버 크기만큼의 메모리를 함께 사용하기 때문에 한순간에 실제로 유효한 값은 하나의 멤버뿐이라고 가정하고 사용한다. 문법은 구조체와 매우 비슷하며, union 키워드를 사용해 공용체 이름과 멤버들을 정의하고, 필요하다면 그 안에 구조체를 멤버로 포함시키는 것도 가능하다. 공용체는 구조체와 마찬가지로 하나의 독립적인 자료형으로, 메모리를 절약하거나 같은 데이터를 여러 형태로 해석해야 할 때 주로 활용된다.

▶ 구조체와 공용체의 차이

구분	구조체	공용체
저장 방식	멤버 각각 저장	모든 멤버가 하나의 공간 공유
크기	모든 멤버 크기 합	가장 큰 멤버 1개 크기
용도	여러 정보 동시 저장	하나의 정보만 저장

```
union 공용체명 {
    자료형 변수명 1;
    자료형 변수명 2;
    자료형 변수명 3;
};
```

```
union Data {
    int x;
    double y;
};
// double이 8바이트이므로 union 크기는 8바이트
```

• 공용체는 메모리 공간을 공유하여 크기를 작게 사용하므로 임베디드나 통신 분야에서 많이 쓰인다.

03 열거체(Enum)

열거체는 의미 있는 정수 상수들을 이름으로 묶어주는 자료형이다.
열거체에서 아무값도 지정해 주지 않으면 초기값은 0이 된다. 그 다음부터는 별도로 지정해주지 않아도 1씩 증가하게 된다.

```
enum 열거체명 {
    상수 멤버 1
    상수 멤버 2
    상수 멤버 3
};
```

```
enum color {
    black,
    red,
    yellow = 10,
    green
};
```

• 위 코드는 black = 0, red = 1, yellow = 10, green = 11로 정의된다.

01 다음 C언어 프로그램의 실행 결과를 쓰시오.

```c
#include <stdio.h>
struct S { int a; int b; };
int main() {
    struct S x = {3, 7};
    printf("%d", x.b);
}
```

[정답]
7

[해설]
struct S x = {3, 7};에서 구조체 변수 x의 멤버 a에는 3, 멤버 b에는 7이 대입된다.
printf("%d", x.b);는 구조체 x의 멤버 b에 저장된 값 7을 출력한다.

02 다음 C언어 프로그램의 실행 결과를 쓰시오.

```c
#include <stdio.h>
struct D { int a; };
int main() {
    struct D arr[3] = { 10, 20, 30 };
    printf("%d", arr[1].a);
}
```

[정답]
20

[해설]
struct D는 정수형 멤버 a 하나만 가진 구조체 타입이다.
struct D arr[3] = { 10, 20, 30 };는 각 값이 순서대로 배열 원소의 멤버 a에 채워져서 arr[0].a = 10, arr[1].a = 20, arr[2].a = 30이 된다.
arr[1]은 두 번째 구조체 요소를 의미하고, 그 멤버 a의 값은 20이므로 printf("%d", arr[1].a);는 20을 출력한다.

03 다음 C언어 프로그램의 실행 결과를 쓰시오.

```
#include <stdio.h>
enum DAY{ MON, TUE = 5, WED };
int main() {
    printf("%d %d", MON, WED);
}
```

[정답]

0 6

[해설]

열거체에서 첫 번째 열거자에 값을 지정하지 않으면 기본값은 0이 된다.

중간에 어떤 열거자에 값을 명시하면 그 열거자는 지정한 값을 가지며, 그 이후에 별도로 값을 지정하지 않은 열거자들은 바로 앞 열거자의 값에서 1씩 증가한 값을 차례대로 갖게 된다.

이 코드에서는 MON = 0, TUE = 5, WED = 6이 된다.

C언어 표준 라이브러리

▶합격 강의

빈출 태그 math.h, stdlib.h, string.h

라이브러리(Library)는 효율적인 프로그램 개발을 위해 자주 사용하는 기능들을 모아 놓은 프로그램들의 집합을 말한다. 필요한 기능이 있을 때마다 매번 처음부터 구현하는 대신, 이미 만들어져 모듈화된 함수나 코드들을 가져다 쓸 수 있도록 제공되는 형태이다. 일반적으로 프로그래밍 언어에서 제공하는 라이브러리는 도움말, 설치 파일, 샘플 코드 등과 함께 배포되어, 개발자가 필요한 기능을 쉽게 찾아 활용할 수 있도록 돕는다.

01 표준 라이브러리

표준 라이브러리는 특정 프로그래밍 언어가 기본적으로 함께 제공하는 라이브러리 집합을 의미한다. 각 언어의 표준 라이브러리는 여러 종류의 모듈과 패키지(또는 헤더 파일)로 구성되어 있으며, 이를 이용하면 별도의 추가 설치 없이 날짜·시간 처리, 수학 연산, 문자열 처리, 입출력 등 다양한 기능을 사용할 수 있다. C언어의 경우, 표준 라이브러리는 〈stdio.h〉, 〈stdlib.h〉, 〈string.h〉, 〈math.h〉와 같은 여러 헤더 파일들로 이루어져 있으며, 이 헤더들을 #include 함으로써 해당 기능들을 사용할 수 있다.

```
#include <헤더 파일>
```

▶ 표준 C언어 라이브러리

함수	헤더파일	사용 예	설명
log	math.h	log(double a);	로그를 계산
log10	math.h	log10(double a);	밑이 10인 로그를 계산
abs	stdlib.h	abs(int n);	정수 인수 n의 절대값을 계산
fabs	math.h	fabs(int n);	실수 인수 n의 절대값을 계산
ceil	math.h	ceil(double a)	실수 소수자리값 올림
floor	math.h	floor(double a)	실수 소수자리값 내림
round	math.h	round(double a)	실수 소수자리값 반올림
pow	math.h	pow(double a, double b);	값 a의 b제곱을 계산
sqrt	math.h	sqrt(double a);	x의 제곱근을 계산(루트)
sin	math.h	sin(double a);	x의 삼각함수 sin을 계산
cos	math.h	cos(double a);	x의 삼각함수 cos를 계산
tan	math.h	tan(double a);	x의 삼각함수 tan을 계산
atoi	stdlib.h	atoi(char str);	문자열을 정수로 변환

malloc	stdlib.h	*malloc(size_t size);	동적 메모리 할당
rand	stdlib.h	rand(void);	임의의 난수를 생성하는 함수
strcat	string.h	*strcat(string1, string2);	string2를 string1에 연결
strcpy	string.h	*strcpy(string1, string2);	string2를 string1에 복사
strlen	string.h	strlen(string);	string 문자열길이를 계산
strcmp	string.h	strcmp(a,b)	문자열 비교 같을 때 0, a)b일 때 양수, 아닐 때 음수
memset	string.h	memset(ptr, value, size)	메모리 공간을 특정 값으로 채움

02 외부 라이브러리

외부 라이브러리는 표준 라이브러리와 달리 개발자가 따로 설치해야 하는 라이브러리를 말한다. 누구나 직접 라이브러리를 만들어 배포할 수 있으며, 다른 사람이 만든 라이브러리를 인터넷 등을 통해 다운로드해 프로젝트에 추가하여 사용할 수도 있다.

외부 라이브러리는 보통 라이브러리 파일(예 .lib, .a, .dll, .so 등)과 헤더 파일(.h) 형태로 제공된다. 헤더 파일을 #include 해서 함수 선언 등을 가져오고, 라이브러리 파일은 컴파일/링크 단계에서 링커 옵션을 통해 명시적으로 연결(link) 해 주어야 실제로 실행 파일에서 해당 라이브러리 코드를 사용할 수 있다.

```
#include "mylib.h"
```

01 다음 C언어 프로그램의 실행 결과를 쓰시오.

```c
#include <stdio.h>
#include <math.h>
int main() {
    printf("%.0f", pow(2, 3) + sqrt(9));
}
```

[정답]

11

[해설]

pow(2, 3)은 2의 3제곱, sqrt(9)는 9의 제곱근을 구한다.

따라서 pow(2, 3) + sqrt(9)의 값은 8.0 + 3.0 = 11.0이 된다.

printf()에서 %.0f는 실수를 소수점 이하 0자리까지 출력하되, 반올림해서 표시하는 형식 지정자이므로, 최종적으로 화면에는 11이 출력된다.

02 다음 C언어 프로그램의 실행 결과를 쓰시오.

```c
#include <stdio.h>
#include <string.h>
int main() {
    int a[5] = { 1, 2, 3, 4, 5 };
    memset(a, 0, sizeof(a));
    printf("%d", a[4]);
}
```

[정답]

0

a[5] = {1, 2, 3, 4, 5}에서 memset(a, 0, sizeof(a))는 sizeof(a) = 5 * 4바이트(32비트 int) = 20바이트이고 배열 전체를 바이트 단위로 0으로 채운다. 결과적으로 a는 {0, 0, 0, 0, 0}이 된다.

해당 코드를 변경하여 memset(a, 0, 8)로 선언 되었다면 8바이트 중 앞 4바이트 두 개만 0으로 채워져 a[5] = {0, 0, 3, 4, 5}가 된다.

03 다음 C언어 프로그램의 실행 결과를 쓰시오.

```c
#include <stdio.h>
#include <string.h>
int main() {
    char name[3][10] = { "Lee", "Kim", "Park" };
    char temp[10];
    int i, j;
    for (i = 0; i < 2; i++) {
        for (j = i + 1; j < 3; j++) {
            if (strcmp(name[i], name[j]) > 0) {
                strcpy(temp, name[i]);
                strcpy(name[i], name[j]);
                strcpy(name[j], temp);
            }
        }
    }
    for (i = 0; i < 3; i++) {
        printf("%s ", name[i]);
    }
}
```

[정답]

Kim Lee Park

[해설]

strcmp(name[i], name[j]) > 0는 문자열 name[i]가 name[j]보다 사전 순으로 뒤에 있을 때 참이 된다. (ASCII 코드값을 기준으로 비교하며, name[i]가 더 크면 양수 반환)

조건이 참이면 temp 배열을 이용해 name[i]와 name[j]의 문자열을 서로 교환한다.

이 과정을 이중 for문으로 반복하면서 문자열 배열 name을 사전 순(오름차순)으로 정렬한다.

따라서 정렬이 끝난 뒤 출력되는 결과는 "Kim Lee Park" 순서가 된다.

04 다음 C언어 프로그램의 실행 결과를 쓰시오.

```c
#include <stdio.h>
#include <string.h>
int main() {
    char a[10] = "AB";
    char b[] = "CD";
    strcat(a, b);
    printf("%s", a);
}
```

[정답]
ABCD

[해설]
strcat(a, b)는 문자열 a와 b를 이어 붙인다. "AB" 뒤에 "CD"가 붙어 "ABCD"가 된다.

객체지향 프로그래밍 언어

객체지향 프로그래밍을 공부할 때는 먼저 클래스 · 객체 · 생성자 · 메서드 · 필드 관계
를 이해하고, this, super, 접근 제어자, static, final을 통해 객체의 상태를 숨기고 관
리하는 법(캡슐화)을 익히는 것이 중요하다.

그다음 상속, 오버라이딩 · 오버로딩, 다형성, 추상 클래스 · 인터페이스를 통해 공통
기능은 위로 올리고, 구체 동작은 아래로 나누는 구조를 연습하면 된다.

여기에 예외 처리와 String/Math/Arrays/ArrayList 같은 표준 라이브러리 사용법만
더하면, 실제 프로그램을 안정적으로 설계 · 구현할 수 있는 기본기가 갖춰진다.

JAVA 기초 및 기본 문법

▶ 합격 강의

빈출 태그 Java 출력 함수, Java 자료형, 배열, for each

❶ JAVA의 입출력

JAVA에서 사용자 입력은 보통 Scanner 객체(또는 다른 입력 도구)를 먼저 생성하고, 그 객체의 메서드를 이용해 선언한 변수에 값을 저장하는 방식으로 처리한다. 예를 들어 Scanner sc = new Scanner(System.in);으로 입력 도구를 만들고, sc.nextInt(), sc.nextLine() 같은 메서드로 키보드 입력 값을 변수에 넣는다.

출력은 System.out.println(), System.out.print(), System.out.printf() 등을 이용해 화면(콘솔)에 문자열이나 변수 값을 보여준다. 필요에 따라 FileInputStream, FileWriter, BufferedWriter 같은 클래스를 사용해 파일 입출력을 할 수 있으며, 이때는 보통 try-catch 구문을 이용해 예외 처리를 함께 수행하는 것이 특징이다.

 **JAVA 표준 입출력 명령어**

입력 함수	Scanner	표준 입력 함수
	System.in.read	문자 입력 함수
	Scanner.nextLine	문자열 입력 함수(행 기준 입력)
출력 함수	System.out.write	표준 출력 함수
	System.out.print	문자 출력 함수
	System.out.println	문자열 출력 함수(출력후 개행)
	System.out.printf	형식 지정 출력(C언어와 유사)

1) JAVA 출력 응용

- 문자열을 출력할 때는 큰따옴표(" ")로 묶어야 한다.
- 문자열 리터럴 또는 문자열 변수를 연속으로 출력할 때는 + 연산자를 이용해 문자열을 이어 붙인다.
- 숫자 + 숫자는 덧셈 연산이지만, "문자열" + 숫자처럼 문자열과 숫자가 섞이면 숫자가 문자열로 변환된 뒤 문자열 연결이 된다.

명령	결과
System.out.print("PA"+"TH")	PATH
System.out.print("abc"+123)	abc123
System.out.print("PATH"+(2000+26))	PATH2026
System.out.print("Hello"); System.out.print("World");	HelloWorld

System.out.println("Hello"); System.out.println("World");	Hello World
int a=10; System.out.printf("a = %d\n", a); System.out.printf("%.2f", 3.14159);	a = 10 3.14

2) JAVA 입력 응용

Scanner로 정수, 실수, 문자열을 입력받을 때는 nextInt(), nextDouble(), next(), nextLine()처럼 자료형과 형태에 맞는 메서드를 사용한다.

▶ Scanner 주요 메서드

메서드	의미
nextInt()	정수 입력
nextDouble()	실수 입력
next()	공백 전까지 문자열
nextLine()	한 줄 전체 문자열
nextBoolean()	boolean 입력

02 JAVA의 자료형

JAVA의 데이터 타입(자료형)은 기본형(primitive type)과 참조형(reference type)으로 나눌 수 있다. 기본형 변수는 int, double, boolean처럼 값 자체를 직접 저장하며, 참조형 변수는 배열, 클래스 객체, 문자열(String)처럼 실제 데이터가 있는 객체의 주소(참조)를 저장한다.

1) 기본형(Primitive Type)

값 자체를 바로 저장하는 가장 단순한 형태의 자료형이다.

종류	타입	크기	예시
논리형	boolean	1byte	true/false
문자형	char	2byte(유니코드)	'A', '가'
정수형	byte	1byte	−128 ~ 127
	short	2byte	−32768 ~
	int	4byte	기본 정수형
	long	8byte	숫자 뒤에 L
실수형	float	4byte	숫자 뒤에 F
	double	8byte	기본 실수형

2) 참조형(Reference Type)

- 참조형에는 String, 배열(int[] 등), 그리고 new로 생성하는 모든 클래스 객체가 포함된다.
- 참조형 변수는 힙(Heap)에 생성된 객체의 주소(참조)를 저장하고, 그 참조값을 담고 있는 변수 자체는 보통 스택(Stack) 프레임 안에 존재한다고 이해하면 된다.
- 이 중 String은 참조형이지만 불변(immutable) 클래스로, 한 번 만들어진 문자열 내용은 변경되지 않고, 문자열 리터럴은 JVM이 특별하게 관리한다.
- 또한 문자열 내용 비교 시에는 ==가 아니라 반드시 equals() 메서드를 사용해 값을 비교해야 한다.

3) JAVA의 배열과 반복문

JAVA에서 배열은 같은 자료형의 데이터를 여러 개 연속된 공간에 저장하고, 인덱스를 통해 하나의 이름으로 관리하는 자료구조이다.

형태	예시
선언	int[] arr;
선언 + 크기 지정	int[] arr = new int[5];
선언 + 초기화	int[] arr = {10, 20, 30};

① 배열 길이(length)

length는 배열의 길이를 나타내는 필드(변수)이다.

```
public class Main {
    public static void main(String[] args) {
        int[] a = { 1, 2, 3, 4, 5 };
        System.out.println(a.length);           // 5 출력

        String s = "Hello";
        System.out.println(s.length());         // 5 출력 (문자열에는 length() 메서드 사용)
    }
}
```

② 향상된 반복문 - for each

- 대부분의 제어문과 반복문은 C언어와 거의 동일하지만, JAVA에는 추가로 향상된 for문(for-each문)이 있다.
- for-each문은 배열이나 리스트의 길이만큼 자동으로 반복하면서, 각 요소를 순서대로 변수에 꺼내어 사용할 수 있게 해 주는 반복 방식이다.

```
for (제어변수 : 배열) {
    문장;
}
```

```
int[] nums = { 3, 6, 9 };
for (int n : nums) {
        System.out.println(n);
}
```

예상문제

01 다음 JAVA 프로그램의 실행 결과를 쓰시오.

```java
public class Main {
    public static void main(String[] args) {
        System.out.printf("원주율 = %.3f\n", 3.141592);
        System.out.printf("%d + %d = %d\n", 3, 5, 3+5);
    }
}
```

[정답]
원주율 = 3.142
3 + 5 = 8

[해설]
Java의 System.out.printf는 C언어의 printf와 유사하게 형식 지정자를 사용한 서식 출력을 지원한다.
위 코드에서 %.3f는 실수를 소수 셋째 자리까지 출력하되, 넷째 자리에서 반올림하여 표시하라는 의미이다.
%d는 정수 값을 10진수 형태로 출력하는 형식 지정자이다.

02 다음 JAVA 프로그램의 실행 결과를 쓰시오.

```java
public class Main {
    public static void main(String[] args) {
        String a = "Hello";
        String b = new String("Hello");
        System.out.println(a == b);
        System.out.println(a.equals(b));
    }
}
```

[정답]

false

true

[해설]

a == b는 두 변수가 같은 객체(같은 주소)를 가리키는지를 비교하는 연산이다.

• a는 문자열 리터럴 "Hello"이고, b는 new String("Hello")로 새로 생성된 객체

→ 서로 다른 객체이므로 a == b는 false 출력

a.equals(b)는 문자열의 내용(문자들이 같은지)을 비교하는 메서드이다.

• "Hello"와 "Hello"

→ 내용이 같으므로 true 출력

03 다음 JAVA 프로그램의 실행 결과를 쓰시오.

```java
public class Main {
    public static void main(String[] args) {
        int a = 3;
        int b = 4;
        a += b;
        b %= a;
        System.out.println(a + ", " + b);
    }
}
```

[정답]

7, 4

[해설]

$a = a + b = 3 + 4 = 7$

$b = b \% a = 4 \% 7 = 4 \rightarrow 4$는 7로 나누어지지 않으므로 몫은 0, 나머지는 4

04 다음 JAVA 프로그램의 실행 결과를 쓰시오.

```java
public class Main {
    public static void main(String[] args) {
        int x = 5;
        System.out.println(x++ + ++x);
    }
}
```

[정답]

12

[해설]

x++는 값으로는 5를 사용하고 6으로 증가한다.
++x는 7로 증가시키고 값으로 사용한다.
따라서 5 + 7 = 12이다.

05 다음 JAVA 프로그램의 실행 결과를 쓰시오.

```java
public class Main {
    public static void main(String[] args) {
        System.out.print(2 * 1000 + 26 + "PATH");
    }
}
```

[정답]

2026PATH

[해설]

자바에서 + 연산자는 숫자끼리일 때는 산술 덧셈, 문자열이 끼어들면 문자열 결합으로 동작한다.

2 * 1000 + 26 + "PATH"에서는 연산자 우선순위에 따라 먼저 2 * 1000 = 2000, 그다음 2000 + 26 = 2026이 계산되고, 마지막에 2026 + "PATH"가 되어 "2026PATH"가 출력된다.

만약 System.out.print("PATH" + 2 * 1000 + 26);라면, 먼저 2 * 1000 = 2000이 계산되어 "PATH" + 2000이 되고, 여기서부터는 왼쪽이 문자열이므로 이후의 +는 모두 문자열 결합으로 처리되어 "PATH2000" + 26 → "PATH200026"이 출력된다.

06 다음 JAVA 프로그램의 실행 결과를 쓰시오.

```java
public class Main {
    public static void main(String[] args) {
        int[] a = { 2, 3, 4 };
        int result = 1;
        for (int n : a) {
            result *= n;
        }
        System.out.println(result);
    }
}
```

[정답]

24

[해설]

for-each 반복문을 사용해 배열 a의 각 요소를 변수 n에 순서대로 할당한다.

• 첫 번째 반복: result = 1 * 2 = 2

• 두 번째 반복: result = 2 * 3 = 6

• 세 번째 반복: result = 6 * 4 = 24

객체지향 개념

▶합격 강의

빈출 태그 객체지향 구조, new, 캡슐화, 추상화, 상속, 다형성

01 객체지향 프로그래밍 개요

객체지향 프로그래밍(Object-Oriented Programming, OOP)은 현실 세계의 사물이나 개념을 객체(object)라는 단위로 나누어 각각을 프로그램 속에서 모델링하는 프로그래밍 방식이다.

1) 객체지향의 구조와 특징

• 객체는 속성(데이터, 필드)과 동작(메서드)을 함께 가지며, 이를 클래스로 설계해서 필요할 때마다 객체로 생성한다.

개념	설명
객체(Object)	속성과 동작을 가지는 실제 사물의 추상화된 표현 (예 학생, 자동차)
클래스(Class)	객체를 생성하기 위한 설계도 (예 학생 클래스 → 이름, 나이, 공부)
인스턴스(Instance)	클래스 기반으로 생성된 실체(객체)
메시지(Message)	객체 간에 데이터를 전달하거나 동작을 요청하는 방법 (메서드 호출 등)

• 객체지향 프로그래밍은 캡슐화, 상속, 다형성과 같은 개념을 통해 복잡한 코드를 구조적으로 나누고, 중복을 줄이며, 기능 확장과 수정이 쉽도록 돕는다.

▶ OOP의 4대 특징

특징	설명
추상화(Abstraction)	공통된 속성과 동작만을 선별하여 정의 예 동물이라는 추상클래스 → 울다()
캡슐화(Encapsulation)	데이터와 기능을 하나로 묶고 외부 접근 제한 예 private 필드 + getter/setter
상속(Inheritance)	기존 클래스의 속성과 동작을 새로운 클래스가 물려받음 예 학생 → 사람을 상속
다형성(Polymorphism)	같은 메시지에 대해 다른 방식으로 반응 예 draw() → 원, 사각형, 삼각형 각각 다르게 실행

2) 객체지향의 장점

객체지향 설계를 사용하면 유지보수성과 재사용성을 크게 높일 수 있어, 규모가 큰 소프트웨어를 만들 때 특히 큰 장점이 된다.

① **코드 재사용성 높음** : 상속과 모듈화로 공통 기능을 재사용하고, 중복 코드를 최소화할 수 있다.

② **유지보수 용이** : 캡슐화와 인터페이스 분리를 통해 내부 구현을 바꿔도 외부 코드에 미치는 영향을 줄일 수 있다.

③ **현실 세계 모델링 쉬움** : 객체 단위로 역할과 책임을 나누어, 실제 도메인 구조를 코드에 자연스럽게 반영할 수 있다.

④ **대규모 시스템에 적합** : 모듈 간 독립성을 높여 팀 단위 개발과 기능 추가·수정이 수월해진다.

▶ 절차지향 vs 객체지향

비교 항목	절차지향(Procedure)	객체지향(Object-Oriented)
중심 개념	함수, 순차적 처리	객체, 메시지 중심
유지보수	어려움	쉬움
재사용성	낮음	높음
확장성	구조 변경 필요	유연한 확장 가능

02 객체와 클래스

1) 객체

- 객체란 속성(상태, attribute)과 행동(동작, behavior)을 함께 가진 모든 존재를 말한다.
- 예를 들어 "자동차" 객체를 생각해 보면,
  속성 : 색상, 브랜드, 현재 속력
  행동 : 달린다(run), 멈춘다(stop)
  처럼 구분할 수 있다.
- 객체지향 프로그래밍(OOP)에서는 이렇게 하나의 객체가 데이터(속성)와 그 데이터를 다루는 함수(메서드)를 함께 묶은 단위로 정의되며, 프로그램은 이 객체들이 서로 메시지를 주고받고 협력하면서 동작하도록 설계된다.

2) 클래스(Class)

클래스는 객체를 생성하기 위한 설계도로, 클래스 안에는 객체가 가질 속성(필드, 멤버 변수)과 동작(메서드)이 미리 정의되어 있다.

```
public class Car {
    String Vehicle;                 // 필드(속성)
    int speed;
    void drive() {                  // 메서드(동작)
        System.out.println("RUN!");
    }
}
```

- 클래스는 "형식(type)", 즉 어떤 객체가 가져야 할 속성과 메서드를 정의한 설계도이다.
- 객체는 "그 형식의 실제(instance)", 즉 클래스를 바탕으로 실제로 만들어진 구체적 존재이다.

① 객체(Object) 생성

객체는 클래스를 이용하여 만든 실제 인스턴스이다. new 연산자를 사용해 생성한다.

```
Car myCar = new Car();          // 객체 생성 : 클래스이름 변수이름 = new 클래스이름(생성자매개변수);
myCar.color = "Red";            // 속성(필드) 설정
myCar.drive();                  // 메서드 호출
```

- Car myCar = new Car();
  → Car 클래스 설계도를 바탕으로 new로 실제 객체(인스턴스)를 생성하고, 그 참조(주소)를 myCar 변수에 저장한다.
- myCar.color = "Red";
  → myCar 객체의 color 필드 값을 "Red"로 설정한다. (Car 클래스 안에 String color; 같은 필드가 정의되어 있어야 함)
- myCar.drive();
  → Car 클래스 안에 정의된 drive() 메서드를 호출하여, myCar 객체가 수행하는 동작을 실행한다.

② 메서드(Method)

- 메서드는 클래스 안에 정의된 동작(기능)을 수행하는 코드 블록을 의미한다.
- JAVA에서는 일반적인 함수와 역할은 거의 같지만, 반드시 클래스 내부에 속해 있어야 하며, 그 클래스로부터 생성된 객체를 통해 호출되거나 static으로 직접 호출된다.

▼ 메서드의 구조

```
[접근제한자] [반환형] [메서드이름](매개변수) {        public int add(int a, int b) {
    // 실행할 문장                                    return a + b;
    return 값;                                   }
}
```

③ 인스턴스(Instance)

- 인스턴스는 클래스로부터 생성된, 실제 메모리에 존재하는 구체적인 객체를 의미한다.
- 같은 클래스라도 여러 개의 인스턴스를 만들 수 있으며, 각 인스턴스는 서로 다른 상태(속성 값)를 가질 수 있다.

```
Car myCar = new Car();          // Car → 클래스
                                // myCar → 인스턴스(객체)
```

03 객체지향의 핵심

1) 캡슐화(Encapsulation)

- 캡슐화는 객체의 속성(변수)과 기능(메서드)을 하나로 묶고, 외부에서 내부 데이터를 직접 접근하지 못하도록 보호하는 개념이다.
- 보통 멤버 변수는 private으로 숨기고, public 메서드(getter/setter 등)를 통해서만 값을 읽거나 변경하도록 설계한다.
- 이렇게 하면 내부 구현을 마음대로 바꾸더라도, 외부에서 사용하는 인터페이스(메서드)는 그대로 유지할 수 있어 안정성과 유지보수성이 높아진다.

▼ 캡슐화 예시

```
class Account {
    private int balance;              // 잔액: 외부에서 직접 접근이나 조작 불가 (정보 은닉)
    public void deposit(int m) {       // 입금 기능 (메서드를 통해서만 변경)
        balance += m;
    }
    public int getBalance() {          // 현재 잔액 조회 (읽기 전용 인터페이스)
        return balance;
    }
}
```

기적의 TIP

캡슐화의 핵심 효과
- 내부 데이터 보호
- 변경에 안전
- 외부와 내부의 역할 분리

2) 추상화(Abstraction)

- 추상화는 복잡한 시스템에서 필요한 핵심 기능만 드러내고, 불필요한 내부 구현은 숨기는 개념이다.
- 예를 들어 자동차를 운전할 때, 운전자는 엔진 내부 구조를 몰라도 핸들, 엑셀, 브레이크 같은 단순한 조작 장치(UI)만으로 운전할 수 있다.
- 프로그래밍에서도 마찬가지로, 추상클래스와 인터페이스를 이용해 "무엇을 할 수 있는지(기능의 종류)"만 정의하고, 실제 "어떻게 동작하는지"는 구체적인 클래스에서 구현함으로써 추상화를 실현한다.

3) 상속(Inheritance)

- 상속은 부모(상위) 클래스의 속성과 기능을 자식(하위) 클래스가 물려받아 사용하는 것을 의미한다.

```
class Parent { ... }                // 부모 클래스의 필드와 메서드
class Child extends Parent { ... }  // Parent의 기능 + Child만의 추가 기능
```

- 상속을 사용하면 이미 잘 만들어진 코드를 재사용할 수 있어, 공통 기능을 부모 클래스에 모아두고 자식 클래스에서 확장하거나 변경함으로써 코드 중복을 줄이고 유지보수를 쉽게 만들 수 있다.

4) 다형성(Polymorphism)

- 다형성은 같은 타입(인터페이스/부모 클래스)으로 여러 종류의 객체를 다루되, 실제 인스턴스 종류에 따라 다른 동작이 실행되는 특성이다.

```
Animal a = new Dog();
Animal b = new Cat();
a.eat();              // Dog에서 오버라이드한 eat() 실행
b.eat();              // Cat에서 오버라이드한 eat() 실행
```

- 겉으로는 둘 다 Animal 타입의 eat() 메서드를 호출하지만, 실제로는 참조 변수의 타입이 아니라, 객체(인스턴스)의 실제 타입(Dog, Cat)에 따라 다른 메서드 구현이 실행된다.
- 이 덕분에 공통 인터페이스로 다루되, 구체적인 동작은 각 클래스가 알아서 구현하는 유연한 설계가 가능해진다.

01 다음 JAVA 프로그램의 실행 결과를 쓰시오.

```java
class Student {
    String name;
    int score;
    void study() {
        System.out.println(name + "은 학생입니다.");
    }
}
public class Main {
    public static void main(String[] args) {
        Student s = new Student();
        s.name = "Kim";
        s.score = 90;
        s.study();
    }
}
```

[정답]

Kim은 학생입니다.

[해설]

Student 클래스는 String name과 int score 두 개의 멤버 변수를 가지고 있으며, study() 메서드는 name 값을 이용해 "~은 학생입니다."라는 문장을 출력한다.

Main 클래스의 main 메서드에서는 Student 클래스의 객체 s를 생성하고, s.name에 "Kim", s.score에 90을 대입한다.

이후 s.study()를 호출하면, name 멤버에 저장된 "Kim"이 사용되어 화면에는 Kim은 학생입니다.가 출력된다.

02 다음 JAVA 프로그램의 실행 결과를 쓰시오.

```java
class Account {
    private int balance;
    public void deposit(int m) {
        balance += m;
    }
    public int getBalance() {
        return balance;
    }
}
public class Test {
    public static void main(String[] args) {
        Account a = new Account();
        a.deposit(100);
        System.out.println(a.getBalance());
    }
}
```

[정답]

100

[해설]

Account 클래스는 private int balance; 멤버로 계좌 잔액을 캡슐화하고 있다.
deposit(int m) 메서드는 전달받은 금액 m을 balance에 더해 잔액을 증가시키며, getBalance() 메서드는 현재 잔액 값을 반환한다.
Test 클래스의 main 메서드에서는 Account 객체 a를 생성한 뒤 a.deposit(100);을 호출하여 잔액에 100을 누적한다.
마지막으로 System.out.println(a.getBalance());를 실행하면 현재 잔액인 100이 출력된다.

03 다음 JAVA 프로그램의 실행 결과를 쓰시오.

```java
class Animal {
    void sound(){ System.out.println("어흥"); }
}
class Dog extends Animal {
    void sound(){ System.out.println("멍멍"); }
}
class Cat extends Animal {
    void sound(){ System.out.println("야옹"); }
}
public class Test {
    public static void main(String[] args) {
        Animal a1 = new Dog();
        Animal a2 = new Cat();
        a1.sound();
        a2.sound();
    }
}
```

[정답]
멍멍
야옹

[해설]
Animal 클래스는 기본 sound() 메서드에서 "어흥"을 출력하지만, Dog와 Cat 클래스는 Animal을 상속받아 각각 sound() 메서드를 오버라이딩하여 "멍멍", "야옹"을 출력하도록 재정의하고 있다.
Test 클래스의 main() 메서드에서는 Animal 타입의 참조 변수 a1, a2에 각각 new Dog(), new Cat() 객체를 대입한다.
이후 a1.sound()를 호출하면 실제 객체 타입인 Dog의 sound()가 실행되어 "멍멍"이 출력되고, a2.sound() 호출 시에는 Cat의 sound()가 실행되어 "야옹"이 출력된다.
이처럼 참조 변수 타입은 같지만, 실제 인스턴스 타입에 따라 서로 다른 메서드가 실행되는 것이 바로 다형성과 동적 바인딩 (dynamic binding)의 대표적인 예이다.

상속과 다형성

▶합격 강의

빈출 태그 extends, super, 오버로딩, 오버라이딩

01 상속과 메서드 재정의

1) 상속(Inheritance)

상속이란 기존 클래스(부모 클래스)의 속성과 메서드를 새로운 클래스(자식 클래스)가 물려받아 사용하는 기능이다.

① 상속의 장점

- 상속을 사용하면 공통 기능을 부모 클래스에 모아두고 여러 자식 클래스에서 재사용할 수 있으므로 코드 재사용성이 크게 향상된다.
- 공통 로직을 한 곳(부모 클래스)에서 관리하기 때문에, 수정이 필요할 때 그 부분만 고치면 되어 유지보수가 용이해진다.
- 상속은 "A는 B이다(IS-A)"와 같은 관계를 코드로 자연스럽게 표현할 수 있게 해 주어, 객체지향 설계의 핵심 원리 중 하나로 활용된다.

▼ 상속의 사용 예시

```
class 자식클래스명 extends 부모클래스명 {
    // 자식 클래스만의 추가 기능 정의
}
```

```
class Parent {                              // 부모 클래스 정의
    void greet() {                          // 부모 클래스의 메서드
        System.out.println("Hello from Parent");
    }
}

class Child extends Parent {                // Child 클래스가 Parent 클래스를 상속받음
    void sayHi() {                          // Child 클래스만의 추가 메서드
        System.out.println("Hi from Child");
    }
}
```

- Child 객체는 자신의 메서드 sayHi()뿐 아니라, 부모의 메서드 greet()도 그대로 사용할 수 있다.

② 상속 관계 구조

```
부모 클래스(슈퍼 클래스, Super Class)
    ↑ extends
자식 클래스(서브 클래스, Sub Class)
```

- 상속 관계에서는 부모 클래스(슈퍼 클래스, Super Class) 위에, 이를 확장(extends)하는 자식 클래스 (서브 클래스, Sub Class)가 위치하는 구조를 가진다.
- 자식 클래스는 부모 클래스의 멤버 변수와 메서드를 그대로 물려받아 사용할 수 있어 공통 기능을 재사용할 수 있다.
- 단, 부모 클래스의 private 멤버에는 자식 클래스가 직접 접근할 수 없으며, 이 경우에는 getter/ setter 메서드처럼 공개 메서드를 통해 간접적으로 접근해야 한다.

③ 상속의 특징

- 단일 상속 : Java는 단일 상속만 지원하므로, extends 뒤에는 오직 하나의 부모 클래스만 지정할 수 있다.
- 다형성과의 연결 : 상속은 부모 타입 하나로 여러 자식 객체를 다루게 해 주기 때문에, 다형성 (polymorphism)을 구현하기 위한 기반이 된다.
- 생성자 상속 여부 : 생성자는 상속되지 않지만, 자식 클래스의 생성자에서 super()를 사용해 부모 생성자를 호출할 수 있다.
- 접근 제한 : 부모의 private 멤버는 상속 구조에는 포함되지만, 자식 클래스에서 직접 접근할 수 없으며, 필요하면 getter/setter나 protected 메서드로 우회 접근해야 한다.

2) 메서드 오버라이딩(Overriding)

부모 클래스에 이미 정의된 메서드를, 자식 클래스에서 같은 이름 · 매개변수 · 반환형으로 다시 정의해서 사용하는 것이다.

▼ 오버라이딩 구조 예시1

```java
class Parent {
    void greet() {
        System.out.println("부모 인사");
    }
}
class Child extends Parent {
    @Override
    void greet() {                          // 부모의 greet()를 재정의
        System.out.println("자식 인사");
    }
}
```

- Child는 Parent의 greet()를 그대로 물려받을 수도 있지만, 위처럼 다시 정의해서(오버라이딩) 자식 클래스만의 동작으로 바꿀 수 있다.
- @Override는 부모 메서드를 정확히 오버라이딩하는지 컴파일러가 체크해 주는 역할이므로 항상 붙이는 것이 좋다.

▼ 오버라이딩 구조 예시2

```
class Parent {
    void run(){ System.out.println("Parent run"); }
}
class Child extends Parent {
    @Override
    void run(){ System.out.println("Child run"); }
}
public class Test {
    public static void main(String[] args) {
        Parent p = new Child();              // 부모 타입 변수에 자식 객체 대입 (다형성)
        p.run();                             // 실제 객체 타입 Child의 run()이 호출됨
    }
}
```

[출력 결과]
Child run

- Parent p = new Child(); → 참조 타입은 Parent, 실제 객체는 Child인 상태이다.
- p.run(); 호출 시, 정적 타입(Parent)이 아니라 실제 인스턴스 타입(Child)의 run()이 실행된다. → 오버라이딩 + 다형성 + 동적 바인딩이 합쳐진 전형적인 패턴이다.

▶ 오버라이딩의 조건

구분	조건 설명
메서드 이름	부모 메서드와 이름이 같아야 함 예 void run() → 자식도 void run()
매개변수(파라미터)	타입, 개수, 순서가 모두 같아야 함, 다르면 오버로딩
반환형	반환형이 동일해야 함
접근 제어자	부모보다 같거나 더 넓은 범위여야 함 예 protected → public (O), public → protected (X)

3) super 키워드

super는 부모 클래스의 멤버에 접근할 때 사용하는 키워드이다.

```java
class Parent {
    String name = "부모";
}

class Child extends Parent {
    String name = "자식";

    void showName() {
        System.out.println(name);         // 자신의 name → "자식"
        System.out.println(super.name);   // 부모의 name → "부모"
    }
}
```

02 다형성과 메서드 호출

1) 다형성(Polymorphism)

다형성이란 같은 이름의 메서드 호출이라도, 실제 어떤 객체냐에 따라 다르게 동작하는 성질을 말한다. 즉, 하나의 인터페이스(부모 타입)로 여러 가지 구현(자식 클래스들)을 다룰 수 있는 것이 다형성의 핵심이다.

```java
Parent p = new Child();
p.method();
```

- 참조 변수 타입 : Parent
- 실제 객체 타입 : Child
- 실행되는 메서드 : Child에서 오버라이딩한 메서드

정리하면, 다형성에서는 변수의 선언 타입이 아니라 "실제 객체의 타입"을 기준으로 어떤 메서드가 실행될지가 결정된다.

▶ 다형성의 종류

종류	설명
오버라이딩(Overriding)	부모 클래스의 메서드를 자식 클래스가 재정의 예 draw() 메서드를 도형마다 다르게 함
오버로딩(Overloading)	하나의 클래스 내에 같은 이름의 메서드를 매개변수 다르게 정의 예 print(int), print(String)
업캐스팅(Upcasting)	자식 클래스 객체를 부모 타입으로 참조 예 Animal a = new Dog();
인터페이스 구현	동일한 인터페이스를 각 클래스가 다르게 구현 예 Runnable 구현 클래스들

```java
class Animal {
    void sound() {
        System.out.println("동물이 소리를 낸다");
    }
}
class Dog extends Animal {
    @Override
    void sound() {
        System.out.println("멍멍");
    }
}
class Cat extends Animal {
    @Override
    void sound() {
        System.out.println("야옹");
    }
}
public class Test {
    public static void main(String[] args) {
        Animal a1 = new Dog();
        Animal a2 = new Cat();
        a1.sound();   // 멍멍
        a2.sound();   // 야옹
    }
}
```

- Animal 클래스는 기본 sound() 메서드에서 "동물이 소리를 낸다"를 출력한다.
- Dog와 Cat 클래스는 Animal을 상속받아 sound() 메서드를 각각 "멍멍", "야옹"으로 오버라이딩했다.
- main 메서드에서 Animal a1 = new Dog();, Animal a2 = new Cat();처럼 부모 타입(Animal) 변수에 자식 객체(Dog, Cat)를 저장하는 다형성을 사용한다.
- a1.sound(); 호출 시 실제 객체 타입이 Dog이므로 "멍멍"이 출력되고, a2.sound(); 호출 시 실제 객체 타입이 Cat이므로 "야옹"이 출력된다.
- 정리하면 동일한 메서드 호출(sound())이지만 실제 인스턴스 타입에 따라 다른 결과가 나오는 다형성의 예시이다.

2) 오버로딩(Overloading)

오버로딩은 같은 이름의 메서드를 매개변수 목록만 다르게 해서 여러 개 정의하는 것을 말한다. 이때 조건은 메서드 이름은 같고, 매개변수의 타입·개수·순서가 달라야 하며, 반환형은 오버로딩 성립 여부와는 관계가 없다.

```
void add(int a) { }
void add(int a, int b) { }
void add(double a) { }
```

▶ 오버로딩 vs 오버라이딩

구분	오버로딩	오버라이딩
정의	같은 이름, 서로 다른 매개변수	부모 메서드를 자식이 재정의
시점	컴파일 할 때	실행할 때
매개변수	다르게	동일하게
반환형	상관없음	동일하거나 covariant
워드	없음	@Override

01 다음 JAVA 프로그램의 실행 결과를 쓰시오.

```java
class A { int x = 10; }
class B extends A { int y = 20; }
public class Main {
    public static void main(String[] args) {
        B b = new B();
        System.out.println(b.x + b.y);
    }
}
```

[정답]

30

[해설]

class B extends A이므로 B 클래스는 A 클래스를 상속받는다. 따라서 B 객체는 자신이 가진 멤버 변수 y뿐 아니라, 부모 클래스 A의 멤버 변수 x도 함께 가진다.

B 클래스는 int y = 20;이라는 멤버 변수를 새로 정의하고 있고, A 클래스에서 상속받은 int x = 10;도 함께 포함된 상태가 된다.

new B()로 생성된 객체 b는 부모 클래스 A로부터 상속된 x 값 10, 자신이 가진 y 값 20을 모두 갖게 된다.

따라서 b.x + b.y는 10 + 20 = 30을 출력한다.

02 다음 JAVA 프로그램의 실행 결과를 쓰시오.

```java
class A {
    void show() { System.out.println("A"); }
}
class B extends A {
    void show() { System.out.println("B"); }
}
public class Main {
    public static void main(String[] args) {
        A a = new B();
        a.show();
    }
}
```

[정답]

B

[해설]

A 클래스의 show() 메서드는 "A"를 출력하고, B 클래스는 A를 상속받아 show() 메서드를 오버라이딩하여 "B"를 출력하도록 재정의한다.

A a = new B(); 구문은 부모 타입 참조 변수 a에 자식 클래스 B 객체를 대입하는 다형성(polymorphism) 구조이다.

a.show()를 호출하면, 참조 변수 타입은 A이지만 실제 객체 타입은 B이므로, 부모의 show()가 아니라 B에서 오버라이딩한 show() 메서드가 실행되어 "B"가 출력된다.

03 다음 JAVA 프로그램의 실행 결과를 쓰시오.

```java
class Test {
    void print(int x) { System.out.println("int"); }
    void print(String s) { System.out.println("String"); }
}
public class Main {
    public static void main(String[] args) {
        Test t = new Test();
        t.print("K");
    }
}
```

[정답]
String

[해설]
Test 클래스에는 같은 이름의 print 메서드가 두 개 정의되어 있는데, 하나는 int형 매개변수를 받고, 다른 하나는 String형 매개변수를 받는다.
t.print("K"); 구문에서는 "K"가 문자열이므로 void print(String s) 메서드가 선택되어 호출되고, 그 결과 "String"이 출력된다.
이처럼 자바의 메서드 오버로딩은 메서드 이름은 같지만 매개변수의 타입, 개수, 순서가 다른 메서드를 여러 개 정의할 수 있게 해주는 기능이다. 메서드를 호출할 때, 컴파일러가 전달된 인수의 타입을 보고 가장 적절한 메서드를 자동으로 골라 호출한다.

04 다음 JAVA 프로그램의 실행 결과를 쓰시오.

```java
public class Main {
    static void sum(int a, int b) {
        System.out.println(a + b);
    }
    static void sum(double a, double b) {
        System.out.println(a + b);
    }
    public static void main(String[] args) {
        sum(3, 4);
        sum(1.5, 2.5);
    }
}
```

[정답]
7
4.0

[해설]
sum(int a, int b)와 sum(double a, double b)는 이름은 같지만 매개변수 타입이 다른 두 개의 메서드이다. (오버로딩)
sum(3, 4) 호출 시 두 인수가 모두 int 타입이므로 sum(int, int) 버전이 선택된다.
· 계산: 3 + 4 = 7
sum(1.5, 2.5) 호출 시 두 인수가 모두 double 타입이므로 sum(double, double) 버전이 선택된다.
· 계산: 1.5 + 2.5 = 4.0

05 다음 JAVA 프로그램의 실행 결과를 쓰시오.

```java
class A { void call() { System.out.println("A"); } }
class B extends A { void call() { System.out.println("B"); } }
public class Main {
    public static void main(String[] args) {
        A x = new A();
        A y = new B();
        x.call();
        y.call();
    }
}
```

[정답]

A

B

[해설]

A 클래스의 void call() 메서드는 "A"를 출력하고, B 클래스는 A를 상속받아 같은 이름의 call() 메서드를 오버라이딩하여 "B"를 출력하도록 재정의한다.

A x = new A(); 는 A 타입의 객체를 생성하여 변수 x에 저장하며, x.call()을 호출하면 A 클래스의 call() 메서드가 실행되어 "A"가 출력된다.

A y = new B(); 는 부모 타입 A의 참조 변수 y가 자식 클래스 B 객체를 참조하는 다형성 구조이다.

이 상태에서 y.call()을 호출하면, 참조 타입은 A지만 실제 객체 타입이 B이므로 B 클래스에서 오버라이딩된 call() 메서드가 실행되어 "B"가 출력된다.

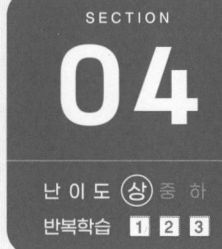

클래스 기반 프로그래밍

빈출 태그 생성자, this, static, final, interface, 예외처리

01 클래스와 생성자

클래스는 "설계도", 객체는 그 설계도로부터 생성된 "실제 실체(메모리에 만들어진 인스턴스)"이다. 클래스에 정의된 필드와 메서드를 바탕으로 여러 객체가 생성되고, 객체마다 독립적인 상태를 유지하면서 메서드를 통해 자신의 기능을 수행한다.

```java
class Car {
    String color;                               // 객체의 상태를 나타내는 필드(멤버 변수)
    int speed;
    Car(String color, int speed) {              // 생성자: 객체 생성 시 초기 상태를 설정
        this.color = color;
        this.speed = speed;
    }
    void drive() {                              // 객체의 동작을 나타내는 메서드
        System.out.println(color + " 자동차가 " + speed + "km/h 속도로 달립니다.");
    }
}
public class Main {
    public static void main(String[] args) {
        Car myCar = new Car("빨간색", 100);       // Car 클래스의 객체(인스턴스) 생성
        Car yourCar = new Car("파란색", 80);
        myCar.drive();                          // 객체의 메서드 호출(동작 실행)
        yourCar.drive();
    }
}
```

[출력 결과]
빨간색 자동차가 100km/h 속도로 달립니다.
파란색 자동차가 80km/h 속도로 달립니다.

객체 생성 과정은 메모리 할당 → 필드 공간 확보 → 생성자 호출로 초기화 → 객체 주소를 변수에 저장하는 흐름으로 진행된다.

- 클래스(Class) : Car는 객체의 설계도 역할을 하며, color, speed 같은 상태(필드)와 drive() 같은 동작(메서드)을 정의한다.
- 객체(Object, 인스턴스) : myCar, yourCar는 Car 클래스로부터 생성된 구체적인 인스턴스로, 실제 메모리에 존재하며 각각 고유한 상태 값을 가진다.
- 생성자(Constructor) : Car(String, int) 생성자는 객체가 생성될 때 자동으로 호출되어, 전달받은 값으로 필드를 초기화한다.

- 메서드 호출(Method Call) : 생성된 각 객체에서 drive()를 호출하면, 그 객체에 저장된 상태(색상, 속도)에 따라 서로 다른 내용이 출력된다.

1) 생성자(Constructor)의 특징

생성자는 객체가 생성될 때 자동으로 실행되는 메서드처럼 생긴 특별한 함수로서 다음의 특징이 있다.

- 클래스 이름과 동일한 이름을 가져야 한다.
- 반환형이 없다. (void도 안 씀)
- new로 객체를 생성할 때 자동으로 호출된다.
- 같은 클래스 안에 여러 개를 만들 수 있다. (매개변수를 다르게 해서 오버로딩 가능)

```
class A {
    A() {                          // 생성자
        System.out.println("생성!");
    }
}
```

- new A();를 하면 위 생성자가 자동으로 실행되어 "생성!"이 출력된다.

2) 생성자 형태와 사용 패턴

① 기본 생성자

```
class A { }
// 실제로는 컴파일 시 아래와 같은 기본 생성자가 자동으로 추가됨
// A() { }
```

- 생성자를 하나도 직접 정의하지 않으면, 컴파일러가 매개변수 없는 기본 생성자 A()를 자동으로 만들어 준다.
- 하지만 사용자가 생성자를 하나라도 정의하면, 기본 생성자는 자동으로 생성되지 않으므로 필요하면 직접 A(){ }를 써줘야 한다.

② 생성자 오버로딩

```
class Point {
    int x, y;
    Point() { x = 0; y = 0; }
    Point(int a, int b) { x = a; y = b; }
}
```

- Point()와 Point(int, int)처럼 매개변수 목록이 다른 생성자를 여러 개 정의할 수 있다.
- 이런 방식으로 객체를 만들 때 초기값을 다양하게 설정할 수 있다.

③ this() – 같은 클래스의 다른 생성자 호출

```
class A {
    A() { this(10); }
    A(int x) { System.out.println(x); }
}
```

- this()는 같은 클래스 안의 다른 생성자를 호출할 때 사용한다. 생성자 안의 첫 줄에만 쓸 수 있다.
- 위 코드에서 this(10);은 같은 클래스의 A(int x) 생성자를 호출하는 의미이다.
- 이런 방식은 중복 초기화 코드를 줄이고, 한 생성자에서 다른 생성자로 초기화를 몰아줄 때 유용하다.

3) 참조와 상속

① this 키워드

- this는 "현재 객체 자신"을 가리키는 참조이다.
- 주로 멤버 변수와 매개 변수(또는 지역 변수)의 이름이 같을 때 구분하기 위해 사용된다.

```
class A {
    int x;
    A(int x) {
        this.x = x;                          // this.x = 멤버 변수,   x = 매개 변수
    }
}
```

② super 키워드

- super는 "부모 클래스(슈퍼 클래스)를 가리키는 참조"이다.
- 주로 부모의 멤버(필드, 메서드)에 접근하거나, 부모 생성자를 호출할 때 사용된다.

```
class Parent {
    String name = "부모";
}
class Child extends Parent {
    void showName() {
        System.out.println(super.name);      // 부모의 name 출력
    }
}
```

- 자식 생성자는 기본적으로 항상 super()를 한 번 호출하며, 이를 통해 부모 클래스 부분이 먼저 초기화된 뒤, 자식 클래스가 초기화된다.

4) 멤버 제어와 공유

① 접근 제어자(Access Modifier)

접근 제어자는 클래스, 필드, 메서드 등이 어디까지 접근 가능한지를 결정하는 키워드이다.

제어자	접근 범위
public	어디서나 접근 가능
protected	같은 패키지 + 다른 패키지의 자식 클래스
default(생략)	같은 패키지 내에서만 접근 가능
private	같은 클래스 내부에서만 접근 가능

- 필드(속성)는 보통 private으로 두고, public 메서드(getter/setter)를 통해 간접 접근한다. (캡슐화)
- 메서드는 외부에서 사용해야 하는 기능이면 public으로 한다.
- 상속 관계에서만 자식에게 열어주고 싶은 멤버는 protected를 사용한다.

② static(정적 멤버)

static은 클래스에 속하는 멤버를 의미한다. 객체마다 따로 존재하는 것이 아니라 클래스 당 하나만 존재하며, 모든 객체가 함께 공유한다.

```
class Counter {
    static int count = 0;        // 모든 객체가 공유하는 정적 변수
    Counter() { count++; }       // 객체가 생성될 때마다 count 증가
}

Counter c1 = new Counter();      // count = 1
Counter c2 = new Counter();      // count = 2
```

- 객체 생성 없이 클래스이름.멤버 형태로 접근 가능하다.
- static 메서드 안에서는 인스턴스 멤버(객체에 속한 필드/메서드)에 직접 접근할 수 없다. 인스턴스 멤버를 쓰려면 객체를 먼저 생성한 뒤, 그 객체를 통해 접근해야 한다.

③ final

final은 한번 정해지면 바꿀 수 없다는 의미의 키워드이다. 값, 메서드, 클래스의 변경을 금지하는 데 사용된다.

```
final int MAX_VALUE = 100;
MAX_VALUE = 200;                 // 오류! final 변수는 재할당 불가
```

- final이 변수 앞에 쓰이면 상수로 설정되어 재할당 불가능하다.
- final이 메서드 앞에 쓰이면 오버라이딩할 수 없어 설계 상 이 동작은 변경되지 않아야 한다는 의도이다.
- final이 클래스 앞에 쓰이면 그 클래스는 더 이상 상속될 수 없다.

02 고급 클래스 설계와 안정성

1) 추상 클래스(Abstract Class)

추상 클래스는 객체를 직접 만들 수 없는 미완성 설계도이다.

```
abstract class Animal {
    abstract void sound();                    // 추상 메서드(몸체 없음)
    void eat() { System.out.println("eat"); }
}
```

- 추상 메서드가 1개라도 있으면, 클래스도 abstract로 선언해야 한다.
- new Animal()처럼 직접 객체를 생성할 수 없다.
- 상속받은 자식 클래스는 추상 메서드를 반드시 구현(오버라이딩)해야 한다.
- 공통된 기본 동작은 미리 구현해 두고, 구체적인 동작은 자식 클래스에 맡기는 구조에 사용할 때 유용하다.

2) 인터페이스(Interface)

인터페이스는 클래스가 어떤 기능을 제공해야 하는지를 정의하는 기능 명세서, 규약(약속) 역할을 한다.

```
interface Soundable {
    void sound();
}
class Dog implements Soundable {
    public void sound() { System.out.println("Bang!"); }
}
```

- 인터페이스의 모든 메서드는 자동으로 public abstract로 취급된다.
- 인터페이스에 선언된 변수는 자동으로 public static final(상수)이다.
- 클래스는 여러 인터페이스를 동시에 구현(implements)할 수 있어, 다중 상속의 효과를 인터페이스로 구현한다.
- 공통 규약을 정의하는 표준 API 설계, 다양한 구현을 교체해 쓰는 다형성 구성에 매우 강력하게 사용된다.

▶ 추상 클래스 vs 인터페이스

구분	추상 클래스	인터페이스
목적	공통 속성 + 기본 기능	규약 제공, 기능 명세
메서드	추상 + 일반 메서드	기본적으로 추상 메서드
변수	인스턴스 변수	상수만 존재
상속	단일 상속	다중 구현 가능
생성자	O	X

3) 예외 처리(Exception Handling)

예외 처리는 프로그램 실행 중에 발생하는 오류(예외 상황)를 안전하게 처리하는 표준 방식이다. 예외가 발생했을 때 프로그램이 바로 종료되는 대신, try – catch 블록을 통해 적절히 처리하고 흐름을 제어할 수 있다.

```
try {
                        // 예외 발생 가능 코드
} catch(Exception e) {
                        // 예외가 발생했을 때 실행할 코드 (복구, 로그, 사용자 안내 등)
} finally {
                        // 예외 발생 여부와 상관없이 항상 실행되는 블록 (선택 사항)
                        // 주로 파일 닫기, 연결 해제 등의 정리 작업에 사용
}
```

▶ 예외처리 클래스

예외처리 클래스 종류	설명
Exception	모든 예외 클래스의 최상위 클래스
ArithmeticException	0으로 나누기 등 산술 연산 오류 발생 시
NullPointerException	null 상태인 객체를 참조할 때 발생
ArrayIndexOutOfBoundsException	배열 인덱스가 범위를 벗어났을 때
ClassCastException	잘못된 타입으로 형 변환 시
NumberFormatException	문자열을 숫자로 변환할 때 형식이 맞지 않으면 발생
IOException	입출력 작업 실패 시 발생하는 체크 예외
FileNotFoundException (IOException의 하위)	지정한 파일을 찾지 못했을 때
SQLException	데이터베이스 작업에서 문제 발생 시
IllegalArgumentException	잘못된 인수를 메서드에 전달했을 때
IndexOutOfBoundsException	리스트나 스트링 등에서 인덱스 범위 초과 시 발생

01 다음 JAVA 프로그램의 실행 결과를 쓰시오.

```java
class X {
    X() { this(3); }
    X(int a) { System.out.println(a); }
}
public class Main {
    public static void main(String[] args) {
        new X();
    }
}
```

[정답]

3

[해설]

X 클래스에는 두 개의 생성자가 있다.

매개변수가 없는 생성자 X()에서는 this(3);를 호출하여, 같은 클래스의 다른 생성자인 X(int a)를 호출한다.

따라서 new X();를 실행하면 먼저 매개변수 없는 생성자 X()가 호출되고, 그 안에서 this(3);에 의해 X(int a)가 이어서 호출된다.

X(int a) 생성자는 전달받은 값 3을 출력한다.

02 다음 JAVA 프로그램의 실행 결과를 쓰시오.

```java
class C {
    static int n = 0;
    C() { n++; }
}
public class Main {
    public static void main(String[] args) {
        new C();
        new C();
        System.out.println(C.n);
    }
}
```

[정답]

2

[해설]

n은 static으로 선언되어 있어 클래스 C에 속하는 정적 변수이다. 즉, 객체마다 따로 존재하는 인스턴스 변수가 아니라, 클래스 당 하나만 존재하며 모든 객체가 공유하는 변수이다.

생성자 C()가 호출될 때마다 n++이 실행되어 n의 값이 1씩 증가한다.

main에서 new C();를 두 번 호출하므로, 첫 번째 생성자 호출 후 n = 1, 두 번째 생성자 호출 후 n = 2가 된다.

마지막에 System.out.println(C.n);을 출력하면 정적 변수 n의 최종 값인 2가 출력된다.

03 다음 JAVA 프로그램의 실행 결과를 쓰시오.

```java
class A {
    int x = 5;
}
class B extends A {
    int x = 10;
    void f() {
        System.out.println(super.x);
    }
}
public class Main {
    public static void main(String[] args) {
        new B().f();
    }
}
```

[정답]

5

[해설]

B 클래스는 A 클래스를 상속받고, 같은 이름의 멤버 변수 x를 다시 선언하여 부모의 x를 가린다. (필드 숨김, hiding)

B 객체의 f() 메서드 안에서 super.x를 사용하면, 자식의 x가 아니라 부모 클래스 A에 정의된 x를 명시적으로 참조하게 된다.

부모 A의 x 값은 5이므로, System.out.println(super.x);는 5를 출력한다.

만약 super를 쓰지 않고 System.out.println(x);라고만 작성하면, 자식 클래스 B에 선언된 x(값 10)를 참조하게 되어 10이 출력된다.

04 다음 JAVA 프로그램의 실행 결과를 쓰시오.

```java
abstract class A {
    abstract void f();
}
class B extends A {
    void f() { System.out.println("Hi"); }
}
public class Main {
    public static void main(String[] args) {
        A a = new B();
        a.f();
    }
}
```

[정답]

Hi

[해설]

abstract class A는 추상 클래스이므로 new A()처럼 직접 객체를 생성할 수 없고, 상속을 통해서만 사용할 수 있다.

A 내부의 abstract void f();는 추상 메서드로, 메서드의 선언만 있고 구현(몸체)은 없는 상태이다.

class B extends A는 추상 클래스 A를 상속받는 구체 클래스이며, 추상 메서드 f()를 반드시 구현(오버라이딩)해야 한다. B에서 f() 는 "Hi"를 출력하도록 재정의되어 있다.

main에서 A a = new B(); 구문은 부모 타입(A) 변수에 자식 객체(B)를 담는 다형성이고, a.f();를 호출하면 실제 객체 타입인 B의 f() 가 실행되어 "Hi"가 출력된다.

05 JAVA 프로그램의 예외 처리를 위해 다음의 구문을 작성하였을 때, 출력되는 결과를 쓰시오.

```
try {
    int x = 10/0;
} catch(ArithmeticException e) {
    System.out.println("A");
} catch(Exception e) {
    System.out.println("B");
}
```

[정답]
A

[해설]
위 코드에서 0으로 나누기를 시도하므로, JAVA에서 ArithmeticException(산술 예외)가 발생한다.
try 블록에서 이 예외가 던져지면, 아래 catch 구문들을 위에서부터 순서대로 검사하게 된다.
첫 번째 catch(ArithmeticException e)는 발생한 예외 타입과 정확히 일치하므로 이 블록이 실행되고 "A"가 출력된다.
예외가 이미 처리되었기 때문에, 두 번째 catch(Exception e) 블록은 실행되지 않는다.

JAVA 표준 라이브러리

▶ 합격 강의

빈출 태그 String, Math, Arrays

Java는 기본적인 기능을 클래스 형태로 제공하며, 특히 문자열 처리(String), 수학 연산(Math), 배열 처리(Arrays), 컬렉션 처리(Collections/ArrayList) 등이 실기에서 많이 출제된다.

1) String 클래스

문자열을 다루는 클래스로 문자열의 길이, 문자 탐색, 부분 문자열 추출 등이 가능하다.

메서드	설명	예시
length()	문자열 길이 반환	"Java".length() → 4
charAt(i)	i번째 문자(char) 반환	"Java".charAt(0) → 'J'
substring(a, b)	a ~ (b-1)까지 부분 문자열	"Hello".substring(1,3) → "el"
indexOf("문자/문자열")	처음 발견 위치(없으면 -1)	"banana".indexOf("na") → 2
equals(str)	문자열 내용 비교(대소문자 구별)	"Hi".equals("hi") → false
toUpperCase()/toLowerCase()	대/소문자로 변환	"ab".toUpperCase() → "AB"
replace(a, b)	a를 b로 교체	"a-b-c".replace("-", "+")
trim()	양쪽 공백 제거	" hi ".trim() → "hi"

2) Math 클래스

수학 연산을 위한 메서드를 제공한다.

메서드	설명	예시
Math.sqrt(x)	제곱근	Math.sqrt(9) → 3.0
Math.pow(a, b)	a의 b제곱	Math.pow(2, 3) → 8.0
Math.abs(x)	절댓값	Math.abs(-5) → 5
Math.max(a, b)/min(a, b)	두 수 중 최대/최소	Math.max(3, 7) → 7
Math.round(x)	반올림(long)	Math.round(3.6) → 4
Math.random()	0.0 이상 1.0 미만 난수(double)	0.0 <= 값 < 1.0

3) Arrays 클래스

배열 정렬, 비교, 검색 등을 위한 메서드를 제공한다.

메서드	설명
Arrays.sort(arr)	배열 오름차순 정렬
Arrays.toString(arr)	배열을 보기 좋은 문자열로 변환
Arrays.equals(a, b)	두 배열의 요소가 모두 같은지 비교
Arrays.binarySearch(a, key)	정렬된 배열에서 key의 인덱스 검색

4) Random 클래스(난수 생성)

메서드	설명
nextInt(n)	0 ~ n-1 범위의 정수 난수
nextBoolean()	true 또는 false 중 하나 난수
nextDouble()	0.0 이상 1.0 미만 난수(double)

5) ArrayList 클래스

동적으로 크기가 조절되는 배열 기반 리스트로, 순서가 있는 데이터를 관리한다.

메서드	설명
add(element)	맨 뒤에 요소 추가
add(index, element)	지정 위치에 요소 삽입
get(index)	index 위치의 요소 반환
remove(index)	index 위치 요소 제거 + 그 값을 반환
set(index, element)	index 위치 요소를 element로 교체
size()	저장된 요소 개수
contains(element)	해당 요소가 있는지 true/false
clear()	모든 요소 제거
isEmpty()	비어 있는지 여부

```java
import java.util.ArrayList;
import java.util.Collections;

public class ArrayListExample {
    public static void main(String[] args) {
        ArrayList<Integer> list = new ArrayList<>();   // Integer 타입을 담는 ArrayList 생성
        list.add(5);                                    // 요소 추가
        list.add(1);
        list.add(3);
        Collections.sort(list);                         // 오름차순 정렬
        System.out.println("정렬 후: " + list);

        int value = list.get(1);                        // 인덱스 1 위치의 요소 가져오기
        System.out.println("index 1의 값: " + value);
    }
}
```

[출력 결과]
정렬 후: [1, 3, 5]
index 1의 값: 3

01 다음 JAVA 프로그램의 실행 결과를 쓰시오.

```java
public class Main {
    public static void main(String[] args) {
        String s = "ABCDABCD";
        System.out.print(s.indexOf("CD"));
    }
}
```

[정답]

2

[해설]

문자열 s는 "ABCDABCD"이다.

JAVA에서 문자열 인덱스는 0부터 시작한다.

s.indexOf("CD")는 처음 발견된 "CD"의 시작 인덱스인 2를 반환한다.

indexOf(...) 메서드는 찾는 문자열이 없으면 −1을 반환한다.

02 다음 JAVA 프로그램의 실행 결과를 쓰시오.

```java
public class Main {
    public static void main(String[] args) {
        String s = "Hello";
        System.out.print(s.replace("l", "X"));
    }
}
```

[정답]

HeXXo

[해설]

문자열 s는 "Hello"이고 s.replace("l", "X")는 문자열 안에 등장하는 모든 "l"을 "X"로 교체한 새로운 문자열을 반환한다.

참고로 원래 문자열 s 자체가 바뀌는 것이 아니라, 교체된 새로운 문자열을 반환한다.

03 다음 JAVA 프로그램의 실행 결과를 쓰시오.

```java
import java.util.ArrayList;
import java.util.Collections;
public class Main {
    public static void main(String[] args) {
        ArrayList<String> list = new ArrayList<>();
        list.add("dog");
        list.add("cat");
        list.add("bird");
        Collections.sort(list);
        System.out.print(list.get(0));
    }
}
```

[정답]

bird

[해설]

list에는 처음에 "dog", "cat", "bird"가 이 순서로 들어 있다.
Collections.sort(list);를 호출하면 문자열이 알파벳 순으로 정렬되므로 "bird", "cat", "dog" 순서로 재배치된다.
따라서 list.get(0)은 "bird"를 반환한다.

04 다음 JAVA 프로그램의 실행 결과를 쓰시오.

```java
import java.util.Arrays;
public class Main {
    public static void main(String[] args) {
        int[] a = { 8, 2, 5, 1 };
        Arrays.sort(a);
        System.out.print(Arrays.binarySearch(a, 5));
    }
}
```

[정답]

2

[해설]

Arrays.sort(a);를 호출하면 배열이 오름차순으로 정렬되어 a는 {1, 2, 5, 8}이 된다.

Arrays.binarySearch(a, 5)는 배열 a에서 값 5를 이진 탐색으로 찾아 그 인덱스를 반환한다.

정렬된 배열에서 5는 인덱스 2 위치에 있다.

참고로 binarySearch를 사용할 때는 배열이 미리 정렬되어 있어야 올바른 결과가 나온다.

05 다음 JAVA 프로그램의 실행 결과를 쓰시오.

```java
public class Main {
    public static void main(String[] args) {
        System.out.print(Math.max(7, Math.min(4, 9)));
    }
}
```

[정답]

7

[해설]

수식은 괄호 안쪽부터 차례대로 계산된다.

Math.min(4, 9)는 두 수 중 더 작은 값인 4를 반환한다.

이제 식은 Math.max(7, 4)가 되고 두 수 중 더 큰 값 7을 반환한다.

스크립트 프로그래밍 언어

JavaScript의 기본 문법을 바탕으로 DOM 선택/조작과 이벤트 처리를 연습하며, 입력값을 받아 검증하고 결과를 출력하는 전형적인 흐름을 확실히 잡는 것이 중요하다. 그다음 HTML 태그 구조와 폼 요소로 화면의 뼈대를 만들고, CSS로 요소를 원하는 형태로 디자인하는 형태가 된다. 여기에 JSON의 객체/배열 구조를 이해하고 JSON. parse()/JSON.stringify()로 데이터를 변환·전달하는 법까지 더하면, 화면과 데이터가 연결된 동작을 자연스럽게 구성할 수 있다. 마지막으로 Python의 기본 문법(입출력·자료형·조건/반복·함수·예외)을 짧은 문제로 반복해 로직을 빠르게 이해하는 힘을 기르면, 실기에서 요구하는 문제 해결 능력을 안정적으로 키울 수 있다.

JavaScript 기초 및 기본 문법

▶ 합격 강의

난이도 상 중 (하)
반복학습 1 2 3

빈출 태그 console.log, let, const, 자료형, 제어문, 반복문, 배열 메서드

01 JavaScript 개요

JavaScript는 웹 브라우저에서 실행되는 대표적인 스크립트 언어로, HTML(구조), CSS(디자인)와 함께 웹을 구성하는 3대 핵심 기술 중 하나인 프로그래밍 언어이다.

1) JavaScript의 특징

① 인터프리터 언어

코드를 한 줄씩 해석하며 실행하므로, 컴파일 과정 없이 바로 실행 · 수정 · 테스트하기 쉽다.

② 동적 타입(dynamic typing)

변수 선언 시 타입을 미리 정하지 않고, 실행 중에 할당되는 값에 따라 타입이 결정된다. (예 같은 변수에 숫자 → 문자열 순서로 넣어도 문법상 허용)

③ HTML 요소 조작 가능(DOM 연동)

브라우저가 제공하는 DOM(Document Object Model)과 함께 동작하면서 HTML 요소를 선택 · 추가 · 삭제 · 수정할 수 있다.

④ 브라우저 내장 엔진

Chrome(V8), Firefox(SpiderMonkey)와 같이 대부분의 브라우저에 JavaScript 엔진이 내장되어 있어, 별도 설치 없이 ⟨script⟩ 태그만으로 실행 가능하다.

⑤ 서버 사이드에서도 사용 가능

Node.js 환경에서는 브라우저가 아닌 서버 측에서도 JavaScript로 백엔드 로직을 작성할 수 있다.

2) JavaScript의 주요 역할

① 웹 페이지 조작

정적인 HTML 페이지를 움직이고 반응하는 페이지로 바꿔주는 역할을 한다.

- 텍스트 변경 (내용 동적 업데이트)
- 스타일 변경 (색상, 크기, 위치 등)
- 이미지 교체
- 간단한 애니메이션 및 화면 전환 효과

② 사용자 이벤트 처리

사용자의 행동에 맞춰 실시간으로 반응하는 인터랙티브 웹 페이지를 구현한다.

- click : 버튼 클릭 처리
- keydown : 키보드 입력 감지
- change : 입력 값 변경 감지(예 셀렉트 박스, 입력 폼)
- mouseover : 마우스를 올렸을 때 반응

③ 데이터 처리

화면만 꾸미는 것이 아니라 데이터를 주고받고 가공하는 역할까지 담당한다.

- 서버와의 API 통신(AJAX, fetch 등)
- JSON 형식 데이터 전송/파싱
- 입력 값 검증, 간단한 계산/처리 로직 수행

④ 서버 개발(Node.js)

- Node.js 환경에서는 JavaScript로 서버 프로그램을 만들 수 있다.
- Express 같은 프레임워크를 사용하면 웹 서버 구축, REST API 작성, 데이터베이스 연동 등 백엔드 개발도 가능하다.

3) JavaScript의 구조

JavaScript 코드는 보통 HTML 문서 안에 직접 쓰거나, 외부 .js 파일로 분리해 〈script〉 태그로 불러와서 실행한다.

① HTML 내부 〈script〉 태그

- JavaScript 코드는 HTML 문서 안에 〈script〉 태그로 직접 작성할 수 있다.

```
<script>
  alert("Hello");
</script>
```

- 〈script〉 태그는 〈head〉 안에도, 〈body〉 안에도 넣을 수 있다. 보통 〈/body〉 바로 위(본문 맨 끝)에 두는 방식을 권장한다.

```
<body>
  <h1>페이지 제목</h1>
  <script>
    console.log("run");        // console.log로 출력
  </script>
</body>
```

② 외부 파일 불러오기

실제 개발에서는 JavaScript 코드를 별도 파일로 분리하는 것이 일반적이다. HTML과 JS 코드가 분리되어 코드가 더 깔끔해지고 같은 JS 파일을 여러 HTML 페이지에서 재사용 가능하여 유지보수와 협업에 유리하다.

```
[html 파일]                              [app.js 파일]
<script src="app.js"> </script>          console.log("run");
```

4) JavaScript의 변수

JavaScript에서는 변수를 선언할 때 var, let, const 세 가지 키워드를 사용할 수 있다. var는 가급적 쓰지 않고, let과 const를 중심으로 쓰는 것이 일반적인 스타일이다.

① var

- var로 선언한 변수는 같은 이름으로 다시 선언해도 에러가 나지 않고, 선언이 스코프(변수에 접근할 수 있는 범위)의 맨 위로 끌어올려진 것처럼 동작하는 호이스팅이 일어난다.
- 스코프가 블록 {} 단위가 아니라 함수 단위이기 때문에, if나 for 안에서 선언해도 함수 전체에서 접근이 가능하다. 이런 이유로 예측하기 어려운 동작이 나오기 쉬워, 사용에 주의해야 한다.

```
var a = 10;
var a = 20;                   // 재선언 가능
```

② let

- let은 같은 스코프에서 다시 선언할 수 없지만, 값 자체는 재할당이 가능한 변수 선언 방식이다.
- 스코프가 함수가 아니라 블록 단위로 적용되기 때문에, if나 for 내부에서 선언하면 그 블록 안에서만 유효하다.

```
let x = 5;
x = 10;                       // 재할당 가능
let x = 20;                   // 같은 블록에서 다시 선언하면 오류
```

③ const

- const는 한 번 값을 정하면 다시 재할당할 수 없는 상수형 변수를 선언할 때 사용한다.
- let과 마찬가지로 블록 스코프를 가지며, 같은 이름으로 다시 선언할 수도 없다.
- 다만 const로 선언한 값이 객체나 배열일 경우, 변수 자체를 다른 객체로 바꾸는 것은 불가능하지만, 그 객체의 속성이나 배열의 요소는 수정할 수 있다는 점이 중요한 특징이다.

```
const num = 10;
num = 20;                     // 재할당 불가 오류

const user = { name: "Kim" };
user.name = "Lee";           // 객체 내부 값 변경은 가능
```

④ 동적 타입(Dynamic Typing)

- JavaScript는 동적 타입 언어이기 때문에, 변수를 선언할 때 타입을 미리 정하지 않고 값을 바꾸면서 타입도 같이 바뀔 수 있다.
- 즉, 같은 변수 이름에 숫자 → 문자열 → boolean 등을 자유롭게 넣을 수 있다.
- 편리하지만, 타입이 헷갈리면 버그가 발생할 수 있으므로 주의한다.

```
let value = 10;          // 숫자형 선언
value = "Hello";         // 문자열로 변경
value = true;            // 논리값 변경
```

5) JavaScript 자료형(Data Type)

① 원시(primitive) 자료형

원시 값은 하나의 값 자체를 그대로 저장하며, 불변(immutable) 성질을 가진다.

- number : 정수와 실수를 모두 표현하는 숫자 타입이다. (int, double로 나뉘지 않고, 대부분의 숫자는 하나의 number 타입으로 취급)
- string : 문자열 타입이다. 인덱스로 읽기는 가능하나 문자열 자체는 변경 불가능이다.
- boolean : true 또는 false 두 값만 가지는 논리 타입이다.
- undefined : 변수가 선언만 되고 아직 어떤 값도 대입되지 않았을 때 자동으로 들어가는 값이다. (값이 정해진 적 없음)
- null : 개발자가 의도적으로 "값 없음"을 표현할 때 넣는 특수 값이다.
- bigint : 아주 큰 정수를 안전하게 표현하기 위한 타입이다. (123n 같은 표기)
- symbol : 고유하고 변경 불가능한 식별자를 만들 때 사용하는 타입이다. 주로 객체의 숨겨진 키 같은 용도로 사용되며, 서로 다른 Symbol()은 값이 절대 같지 않다.

▶ undefined vs null

값	의미	특징
undefined	변수가 선언만 되고 값이 없을 때	자동으로 부여
null	의도적으로 "값 없음"	직접 대입

② 참조(reference) 자료형

참조 타입은 값 자체가 아니라, 값이 저장된 메모리 주소(참조)를 변수에 저장한다.

- Object : 키 - 값 쌍으로 데이터를 저장하는 기본 참조 타입이다. { name: "Kim", age: 20 }처럼 속성과 메서드를 함께 가질 수 있다.
- Array : 순서가 있는 값들의 컬렉션으로, 사실상 특수한 형태의 객체이다. push, pop, shift 등 메서드를 통해 길이가 동적으로 변한다.
- Function : JavaScript에서 함수는 호출 가능한 객체이기 때문에, 변수에 저장하거나 다른 함수에 전달할 수 있다.
- Date, RegExp 등 기타 내장 객체 : 날짜(Date), 정규표현식(RegExp) 등도 모두 객체로 힙에 저장되며, 참조로 접근한다.

③ typeof 연산자

typeof 연산자는 값의 자료형을 알려주는 연산자이다.

```
console.log(typeof 10);          // "number"
console.log(typeof "Hi");        // "string"
console.log(typeof true);        // "boolean"
console.log(typeof {});          // "object"
console.log(typeof []);          // "object" (배열도 객체의 한 종류)
console.log(typeof undefined);   // "undefined"
```

02 JavaScript 문법

1) 연산자(Operators)

① 대입 및 복합 대입 연산자

변수에 값을 넣거나, 기존 값에 연산을 한 뒤 다시 저장할 때 사용하는 연산자이다.

연산자	의미	사용 예시	결과 설명
=	대입	x = 5	x에 5를 저장
+=	더하고 대입	x += 3	x = x + 3
-=	빼고 대입	x -= 3	x = x - 3
*=	곱하고 대입	x *= 2	x = x * 2
/=	나누고 대입	x /= 2	x = x / 2
%=	나머지를 구하고 대입	x %= 3	x = x % 3

```
let x = 5;
x += 3;                          // 8
x *= 2;                          // 16
```

② 비교(Comparison) 연산자

값을 서로 비교해서 true / false 논리값을 반환하는 연산자이다.

연산자	의미	예시	결과
〉	크다(초과)	5 〉 3	true
〈	작다(미만)	5 〈 3	false
〉=	크거나 같다(이상)	5 〉= 5	true
〈=	작거나 같다(이하)	3 〈= 5	true
= =	값이 같으면 true (타입 변환 O)	5 = = "5"	true
= = =	값과 타입이 모두 같아야 true	5 = = = "5"	false
!=	값이 다르면 true	5 != 3	true
!= =	값 또는 타입이 다르면 true	5 != = "5"	true

▶ == vs === (느슨한 비교 vs 엄격한 비교)

비교식	설명	결과
5 == "5"	값만 비교, "5"를 숫자 5로 변환	true
5 === "5"	값은 같지만 타입이 number vs string	false
"0" == 0	"0"을 숫자 0으로 변환 후 비교	true
"0" === 0	타입이 달라서 바로 false	false

2) 제어문(if else, switch)

① if / else 조건문

조건에 따라 코드의 흐름을 분기할 때 사용하는 가장 기본적인 제어문이다.

```
if (조건) {
    실행문
} else if (다른 조건) {
    실행문
} else {
    실행문
}
```

```
let age = 20;
if (age >= 18) {
    console.log("성인");
} else {
    console.log("미성년자");
}
```

② switch문

• switch 문은 하나의 값에 대해 여러 경우(case)를 나눠 처리할 때 사용한다.
• JavaScript의 switch는 숫자뿐 아니라 문자열도 비교 가능하다는 점이 특징이다.

```
let grade = "B";
switch (grade) {
  case "A":
    console.log("Excellent");
    break;
  case "B":                    // grade는 B이므로 Good 출력
    console.log("Good");
    break;
  default:
    console.log("Fail");
}
```

3) 반복문(for / while / do while)

① for

가장 기본적인 형태의 반복문이다.

```
for(초기식; 조건식; 증감식) {
    실행문;
}
```

```
for (let i = 0; i < 5; i++) {
    console.log(i);
} // 출력: 0 1 2 3 4
```

② for … in

객체(object)의 속성 이름(key)을 순회할 때 사용한다.

```
let user = { name: "Kim", age: 20 };
for (let key in user) {
  console.log(key, user[key]);
}
```

[출력 결과]
name Kim
age 20

③ for … of

배열, 문자열 등 반복 가능한(iterable) 객체의 값을 순회할 때 사용한다.

```
let arr = [10, 20, 30];
for (let v of arr) {
  console.log(v);
}
```

[출력 결과]
10
20
30

기적의 TIP

for … in과 of

- for…in → key(속성 이름)
- for…of → value(값)

---

④ while

조건이 true인 동안 계속 반복한다. 반복 횟수가 정해져 있지 않을 때 주로 사용한다.

```
초기값
while(조건식){
    실행문;
}
```

```
let n = 3;
while (n > 0) {
  console.log(n);
  n--;
}
```

⑤ do while

조건과 상관없이 최소 1번은 실행되는 반복문이다.

```
초기값
do {
    실행문;
} while(조건식);
```

```
let x = 0;
do {
  console.log("Run");
  x++;
} while (x < 2);
```

4) 배열(Array)

배열은 여러 개의 데이터를 순서대로 저장하고 처리하기 위한 가장 기본적인 자료구조이다. JavaScript 의 배열은 크기가 동적으로 변하고 서로 다른 자료형도 함께 담을 수 있으며 다양한 내장 메서드를 제공한다는 점이 특징이다.

▼ 배열 선언 방식

```
arr = [10, 20, 30];          // 리터럴 방식 (일반적 방식)
arr2 = new Array(3);         // 길이가 3인 빈 배열
arr3 = new Array(1,2,3);     // 값 바로 생성
```

① 배열의 인덱스(Index)

배열의 각 요소에는 0부터 시작하는 인덱스 번호가 붙는다.
- 첫 번째 요소 : 인덱스 0
- 마지막 요소 : 인덱스 $length - 1$

```
let a = [5, 10, 15];
console.log(a[0]);              // 5 (첫 번째 요소)
console.log(a[a.length - 1]);  // 15 (마지막 요소)
```

▶ 자주 쓰는 기본 배열 메서드

메서드	설명	예
push()	뒤에 추가	arr.push(40)
pop()	뒤에서 제거	arr.pop()
unshift()	앞에 추가	arr.unshift(5)
shift()	앞에서 제거	arr.shift()
indexOf()	값의 위치 찾기	arr.indexOf(20)
includes()	포함 여부	arr.includes(10)

② 반복문과 배열

▼ 기본 for

```
for (let i = 0; i < arr.length; i++) {
  console.log(arr[i]);
}
```

▼ for of (값 순회)

```
for (let v of arr) {
  console.log(v);
}
```

5) 배열 메서드(고차 함수)

배열 요소를 반복하며 변환, 필터링, 누적하는 데 자주 쓰이는 함수들이다.

① forEach()

배열 요소를 하나씩 순회하며 주어진 함수를 실행한다. (반환값은 undefined)

```
let arr = [1, 2, 3];
arr.forEach(v => console.log(v));
```

[출력 결과]
1
2
3

② map()

각 요소를 변환한 새 배열을 반환한다.

```
let b = [1, 2, 3].map(x => x * 2);
console.log(b);
```

[출력 결과]
[2, 4, 6]

③ filter()

조건을 만족하는 요소만 모아 새 배열로 반환한다.

```
let c = [1, 2, 3, 4].filter(x => x % 2 === 0);
console.log(c);
```

[출력 결과]
[2, 4]

④ reduce()

모든 요소를 하나의 값으로 누적할 때 사용한다.

```
let sum = [1, 2, 3].reduce((acc, cur) => acc + cur);        // acc: 누적값, cur: 현재 요소
console.log(sum);
```

[출력 결과]
6

⑤ find()

조건을 만족하는 첫 번째 요소를 반환한다.

```
let result = [5, 10, 15].find(x => x > 8);
console.log(result);
```

[출력 결과]
10

⑥ findIndex()

조건을 만족하는 첫 번째 요소의 index를 반환한다.

```
let idx = [5, 10, 15].findIndex(x => x > 8);
console.log(idx);
```

[출력 결과]
1

6) 배열의 참조(Reference)

배열은 참조 타입이기 때문에, 한 배열을 다른 변수에 대입하면 복사되는 것이 아니라 같은 배열을 함께 가리키게 된다.

```
let a = [1, 2];
let b = a;                  // a와 b는 같은 배열을 참조
b[0] = 10;
console.log(a[0]);
```

[출력 결과]
10

01 다음 JavaScript 코드의 실행 결과를 쓰시오.

```
let a = 10;
a = "JS";
console.log(typeof a);
```

[정답]
string

[해설]
처음 a에는 숫자형 값 10이 들어가지만 다음 줄에서 같은 변수 a에 문자열 "JS"를 다시 대입한다.
JavaScript는 동적 타입 언어이기 때문에, 변수의 타입이 선언 시에 고정되는 것이 아니라 대입되는 값에 따라 실행 중에 바뀐다.
마지막 줄 typeof a는 현재 변수 a에 들어 있는 값의 타입을 확인하는 연산자이고, 지금 a에는 문자열 "JS"가 들어 있으므로 결과는 "string"이 된다.

02 다음 JavaScript 코드의 실행 결과를 쓰시오.

```
let r = [1, 2, 3, 4].reduce((s, v) => s + v, 0);
console.log(r);
```

[정답]
10

[해설]
reduce()는 배열의 요소들을 하나의 값으로 누적한다.
첫 번째 인자 (s, v) => s + v에서 s는 누적값, v는 현재 요소 값, 두 번째 인자 0은 초기 누적값이다.
• 첫 번째 요소 v = 1 → s = 0 + 1 = 1
• 두 번째 요소 v = 2 → s = 1 + 2 = 3
• 세 번째 요소 v = 3 → s = 3 + 3 = 6
• 네 번째 요소 v = 4 → s = 6 + 4 = 10

03 다음 JavaScript 코드의 실행 결과를 쓰시오.

```javascript
let a = 10;
let b = "10";
if (a == b && a === b) {
  console.log("A");
} else if (a == b && a !== b) {
  console.log("B");
} else {
  console.log("C");
}
```

[정답]

B

[해설]

a는 숫자 10이고 b는 문자열 "10"이다.

- a == b → ==는 비교 전에 타입을 자동 변환해서 값만 비교하므로 true
- a === b → ===는 값과 타입을 모두 비교하므로 false
- a !== b → !==는 값 또는 타입이 다르면 true

if (a == b && a === b) → true && false → false

else if (a == b && a !== b) → true && true → true이므로 이 블록이 실행된다.

04 다음 JavaScript 코드의 실행 결과를 쓰시오.

```javascript
let a = [1, 2, 3];
let b = a.map(x => x + 1);
console.log(b[2]);
```

[정답]

4

[해설]

map()은 원래 배열을 바꾸지 않고, 새 배열을 만들어서 반환한다.

위 코드는 a.map(x => x + 1)로 배열 a의 각 요소 x에 대해 x + 1을 계산하고, 그 결과들로 새 배열을 만들어 b에 저장한다.

즉 배열 b는 [2, 3, 4]이고 b[2]는 b의 세 번째 요소 4이다.

05 다음 JavaScript 코드의 실행 결과를 쓰시오.

```javascript
let arr = [1, 2, 3, 4];
let sum = 0;
for (let v of arr) {
  if (v % 2 === 0) continue;
  sum += v;
}
console.log(sum);
```

[정답]

4

[해설]

for (let v of arr)는 배열 arr의 값들을 순서대로 v에 넣으면서 반복한다.

v % 2 === 0이면 짝수이므로, continue가 실행되어 이번 반복을 건너뛰고 다음 값으로 넘어간다.

• v = 1 → 홀수 → sum += 1 → sum = 1
• v = 2 → 짝수 → continue 실행 → sum 그대로 1
• v = 3 → 홀수 → sum += 3 → sum = 4
• v = 4 → 짝수 → continue 실행 → sum 그대로 4

결국 홀수 1과 3만 더해져서 sum은 4가 된다.

06 다음 JavaScript 코드의 실행 결과를 쓰시오.

```javascript
let arr = [1, 2];
arr.push(3);
arr.pop();
console.log(arr.length);
```

[정답]

2

[해설]

arr.push(3); → 배열의 맨 뒤에 3을 추가해서 [1, 2, 3]이 된다.

arr.pop(); → 배열의 마지막 요소 3을 제거해서 다시 [1, 2]가 되므로 length는 2가 된다.

07 다음 JavaScript 코드의 실행 결과를 쓰시오.

```javascript
let nums = [1, 2, 3, 4, 5];
let result = nums
  .map(x => x * 2)
  .filter(x => x > 5);
console.log(result);
```

[정답]

[6, 8, 10]

[해설]

map().filter()처럼 연달아 메서드를 이어 붙이는 방식을 메서드 체이닝이라고 부른다.

map(x => x * 2)는 각 요소를 2배로 만든 새 배열 [2, 4, 6, 8, 10]을 만든다.

이어서 .filter(x => x > 5)는 위 결과 중에서 5보다 큰 값만 남기므로 [6, 8, 10]이 된다.

08 다음 JavaScript 코드의 실행 결과를 쓰시오.

```javascript
let a = [10, 15, 20, 25];
let b = a.filter(x => x % 10 === 0);
console.log(b);
```

[정답]

[10, 20]

[해설]

filter(x => x % 10 === 0)은 각 요소 x에 대해 x % 10 === 0 (10으로 나눈 나머지가 0인지) 조건을 검사해서,

조건을 만족하는 값들만 모아 새 배열로 반환한다.

• 10 → 10 % 10 = 0 → 조건 만족
• 15 → 15 % 10 = 5 → 조건 불만족
• 20 → 20 % 10 = 0 → 조건 만족
• 25 → 25 % 10 = 5 → 조건 불만족

따라서 b에는 10의 배수인 10과 20만 남아 [10, 20]이 출력된다.

JavaScript 프로그래밍 원리

▶ 합격 강의

빈출 태그 함수, 화살표, 콜백, 객체, 얕은 복사, 호이스팅, 클래스, JSON, 예외처리

01 함수와 객체

1) 함수(Function)

JavaScript는 함수를 매우 유연하게 다루는 언어로, 대표적으로 함수 선언식 / 함수 표현식 / 화살표 함수 / 콜백 함수 형태가 자주 쓰인다.

① 함수 선언식(Function Declaration)

```
console.log(add(3, 4));        // 선언문보다 위에서 호출
function add(a, b) {
  return a + b;
}
```

- 호이스팅 가능 : 코드에서 실제로 아래에 써 있어도, 해당 스코프의 맨 위에서 선언된 것처럼 인식되어 선언 전 호출이 가능하다.

🏁 기적의 TIP

호이스팅

JavaScript에서 변수나 함수의 선언 부분이 코드 실행 전에 해당 스코프(유효 범위)의 맨 위로 끌어 올려진 것처럼 동작하는 현상이다. 그래서 함수 선언식은 파일 아래쪽에 있어도 위에서 호출이 가능하다.

② 함수 표현식(Function Expression)

```
const mul = function(a, b) {
  return a * b;
};
console.log(mul(2, 3));
```

[출력 결과]
6

- 위 코드는 함수를 값처럼 변수에 담는 방식이다. (const mul = function (…) { … };)
- const/let에 담긴 함수 표현식은 변수가 초기화되기 전에는 사용할 수 없기 때문에, 선언 전에 호출하면 오류가 발생한다.

③ 화살표 함수(Arrow Function)

ES6(2015년에 표준화된 버전)에서 도입된 간결한 함수 표현식으로, function 키워드 대신 => 를 사용한다.

▼ 일반적 형태

```
const add = (a, b) => {
  return a + b;
};
```

▼ 리턴만 있는 경우(축약 가능)

```
const add2 = (a, b) => a + b;
```

▼ 매개변수 하나인 경우 괄호 생략 가능

```
const sq = n => n * n;
```

▼ 매개변수가 없으면 () 필요

```
const hi = () => console.log("Hello");
```

④ 콜백 함수(Callback Function)

함수를 다른 함수의 인자로 넘겨서, 나중에 호출하도록 맡기는 것을 콜백이라고 한다.

```
function work(callback) {          // 1. work 함수 정의
  console.log("작업 시작");         // 2. 먼저 실행
  callback();                      // 3. 인자로 받은 함수 호출
}

work(function() {                  // 4. 익명 함수(콜백)를 work에 전달
  console.log("작업 끝");          // 5. callback()이 실행될 때 이 코드 실행
});
```

[출력 결과]
작업 시작
작업 끝

2) 객체(Object)

JavaScript의 객체는 key(속성 이름) – value(값) 쌍으로 이루어진 자료구조이다. JSON과의 연계, 배열·함수와 결합이 쉬워서 웹 프로그래밍 전반에서 가장 많이 쓰이는 타입이다.

① 기본 구조와 접근 방법

[기본 구조]	[접근 방법]

```let user = {```
``` name: "Kim",```
``` age: 20```
```};```
	```user.name```
	```user["age"]```

- user.name은 점 표기법으로 보통 때 가장 많이 쓰는 접근 방식이다.
- user["age"]은 대괄호 표기법으로 key가 변수이거나 문자열로 동적으로 정해질 때 유용하다.

② 객체에 메서드(함수) 추가

```
let person = {
  name: "Lee",
  greet() {
    console.log("Hi");
  }
};
person.greet();
```

[출력 결과]
Hi

- greet()는 person 객체가 가진 기능(동작)을 나타낸다.

③ this 키워드

메서드 안에서 this는 그 메서드를 소유한 객체 자신을 가리킨다.

```
let item = {
  price: 3000,
  show() {
    console.log(this.price);
  }
};
item.show();
```

[출력 결과]
3000

- 위 코드에서는 this.price가 곧 item.price와 같다.

④ 생성자 함수(Constructor Function)

```
function User(name, age) {
  this.name = name;
  this.age = age;
}
let u = new User("Kim", 20);
```

- function User(...) { ... } 형태로 생성자 함수를 만들고 new User("Kim", 20) 처럼 new와 함께 호출하면, 새로운 객체를 만들고 그 안에 name, age 속성을 채워 넣는다.

⑤ 객체 순회 (for in) – 객체의 key를 순회

```
let obj = { a: 1, b: 2, c: 3 };
for (let k in obj) {
  console.log(k, obj[k]);
}
```

[출력 결과]
a 1
b 2
c 3

- for (let k in obj)에서 k에는 "a", "b", "c" 같은 key(속성 이름)가 들어온다.
- obj[k]를 통해 그 key에 해당하는 값을 읽을 수 있다.

⑥ in 연산자 – 객체 속성 존재 확인

```
let obj = { a: 10 };
console.log("a" in obj);
console.log("b" in obj);
```

[출력 결과]
true
false

- "key" in obj 형태로, 해당 객체에 그 이름의 속성이 존재하는지 확인한다.
- 존재 여부만 true/false로 판단하고, 값은 obj.key 또는 obj["key"]로 따로 접근해야 한다.

3) 얕은 복사(Shallow Copy)와 깊은 복사(Deep Copy)

JavaScript에서 얕은 복사는 객체의 최상위 속성만 새로 복사하고 중첩 객체는 참조를 공유하며, 깊은 복사는 중첩된 모든 속성을 재귀적으로 독립적으로 복사한다.

① 단순 대입(참조 공유)

```
let x = { a: 1, b: 2 };
let y = x;                              // 같은 객체를 가리키는 두 개의 참조
y.a = 99;
console.log(x.a);
```

[출력 결과]
99

② 얕은 복사(Shallow Copy)

최상위 속성만 새 객체로 복사하고, 중첩된 객체 · 배열은 여전히 같은 참조를 공유한다.

```
let x = { a: 1, b: { c: 2 } };   // x는 a(숫자)와 b(객체)를 속성으로 가진 객체
                                 // b의 값은 또 다른 객체 { c: 2 } (중첩 객체, 두 번째 깊이)
let y = { ...x };                // 스프레드 문법(...x)을 사용하여 x의 1단계 속성들을 복사해 새 객체 y를 생성
                                 // 이것은 얕은 복사이므로 b는 객체의 참조만 복사됨
y.a = 99;
console.log(x.a);                // 1 (a는 완전히 복사된 값)
y.b.c = 100;
console.log(x.b.c);              // 100 (b는 같은 객체를 참조하므로 x.b.c도 함께 변경)
```

[출력 결과]
1
100

③ 깊은 복사(Deep Copy)

중첩된 객체까지 모든 계층을 새로 복사해서, 원본과 완전히 독립된 객체를 만드는 방식이다.

```
let x = { a: 1, b: 2 };
let y = JSON.parse(JSON.stringify(x));   // 간단한 깊은 복사 기법
y.a = 99;
console.log(x.a);                        // 독립됨
```

[출력 결과]
1

02 스코프와 호이스팅

1) 스코프(Scope)

스코프는 변수와 함수가 어디까지 보이고 사용할 수 있는지를 결정하는 유효 범위이다.

스코프 종류	설명
전역 스코프(Global)	코드 전체에서 접근 가능
함수 스코프(Function)	함수 내부에서만 유효 (var)
블록 스코프(Block)	{ } 내부 에서만 유효 (let, const)

① 블록 스코프 (let / const)

```
if (true) {
  let x = 10;
}
console.log(x);              // ReferenceError
```

- 위 코드에서 x는 if 블록 내부에서만 유효한 블록 스코프 변수이다. 블록 바깥에서는 x를 전혀 알 수 없으므로 ReferenceError가 발생한다.

▶ var / let / const의 스코프 차이

키워드	스코프	특징
var	함수 스코프	블록 무시 / 재선언 가능 / 호이스팅 문제
let	블록 스코프	재선언 불가
const	블록 스코프	재선언 불가 / 재할당 불가

② 스코프 체인(Scope Chain)

스코프 체인은 안쪽 스코프에서 변수를 찾고, 없으면 바깥 스코프 순으로 차례대로 올라가며 변수를 검색하는 구조이다.

```
let x = 1;
function outer() {
  let y = 2;
  function inner() {
    console.log(x, y);
  }
  inner();
}
outer();
```

[출력 결과]
1 2

- 위 코드에서는 inner 함수 안에서 x를 찾을 때 먼저 inner 함수 내부에서 x를 찾고, 없으니 한 단계 바깥인 outer 스코프로 가고, 그래도 없어서 더 바깥(전역 스코프)에서 x = 1을 발견한다.

2) 호이스팅(Hoisting)

호이스팅은 JavaScript 엔진이 변수/함수의 선언부를 스코프의 최상단으로 끌어올려 처리하는 현상이다. 단, 키워드에 따라 언제부터 쓸 수 있는지 동작이 다르므로 주의해야 한다.

① var의 호이스팅

```
console.log(a);          // undefined
var a = 10
```

- 선언(var a)은 위로 끌어올려지나, 값(10)은 그대로 아래에 남기 때문에 선언 전에 읽으면 undefined가 출력된다.

② let / const의 호이스팅과 TDZ

let과 const도 선언 자체는 호이스팅되지만, 초기화되기 전까지는 접근할 수 없는 구간(Temporal Dead Zone, TDZ)이 존재한다.

```
console.log(b);          // ReferenceError
let b = 20
```

- 선언은 끌어올려지지만, 초기화(실제 코드 위치에 도달) 전까지는 변수를 사용할 수 없어서 ReferenceError가 발생한다. 정리하면 "let/const는 선언 전에 사용할 수 없다"라고 이해하면 된다.

③ 함수 선언식의 호이스팅

함수 선언식은 함수 전체가 호이스팅되기 때문에, 선언 전에 호출해도 된다.

```
say();
function say() {
  console.log("Hello");
}
```

④ 함수 표현식의 호이스팅

함수 표현식은 "변수만 호이스팅되고, 함수 값은 나중에 할당"된다.

```
console.log(test);       // undefined
test();                  // TypeError

var test = function() {
  console.log("Hi");
};
```

03 동기 vs 비동기

1) 동기(Synchronous)

- 코드가 위에서 아래로 순서대로 실행된다.
- 앞 작업이 끝나야만 다음 작업으로 넘어가므로 큰 연산이나 네트워크 요청 같은 오래 걸리는 작업이 있으면 그동안 전체 프로그램이 멈춘 것처럼 보일 수 있다.

2) 비동기(Asynchronous)

- 시간이 오래 걸리는 작업을 백그라운드로 보내 놓고, 그 작업이 끝나기를 기다리는 동안 다음 코드부터 먼저 실행한다.
- 이 방식 덕분에 브라우저 UI가 멈추지 않고 반응성 있게 동작할 수 있어서, 웹에서 사실상 필수 개념이다.

3) 대표적인 비동기 함수

① setTimeout – 지연 실행

```
setTimeout(() => {
  console.log("3초 후 실행");
}, 3000);
```

- 설정한 시간만큼, 위 코드에서는 3,000ms(3초) 뒤에 콜백 함수를 한 번 실행한다. 그냥 멈춰 있는 게 아니라, 3초 기다리는 동안 다른 코드들이 계속 실행된다.

② setInterval – 반복 실행

```
setInterval(() => {
  console.log("1초마다 실행");
}, 1000);
```

- 설정한 시간만큼, 위 코드에서는 1,000ms(1초)마다 콜백 함수를 주기적으로 반복 실행한다. clearInterval()을 호출하지 않으면 계속 실행된다.

4) 콜백 지옥(Callback Hell)과 해결

비동기 작업을 콜백 안에 콜백, 그 안에 또 콜백, 이런 식으로 처리하다 보면 코드 들여쓰기가 심하게 깊어지고, 가독성과 유지보수가 어려워지는 현상이다.

```
setTimeout(() => {
  setTimeout(() => {
    setTimeout(() => {
    }, 500);
  }, 500);
}, 500);
```

- 해결책으로는 Promise / async – await 패턴을 사용해 코드 흐름을 위에서 아래로 자연스럽게 만들 수 있다.

① Promise

미래에 값 하나를 주겠다는 약속을 표현하는 객체이다.

```javascript
let p = new Promise((resolve, reject) => {
  // 비동기 작업 수행
  resolve("성공");          // 성공 시
  // reject("실패");         // 실패 시
});
p.then(result => console.log(result));
```

② Promise 체이닝

then을 이어 붙이는 방식으로 비동기 작업을 순차적으로 연결할 수 있다.

```javascript
new Promise(res => res(1))
  .then(v => v + 1)
  .then(v => v + 1)
  .then(v => console.log(v));
```

[출력 결과]
3

③ async / await

Promise를 가장 읽기 좋은 형태로 사용하는 문법이다.

```javascript
async function test() {
  return 10;
}
test().then(v => console.log(v)); // 10
```

- async로 선언된 함수는 항상 Promise를 반환한다.

```javascript
function fetchNum() {
  return new Promise(resolve => {
    setTimeout(() => resolve(7), 1000);
  });
}
async function run() {
  let n = await fetchNum();
  console.log(n);           // 7
}
run();
```

- await는 Promise가 완료될 때까지 기다렸다가 그 결과 값을 반환받는다.
- 덕분에 비동기 코드를 동기 코드처럼 위→아래 흐름으로 읽을 수 있게 만들어 준다.

5) 이벤트 루프(Event Loop) – 비동기 처리 메커니즘

JavaScript는 싱글 스레드 언어이지만, 이벤트 루프(Event Loop)가 콜 스택(Call Stack)과 태스크 큐 (Task Queue) 사이를 오가며 비동기 작업을 조율해, 오래 걸리는 작업을 기다리는 동안에도 다른 코드를 계속 실행할 수 있게 한다.

그 결과 마치 여러 작업을 동시에 처리하는 것처럼 논블로킹 방식으로 동작하는 것처럼 보이게 된다.

간단하게 동작 구조를 보면 다음과 같다.

① Call Stack : 동기 코드가 쌓이고, 위에서부터 차례대로 실행되는 곳
② Web APIs : setTimeout, DOM 이벤트, Ajax 요청 등 비동기 작업을 처리하는 브라우저/런타임 영역
③ Callback Queue(Task Queue) : 비동기 작업이 끝난 후, 실행 대기 중인 콜백들이 모여 있는 대기열
④ Event Loop : 콜 스택이 비었는지 계속 감시하다가, 비면 큐에서 콜백 하나를 꺼내 콜 스택에 올려 실행

```
console.log(1);
setTimeout(() => {
  console.log(2);
}, 0);
console.log(3);
```

[출력 결과]
```
1
3
2
```

• 위 코드에서 setTimeout은 WebAPI에서 처리되고 콜백 큐로 이동하여 콜 스택이 비면 실행된다.

04 클래스 구조

JavaScript의 클래스는 객체를 생성하기 위한 템플릿(설계도)이며, 내부적으로는 여전히 프로토타입 (prototype) 기반 상속 위에서 동작한다.

JavaScript도 ES6에서 class 문법이 추가되면서, JAVA처럼 객체지향적인 구조를 더 읽기 좋게 표현할수 있게 되었다.

```
class Person {
  constructor(name, age) {
    this.name = name;
    this.age = age;
  }
  sayHi() {
    console.log("Hi, I'm " + this.name);
  }
}
let p = new Person("Lim", 20);
p.sayHi();
```

[출력 결과]
Hi, I'm Lim

1) 클래스 기본 구성

① constructor(생성자)

- constructor는 객체가 생성될 때 자동으로 실행되는 메서드로서, 한 클래스 안에는 constructor를 하나만 정의할 수 있다.
- 주로 필드(속성)를 초기화하는 데 사용한다.

```
class Data {
  constructor(value) {
    this.value = value;    // 생성 시 초기값 설정
  }
}
```

② 메서드 정의

클래스 안에서는 function 키워드 없이 간단한 문법으로 메서드를 정의할 수 있다.

```
class A {
  show() {
    console.log("method");
  }
}
```

2) 상속과 메서드 재정의

① 클래스 상속(extends)

extends 키워드를 사용하면 부모 클래스를 상속받는 자식 클래스를 정의할 수 있다.

```
class Animal {
  speak() {
    console.log("소리");
  }
}
class Dog extends Animal {
  sound() {
    console.log("멍멍");
  }
}
let d = new Dog();
d.speak();                 // 부모 클래스의 메서드 사용 "소리"
d.sound();                 // 자식 클래스의 메서드 "멍멍"
```

[출력 결과]
소리
멍멍

② super 키워드

상위 클래스의 생성자 또는 메서드를 호출할 때 사용한다.

```
class Parent {
  constructor(x) {
    this.x = x;
  }
}

class Child extends Parent {
  constructor(x, y) {
    super(x);    // Parent 생성자 호출
    this.y = y;
  }
}
```

• 자식 클래스에서 constructor를 정의할 때 this 사용 전에 반드시 super()를 먼저 호출해야 한다. (상속 관계에서의 규칙)

③ 오버라이딩(Overriding)

부모가 가진 메서드를 자식이 같은 이름으로 재정의하는 것을 오버라이딩이라고 한다.

```
class A {
  hi() { console.log("A"); }
}
class B extends A {
  hi() { console.log("B"); }
}
new B().hi();
```

[출력 결과]
B

3) 정적 멤버와 내부 동작 원리

① static 변수와 메서드

static 키워드는 인스턴스가 아닌, 클래스 자체에 붙는 속성/메서드를 정의할 때 사용한다.

```
class Counter {
  static count = 0;
  static inc() {
    Counter.count++;
  }
}
Counter.inc();
console.log(Counter.count);
```

[출력 결과]
1

- Counter의 인스턴스를 만들지 않고도 Counter.count, Counter.inc() 처럼 클래스 이름으로 직접 접근한다.
- 각 객체마다 다른 값이 아니라, 모든 인스턴스가 공유하는 값/기능을 표현할 때 사용한다.

② prototype과 클래스의 관계

JS는 프로토타입 기반 언어로 클래스도 결국 prototype 위에서 동작한다.

생성자 + prototype 문법	클래스 기반 문법

<pre>function User(name) {
  this.name = name;
}
 	
User.prototype.say = function () {
  console.log("Hi " + this.name);
};</pre>
	<pre>class User {
	  constructor(name) {
	    this.name = name;
	  }
	  say() {
	    console.log("Hi " + this.name);
	  }
	}</pre>

05 JSON 처리

JSON(JavaScript Object Notation)는 자바스크립트 객체 문법을 기반으로 한 데이터 형식이다. 대부분의 언어에서 공통 데이터 형식으로 사용 가능하며 다음의 특징이 있다.
- Key-Value 구조이다.
- 문자열은 반드시 큰따옴표(" ")를 사용한다.
- 주석 문법을 지원하지 않는다.
- 마지막 요소 뒤에는 쉼표를 허용하지 않는다.

```
{
  "name": "Path",
  "age": 27
}
```

1) JSON과 JavaScript 객체

▶ JSON과 JavaScript 객체의 차이

구분	JSON	JavaScript 객체
문법(Syntax)	엄격(큰따옴표 필수)	비교적 자유로움
사용처	주로 데이터 전송용	프로그램 내부에서 로직 처리용
주석	불가능	가능
함수	포함 불가	포함 가능

① JSON.stringify()

JavaScript 객체를 JSON 문자열로 변환할 때 사용한다.

```
// JavaScript 객체
let obj = { name: "Lee", age: 25 };

// JSON 문자열로 변환
let json = JSON.stringify(obj);
console.log(json);              // {"name":"Lee","age":25}
```

• 함수나 undefined 속성은 JSON으로 표현할 수 없으므로 자동으로 무시된다.

② JSON.parse()

JSON 형식의 문자열을 JavaScript 객체로 변환할 때 사용한다.

```
let str = '{"title":"Book", "price":3000}';
let obj = JSON.parse(str);

console.log(obj.title);        // Book
console.log(obj.price);        // 3000
```

2) JSON 배열

① JSON 배열 형식

JSON 문자열이 '['로 시작하고 ']'로 끝나며, 내부 요소들이 쉼표로 구분되어 있으면 JSON 배열이다. 이는 단지 텍스트 형태의 데이터일 뿐이다.

```
let arr = '[1, 2, 3]';
let result = JSON.parse(arr);
console.log(result[1]);        // 2
```

② JSON 안의 객체 배열

```
let data = `
[
  {"id":1, "name":"Kim"},
  {"id":2, "name":"Lee"}
]
`;
let users = JSON.parse(data);
console.log(users[1].name);        // Lee
```

• 객체들의 배열은 서버에서 자주 전송되는 형태이다.

06 예외 처리(Exception Handling)

코드를 실행하다가 오류가 발생할 수 있는 부분이 있을 때, 프로그램이 바로 멈추지 않도록 try / catch / finally로 감싸서 처리한다.

1) try / catch

```
try {
    // 오류가 발생할 수 있는 코드
} catch (err) {
    // 오류 발생 시 실행되는 코드
}
```

2) try / catch / finally

```
try {
    // 오류가 발생할 수 있는 코드
} catch (err) {
    // 오류 발생 시 실행되는 코드
} finally {
    // 성공/실패 관계없이 항상 실행되는 부분
}
```

finally는 에러가 있든 없든 항상 실행된다. 주로 파일 닫기, 네트워크 연결 정리, 리소스 해제 같은 마무리 작업에 사용한다.

3) throw – 직접 예외 던지기

직접 에러를 만들어 강제로 예외를 발생시키고 싶을 때 사용한다.

```
throw "에러 발생!";
throw new Error("문제가 있습니다!");
```

• 일반적으로는 Error 객체를 던지는 패턴을 많이 쓴다.

▼ Error 객체

```
try {
    throw new Error("오류입니다");
} catch (err) {
    console.log(err.message);
}
```

• new Error("메시지")로 에러 객체를 만들고 throw 하면, catch (err)에서 e.message, e.name, e.stack 등의 정보를 읽을 수 있다.

01 다음 JavaScript 코드의 실행 결과를 쓰시오.

```javascript
console.log(add(3, 4));
function add(a, b) {
  return a + b;
}
```

[정답]

7

[해설]

console.log(add(3, 4));에서 add(3, 4)가 먼저 실행되어 3 + 4 = 7을 반환하고 출력한다.

이 코드는 함수 정의가 아래에 있어도 호이스팅 덕분에 정상 실행된다.

02 다음 JavaScript 코드를 화살표 함수를 활용해 선언과 할당을 한 번에 하는 방식으로 작성하시오.

```javascript
function mul(a, b) {
  return a * b;
}
```

[정답]

const mul = (a, b) => a * b;

[해설]

const mul = (a, b) => a * b; 에서 (a, b) => a * b는 두 인자를 받아 곱한 값을 반환하는 화살표 함수이고, 그 함수를 mul이라는 변수에 한 번에 선언 + 할당한 형태이다.

여기서 mul을 const로 선언한 이유는, 함수 자체를 다시 다른 값으로 바꿀 필요가 없기 때문이다. (변수 재할당이 필요 없다 → let 보다 const가 더 적절)

03 다음 JavaScript 코드에서 console.log가 30을 출력하도록 (①)에 들어갈 알맞은 코드를 쓰시오.

```javascript
let user = { name: "Lee", age: 30 };
let (    ①    ) = user;
console.log(age);  // 출력: 30
```

[정답]
{ age }

[해설]
객체 구조분해 할당에서는 중괄호 { }를 사용해 객체의 키 이름을 적으면, 해당 키의 값이 같은 이름의 변수에 할당된다.

04 다음 JavaScript 코드의 실행 결과를 쓰시오.

```javascript
let item = {
  price: 2000,
  discount() {
    return this.price * 0.7;
  }
};
console.log(item.discount());
```

[정답]
1400

[해설]
item.discount()를 호출하면, discount 메서드 안에서의 this는 해당 메서드를 호출한 객체 item을 가리킨다.
따라서 this.price는 곧 item.price와 같고, 값은 2000이다.
return this.price * 0.7; 구문에 의해 2000 * 0.7 = 1400이 계산되어 반환된다.

05 다음 JavaScript 코드의 실행 결과를 쓰시오.

```javascript
function test() {
  console.log(a);
  var a = 10;
  console.log(a);
}

test();
```

[정답]
undefined
10

[해설]
var로 선언한 변수는 선언만 함수 스코프의 맨 위로 끌어올려지고, 값 초기화(=10)는 원래 위치에서 실행된다.
그래서 첫 번째 console.log(a);는 undefined, 두 번째 console.log(a);는 10이 출력된다.

06 다음 JavaScript 코드의 실행 결과를 쓰시오.

```
console.log(1);
setTimeout(() => console.log(2), 0);
Promise.resolve().then(() => console.log(3));
console.log(4);
```

[정답]

1

4

3

2

[해설]

console.log(1);

→ 바로 실행되어 1을 출력한다.

setTimeout(() => console.log(2), 0);

→ console.log(2)를 나중에 실행하도록 예약한다. 이 콜백은 브라우저의 타이머 영역(Web API)로 넘어갔다가, 시간이 지나면 대기열(큐)로 들어간다.

Promise.resolve().then(() => console.log(3));

→ then 안의 코드는 현재 코드들이 다 끝난 뒤 나중에 실행될 콜백으로 예약된다.

console.log(4);

→ 바로 실행되어 4를 출력한다.

이제 동기 코드(위에서 아래로 바로 실행되는 부분)가 모두 끝났으므로, JavaScript 엔진이 나중에 실행하기로 예약된 콜백들을 처리한다.

먼저 Promise.then에 등록된 콜백이 실행되어 console.log(3); → 3 출력

그 다음, setTimeout에 등록된 콜백이 실행되어 console.log(2); → 2 출력

07 다음 JavaScript 코드의 실행 결과를 쓰시오.

```javascript
class Parent {
  constructor(a) {
    this.a = a;
  }
}
class Child extends Parent {
  constructor(a, b) {
    super(a);
    this.b = b;
  }
}
let c = new Child(3, 5);
console.log(c.a + c.b);
```

[정답]

8

[해설]

위 코드는 JavaScript 클래스 상속의 코드로서 super 연산자를 이용하여 부모 생성자를 호출하여 위와 같은 연산이 실행된다. 만약 super() 누락 시 "Must call super constructor" 에러가 발생한다.

Parent 클래스는 생성자에서 전달받은 a 값을 this.a에 저장한다.
Child 클래스는 Parent를 extends로 상속받고, 자신의 생성자에서 super(a);를 호출해 부모 생성자 constructor(a)를 먼저 실행한다.
이때 this.a = a;가 실행되어 c.a는 3이 된다.
이어서 this.b = b;가 실행되어 c.b는 5가 저장된다.
따라서 c.a + c.b는 3 + 5 = 8이 된다.
만약 Child처럼 상속받은 클래스에서 constructor를 정의할 때 super(a); 호출을 생략하면 "Must call super constructor in derived class"와 같은 에러가 발생한다. (상속받은 클래스의 생성자에서는 this를 사용하기 전에 반드시 super()를 먼저 호출해야 함)

08 다음 JavaScript 코드의 실행 결과를 쓰시오.

```
class C {
  static n = 0;
  static add() {
    this.n++;
  }
}
C.add();
C.add();
console.log(C.n);
```

[정답]

2

[해설]

n은 인스턴스가 아닌 클래스 C 자체에 속한 정적(static) 변수이다.

static add() 메서드 또한 정적 메서드로, C.add()처럼 클래스 이름으로 직접 호출한다.

메서드 안에서 this는 클래스 C 자체를 가리키므로, this.n++ 는 C.n++과 같다.

C.add();를 두 번 호출하면

• 처음 호출: n이 0 → 1

• 두 번째 호출: n이 1 → 2

09 다음 JavaScript 코드의 실행 결과를 쓰시오.

```javascript
class Vehicle {
    sound() {
        return "부릉부릉";
    }
}
class Car extends Vehicle {
    sound() {
        return "빵빵";
    }
}
let myCar = new Car();
console.log(myCar.sound());
```

[정답]

빵빵

[해설]

Vehicle 클래스는 sound() 메서드에서 "부릉부릉"을 반환한다.

Car 클래스는 Vehicle을 extends로 상속받고, 같은 이름의 sound() 메서드를 다시 정의(오버라이딩) 해서 "빵빵"을 반환하도록 바꾼다.

let myCar = new Car();

→ Car의 인스턴스 myCar가 생성된다.

myCar.sound()를 호출하면, 먼저 Car 클래스의 sound()를 찾고, 이미 Car에서 오버라이딩한 메서드가 있으므로 그 메서드가 실행된다.

SECTION

03

HTML 기초 및 CSS

▶ 합격 강의

난이도 상 중 하
반복학습 1 2 3

빈출 태그 텍스트, 레이아웃, 링크, 이미지, 테이블, 폼, CSS

01 HTML(HyperText Markup Language)

웹 페이지의 구조(골격)를 만드는 문서 언어이다.

• HTML : 페이지의 구조(뼈대)
• CSS : 디자인(색, 글자, 배치 등 스타일)
• JavaScript : 동작(이벤트, 애니메이션, 동적 변경)

1) HTML 문서 기본 구조

```
<!DOCTYPE html>
<html>
  <head>
    <meta charset="UTF-8">
    <title>문서 제목</title>
  </head>
  <body>
    화면에 보이는 내용
  </body>
</html>
```

① ⟨!DOCTYPE html⟩

현재 문서가 HTML5 문서임을 선언하며, 브라우저가 표준 모드로 렌더링하도록 한다.

② ⟨html⟩

HTML 문서 전체를 감싸는 루트 요소.

③ ⟨head⟩

문서 정보(meta), CSS, 스크립트, 제목(⟨title⟩) 등을 포함하며, 화면에 직접 보이지 않는 설정 영역이다.

④ ⟨body⟩

화면에 실제로 보이는 모든 내용(텍스트, 이미지, 버튼 등)을 담는 영역이다.

2) HTML 태그의 기본 구조

HTML 태그는 대체로 다음과 같이 구성된다.

```
<태그명 속성="값"> 내용 </태그명>
```

▼ HTML 태그 예시1

```
<a href="https://www.youngjin.com">영진닷컴</a>
```

- 〈a〉 : 앵커(링크) 태그
- href="..." : 링크가 이동할 주소를 지정하는 속성
- 영진닷컴 : 화면에 보이는 내용

▼ HTML 태그 예시2

```
<img src="image.png" alt="사진">
```

- 〈img〉 : 이미지 태그
- src= : 소스(source) 속성, 이미지 파일 경로 지정
- alt= : 대체 텍스트(alternative text) 속성, 이미지를 불러오지 못했을 때 대신할 텍스트
- img는 닫는 태그 없이 사용하는 빈 태그(Self-closing tag)이다.

3) 텍스트 요소

① 제목 태그 : 〈h1〉 ~ 〈h6〉

큰 제목부터 작은 제목까지 계층 구조를 표현할 때 사용한다.

```
<h1>제목 1</h1>
<h2>제목 2</h2>
```

② 단락 : 〈p〉

문단(paragraph)을 나타낸다.

```
<p>문장 내용입니다.</p>
```

③ 줄바꿈 : 〈br〉 (빈 태그)

강제로 줄을 바꿀 때 사용한다.

```
Hello<br>World
```

[출력 결과]
Hello
World

④ 강조 태그

```
<strong>강조</strong>
<em>기울임</em>
```

[출력 결과]
강조 기울임

⑤ 인라인 컨테이너 : ⟨span⟩

텍스트 일부만 따로 묶을 때 사용한다. (줄바꿈 없이 범위만 묶는 용도)

```
<p>오늘은 <span class="highlight">행복한 하루</span>입니다.</p>
```

4) 레이아웃 요소

① ⟨div⟩ (블록 요소)

한 줄 전체를 차지하는 블록 요소이다.

```
<div class="box"> 내용 </div>
```

② ⟨section⟩

문서 안에서 주제별 콘텐츠 구역을 나타낸다. 보통 제목(⟨h1⟩~⟨h6⟩)과 함께 특정 주제를 묶을 때 사용한다.

```
<section>
   <h2>섹션 제목</h2>
</section>
```

③ ⟨article⟩

독립적으로 사용 가능한 완결된 콘텐츠 블록이다. (예 기사, 글, 게시물 등)

```
<article>
   <header>
      <h2>뉴스 기사 제목</h2>
   </header>
   <p>뉴스 기사 본문 내용</p>
   <footer>
      <p>작성자 및 날짜 정보</p>
   </footer>
</article>
```

④ 〈header〉

문서 전체 또는 특정 섹션의 머리말 영역을 나타낸다.

```html
<header>
  <h1>사이트 제목</h1>
  <nav>메뉴</nav>
</header>
```

⑤ 〈footer〉

문서 전체 또는 특정 섹션의 하단(바닥글) 영역을 나타낸다.

```html
<footer>
  <p>저작권, 연락처, 추가 정보 등</p>
</footer>
```

5) 링크/이미지

① 링크 : 〈a〉

a 태그는 하이퍼링크를 만든다. href 속성에 이동할 URL 주소를 지정한다.

```html
<a href="https://www.youngjin.com">영진닷컴</a>
```

② 이미지 : 〈img〉

img 태그는 이미지를 표시하는 빈 태그이다.

```html
<img src="path.png" alt="로고 이미지">
```

6) 리스트

① 순서 없는 리스트 : 〈ul〉

```html
<ul>
  <li>사과</li>
  <li>배</li>
</ul>
```

② 순서 있는 리스트 : 〈ol〉

ol(ordered list) 태그는 li 항목들에 1, 2, 3…과 같이 자동으로 번호를 붙인다.

```
<ol>
  <li>1단계</li>
  <li>2단계</li>
</ol>
```

[출력 결과]
1. 1단계
2. 2단계

7) 테이블 태그

```
<table>
  <tr>
    <th>이름</th>
    <th>나이</th>
  </tr>
  <tr>
    <td>John</td>
    <td>27</td>
  </tr>
</table>
```

[출력 결과]

이름	나이
John	27

▶ 테이블 태그 구성 요소

태그	의미
〈table〉	테이블 전체를 감싸는 태그
〈tr〉	테이블의 한 행
〈th〉	테이블의 헤더 셀
〈td〉	일반 데이터 셀

속성	의미
border	테이블의 테두리 두께
bordercolor	테두리 색상
width	가로 크기
height	세로 크기
align	정렬 (left, center, right)
bgcolor	배경색
colspan	열(가로) 합치기
rowspan	행(세로) 합치기

8) 폼 요소

① ⟨form⟩

입력 양식 전체를 감싸는 태그로, 여러 입력 컨트롤을 한 번에 서버로 전송할 때 사용한다.

```
<form action="/save" method="post">
  <input type="text" name="id">
  <button type="submit">전송</button>
</form>
```

② ⟨input⟩

한 줄짜리 입력 칸, 버튼, 체크박스 등 다양한 입력 컨트롤을 만드는 빈 태그이다. type 속성 값에 따라 모양과 기능이 달라진다.

```
<input type="text">

<input type="number">

<input type="password">

<input type="checkbox">

<input type="radio">

<input type="button" value="버튼">

<input type="file">
```

③ 〈textarea〉

여러 줄의 긴 문장을 입력하는 태그이다.

```
<textarea rows="3" cols="20"></textarea>
```

④ 〈select〉 / 〈option〉

드롭다운(선택 상자)을 만드는 태그이다.

```
<select>
  <option value="1">사과</option>
  <option value="2">배</option>
</select>
```

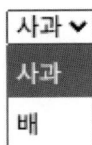

02 CSS(Cascading Style Sheets)

CSS는 HTML 요소의 디자인(색, 크기, 여백, 위치 등)을 지정하는 스타일 언어이다.

1) CSS 적용 방식

① 인라인 스타일(inline style)

HTML 태그의 style 속성 안에 직접 스타일을 작성하는 방식이다.

```
<p style="color: red; font-size: 20px;">Hello</p>
```

② 내부 스타일(internal style)

HTML 문서의 〈head〉 안에 〈style〉 태그로 CSS를 작성하는 방식이다.

```
<head>
  <style>
    p {
      color: blue;
      font-weight: bold;
    }
  </style>
</head>
```

③ 외부 스타일 시트(external CSS)

CSS를 별도 .css 파일로 만들고, HTML에서 링크하여 사용하는 방식이다.

[HTML]
`<link rel="stylesheet" href="style.css">`
	[CSS]
	`p {`
	  `font-size: 18px;`
	  `color: green;`
	`}`

- 태그 자체를 선택할 때는 태그명(p, div 등)을 쓰고 사용자가 정의한 클래스에는 앞에 .(점), 아이디에는 #를 붙여 선택한다.

④ CSS 선택자(selector)

어떤 HTML 요소에 스타일을 적용할지 선택하는 규칙을 선택자라고 한다.

선택자 종류	예시	의미
태그 선택자	p	모든 ⟨p⟩ 요소
클래스 선택자	.box	class="box"를 가진 요소
아이디 선택자	#title	id="title"를 가진 요소
자식 선택자	div 〉 p	div의 직계 자식인 p
후손 선택자	div p	div 안에 들어 있는 모든 p

2) 자주 사용되는 CSS 속성

① 텍스트 관련

```
color: red;            /* 글자 색 */
font-size: 20px;       /* 글자 크기 */
font-weight: bold;     /* 굵게 */
text-align: center;    /* 정렬 */
```

② 박스 크기

```
width: 200px;          /* 가로 크기 */
height: 100px;         /* 세로 크기 */
```

③ 배경

```
background-color: yellow;          /* 배경 색 */
background-image: url("bg.png");   /* 배경이미지 */
```

④ 여백

```
margin: 10px;                      /* 요소 바깥 여백 */
padding: 10px;                     /* 요소 안쪽 여백 */
```

⑤ 테두리

```
border: 1px solid black;           /* 테두리 설정 */
border-radius: 10px;               /* 모서리 둥글게 */
```

⑥ 표시 방식

```
display: block;                    /* 블록 요소 */
display: inline;                   /* 인라인 요소 */
display: flex;                     /* 플렉스 레이아웃 컨테이너 */
display: none;                     /* 화면에서 숨김 */
```

3) JavaScript에서 CSS를 조작하는 방식

JavaScript를 사용하면 동적으로 스타일을 변경할 수 있다.

① style 속성을 직접 변경

```
const box = document.getElementById("box");

box.style.color = "red";
box.style.backgroundColor = "yellow";
box.style.fontSize = "20px";
```

• 요소.style.속성명 = "값" 형태로 직접 스타일을 지정할 수 있다.

② classList로 CSS 클래스 조작

[HTML]	[CSS]	[JavaScript]

`<div id="box" class="card">`
`</div>`
	`.card {`
	`    background: lightgray;`
	`    padding: 20px;`
	`}`
	`.active {`
	`    border: 2px solid red;`
	`}`
		`const box = document.getElementById("box");`
		
		`box.classList.add("active");`
		`box.classList.remove("card");`
		`box.classList.toggle("active");`

- classList.add("클래스명") : 클래스를 추가한다.
- classList.remove("클래스명") : 클래스를 제거한다.
- classList.toggle("클래스명") : 있으면 제거하고, 없으면 추가한다.

예상문제

01 HTML 문서에서, 브라우저에 표시되는 모든 본문 콘텐츠를 감싸는 최상위 영역을 나타내는 태그를 쓰시오.

[정답]
⟨body⟩

[해설]
HTML 문서에서 ⟨body⟩ 태그는 실제 화면에 표시되는 본문 내용을 작성하는 영역이다.

02 다음 HTML 코드에서 웹페이지 상단 메뉴 영역을 정의하도록 (①)에 들어갈 알맞은 시맨틱(semantic) 태그 이름을 쓰시오.

```
<!DOCTYPE html>
<html>
<head><title>테스트</title></head>
<body>
  <(  ①  )>
    <nav>메인 메뉴</nav>
  </(  ①  )>
</body>
</html>
```

[정답]
header

[해설]
⟨header⟩는 문서 전체나 특정 섹션의 머리글(상단) 영역을 의미하며, 로고, 제목, 내비게이션 메뉴 등을 포함할 수 있다.

03 다음 CSS 코드에서 요소를 완전히 숨기고 공간을 없애도록 (①) 안에 들어갈 알맞은 속성 값을 쓰시오.

```
.hidden-box {
  display: (   ①   );
  width: 200px;
  height: 100px;
}
```

[정답]

[해설]

display: none;은 요소를 화면에서 완전히 숨기고, 그 공간까지 없애는 속성 값이다.

04 다음 JavaScript로 배경색을 파랑색으로 변경하고자 할 때, (①) 안에 들어가는 전체 프로퍼티 표현을 쓰시오.

```
box.(   ①   ) = "blue";
```

[정답]

style.backgroundColor

[해설]

JavaScript에서 CSS 속성은 요소.style.속성명 형태로 변경할 수 있다.
배경색을 변경하려면 CSS의 background-color 속성에 해당하는 JavaScript 프로퍼티 이름 backgroundColor를 사용해야 한다.

DOM 기반 프로그래밍

▶합격 강의

빈출 태그 요소 선택, 스타일, 속성, 이벤트, 버블링

01 DOM(Document Object Model)

브라우저가 HTML 문서를 객체 트리 구조로 변환한 것을 DOM이라고 한다. DOM을 통해 JavaScript로 HTML 요소를 선택 · 변경 · 추가 · 삭제할 수 있다.

1) DOM 요소 선택

① getElementById()

```
document.getElementById("title");
```

• id="title"인 요소 1개를 선택한다. (없으면 null)

② getElementsByClassName()

```
document.getElementsByClassName("item");
```

• class="item"인 요소들을 HTMLCollection 형태로 반환한다.

③ getElementsByTagName()

```
document.getElementsByTagName("p");
```

• 모든 ⟨p⟩ 태그를 HTMLCollection으로 반환한다.

④ querySelector

```
document.querySelector("#title");      // id
document.querySelector(".item");       // class
document.querySelector("div > p");     // CSS 선택자
```

• CSS 선택자 문법으로 요소 1개(첫 번째 것)를 선택한다.

⑤ querySelectorAll()

```
document.querySelectorAll(".menu");
```

• CSS 선택자로 여러 요소를 선택한다. 결과는 NodeList로 반환한다.

2) 텍스트/HTML 조작

① textContent – 텍스트만 변경

```
document.getElementById("msg").textContent = "Hello";
```

- 태그 안의 순수한 텍스트 내용만 바꾼다.
- HTML 태그는 그대로 문자열로 취급한다.

② innerHTML – HTML 포함 변경

```
document.getElementById("msg").innerHTML = "<b>안녕</b>";
```

- 태그 안의 내용을 HTML로 해석하여 삽입한다.

3) 스타일 변경(CSS 조작)

```
let box = document.getElementById("box");
box.style.color = "red";
box.style.backgroundColor = "yellow";
```

- 요소.style.속성명 = "값" 형식으로 인라인 스타일을 변경한다.
- CSS의 background-color를 JS에서는 backgroundColor로 쓰는 것처럼 카멜케이스를 사용한다.

> **기적의 TIP**
>
> **카멜케이스(camelCase)**
> - 프로그래밍에서 여러 단어를 붙여 쓸 때 첫 단어는 소문자로 시작하고 이후 이어지는 단어의 첫 글자를 대문자로 쓰는 표기법이다.
> - 단어 사이에 공백이나 하이픈, 언더스코어 등의 특수 문자는 사용하지 않는다.
>   예 firstName, calculateTotalAmount, getUserId

4) 속성(Attribute) 조작

① setAttribute() – 속성 설정/추가

```
img.setAttribute("src", "dog.png");
```

- src="dog.png" 속성을 설정하거나 새로 추가한다.

② getAttribute()– 속성 값 읽기

```
let v = img.getAttribute("src");
```

- src 속성의 값("dog.png")을 읽어온다.

5) 요소 생성 / 추가 / 삭제

① 요소 생성

```
let div = document.createElement("div");
div.textContent = "내용";
```

- ⟨div⟩ 요소를 새로 만들고, 안에 텍스트 "내용"을 넣는다. (이 시점에는 화면에 보이지 않고 메모리 안에만 존재)

② 요소 추가

```
document.body.appendChild(div);
```

- 앞에서 만든 div를 body의 맨 마지막 자식 요소로 추가한다. (화면에 보이기 시작)

③ 요소 삭제

```
element.remove();
```

- 선택된 요소 element 자체를 DOM 트리에서 제거한다.

02 이벤트(Event)

이벤트란 HTML 요소에서 발생하는 모든 동작(클릭, 입력, 변경 등)을 의미한다. JavaScript는 이 이벤트를 감지해서 화면을 조작하거나 특정 기능을 실행한다.

1) 이벤트 등록 방법

① HTML 속성 방식

HTML 태그에 직접 이벤트 속성을 쓰는 방법이다.

```
<button onclick="hello()">버튼</button>
```

② JavaScript 프로퍼티 방식

JavaScript에서 요소의 이벤트 프로퍼티에 함수를 할당하는 방식이다.

```
btn.onclick = function() {
  console.log("clicked");
};
```

③ addEventListener() 방식

이벤트 등록의 표준적인 방식으로, 가장 많이 사용된다.

```
btn.addEventListener("click", () => {
  console.log("clicked!");
});
```

▶ 주요 이벤트 종류

이벤트	설명
click	클릭 시
dblclick	더블 클릭 시
change	값이 변경될 때(입력 폼)
input	입력 값이 바뀔 때마다 즉시
keydown	키를 누르는 순간
keyup	키에서 손을 뗄 때
mouseover	마우스가 요소 위로 올라왔을 때
submit	폼이 전송될 때

2) 이벤트 객체(Event Object)

이벤트가 발생하면, 이벤트 핸들러의 첫 번째 매개변수로 이벤트 정보 객체가 전달된다. 보통 event 또는 e라는 이름으로 사용한다.

```
btn.addEventListener("click", function(e) {
  console.log(e.target);                    // 실제 클릭된 요소
});
```

- e.target은 이벤트가 발생한 실제 요소이며 그 외에도 이벤트 객체 e는 마우스 좌표, 키보드 키 정보 등 다양한 정보를 담고 있다.

① input – 입력할 때마다 반응

입력 값이 변경될 때마다 실시간으로 발생하는 이벤트이다. 실시간 검색, 글자 수 카운트 등에 자주 사용한다.

```
txt.addEventListener("input", () => {
  console.log(txt.value);
});
```

② change – 값 변경 후 확정 시 반응

값을 바꾸고 포커스를 잃거나 선택을 확정할 때 발생한다. select, checkbox, 날짜 입력 등에서 자주 사용한다.

```javascript
sel.addEventListener("change", () => {
  console.log("changed");
});
```

3) 이벤트 버블링(Event Bubbling)

하위 요소에서 발생한 이벤트가 상위 요소로 전파되는 현상이다.

```html
[HTML]
<div id="parent">
  <button id="child">클릭</button>
</div>
```

```javascript
[JavaScript]
child.addEventListener("click", () => console.log("child"));
parent.addEventListener("click", () => console.log("parent"));
```

```
[출력 결과]
child
parent
```

• 먼저 child의 핸들러가 실행되고, 그 다음 이벤트가 위로 올라가면서 parent의 핸들러도 실행된다.

① 버블링 중단하기 — stopPropagation()

```javascript
child.addEventListener("click", function(e) {
  e.stopPropagation();                    // 부모로 이벤트가 전파되지 않음
});
```

② 기본 동작 막기 — preventDefault()

▼ 폼 전송 막기 예시

```javascript
form.addEventListener("submit", function(e) {
  e.preventDefault();                    // 실제 전송(페이지 이동)을 막음
});
```

▼ 링크 이동 막기 예시

```javascript
a.addEventListener("click", function(e) {
  e.preventDefault();                    // href로 이동하는 기본 동작을 막음
});
```

01 id가 "path"인 요소의 텍스트 내용을 "Hello"로 변경하는 JavaScript 코드를 쓰시오.

[정답]

document.getElementById("path").textContent = "Hello";

[해설]

순수 텍스트만 바꿀 때는 textContent, 태그를 포함한 HTML 구조까지 넣고 싶을 때는 innerHTML을 사용한다.

02 다음 CSS로 글자 크기를 24px로 변경하려고 할 때, (①) 안에 들어갈 알맞은 속성 이름을 작성하시오.

```
p {
  (    ①    ) : 24px;
}
```

[정답]

font-size

[해설]

p 태그의 글자 크기를 바꾸는 CSS 속성은 font-size이다.

03 다음 HTML 코드를 실행하고 생성된 버튼을 클릭한 결과를 쓰시오.

```html
<!DOCTYPE html>
<html>
<body>
  <button id="btn">클릭</button>
  <script>
    const btn = document.getElementById('btn');
    btn.onclick = function() {
      console.log("OK");
    };
    btn.onclick = function() {
      console.log("Hi");
    };
  </script>
</body>
</html>
```

[정답]

Hi

[해설]

onclick은 프로퍼티 방식 이벤트 등록이라, 같은 속성에 여러 번 할당하면 마지막 값이 이전 것을 덮어쓴다.
첫 번째로 console.log("OK")를 실행하는 함수가 onclick에 저장되지만, 바로 이어서 두 번째 함수(console.log("HI"))가 같은 onclick에 다시 할당된다.
결국 버튼을 클릭했을 때 실행되는 핸들러는 마지막에 할당된 함수 하나뿐이라서 콘솔에는 "OK"가 아니라 "Hi"만 출력된다.

Python 기본 문법 및 변수

▶ 합격 강의

01 파이썬(Python) 개요

Python은 전 세계적으로 가장 널리 사용되는 프로그래밍 언어 중 하나로, 문법이 간단하고 직관적이며 라이브러리가 풍부해서 데이터 분석, 웹 개발, 인공지능, 자동화 등 거의 모든 분야에서 활용된다.

1) Python의 주요 특징

- 문법이 간결하고 직관적이어서 초보자가 배우기 쉽다.
- 인터프리터 언어 : 코드를 한 줄씩 읽고 즉시 실행한다.
- 스크립트 언어 : 별도의 컴파일 과정 없이 바로 실행 가능하다.
- 동적 타이핑 : 변수의 자료형을 미리 선언하지 않고, 대입되는 값에 따라 자동으로 타입이 결정된다.

```python
a = 10
a = "Hello"                    # 자료형 자동 변경
```

2) Python 들여쓰기 규칙

Python은 중괄호 { } 대신 들여쓰기(indentation)로 코드 블록을 구분한다. 따라서 들여쓰기를 잘못하거나 일관성 있게 하지 않으면 문법 오류가 발생한다.

```python
if True:
    print("OK")                # 공백 4칸을 표준 들여쓰기 단위로 권장
```

3) Python 기본 출력

```python
print("Hello Python")
print(10 + 20)
```

[출력 결과]
Hello Python
30

- 문자열, 숫자, 계산 결과 등을 간단히 출력할 수 있다.
- 쉼표(,)로 여러 값을 한 번에 출력하는 것도 가능하다.

⑫ Python 변수

Python에서는 자료형을 따로 선언하지 않고, 변수 이름에 곧바로 값을 할당해서 사용한다.

```python
x = 10                      # int (정수)
y = 3.14                    # float (실수)
z = "Hi"                    # str (문자열)
```

- 변수명은 숫자로 시작할 수 없다. → 1a (X), a1 (O)
- 변수명은 공백을 포함할 수 없다. → user name (X), user_name (O)

1) 숫자형(int, float)

```python
a = 10
b = 3.14
print(type(a))             # type() 함수로 변수의 자료형 확인
print(type(b))
```

[출력 결과]
⟨class 'int'⟩
⟨class 'float'⟩

2) 문자열(str)

Python 문자열은 작은따옴표 '와 큰따옴표 " 모두 사용 가능하다.

```python
s = "Hello"
print(s[0])                # 0번째 문자
print(s[1:3])              # 1 이상 3 미만 슬라이싱
```

[출력 결과]
H
el

- Python 문자열은 immutable(불변)이라서 s[0] = "h" 같이 특정 문자만 직접 바꾸는 것은 불가능하다.

3) 불(bool)

논리값을 나타내는 자료형으로, 값은 True 또는 False 두 가지뿐이다.

```python
flag = True
print(flag, type(flag))
```

[출력 결과]
True ⟨class 'bool'⟩

- 비교 연산⟩, ⟨, == 등)과 논리 연산(and, or, not)의 결과도 모두 bool 형이다.

03 Python의 자료형과 연산자

1) 리스트(List)

Python에서 가장 기본이 되는 순서 있는(sequence) 자료형으로, 여러 개의 데이터를 순서대로 저장할 수 있는 자료구조이다. 리스트 자료형의 특징은 다음과 같다.

- 인덱스를 이용해 접근 가능하다. (0번부터 시작)
- 가변형(mutable)이다. (값 변경, 추가, 삭제 가능)
- 서로 다른 자료형도 함께 저장 가능하다.

▼ 리스트와 주요 메서드 예시

```
fruits = ['apple', 'banana', 'cherry']
fruits.append('orange')              # 요소 추가
fruits.remove('banana')              # 요소 삭제
fruits[1] = 'grape'                  # 요소 변경
```

[출력 결과]
['apple', 'grape', 'orange']

2) 튜플(Tuple)

리스트와 비슷하지만, 생성된 후 내용을 변경할 수 없는 불변 자료형이다. 소괄호 ( )로 선언하며, 보통 읽기 전용 데이터나 데이터 보호가 필요한 경우 활용한다.

▼ 튜플 예시

```
person = ('Kim', 25, 'Seoul')
t = (1, 20, 3)
# t[1] = 2 → 오류 발생(튜플의 내용은 변경할 수 없음)
```

3) 딕셔너리(Dictionary)

키(key) - 값(value) 쌍으로 데이터를 저장하는 자료형이다. 순서보다는 고유한 키를 통해 값에 접근하는 구조이며 중괄호 { } 로 선언한다.

```
student = {'name': 'Lee', 'age': 20, 'grade': 'A'}
student['age'] = 21                  # 값 수정
student['major'] = 'CS'              # 키-값 추가
print(student.get('name'))          # name 키에 해당하는 값 얻기
```

[출력 결과]
Lee

4) 집합(Set)

중복을 허용하지 않고, 순서가 없는 자료형이다. 중괄호 { } 또는 set() 사용하고 수학의 집합 개념과 유사하며 중복 요소는 자동 제거한다.

▼ 집합 연산 예시

```
a = {1, 2, 3}
b = {3, 4, 5}
print(a | b)               # 합집합 연산
print(a & b)               # 교집합 연산
```

[출력 결과]
{1, 2, 3, 4, 5}
{3}

5) 연산자(Operators) 정리

① 산술 연산자

연산자	의미	예시
+	더하기	10 + 3 = 13
−	빼기	10 − 3 = 7
*	곱하기	10 * 3 = 30
/	나누기(실수)	10 / 3 = 3.333…
//	나누기(몫)	10 // 3 = 3
%	나머지	10 % 3 = 1
**	거듭제곱	2 ** 3 = 8

② 논리 연산자

연산자	의미	예시
and	둘 다 참일때 True	True and False → False
or	둘 중 하나라도 참이면 True	True or False → True
not	True ↔ False 반전	not True → False

③ 멤버십 연산자

연산자	의미	예시
in	포함된다	1 in [1, 2, 3] → True
not in	포함되지 않는다	4 not in [1, 2, 3] → True

④ 식별 연산자(is / is not)

==는 값이 같은지 비교하고, is는 같은 객체(동일한 메모리 주소)인지 비교한다. 즉 is는 JavaScript의 ===와 비슷한 효과를 낸다.

```
[Python]                                    [JavaScript]

a = [1, 2]                                  let a = [1, 2];
b = a                                       let b = a;
c = [1, 2]                                  let c = [1, 2];

a is b    # True (b는 a와 같은 객체)          a === b   // true (같은 배열 참조)
a is c    # False (값은 같지만 서로 다른 객체)   a === c   // false (다른 배열 객체)
a == c    # True (값 비교는 같음)             a == c    // false (배열은 ==도 참조 비교)
```

⑤ 조건 연산자(삼항 연산자)

Python은 JavaScript의 a ? b : c 대신 다음과 같은 문법을 사용한다.

```
result = "짝수" if n % 2 == 0 else "홀수"
```

- 조건이 참이면 "짝수", 거짓이면 "홀수"가 result에 들어간다.

6) 자주 사용하는 연산자 패턴
① 문자열 반복

```
"Hi" * 3                 # "HiHiHi"
```

② 리스트 연결

```
[1,2] + [3,4]            # [1,2,3,4]
```

③ 리스트 반복

```
[0] * 4                  # [0,0,0,0]
```

04 제어문과 반복문

1) if / elif / else

Python에서는 C / Java와 다르게 중괄호 { }를 쓰지 않고, 들여쓰기로 코드 블록을 구분하는 것에 유의한다.

```
if 조건:
    실행문
elif 조건:
    실행문
else:
    실행문
```

```
n = 10
if n > 10:
    print("A")
elif n == 10:
    print("B")
else:
    print("C")
```

- 위 코드에서는 n == 10이므로 "B"가 출력된다.
- if는 한 번만 참인 블록이 실행되고, 나머지는 건너뛴다.

2) for

리스트, 문자열, range() 등 순회 가능한(iterable) 객체를 돌 때 사용한다.

```
for i in [1, 2, 3]:
    print(i)
```

▼ 문자열 순회 예시

```
for ch in "ABC":
    print(ch)
```

3) range()

range()는 연속된 정수들의 범위를 만들어 내는 함수이다. 끝 값은 포함되지 않는다.

```
range(시작, 끝, 간격)
```

```
for i in range(3):
    print(i)        # 0 1 2
```

4) while

조건이 참인 동안 계속 반복하는 문법이다.

```
n = 3
while n > 0:
    print(n)              # 3 2 1
    n -= 1
```

5) 리스트 / 딕셔너리 내포(Comprehension)

내포는 반복문을 간단하게 줄여 리스트나 딕셔너리를 한 줄로 생성하는 문법이다. 값을 모아서 새 리스트를 만들 때 매우 유용하다.

기본 형태
[표현식 for 변수 in 리스트]

▼ 리스트 내포 예시

```
squares = [x**2 for x in range(1, 6)]
# [1, 4, 9, 16, 25]
```

▼ 조건 추가

```
[x for x in range(6) if x % 2 == 0]
# [0, 2, 4]
```

▼ 중첩 반복문도 가능

```
[(i, j) for i in range(2) for j in range(3)]
# [(0,0), (0,1), (0,2), (1,0), (1,1), (1,2)]
```

▣ **기적**의 TIP

내포(Comprehension, 컴프리헨션)
Python 코드를 작성할 때 복잡한 for 루프 대신 내포를 사용하면 코드가 훨씬 간결하고 명료해져 가독성이 좋아지고 내부적으로도 최적화되어 효율성이 증가한다.

---

01 다음 Python 프로그램의 실행 결과를 쓰시오.

```
s = "Python"
print(s[1:4])
```

[정답]
yth

[해설]
Python의 문자열은 인덱스로 접근하고, 슬라이싱(slicing)으로 부분 문자열을 잘라낼 수 있다.
s[1:4]는 인덱스 1부터 시작해서 인덱스 4 "직전"까지를 의미한다.
따라서 인덱스 1~3에 해당하는 "yth"가 출력된다.

02 다음 Python 프로그램의 실행 결과를 쓰시오.

```
s = {1, 2, 2, 3}
print(s)
```

[정답]
{1, 2, 3}

[해설]
Python의 집합(set) 구조는 중복이 허용되지 않는다.
위처럼 집합을 그대로 출력하면, 집합은 순서가 없는 자료형이므로 요소의 순서 또한 보장되지 않는다.

03 다음 Python 프로그램의 실행 결과를 쓰시오.

```
print(10 // 3 + 2 ** 6)
```

[정답]

67

[해설]

연산자 우선순위는 **(거듭제곱) → * / // % → + − 순이다.

따라서 이 식은 다음 순서로 계산된다.

2 ** 6 → 64

10 // 3 → 3 (정수 나눗셈, 몫만 취함)

3 + 64 → 67

04 다음 Python 프로그램의 실행 결과를 쓰시오.

```
n = 7
result = "짝수" if n % 2 == 0 else "홀수"
print(result)
```

[정답]

홀수

[해설]

이 코드는 파이썬의 조건식(삼항 연산자 형태) 문법을 사용한 예이다.

A if 조건식 else B → 조건식이 참이면 A, 거짓이면 B가 선택된다.

n = 7이므로 7 % 2는 1, 따라서 n % 2 == 0은 거짓(False)이 되고 "홀수"가 선택된다.

05 다음 Python 프로그램의 실행 결과를 쓰시오.

```
nums = [x for x in range(5) if x % 2 == 1]
print(nums)
```

[정답]

[1, 3]

[해설]

이 코드는 리스트 내포(list comprehension)를 사용한 것으로 기본 형태는 [표현식 for 변수 in 반복객체 if 조건]이다.
range(5)는 0, 1, 2, 3, 4를 차례대로 만들어내고, if x % 2 == 1 조건에 맞는 값(홀수)만 리스트에 담는다.

Python 프로그래밍 원리

난 이 도 상 ⑨ 하
반복학습 ① ② ③

빈출 태그 검색, 정렬, 집합 연산, 함수, 매개변수, init, lambda, node, 내포, 모듈

ⓞ Python 자료구조(자료형 심화)

1) 리스트(list)

리스트는 여러 값을 순서대로 저장하고, 필요할 때 값을 변경·추가·삭제할 수 있는 가변 객체이다. 인덱스(0부터 시작)를 이용해 개별 요소에 접근하며, 서로 다른 자료형도 한 리스트 안에 섞어서 담을 수 있다.

① 리스트 수정 메서드

```
arr = [10, 20, 30]
arr.append(40)              # 끝에 요소 추가 → [10, 20, 30, 40]
arr.insert(1, 15)           # 인덱스 1 위치에 삽입 → [10, 15, 20, 30, 40]
arr.remove(20)              # '20' 값 삭제(첫 번째 것만) → [10, 15, 30, 40]
arr.pop()                   # 마지막 요소 제거 후 반환 → [10, 15, 30]
arr.pop(1)                  # 인덱스 1 요소 제거 → [10, 30]
arr.clear()                 # 모든 요소 삭제 → []
```

② 리스트 검색

```
arr.index(30)               # 값 30이 처음 등장하는 인덱스
30 in arr                   # 30이 arr 안에 있으면 True, 없으면 False
```

- index()는 값의 위치를 찾고, in 연산자는 특정 값의 포함 여부를 빠르게 확인할 때 유용하다.

③ 리스트 정렬

```
arr.sort()                  # 리스트 자체를 오름차순으로 정렬 (원본 변경)
arr.sort(reverse = True)    # 내림차순 정렬
sorted(arr)                 # 정렬된 새로운 리스트를 반환, 원본 arr는 그대로
```

- sort()는 원본 리스트를 직접 변경하고, sorted()는 원본은 유지한 채 새 리스트를 돌려준다는 차이가 있다.
- 원본이 중요한 데이터라면 sorted()를 사용하는 편이 안전하다.

④ 리스트 복사

```
b = a[:]                        # 슬라이싱을 이용한 얕은 복사
b = a.copy()                    # copy() 메서드로 얕은 복사

import copy
b = copy.deepcopy(a)            # 깊은 복사 (중첩 리스트까지 완전 복제)
```

- 슬라이싱과 copy()는 얕은 복사(shallow copy)이므로, 리스트 안에 또 다른 리스트가 들어 있는 경우 내부 리스트는 여전히 같은 객체를 참조한다.
- deepcopy()는 중첩된 요소까지 모두 새로 복사하는 깊은 복사로, 원본과 완전히 독립된 구조가 필요할 때 사용한다.

2) 튜플(tuple)

튜플은 리스트와 마찬가지로 순서가 있는 자료형이지만, 한번 생성하면 값을 변경할 수 없는 불변 (immutable) 자료형이다. 좌표, 설정값 등 변경되면 안 되는 데이터를 표현할 때 자주 사용된다.

```
a, b = (1, 2)
t = (10, 20, 30)
print(t[1])                     # 20
```

- 튜플은 리스트와 달리 append, remove 같은 수정용 메서드가 없는 읽기 전용 리스트처럼 활용된다고 이해하면 쉽다.

3) 딕셔너리(dict)

딕셔너리는 key → value 형태로 값을 저장하는 자료형으로, JavaScript의 객체(object)와 거의 같은 역할을 한다. 인덱스 대신 키(key)를 이용해 값에 접근하며, 키는 중복될 수 없다.

① key/value 접근

```
user = {"name": "Kim", "age": 20}
user["name"]                    # "Kim" 키로 값 접근
user.get("city", "없음")        # "city" 키가 없으면 "없음" 반환
```

- get()을 사용하면 키가 없어도 에러가 나지 않고, 기본값을 지정해 안전하게 조회할 수 있다.

② 값 추가 · 변경 · 삭제

딕셔너리는 필요에 따라 키를 추가하거나 제거하면서 동적으로 구조를 바꿀 수 있어, 설정값, 응답 데이터, 통계 등의 표현에 매우 유용하다.

```
user["age"] = 25                # 기존 키의 값 갱신
user["city"] = "Seoul"          # 새로운 키-값 추가
del user["city"]                # 해당 키-값 삭제
```

③ dict 반복문

```
for k in user.keys():                    # key만 순회
    print(k)

for v in user.values():                  # value만 순회
    print(v)

for k, v in user.items():                # key와 value를 동시에 순회
    print(k, v)
```

4) 집합(set)

집합(set)은 중복을 허용하지 않고, 순서를 보장하지 않는 자료형이다. 수학에서 배우는 집합 개념과 거의 동일하게, 합집합 · 교집합 · 차집합 연산을 쉽게 처리할 수 있다.

① 집합 연산

집합 연산은 데이터 중복 제거, 공통 원소 찾기, 차이 비교 등의 작업을 짧은 코드로 처리할 때 유용하다.

```
a = {1, 2, 3}
b = {3, 4, 5}

a | b                                    # 합집합 → {1, 2, 3, 4, 5}
a & b                                    # 교집합 → {3}
a - b                                    # 차집합 → {1, 2}
```

② 요소 추가/삭제

```
s.add(4)                                 # 요소 추가
s.remove(2)                              # 특정 요소 삭제
```

5) 자료구조 심화 예제

▼ 리스트에서 짝수만 뽑기

```
nums = [1, 2, 3, 4, 5, 6]
even = [x for x in nums if x % 2 == 0]   # 리스트 내포
```

▼ 딕셔너리 값 합계

```
scores = {"kim": 90, "lee": 80, "park": 85}
total = sum(scores.values())
```

• 위 코드에서 scores.values()는 점수들만 모아 주며, sum()으로 총합을 간단히 계산한다.

```
nums = [1, 2, 2, 3, 3, 4]
result = list(set(nums))
```

- 위 코드는 set(nums)로 중복을 제거한 뒤 다시 list()로 감싸서 리스트 형태로 되돌린 패턴이다.
- 정렬이 필요한 경우 sorted(set(nums))처럼 사용하면 된다.

▼ sort와 sorted의 차이

```
a = [3, 1, 2]
b = sorted(a)          # [1,2,3], a는 그대로
a.sort()               # a 자체를 변경
```

- 위 코드에서 sorted(a)는 새 리스트를 반환하고, a.sort()는 리스트 a 자체를 정렬해 내용이 바뀐다.

▼ 튜플 언패킹

```
person = ("Kim", 20)
name, age = person
```

- 튜플과 같이 반복 가능한 객체에 담긴 여러 값은 각 변수에 한 번에 풀어서 할당할 수 있다.

02 함수(Function)

Python에서 함수는 반복해서 사용할 코드를 하나의 이름으로 묶어 놓은 것이다. 입력(매개변수)을 받아서 처리한 뒤, 필요한 경우 결과값을 반환(return) 한다.
함수를 사용하면 코드가 더 짧고 깔끔해지고, 재사용 · 유지보수가 쉬워진다.

1) 함수의 유형

① 함수 기본 정의와 호출

Python에서 함수는 def 키워드를 사용해 정의한다.

```
def 함수이름(매개변수):
    실행문
    return 결과
```

```
def add(a, b):
    return a + b

print(add(3, 4))    # 7
```

② 매개변수 없는 함수

입력이 필요 없는 함수도 만들 수 있다.

```
def hi():
    return "Hello"
```

- 이 함수는 호출될 때마다 문자열 "Hello"를 반환한다.

③ 반환값 없는 함수

- return을 생략하면, 함수는 기본적으로 None을 반환한다.
- 보통 화면 출력, 파일 저장 등 동작만 하는 함수는 반환값 없이 사용하기도 한다.

```python
def show():
    print("Hello")
```

④ 반환값 여러 개

Python 함수는 여러 개의 값을 한 번에 반환할 수 있는데, 실제로는 튜플로 묶여서 반환되고, 호출한 쪽에서는 언패킹하여 각 변수로 받을 수 있다.

```python
def calc(a, b):
    return a + b, a - b

x, y = calc(10, 3)                          # x = 13, y = 7
```

⑤ lambda(익명 함수)

lambda는 이름 없이 한 줄로 정의하는 짧은 함수이다. 간단한 계산이나 정렬 기준, map/filter 같은 함수형 API와 함께 자주 쓰인다.

```python
nums = [1, 2, 3]
result = list(map(lambda x: x * 2, nums))   # result = [2, 4, 6]
```

- 위 코드에서 lambda x: x * 2는 x를 받아 x * 2를 반환하는 함수를 의미한다.

⑥ 재귀 함수(Recursion)

재귀 함수는 함수가 자기 자신을 다시 호출하는 형태의 함수이다. 보통 반복되는 구조를 수학적 정의 그대로 표현할 때 많이 사용한다.

```python
def fact(n):
    if n == 1:                              # 종료 조건
        return 1
    return n * fact(n - 1)

print(fact(5))                              # 120
```

- 재귀 함수는 반드시 종료 조건이 있어야 무한 재귀에 빠지지 않을 수 있다.

2) 인자와 매개변수(Parameter)

① 기본값 매개변수

함수에 전달되는 인자가 없을 때 사용할 기본값을 지정할 수 있다.

```python
def greet(name = "Guest"):
    print("Hello", name)


greet()                         # Hello Guest
greet("Kim")                    # Hello Kim
```

② 키워드 매개변수

함수를 호출할 때 매개변수 이름을 함께 명시해서 전달하는 방식이다. 이 방식을 사용하면 순서와 상관없이 인자를 줄 수 있다.

```python
def info(name, age):
    print(name, age)


info(age = 20, name = "Lee")    # 순서 상관 없음
```

③ 가변 인자(*args)

전달할 인자의 개수가 정해져 있지 않을 때, *args 형식으로 개수 제한 없는 인자를 받을 수 있다. 이 인자들은 함수 안에서 튜플 형태로 사용된다.

```python
def total(*nums):
    return sum(nums)

print(total(1, 2, 3))           # 6
print(total(10, 20, 30, 40))    # 100
```

④ 가변 키워드 인자(**kwargs)

키 = 값 형태의 인자를 여러 개 받을 때는 **kwargs(Keyword Arguments)를 사용한다. 이 값들은 함수 내부에서 딕셔너리 형태로 사용된다.

```python
def user_info(**data):
    print(data)

user_info(name = "Kim", age = 30)
```

• 인자의 이름이 유동적일 때, 옵션이 많을 때 유용하다.

3) 함수 안의 변수

① 지역 변수(Local Variable)

함수 안에서 선언된 변수는 그 함수 안에서만 유효하다.

```python
def test():
    a = 10
test()
print(a)                        # 오류! 함수 밖에서는 a를 알 수 없음
```

② 전역 변수(Global Variable)

함수 바깥에서 선언된 변수는 파일 전체(모듈 전체)에서 접근 가능하다. 함수 안에서 전역 변수의 값을 변경하려면 global 키워드를 사용해야 한다.

```python
a = 5
def test():
    global a                    # 전역 변수 a를 사용하겠다고 선언
    a = 20
test()
print(a)                    # 20
```

03 Python의 객체지향 프로그래밍(OOP)

Python에서도 Java, C++처럼 객체지향 프로그래밍을 지원하며, 클래스와 객체를 이용해 코드 구조를 더 현실 세계처럼 모델링할 수 있다.
객체지향 프로그래밍으로 관련된 데이터(속성)와 기능(메서드)을 하나의 클래스로 묶어 재사용성과 유지보수성을 높일 수 있다.

1) 클래스(Class) 개요

① 클래스(class) 기본 구조

Python에서 클래스는 class 키워드로 정의한다. 클래스는 객체를 찍어내는 설계도 역할을 한다.

```python
class Person:
    pass
```

② 생성자(init) — 인스턴스 초기화

생성자는 객체가 생성될 때 자동으로 호출되는 메서드로 초기 상태(속성 값)를 설정하며, Python에서는 _ _init_ _이라는 이름으로 사용한다.

```python
class Person:
    def __init__(self, name, age):        # def __init__(self, 매개변수1, 매개변수2, ...):
        self.name = name
        self.age = age
```

• Python의 self는 Java의 this와 비슷한 역할을 한다.

③ 객체 생성(인스턴스)

클래스를 실제로 사용하기 위해서는 인스턴스(객체)를 생성해야 한다.

```python
p1 = Person("Lee", 19)
print(p1.name, p1.age)
```

• Person("Lee", 19)를 호출하면 _ _init_ _이 실행되어 self.name = "Lee", self.age = 19로 초기화된다.
• 이렇게 만들어진 p1은 Person 클래스의 한 인스턴스로, 각 인스턴스는 독립된 name, age 값을 가진다.

④ 메서드(method) 정의

메서드는 클래스 안에 정의된 함수로, 해당 객체가 수행할 수 있는 동작(기능)을 표현한다.

```python
class Person:
    def __init__(self, name):
        self.name = name
    def greet(self):
        print("Hi,", self.name)

p = Person("Lee")
p.greet()                              # Hi, Lee
```

• 메서드의 첫 번째 매개변수는 관례적으로 항상 self를 사용하며, 이를 통해 자기 자신의 속성(self.name)에 접근한다.
• 위 코드에서 p.greet()로 호출하면 self에는 p가 전달된다.

2) 클래스 변수 vs 인스턴스 변수

① 인스턴스 변수

인스턴스 변수는 각 객체마다 다른 값을 가지는 변수이다. 생성자나 메서드 안에서 self.변수명 형태로 정의한다.

```
class Person:
    def __init__(self, name):
        self.name = name          # 인스턴스 변수
```

② 클래스 변수

클래스 변수는 클래스 전체가 공유하는 변수이다. 클래스 블록 안에서 self 없이 바로 정의한다.

```
class Person:
    count = 0                     # 클래스 변수
    def __init__(self, name):
        self.name = name
        Person.count += 1         # 객체 생성 시마다 1증가
```

- 위 코드에서 Person.count는 만들어진 Person 객체의 총 개수를 세는 용도로 활용할 수 있다.
- 모든 인스턴스가 같은 변수(Person.count)를 함께 사용한다.

3) 상속(Inheritance)

상속은 부모 클래스의 속성과 메서드를 자식 클래스가 물려받는 기능이다. 코드를 재사용하고, 공통 기능을 묶어 설계할 때 유용하다.

① 상속의 기본 형태

```
class Parent:
    def show(self):
        print("Parent")
class Child(Parent):              # Parent 상속
    pass

c = Child()
c.show()                          # Parent
```

- 위 코드에서 Child(Parent)는 Parent 클래스를 상속받는다는 의미이다.
- Child 클래스는 아무것도 정의하지 않았지만, Parent의 show() 메서드를 그대로 사용할 수 있다.

② 다중 상속(Multiple Inheritance)

Python은 하나의 클래스가 여러 부모 클래스를 동시에 상속받는 다중 상속을 지원한다.

```python
class A:
    def a(self): print("A")
class B:
    def b(self): print("B")
class C(A, B):
    pass

c = C()
c.a()
c.b()
```

- 위 코드에서 C(A, B)는 A와 B를 동시에 상속받는다. 따라서 C의 인스턴스 c는 a()와 b() 두 메서드 모두 사용할 수 있다.

4) 오버라이딩(Overriding)

오버라이딩은 부모 클래스에서 물려받은 메서드를 자식 클래스에서 재정의하는 것이다. 같은 이름의 메서드를 자식 쪽에서 새로 구현하면, 그 메서드가 우선된다.

```python
class Parent:
    def show(self):
        print("A")
class Child(Parent):
    def show(self):
        print("B")

Child().show()              # B
```

- 위 코드에서 Child는 Parent의 show()를 덮어써서, Child().show() 호출 시 "B"가 출력된다. 이처럼 오버라이딩을 통해 자식 클래스에서 동작을 변경·확장할 수 있다.

5) super() — 부모 기능 호출

자식 클래스에서 부모 클래스의 기능(특히 생성자)을 함께 사용하고 싶을 때는 super()를 이용해 부모 쪽
메서드를 호출할 수 있다.

```python
class Parent:
    def __init__(self):
        print("Parent 생성자")
class Child(Parent):
    def __init__(self):
        super().__init__()          # 부모 생성자 호출
        print("Child 생성자")

c = Child()
```

[출력 결과]
Parent 생성자
Child 생성자

• super().__init__()를 호출하면, 부모의 생성자가 먼저 실행되고 그다음 자식의 생성자 코드가 실행된다.

6) __str__ 메서드

__str__ 메서드는 이 객체를 사람이 읽기 좋게 문자열로 표현하면 어떻게 보여줄지를 정의하는 메서드
이다. print(객체)를 호출하거나 str(객체)를 사용할 때 이 메서드가 자동으로 호출된다.

```python
class Person:
    def __init__(self, name):
        # 인스턴스 변수 name에 이름 저장
        self.name = name

    def __str__(self):
        # print(person)이라고 했을 때 화면에 어떻게 보일지 정의
        return f"Person({self.name})"

p = Person("Lim")
print(p)                        # 내부적으로 print(str(p)) → Person(Lim)
print(str(p))                   # Person(Lim)
```

[출력 결과]
Person(Lim)
Person(Lim)

• __str__를 구현하면 디버깅, 로그 기록, 콘솔 출력 등에서 객체 내용을 사람이 읽기 좋은 형태로 보여
줄 수 있다.

04 컴프리헨션(Comprehension, 내포)

1) 리스트 컴프리헨션(List Comprehension)

리스트 컴프리헨션은 기존 리스트나 범위(range)를 바탕으로 새로운 리스트를 만드는 간결한 문법이다. 일반 for문으로 쓰던 것을 한 줄로 표현할 수 있어 코드가 짧고 읽기 쉬워진다.

① 기본 형태

```
[x * 2 for x in range(5)]
# [0, 2, 4, 6, 8]
```

- 위 코드는 for x in range(5)로 0, 1, 2, 3, 4를 순회하면서 x * 2 결과를 순서대로 리스트에 담는다.

② if 조건 추가

기본 형태 뒤에 if 조건을 붙이면 조건을 만족하는 값만 골라서 리스트에 담을 수 있다.

```
[x for x in range(10) if x % 2 == 0]
# [0, 2, 4, 6, 8]
```

③ if-else 포함

리스트 컴프리헨션 안에서 조건식(if-else)도 사용 가능하다.

```
["짝수" if x % 2 == 0 else "홀수" for x in range(5)]
# ['짝수', '홀수', '짝수', '홀수', '짝수']
```

④ 중첩 반복문

for를 여러 번 쓰면 중첩 반복문도 한 줄로 표현할 수 있다.

```
[(i, j) for i in range(2) for j in range(3)]
# [(0, 0), (0, 1), (0, 2), (1, 0), (1, 1), (1, 2)]
```

2) 딕셔너리 컴프리헨션(Dict Comprehension)

딕셔너리 컴프리헨션은 반복문을 이용해 한 번에 딕셔너리를 생성하는 문법이다. {키: 값 for ...} 형태로 작성하며, 키와 값을 자유롭게 조합할 수 있다.

① 기본 형태

```
{ x: x*x for x in range(3) }
# {0:0, 1:1, 2:4}
```

- 위 코드는 키: x, 값: x * x 형태로 저장한다. 결과적으로 0 → 0, 1 → 1, 2 → 4 구조의 딕셔너리가 만들어진다.

② if 조건 추가

조건을 넣으면 필요한 키만 가진 딕셔너리를 쉽게 만들 수 있다.

```
{ x: x+1 for x in range(5) if x % 2 == 1 }
# {1:2, 3:4}
```

- 위 코드는 range(5)에서 홀수(x % 2 == 1)만 골라 키를 x, 값을 x + 1로 저장한다.

05 람다와 고차 함수

람다와 map(), filter(), reduce()는 함수를 값처럼 전달하면서 데이터 변환/필터링/집계 등을 할 때 자주 쓰는 조합이다.

1) 람다(Lambda)

람다는 이름 없이 한 줄로 정의하는 작은 함수(익명 함수)이다. 짧게 쓰고 한 번만 사용하는 함수에 적합하다.

```
f = lambda x: x * 2
print(f(3))              # 6
```

- lambda x: x * 2는 "인자 x를 받아 x * 2를 반환하는 함수"라는 뜻이다.

2) 고차 함수(Higher-Order Function, HOF)

고차 함수는 다른 함수를 인자(argument)로 받거나 함수를 결과(return value)로 반환하는 함수를 말한다.

① map()

map()은 리스트(또는 반복 가능한 객체)의 모든 값에 함수를 적용해서 변환된 새 값들을 만든다.

```
nums = [1, 2, 3]
result = list(map(lambda x: x + 1, nums))
# result = [2, 3, 4]
```

- map()의 결과는 iterator이므로, 보통 list()로 감싸서 리스트로 변환한다.
- 전체 요소에 동일한 변환을 적용할 때 유용하다.

② filter()

조건을 만족하는 값만 골라서 새 시퀀스를 만든다.

```
nums = [1, 2, 3, 4, 5]
result = list(filter(lambda x: x % 2 == 0, nums))
# result = [2, 4]
```

- 위 코드는 lambda x: x % 2 == 0 조건을 만족하는 값만 남기고 나머지는 버린다. "필터를 통과시킨다"라고 생각하면 이해하기 쉽다.

③ reduce()

reduce()는 리스트 전체를 하나의 값으로 누적/집계할 때 사용한다. Python에서는 functools 모듈에서 가져와야 한다.

```python
from functools import reduce
total = reduce(lambda a, b: a + b, [1, 2, 3, 4])
# total = 10
```

- 위 코드는 처음 두 값 1, 2를 a, b에 넣어 a + b = 3 계산하고 그 결과와 다음 값 3을 더해 6, 다시 그 결과와 4를 더해 10을 만든다.

06 예외 처리

1) try / except 기본 구조

예외 처리는 try 블록에서 오류가 발생할 가능성이 있는 코드를 실행하고, 오류가 발생하면 except 블록으로 제어가 이동하는 구조이다.

```python
try:
    실행할 코드
except:
    오류 발생 시 실행할 코드
```

```python
try:
    x = 10 / 0          # 0으로 나눌 수 없음
except:
    print("에러 발생")
```

- 위 코드의 except:처럼 예외 유형을 생략한 형태는 모든 예외를 잡아버릴 수 있어 디버깅을 어렵게 만들 수 있으므로 보통은 예외 유형을 명시한다.

① except에 예외 유형 지정하기

Python은 상황별로 다양한 예외 클래스를 제공하며, 예외 유형을 지정하면 원인에 맞는 처리가 가능하다.

```python
try:
    int("abc")          # 숫자로 변환 불가 → ValueError 발생
except ValueError:
    print("정수 변환 실패")
```

▶ 자주 사용되는 예외 유형

예외 종류	설명	대표 상황
Exception	대부분의 일반 예외의 상위 클래스	광범위한 예외 처리
TypeError	타입이 맞지 않을 때 발생	정수 + 문자열 연산
ValueError	타입은 맞지만 값이 부적절할 때 발생	"abc"를 int()로 변환
KeyError	딕셔너리에 없는 키 접근 시 발생	d["없는키"]
IndexError	시퀀스에서 유효하지 않은 인덱스 접근 시 발생	lst[100]
ZeroDivisionError	0으로 나눌 때 발생	10 / 0
FileNotFoundError	파일이 존재하지 않을 때 발생	없는 파일 열기

② except 여러 개 사용하기

- 서로 다른 예외를 각각 다르게 처리할 때 except를 여러 개 둔다.
- 위에서 아래로 순서대로 검사하므로 더 구체적인 예외를 먼저 두는 것이 원칙이다.

```python
try:
    a = int("a")                  # ValueError 발생
except ValueError:
    print("값 오류")
except TypeError:
    print("타입 오류")
```

2) finally / else / raise

① finally — 항상 실행되는 블록

finally는 예외 발생 여부와 관계없이 항상 실행되는 블록이다. 파일 닫기, 연결 해제 같은 마무리 작업에 자주 사용된다.

```python
try:
    print(1 / 0)                  # ZeroDivisionError 발생
except ZeroDivisionError:
    print("0으로 나눔")
finally:
    print("항상 실행됨")            # 예외 여부와 무관하게 실행
```

② else — 예외가 없을 때만 실행

else는 try 블록에서 예외가 발생하지 않았을 때만 실행되는 블록이다. 정상 흐름에서만 수행할 코드를 try 밖으로 분리할 때 유용하다.

```python
try:
    x = int("10")                 # 예외 없음
except:
    print("에러")
else:
    print("정상 실행")             # 예외가 없을 때 실행
```

③ raise — 직접 예외 발생시켜 메시지 출력

raise는 조건에 따라 의도적으로 예외를 발생시킬 때 사용한다. 함수 입력값 검증처럼 이 값은 허용하지 않는 것을 강제할 때 유용하다.

```python
def check(n):
    if n < 0:
        raise ValueError("음수 불가")        # 음수면 예외를 직접 발생시킴

try:
    check(-1)
except ValueError as e:
    print(e)                                 # 예외 객체의 메시지 출력
```

07 모듈과 패키지

1) 모듈(module)

- Python에서 모듈이란 특정한 기능들을 모아 놓은 파일(.py)이다. 다른 언어에서 말하는 라이브러리처럼, 필요한 기능을 파일 단위로 만들어 불러와 사용하는 방식이다.
- Python에서 제공하는 표준 모듈을 사용할 수도 있고, 직접 작성한 사용자 모듈을 만들어 사용할 수도 있다.

2) 모듈 불러오기 — import

① 기본 import

모듈 전체를 불러온 뒤, 모듈명.기능 형태로 사용한다.

```python
import math                          # math 모듈 전체를 불러옴
print(math.sqrt(9))                  # math 모듈의 sqrt 함수 사용하여 9의 제곱근 출력
```

② 모듈 내 특정 기능만 import

- 필요한 기능만 가져와 함수 이름만으로 호출한다.

```python
from math import sqrt                # math 모듈에서 sqrt만 선택
print(sqrt(9))                       # sqrt만 가져왔으므로 math. 없이 사용 가능
```

③ 여러 기능 한 번에 가져오기

- 여러 함수를 콤마로 나열해 가져온다.

```python
from math import sin, cos
```

④ 별칭(alias) 사용

```
import math as m          # math 모듈을 m이라는 짧은 이름으로 사용
print(m.pi)               # 원주율 출력
```

3) 패키지(Package)

- 여러 모듈을 폴더 구조로 묶어 관리하는 단위가 패키지이다.
- 보통 기능별로 모듈을 분리하고, 관련 모듈들을 하나의 폴더로 묶어 구조적으로 관리할 때 사용한다.

08 노드와 단일 연결 리스트

1) 노드(Node) 개념

① 노드의 구성

- 노드는 자료구조에서 데이터를 담는 최소 단위이다.
- 일반적으로 데이터(data)와 다른 노드를 가리키는 링크(link)로 구성된다.

② 링크 개수

자료구조 형태에 따라 링크 개수가 달라진다.
- 연결 리스트(Linked List) : next 1개
- 이진트리(Binary Tree) : left, right
- 그래프(Graph) : 연결된 여러 노드 목록(list) 또는 여러 연결 정보

2) 단일 연결 리스트의 Node 구조

① 기본 구현

- 단일 연결 리스트의 노드는 data와 next를 가진다.
- next는 다음 노드를 가리키며, 마지막 노드는 next가 None이다.

```
class Node:
    def __init__(self, data):
        self.data = data         # 현재 노드가 저장하는 값
        self.next = None         # 다음 노드를 가리키는 링크(처음에는 없음)
```

② 간단한 연결 리스트 만들기

```
head = Node(10)
head.next = Node(20)
head.next.next = Node(30)        # 10 → 20 → 30으로 각 노드는 다음 노드(next)만 가짐
```

3) 노드 연결과 순회

① 노드 두 개 만들고 연결하기

```
n1 = Node(10)
n2 = Node(20)
n1.next = n2                    # n1 → n2 연결
print(n1.next.data)            # n1이 가리키는 다음 노드(n2)의 data 20 출력
```

② 모든 노드 출력하기

연결 리스트는 배열처럼 인덱스로 바로 접근하지 못하므로 head부터 next를 따라가며 이동해야 한다.

```
cur = n1
while cur:                     # cur이 None이 될 때까지 반복
    print(cur.data)
    cur = cur.next             # 다음 노드로 이동
```

③ 마지막 노드 도달

next가 None인 노드가 마지막 노드이다.

```
cur = head
while cur.next:                # 다음 노드가 있는 동안 이동
    cur = cur.next
print(cur.data)                # 마지막 노드의 data 출력
```

4) 연결 리스트 기반 알고리즘 기초

① 맨 앞에 삽입

새 노드를 head 앞에 연결한 뒤 head를 새 노드로 갱신한다.

```
new_node = Node(5)
new_node.next = head
head = new_node
# 기존 head → 10 → 20 → 30이라면 head → 5 → 10 → 20 → 30으로 구조 변화
```

② 중간에 삽입

특정 노드(cur) 뒤에 새 노드를 끼워 넣는다.

```
cur = head                     # 10
cur = cur.next                 # 20에 도달
new_node = Node(25)            # 삽입할 새 노드
new_node.next = cur.next       # 25 → 30
cur.next = new_node            # 20 → 25 연결
# 10 → 20 → 25 → 30으로 구조 변화
```

③ 맨 끝에 삽입

마지막 노드까지 이동한 뒤 next에 새 노드를 연결한다.

```
cur = head
while cur.next:
    cur = cur.next
cur.next = Node(40)
```

④ 맨 앞 삭제

head를 다음 노드로 옮기면 첫 노드가 제거된 것과 같은 효과가 된다.

```
head = head.next
```

⑤ 특정 값 삭제

▼ 값이 20인 노드 삭제 예시

```
cur = head
while cur.next and cur.next.data != 20:
    cur = cur.next
if cur.next:                        # 찾았을 때만 삭제
    cur.next = cur.next.next
```

• 삭제 대상의 "이전 노드"에서 링크를 건너뛰게 해야 하므로 cur.next를 검사하는 방식이 된다.

⑥ 맨 끝 삭제

마지막 노드의 이전 노드까지 이동한 뒤, next를 None으로 만든다.

```
cur = head
while cur.next.next:
    cur = cur.next
cur.next = None              # 마지막 노드 연결을 끊어 삭제
```

⑦ 값 존재 여부 탐색

```
def find(head, target):
    cur = head
    while cur:
        if cur.data == target:
            return True
        cur = cur.next
    return False
```

⑧ 연결 리스트 길이 세기

```python
def length(head):
    cnt = 0
    cur = head
    while cur:
        cnt += 1          # 노드 하나 방문할 때마다 1 증가
        cur = cur.next
    return cnt
```

09 이진트리와 순회

1) 이진트리(Binary Tree) 노드 구조

이진트리에서 하나의 노드는 최대 두 개의 자식을 가진다. 보통 왼쪽 자식은 left, 오른쪽 자식은 right로 연결한다.

① 구현

```python
class Node:
    def __init__(self, data):
        self.data = data
        self.left = None
        self.right = None
```

② 간단한 트리 구성

```python
root = Node(20)
root.left = Node(10)
root.right = Node(30)

print(root.right.data)     # 30
print(root.left.data)      # 10
```

• 형태(개념도) :

```
  20
 /  \
10   30
```

2) 트리 순회(Tree Traversal)

트리의 모든 노드를 일정한 규칙에 따라 방문하는 과정을 순회라 한다. 재귀 호출을 이용해 구현하는 경우가 많다.

① 전위 순회(Pre-order)

• 방문 순서 : Root → Left → Right

```python
def preorder(node):
    if node:                     # node가 None이 아니면 방문
        print(node.data)
        preorder(node.left)
        preorder(node.right)
```

② 중위 순회(In-order)

• 방문 순서 : Left → Root → Right

```python
def inorder(node):
    if node:
        inorder(node.left)
        print(node.data)
        inorder(node.right)
```

③ 후위 순회(Post-order)

• 방문 순서 : Left → Right → Root

```python
def postorder(node):
    if node:
        postorder(node.left)
        postorder(node.right)
        print(node.data)
```

3) 트리 기반 알고리즘 기초

① 트리의 노드 개수 세기

left와 right를 모두 방문하며 누적하는 대표 재귀 알고리즘이다.

```python
def count_nodes(node):
    if node is None:
        return 0
    # 현재 노드 1개 + 왼쪽 서브트리 개수 + 오른쪽 서브트리 개수
    return 1 + count_nodes(node.left) + count_nodes(node.right)
```

② 리프(Leaf) 노드 개수 구하기

left와 right가 모두 None인 노드가 리프이다.

```python
def count_leaf(node):
    if node is None:
        return 0
    if node.left is None and node.right is None:
        return 1                      # 자식이 둘 다 없으면 리프 1개
    return count_leaf(node.left) + count_leaf(node.right)
```

③ 트리의 높이 구하기

높이는 보통 루트에서 가장 깊은 리프까지의 노드 수(또는 간선 수)로 정의한다.

```python
def height(node):
    if node is None:
        return 0
    # 현재 노드 1 + (왼쪽 높이, 오른쪽 높이 중 큰 값)
    return 1 + max(height(node.left), height(node.right))
```

• 위 코드는 "노드 수 기준 높이"로, 빈 트리는 0, 루트만 있으면 1이 된다.

⑩ 표준 라이브러리와 사용자 정의 모듈

1) 표준 라이브러리(Standard Library)

별도의 설치 없이 import만으로 바로 사용할 수 있는 기능들이며, 수학 계산, 날짜 처리, 파일/운영체제 제어, 데이터 형식 처리 등을 제공한다.

▶ Python의 대표 표준 모듈

모듈	기능
math	수학 관련 함수 제공
random	랜덤값 생성
datetime	날짜 · 시간 처리
os	운영체제 관련 기능
sys	파이썬 실행 환경/시스템 정보
json	JSON 데이터 처리
csv	CSV 읽기/쓰기
time	시간 지연, 시간 관련 처리

2) 사용자 정의 모듈 만들기

- 사용자가 직접 만든 .py 파일도 모듈이 된다.
- 같은 폴더(같은 디렉터리)에 있는 파일은 import로 불러와 사용할 수 있다.
- 기능을 파일 단위로 분리해두면 재사용과 관리가 쉬워진다.

① 직접 작성

같은 폴더에 myutil.py라는 이름의 파일을 만들어 본다.

```python
# myutil.py
def add(a, b):
    return a + b
```

② 다른 파일에서 사용

import 후 모듈명.함수명 형태로 호출한다.

```python
import myutil                    # 같은 폴더의 myutil.py를 모듈로 불러옴
result = myutil.add(3, 4)        # myutil 모듈의 add 함수 호출
print(result)                    # 7 출력
```

3) 패키지(Package)

패키지는 여러 모듈(.py 파일)을 폴더 구조로 묶어 관리하는 단위이다.

```
mypkg/
    __init__.py
    calc.py
    util.py
```

① 패키지 import 방법

패키지명.모듈명 형태로 불러온다.

```
import mypkg.calc
```

② 패키지 내부 함수 사용

모듈을 import한 경우에는 패키지명.모듈명.함수명 형태로 접근한다.

```
result = mypkg.calc.add(2, 3)    # 패키지.모듈.함수 형태로 호출
print(result)
```

③ from 패키지 import

필요한 모듈만 가져오거나, 특정 함수만 직접 가져와 사용할 수 있다.

```
from mypkg import calc            # mypkg 패키지에서 calc 모듈만 가져옴
from mypkg.calc import add        # calc 모듈에서 add 함수만 직접 가져옴

print(calc.add(2, 3))             # 모듈을 가져왔으므로 calc.add로 호출
print(add(2, 3))                  # 함수를 직접 가져왔으므로 add로 호출
```

4) import 시 주의사항

① 파일 상단에 작성

• import 문은 보통 파일 맨 위에 모아 작성한다.
• 코드 흐름이 명확해지고, 의존성 관리가 쉬워진다.

② 파일명 충돌 주의

사용자 파일명이 표준 모듈명과 같으면, 표준 모듈이 아니라 사용자 파일이 먼저 import 되는 문제가 생길 수 있다. (random.py 같이 라이브러리 모듈과 이름이 중복되는 것은 만들지 말 것)

③ 상대경로 import 주의

• 상대경로 import는 보통 패키지 내부 모듈들 사이에서만 사용하는 방식이다.
• 단독 실행하는 파일(스크립트)에서 상대경로 import를 사용하면 실행 방식에 따라 오류가 발생할 수 있다.

01 다음 Python 프로그램의 실행 결과를 쓰시오.

```python
def hi(name="Guest"):
    print("Hi", name)

hi()
```

[정답]

Hi Guest

[해설]

기본값 매개변수를 사용한 함수이다.

hi()처럼 인자를 주지 않고 호출하면 name 매개변수에 기본값 "Guest"가 자동으로 대입된다.

따라서 print("Hi", name)가 실행되면 Hi Guest가 출력된다.

02 다음 Python 프로그램의 실행 결과를 쓰시오.

```python
def calc(a, b):
    return a + b, a - b

x, y = calc(10, 3)
print(x, y)
```

[정답]

13 7

[해설]

파이썬 함수는 여러 값을 튜플 형태로 반환할 수 있다.

calc(10, 3)은 (a+b, a-b)를 반환하므로 (13, 7)이 된다.

이 튜플이 x, y에 언패킹되어 x에는 13, y에는 7이 저장된다.

03 다음 Python 프로그램의 실행 결과를 쓰시오.

```python
class C:
    count = 0
    def __init__(self):
        C.count += 1

C()
C()
print(C.count)
```

[정답]

2

[해설]

count는 클래스 변수이므로 모든 인스턴스가 공유하는 값이다.

인스턴스를 생성할 때마다 __init__가 실행되며 C.count += 1로 클래스 변수 count가 1씩 증가한다.

C()를 두 번 호출했으므로 C.count는 2가 된다.

04 다음 Python 프로그램의 실행 결과를 쓰시오.

```python
class A:
    def a(self): return "A"
class B:
    def b(self): return "B"
class C(A,B):
    pass

c = C()
print(c.a(), c.b())
```

[정답]

A B

[해설]

클래스 C는 class C(A, B) 형태로 A와 B를 모두 상속받는 다중 상속 구조이다.

따라서 C의 인스턴스 c는 A의 메서드 a()와 B의 메서드 b()를 모두 사용할 수 있다.

c.a()는 "A"를 반환하고 c.b()는 "B"를 반환한다.

05 다음 Python 프로그램의 실행 결과를 쓰시오.

```
nums = [1,2,3,4,5,6]
result = list(
    map(lambda x: x * 10,
        filter(lambda x: x % 2 == 0, nums)
    )
)
print(result)
```

[정답]

[20, 40, 60]

[해설]

filter는 조건에 맞는 값만 걸러내는 함수이다.

filter(lambda x: x % 2 == 0, nums)는 리스트 nums에서 짝수인 2, 4, 6만 남긴다.

그 결과에 대해 map(lambda x: x * 10, ...)이 각각 10배를 적용하여 20, 40, 60을 만든다.

마지막으로 list(...)로 변환하므로 [20, 40, 60]이 출력된다.

06 다음 Python 트리 구조에서 60을 출력하기 위한 print문을 쓰시오.

```python
class Node:
    def __init__(self, data):
        self.data = data
        self.left = None
        self.right = None

root = Node(50)
root.left = Node(20)
root.right = Node(70)
root.right.left = Node(60)
```

[정답]
print(root.right.left.data)

[해설]
```
    50
   /  \
  20   70
      /
     60
```
root의 오른쪽 자식이 70이고(root.right), 그 70의 왼쪽 자식이 60이므로(root.right.left), 해당 노드의 데이터는 root.right.left.data
로 접근한다.

파트 소개

데이터베이스는 견고한 설계(Design)와 효율적인 조작(Query)이라는 두 축이 중심이 된다. 먼저 데이터베이스의 종류와 관계형 모델의 구조를 파악하는 것에서 시작한다. ERD를 통해 요구사항을 시각화하고, 정규화 과정을 거쳐 데이터 중복과 이상 현상을 방지하는 설계 품질을 확보하는 과정을 학습한다. 여기에 데이터 사전에 대한 이해를 더해 데이터의 관리 체계를 완성한다.

그다음 설계된 구조 위에서 SQL을 통해 데이터를 다루게 된다. SELECT 문의 실행 순서를 바탕으로 데이터를 필터링하고, JOIN을 활용해 관계를 맺은 테이블들을 통합한다. 또한 집계 함수와 서브쿼리를 사용하여 비즈니스 로직에 맞는 정보를 추출함으로써, 설계와 활용이 연결되는 데이터베이스 역량을 갖추게 된다.

데이터베이스 기초

학습 방향

SQL을 본격적으로 학습하기 전에 데이터베이스의 종류와 특히 관계형 데이터베이스의 기본 구조를 먼저 이해하는 것이 필요하다. 이를 위해 새롭게 등장하는 데이터베이스 용어를 정리하고, ERD 같은 다이어그램이 무엇을 의미하는지 해석할 수 있어야 한다. 이후 정규화(1NF~3NF, BCNF)와 이상 현상을 연결해 설계 품질을 점검하는 관점을 확보한다. 마지막으로 데이터 사전(메타데이터) 개념까지 정리하면 데이터베이스 구조를 전체 흐름으로 안정적으로 이해할 수 있다.

SECTION

01

데이터베이스 기초

▶ 합격 강의

난이도 상 중 하
반복학습 1 2 3

빈출 태그 속성, 튜플, 차수, 기수, ACID, 키, DBMS, DBA

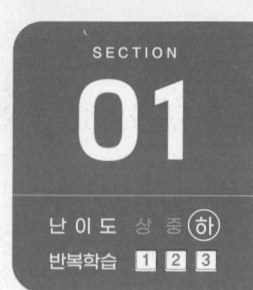

01 데이터베이스 개요

데이터베이스(DataBase)는 다수의 인원, 시스템 또는 프로그램이 사용할 목적으로 통합하여 관리되는 데이터의 집합이다.

IT 시스템의 발달로 데이터가 급증하면서 데이터를 효율적으로 관리하는 일이 중요해졌다. 자료의 중복성 제거, 무결성 확보, 일관성 유지, 유용성 보장은 데이터베이스 관리의 핵심 목표이다.

1) 데이터베이스 특징

① 실시간 접근성(Real-time Accessibility) : 사용자의 요청에 대해 필요한 데이터를 즉시 처리·제공할 수 있는 성질이다.

② 계속적인 변화(Continuous Evolution) : 데이터의 삽입, 수정, 삭제가 지속적으로 발생하며 상태가 계속 변한다.

③ 동시 공유(Concurrent Sharing) : 여러 사용자나 프로그램이 동시에 같은 데이터를 공유하고 사용할 수 있다.

④ 내용에 의한 참조(Content Reference) : 데이터는 주소(물리 위치)보다 내용(값)에 의해 검색·참조된다.

2) 데이터베이스 설계 순서

요구조건 분석 → 개념적 설계 → 논리적 설계 → 물리적 설계 → 구현

3) 릴레이션 구성 요소

① 속성(Attribute)

속성은 릴레이션(테이블)에서 하나의 열을 의미한다. 개체(Entity)의 특성을 표현하여 저장하는 항목이며, 컬럼(Column) 또는 필드(Field)라고도 한다.

② 튜플(Tuple)

튜플은 릴레이션에서 하나의 행을 의미한다. 레코드(Record) 또는 로우(Row)로도 표현한다.

③ 차수(Degree)

차수는 하나의 릴레이션에 포함된 속성의 수(열의 개수)이다.

④ 기수(Cardirality)

기수는 하나의 릴레이션에 포함된 튜플의 수(행의 개수)이다.

▶ 속성과 튜플

EmployeeID	Name	Salary	DepartmentID
1	Kim	3000	10
2	Lee	3500	20
3	Park	2800	10

- Name, Salary, DepartmentID는 속성이고, 각 행은 튜플이다.
- 차수 = 4, 기수 = 3

4) 데이터 값과 구조 관련 용어

① 도메인(Domain)

도메인은 각 속성이 가질 수 있는 값들의 집합이다. 속성의 데이터 타입, 크기, 허용 범위, 제약 조건 등을 포함하는 "값의 범위"로 이해한다.

② 뷰(View)

뷰는 하나 이상의 기본 테이블로부터 유도된 가상의 테이블이다. 사용자 관점에서는 테이블처럼 조회·조작이 가능하며, 논리적 구조가 기본 테이블과 유사하다.

③ 트랜잭션(Transaction)

트랜잭션은 데이터베이스에서 하나의 작업 수행을 위한 연산들의 집합이다. 예를 들어 계좌이체는 출금과 입금이 함께 성공해야 하므로 하나의 트랜잭션으로 묶어 처리한다.

④ ACID 특성

트랜잭션의 안정성을 보장하기 위한 대표 성질이 ACID이다.
- 원자성(Atomicity) : 트랜잭션은 전부 수행되거나 전혀 수행되지 않아야 한다.
- 일관성(Consistency) : 트랜잭션 수행 전후에 데이터 제약 조건이 항상 만족되어야 한다.
- 독립성(Isolation) : 동시에 실행되는 트랜잭션이 서로 영향을 최소화해야 한다.
- 지속성(Durability) : 성공적으로 완료된 트랜잭션의 결과는 장애가 발생해도 보존되어야 한다.

⑤ 스키마(Schema)

스키마는 데이터베이스의 구조와 제약 조건에 관한 전반적인 명세이다. 데이터가 어떻게 구성되고 어떤 규칙을 따르는지 정의한다.

스키마 종류	정의
내부 스키마 (물리)	시스템 프로그래머나 설계자의 관점에서 정의하는 데이터베이스이다. 저장 구조, 인덱스, 접근 경로 등 물리적 관점이 중심이다.
개념 스키마 (논리)	기관이나 조직의 관점에서 필요한 데이터를 정의한 데이터베이스이다. 전체 데이터의 논리 구조를 표현한다.
외부 스키마 (서브)	사용자 개인 또는 응용 프로그램 관점에서 필요한 데이터베이스이다. 사용자별로 서로 다른 관점을 가질 수 있다.

5) 키(Key)

키는 어떤 대상을 식별하는 고유한 식별자(Identifier) 역할을 하는 속성(또는 속성들의 집합)이다.

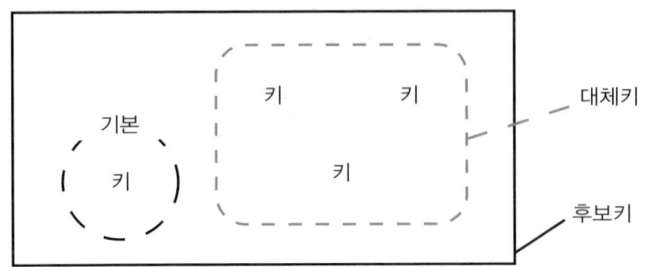

① **슈퍼키(Super Key)** : 각 행을 유일하게 식별할 수 있는 하나 또는 그 이상의 속성 집합이다. 유일성만 만족해도 슈퍼키가 된다.
② **후보키(Candidate Key)** : 유일성과 최소성을 만족하는 슈퍼키 중 더 이상 줄일 수 없는 형태이다.
③ **기본키(Primary Key, PK)** : 후보키 중 하나를 선택한 키이다. 유일성과 최소성을 만족하며, 일반적으로 NULL 불가, 중복 불가 성격을 가진다.
④ **대체키(Alternate Key)** : 기본키로 선택되지 못한 후보키이다.
⑤ **외래키(Foreign Key, FK)** : 다른 테이블의 행을 식별하는 키이다. 참조 무결성 유지를 위해 사용한다.

6) DBMS와 DBA

① 데이터베이스 관리시스템(DBMS, DataBase Management System)

DBMS는 데이터 관리의 복잡성을 해결하고, 데이터의 추가 · 변경 · 검색 · 삭제와 백업 · 복구 · 보안 같은 기능을 제공하는 소프트웨어이다. 저장되는 정보는 텍스트, 이미지, 음악, 지도 데이터 등 다양하며, 데이터의 종류와 양은 지속적으로 증가하는 추세이다.

▶ DBMS의 장단점

구분	장점	단점
데이터 중복/일관성	중복 감소로 일관성 유지가 쉬움	설계가 나쁘면 중복 · 불일치가 생길 수 있음
무결성/품질	제약조건으로 무결성 보장 가능	규칙이 많을수록 설계/변경이 복잡해짐
동시성/공유	다중 사용자 환경에서 동시 접근 관리 가능	락(LOCK) 등으로 대기/병목 발생 가능
보안/권한	권한 관리로 접근 통제 가능	설정/운영이 복잡하면 관리 부담 증가
백업/복구	장애 시 복구 체계로 데이터 보호	정책 수립 · 저장공간 등 운영 비용 필요

② 데이터베이스 관리자(DBA, DataBase Administrator)

DBA는 데이터베이스를 직접 활용하기보다는 사용자를 위해 데이터베이스를 설계 · 구축하고, 안정적으로 서비스할 수 있도록 데이터베이스를 관리 · 제어하는 역할을 한다.

02 데이터베이스 관리시스템(DBMS)

1) DBMS의 종류

① 계층형 데이터베이스 관리시스템(HDBMS, Hierarchical DataBase Management System)

계층형 데이터베이스는 데이터를 상하 종속 관계로 계층화하여 관리하는 방식이다. 데이터 접근 속도가 빠른 편이지만 종속적인 구조로 인해 변화하는 데이터 구조에 유연하게 대응하기 어렵다. 대표 제품 예로 IMS, System2000이 있다.

② 망형 데이터베이스 관리시스템(NDBMS, Network DataBase Management System)

망형 데이터베이스는 데이터 구조를 네트워크 형태로 논리적으로 표현한 데이터 모델이다. 계층형보다 유연하지만 설계가 복잡한 단점이 있다. 대표 제품 예로 IDS, TOTAL, IDMS가 있다.

③ 관계형 데이터베이스 관리시스템(RDBMS, Relational DataBase Management System)

관계형 데이터베이스는 가장 보편화된 DBMS이다. 데이터를 테이블로 저장하고, 테이블 간 관계를 기반으로 데이터를 관리한다. 업무 변화나 데이터 구조 변화에 대한 유연성이 비교적 좋아 유지 관리가 쉽다.

▶ 대표적인 RDBMS

구분	내용
Oracle	미국 오라클사에서 개발한 데이터베이스 관리시스템이다. 리눅스/유닉스/윈도 모두를 지원하며 대형 시스템에서 많이 사용한다.
SQL Server	마이크로소프트사에서 개발한 관계형 데이터베이스 시스템이다. 마이크로소프트사 제품이기 때문에 윈도즈 서버에서만 구동이 되며, 마이크로소프트사의 개발 언어인 C# 등과 잘 호환된다.
MySQL	썬 마이크로시스템에서 소유했던 관계형 데이터베이스 시스템이었으나 오라클에서 인수하였다. 리눅스, 유닉스, 윈도에서 모두 사용이 가능하고 오픈소스 기반으로 개발되었다.
Maria DB	MySQL 출신 개발자가 만든 데이터베이스로 MySQL과 완벽히 호환된다.

④ NoSQL(Not Only SQL)

NoSQL은 전통적인 관계형 데이터베이스보다 덜 제한적인 일관성 모델을 사용하는 경우가 많으며, 대규모 데이터(빅데이터) 처리와 실시간 웹 애플리케이션에 활용된다.

2) 데이터베이스 관리시스템의 특징

DBMS는 데이터를 안정적이고 효율적으로 관리하기 위해 여러 가지 특성을 제공한다. 대표적인 특징으로 무결성, 일관성, 회복성, 보안성, 효율성이 있다.

① 데이터 무결성

데이터에 부적절한 값이 입력되거나, 동일한 의미의 데이터가 서로 다르게 저장되는 상황을 허용하지 않는 성질이다. 즉 데이터는 정확하고 올바른 상태를 유지해야 하며, 이를 위해 기본키/외래키/NOT NULL/CHECK 같은 제약 조건을 활용한다.

② 데이터 일관성

삽입, 삭제, 갱신 같은 작업이 수행된 이후에도 데이터가 정해진 규칙과 논리에 맞게 모순 없이 유지되는 성질이다. 하나의 데이터를 여러 곳에서 참조하더라도 서로 다른 값으로 어긋나지 않도록 유지하는 것을 의미한다.

③ 데이터 회복성

시스템 장애, 전원 오류, 프로그램 오류 등이 발생했을 때 데이터베이스를 장애 이전 또는 특정 시점의 정상 상태로 복구할 수 있어야 하는 성질이다. 로그, 백업, 복구 기능 등을 통해 보장한다.

④ 데이터 보안성

권한이 없는 사용자의 접근을 차단하고, 불법적인 노출·변경·손실로부터 데이터를 보호하는 성질이다. 계정/권한 관리, 접근 제어, 암호화 같은 기능으로 지원한다.

⑤ 데이터 효율성

사용자의 요구를 만족시키도록 응답 시간, 처리량, 저장 공간 활용 등을 최적화하는 성질이다. 인덱스, 질의 최적화, 캐시, 저장 구조 설계 등을 통해 성능을 높인다.

▶ **데이터베이스 관리시스템 구조**

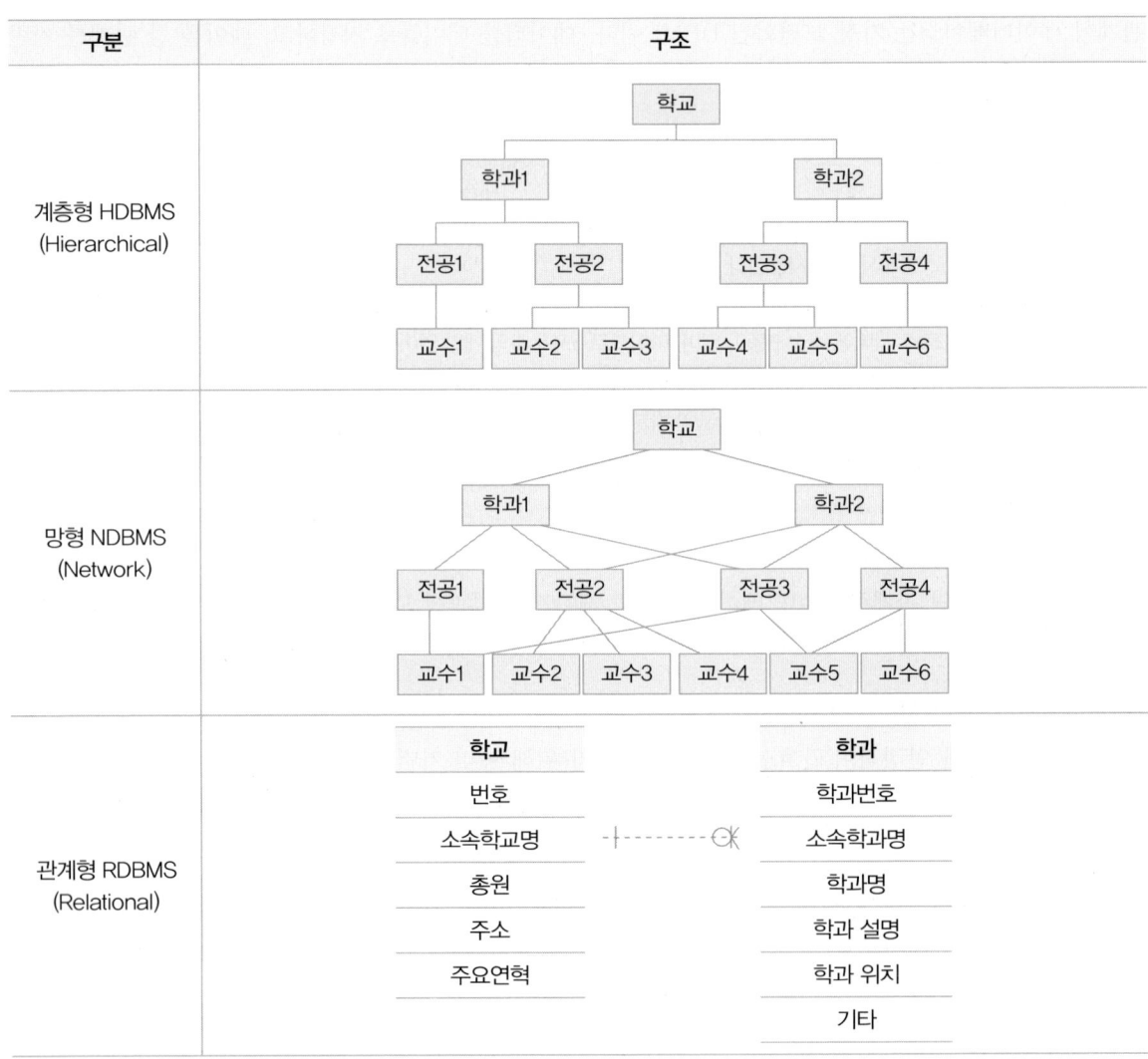

구분	구조
계층형 HDBMS (Hierarchical)	
망형 NDBMS (Network)	
관계형 RDBMS (Relational)	

3) 데이터베이스 관리시스템 분류

① 시스템 특징별 분류

DBMS는 관리하는 데이터의 형태와 관리 방식에 따라 관계형 데이터베이스, 문서 저장 시스템, 그래프 데이터베이스, 키-값(Key-Value) 스토어 등으로 구분된다.

DBMS 구분	설명	예시
관계형 (Relational)	• 테이블 구조(스키마)를 정의하고 테이블 간 관계를 설정하여 데이터를 관리한다. • 가장 널리 사용되는 DBMS 유형이며, 비관계형 특성까지 일부 수용해 관리 범위를 확장한 형태도 등장하였다.	Oracle, MySQL, MS SQL Server, PostgreSQL, DB2, MariaDB
문서 저장 (Document Store)	• 정해진 스키마 구조가 필수는 아니며, 데이터 구조가 항상 일관될 필요도 없다. • 문서 단위(JSON 등)로 저장하는 형태가 많고, 필드가 여러 값을 가질 수도 있다. • 조회 결과를 클라이언트에서 후처리하는 경우가 많다.	MongoDB, Amazon DynamoDB, Couchbase, MS Azure Cosmos DB
그래프 (Graph)	• 노드(Node)와 에지(Edge) 구조에 특화된 DBMS이다. • 노드 간 관계를 중심으로 구조화하여 저장하며, 관계 탐색이 중요한 문제에 유리하다.	Neo4j, MS Azure Cosmos DB, OrientDB, ArangoDB
키-값 (Key-Value)	• 키와 값의 쌍으로 저장하는 가장 단순한 형태의 DBMS이다. • 빠른 조회가 장점이며 캐시, 세션 저장소, 단순 저장 구조에 적합하다.	Redis, Amazon DynamoDB, Memcached

② 상용화 및 오픈소스 기반 분류

DBMS는 라이선스와 배포 형태에 따라 상용화 DBMS와 오픈소스 기반 DBMS로도 구분된다.
• 대표적 상용화 DBMS : Oracle, MS SQL Server, DB2, Microsoft Access, Teradata
• 대표적 오픈소스 기반 DBMS : MySQL, PostgreSQL, Mongo DB, Redis, Elasticsearch

01 데이터베이스의 중앙 처리 시스템인 DBMS를 관리하며 중앙에서 데이터의 검색, 삽입, 수정, 삭제를 수행하는 관리자를 무엇이라 하는지 쓰시오.

[정답]
DBA

[해설]
데이터베이스 관리자(DBA, DataBase Administrator)는 DBMS를 운영·관리하면서 중앙에서 데이터의 검색(조회), 삽입, 수정, 삭제 같은 작업이 원활하게 수행되도록 데이터베이스를 설계·구축하고 권한 관리, 백업·복구, 성능 관리 등의 업무를 담당한다.

02 다음 테이블의 카디널리티(Cardinality)의 수를 구하시오.

사번	직급	이름	번호	급여
1111	부장	김패스	111-1111	600
2222	차장	이패스	222-2222	500
3333	과장	박패스	333-3333	400

[정답]
3

속성(Attribute)의 개수를 디그리(Degree, 차수)라 하며, 튜플(Tuple)의 개수를 카디널리티(Cardinality, 기수)라 부른다.

03 하나의 작업을 수행하기 위해 필요한 연산들의 집합이며 데이터베이스에서 논리적인 작업의 단위로서, 원자성(Atomicity), 일관성(Consistency), 독립성(Isolation), 지속성(Durability)의 특징을 가지는 이것은 무엇인지 쓰시오.

[정답]
트랜잭션(Transaction)

[해설]
트랜잭션은 데이터베이스에서 하나의 작업을 수행하기 위해 필요한 연산들의 집합이며, 논리적인 작업의 단위이다. 트랜잭션은 ACID 특성인 원자성(모두 수행되거나 전혀 수행되지 않음), 일관성(제약 조건을 만족한 상태 유지), 독립성(동시에 실행되어도 서로 간섭 최소화), 지속성(완료 결과가 영구 반영됨)을 가진다.

SECTION

02

관계형 데이터베이스 활용

난이도 상 ⑨ 하
반복학습 ① ② ③

▶ 합격 강의

빈출 태그 ERD • 엔티티 • 관계형 스키마

ⓞ① 개체–관계 다이어그램(ERD, E–R Diagram)

1) ERD 개요

ERD(Entity Relationship Diagram)는 업무 분석 결과로 도출된 실체(엔티티)와 엔티티 간의 관계를 그림으로 표현한 도식이다. ERD를 통해 요소들 간 연관성을 시각적으로 표현하면 데이터베이스 관리자, 개발자, 사용자 모두 데이터의 흐름과 연관성을 공통적으로 확인할 수 있다.

2) ER 모델

ERD의 구성 요소인 엔티티, 관계, 속성을 추출하려면 업무나 시스템에 대한 명확한 정의가 필요하다. ERD로 도식화하기 전, 각 요소를 사각형 · 선 · 마름모 등의 기호로 표현해 정리하는 형태를 ER 모델이라고 한다.

▶ 업무에서 요소 추출 예시

업무(요구사항)	개체, 관계, 속성
• 각각의 종업원은 한 매장에 소속된다. • 종업원에 관해서는 사번, 이름, 주소, 휴대폰 번호의 정보를 관리한다. • 매장에 대해서는 매장 코드, 매장명, 매장 전화번호, 매장 주소 정보가 유지된다.	• 개체 : 종업원, 매장 • 관계 : 소속 • 종업원 속성 : 사번, 이름, 주소, 휴대폰번호 • 매장 속성 : 매장코드, 매장명, 매장전화번호, 매장주소

① 엔티티(Entity)

- 엔티티는 사물 또는 사건을 의미하며 개체라고도 한다. ERD에서 엔티티는 사각형(□)으로 표시하고 사격형 안에 엔티티 이름을 작성한다.
- 가능한 한 대문자로 쓰고 단수형으로 명명한다.
- 의미가 명확한 유일한 단어로 정하는 것이 바람직하다.

② 속성(Attribute)

속성은 엔티티가 가지는 요소 또는 성질이다. 표기 방식은 모델에 따라 달라진다. 관계형 데이터베이스로 변환하여 설계를 진행할 때는 Crow's Foot 모델이 편리한 편이다.

- Chen 모델 : 엔티티와 선으로 연결된 타원(○) 형태로 표시한다.
- Crow's Foot 모델 : 엔티티를 표 형태로 그리고 속성을 표 내부에 나열한다.

Chen Model	Crow's Foot Model

종업원
사번
이름
주소
휴대전화번호

▲ ERD 표기 예제

- 속성명은 단수형으로 명명한다.
- 속성명에 엔티티명을 중복해서 붙이지 않는 것이 일반적이다.
- 해당 속성이 필수(Not Null)인지, 선택(Null 허용)인지 고려하여 정의한다.

③ 관계(Relationship)

관계는 두 엔티티 사이의 연관성을 의미한다. ERD 표기 방식에 따라 기호는 달라질 수 있으나, 핵심은 엔티티 간의 연결과 의미를 명확히 표현하는 것이다.

관계 표시	의미
───────	1:1 관계를 표시한다.
──────<	1:m 관계를 표시한다.
>─────<	n:m 관계를 표시한다.
⬤	필수 관계를 표시한다. • 1:1은 1:1을 포함한다. • 1:M은 1:1과 1:M을 포함한다. • M:N은 1:1, 1:M, M:1, N:M을 포함한다.
◯	필수가 아닌 관계를 표시한다. • 1:1은 0, 1:0, 1을 포함한다. • 1:M은 0, 1:0, 1, M을 포함한다. • M:N은 0, 1, M:0, 1, M을 포함한다.

④ E-R모델 표기법

도형	의미
	개체
	관계
	속성
	기본키 속성
	연관성
	연결

02 ERD 작성 절차

1) ERD 작성을 위한 요소 추출

[시나리오]
1. 보험사에서 사용하는 데이터베이스를 설계한다.
2. 고객이 있고 고객이 사용하는 계좌가 있다.
3. 고객 정보로 이름, 주소, 휴대전화번호, 주민등록번호를 관리한다.
4. 고객 계좌 정보로 계좌번호, 계좌종류, 잔고, 개설일자, 인출한도를 관리한다.
5. 주소 정보로 시군구, 동, 상세주소, 우편번호를 관리한다.

업무 요구사항을 읽고 엔티티(개체), 속성, 관계를 분리해 식별한다. 이 단계에서 중복되거나 부적절한 항목이 있는지도 함께 점검한다.

▶ 업무로부터 추출

구분	추출 요소
개체	고객, 계좌, 주소
속성	이름, 주민등록번호, 휴대전화번호, 계좌번호, 계좌종류, 잔고, 개설일자, 인출한도, 시군구, 동, 상세주소, 우편번호
관계	고객은 계좌를 소유한다. 고객은 주소를 소유한다.

2) ER 모델 작성

추출된 엔티티, 속성, 관계를 바탕으로 ER 모델을 구성한다. ER 모델은 ERD를 그리기 위한 기본 설계 단계이며, 엔티티와 속성을 배치하고 엔티티 간 관계를 연결해 전체 구조를 도식화한다.

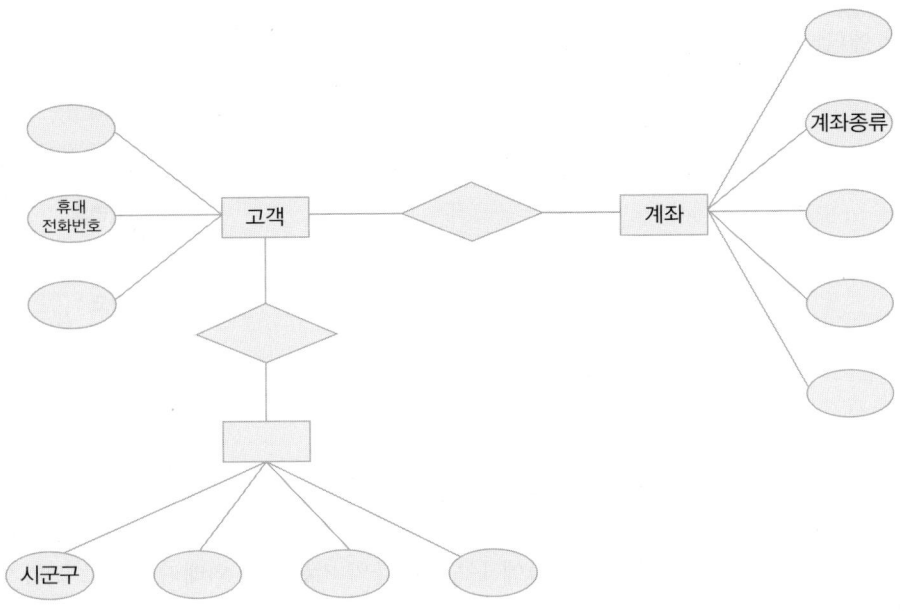

▲ ERD 작성 예제

3) ERD 관계형 스키마 작성

[제약조건]
1. 고객은 다수의 집을 보유할 수 있다.
2. 고객은 다수의 계좌를 보유할 수 있다.

위 조건은 고객과 주소, 고객과 계좌의 관계가 모두 1:N 관계임을 의미한다. 즉 한 고객(1)은 여러 주소(N)와 여러 계좌(N)를 가질 수 있다.

① 관계형 스키마 작성을 위한 테이블 형태 표시

- 테이블의 최상단에는 각 행을 유일하게 구분할 수 있는 구분자, 즉 기본키(PK)가 위치해야 한다.
- 기본키는 주민등록번호 같은 업무키로 구성할 수도 있으나, 일반적으로는 관리 편의성을 위해 일련번호 형태의 대리키를 부여하는 방식도 많이 사용한다.
- 기본키 아래에는 해당 엔티티의 속성을 배치한다.

주소
일련번호
시군구
동
상세주소
우편번호

고객
고객번호
이름
휴대전화번호
주민등록번호

계좌
일련번호
계좌번호
계좌종류
잔고
개설일자
인출한도

② 테이블 간 관계를 설정

- 관계를 표기할 때는 1:1, 1:N, N:M 중 무엇인지 먼저 확정한다.
- 1:N 관계를 관계형 스키마로 변환할 때는 N쪽 테이블에 1쪽 테이블의 기본키를 외래키(FK)로 포함시키는 방식이 기본이다.
- 테이블 간 연결 가능한 속성을 부여해야 한 테이블에서 다른 테이블의 행을 찾아갈 수 있다.

4) 관계형 데이터베이스 테이블 생성

① 물리 스키마 작성

• 물리 스키마는 실제 DBMS에 생성할 테이블 정의이다.
• SQL 표준 기준으로는 식별자(테이블명, 컬럼명)에 한글을 쓰지 않는다.
• 논리 스키마와 매칭되도록 테이블명과 컬럼명을 정리한다.

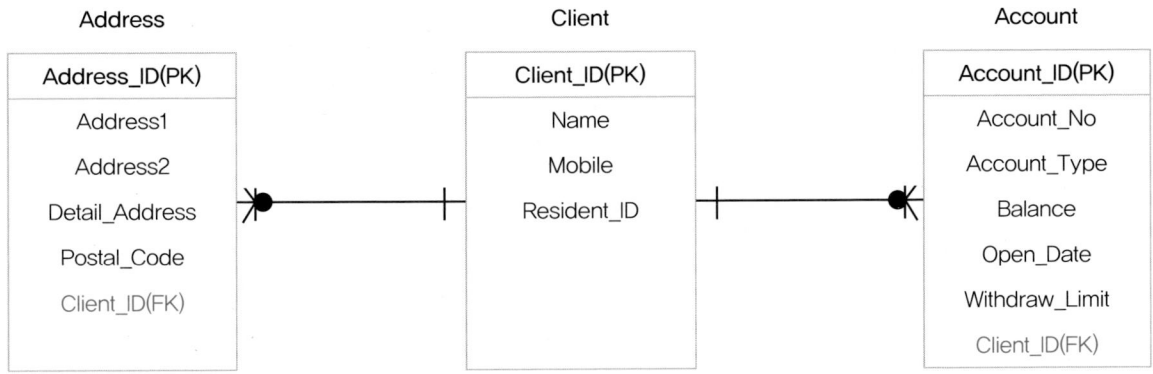

② 테이블 생성 SQL 작성

작성 시 필요한 datatype은 정수형, 실수형, 날짜형 등 다양하다. SQL 표준을 참조하여 필요로 하는 데이터형을 입력한다.

▶ Address 테이블 예시

```
CREATE TABLE Address (
    Address_ID INT,
    Address1 VARCHAR(50),
    Address2 VARCHAR(50),
    Detail_Address VARCHAR(255),
    Postal_Code VARCHAR(20),
    Client_ID INT
);
```

01 E-R Diagram은 1976년 P.Chen이 제안한 현실세계를 개념적으로 표현한 방법으로 업무 분석 결과로 도출된 개체와 관계를 도식화한 표현이다. ( ) 안에 들어갈 알맞은 키워드를 쓰시오.

기호	의미
사각형	개체집합
타원	(①)
마름모	(②)
선	연결

[정답]
① 속성, ② 연결

[해설]
E-R 다이어그램에서 사각형은 개체집합(엔티티)을 의미하고, 타원은 엔티티가 가지는 성질인 속성을 의미한다. 마름모는 엔티티 사이의 관계를 나타내며, 관계를 통해 두 엔티티가 어떻게 연결되는지 표현한다.

02 test 테이블을 생성하기 위해 (①) 안에 들어갈 알맞은 명령문을 쓰시오.

```
(   ①   ) TABLE test;
```

[정답]
CREATE

[해설]
테이블을 새로 생성할 때 사용하는 명령어는 CREATE TABLE이다.

데이터베이스 관리

▶ 합격 강의

01 데이터베이스 연산

1) CRUD

CRUD는 데이터베이스가 가지는 기본적인 데이터 처리 기능인 Create(생성), Read(읽기), Update(갱신), Delete(삭제)를 말한다. 관계형 데이터베이스에서는 CRUD 작업을 SQL로 수행한다.

기본 처리	SQL	설명
Create	INSERT	테이블에 데이터를 추가한다.
Read	SELECT	테이블에 저장된 데이터를 조회한다.
Update	UPDATE	테이블에 저장된 데이터를 수정한다.
Delete	DELETE	테이블에 저장된 데이터를 삭제한다.

2) 데이터베이스 연산 수행절차

① 데이터 삽입

테이블에 데이터를 삽입할 때는 INSERT 명령어를 사용한다.

```
INSERT INTO table_name
VALUES (value1, value2, value3, ...);
```

```
INSERT INTO Address
VALUES(200, '서울특별시', '용산구 서빙고로 137',
'ABC아파트 1동 101호', '04353', 1);
```

② 데이터 읽기

테이블에서 데이터를 읽기 위해서는 SELECT 명령어를 사용한다. SELECT 다음에 *를 사용하면 모든 컬럼을 조회하고, 컬럼명을 지정하면 특정 컬럼만 조회한다.

```
SELECT column1, column2, ...
FROM table_name;
```

```
[1] SELECT * FROM Address;
[2] SELECT Address_ID, Address1 FROM Address;
```

③ 데이터 갱신

테이블의 데이터를 수정할 때는 UPDATE 명령어를 사용한다. WHERE 조건절을 사용해 수정 대상을 특정하며, WHERE 없이 실행하면 전체 행이 수정될 수 있다.

```
UPDATE table_name
SET column1 = value1, column2 = value2, ...
WHERE condition;
```

```
UPDATE Address
SET Address2 = '용산구 이태원로 29',
Detail_Address = 'XYZ아파트 2동 202호'
WHERE Address_ID = 200;
```

④ 데이터 삭제

테이블의 데이터를 삭제할 때는 DELETE 명령어를 사용한다. WHERE 조건절로 삭제 대상을 지정하며, WHERE 없이 실행하면 전체 행이 삭제될 수 있다.

```
DELETE FROM table_name
WHERE condition;
```

```
DELETE FROM Address
WHERE Address1 = '서울특별시';
```

⑤ 기타 SQL 명령어

- ALTER DATABASE : 데이터베이스 설정 또는 구성을 변경한다.
- ALTER TABLE : 테이블 구조(컬럼, 제약 조건 등)를 변경한다.
- DROP TABLE : 테이블을 삭제한다.
- CREATE INDEX : 검색 속도 향상을 위한 인덱스를 생성한다.
- DROP INDEX : 인덱스를 삭제한다.
- JOIN : 여러 테이블의 데이터를 관계에 따라 결합하여 조회한다.
- UNION, GROUP BY : 결과 합치기, 그룹 집계 등 다양한 조회 기능을 제공한다.

02 정규화(Normalization)

정규화(Normalization)는 관계형 데이터베이스에서 데이터 중복을 최소화하고 무결성을 유지하기 위해 테이블을 체계적으로 분해하는 과정이다. 정규화를 수행하면 삽입 이상, 삭제 이상, 갱신 이상 같은 이상 현상을 예방할 수 있고 저장 공간을 효율적으로 사용할 수 있다.

```
비정규 릴레이션
    ↓            1. 도메인을 분해
   1NF
    ↓            2. 부분적 함수 종속 제거
   2NF
    ↓            3. 이행적 함수 종속 제거
   3NF
    ↓            4. 결정자이면서 후보키가 아닌 것 제거
```

```
BCNF
  ↓                    5. 함수 종속이 아닌 다치 종속 제거
4NF
  ↓                    6. 후보키를 통하지 않은 조인 종속성 제거
5NF
```

1) 제1정규형(1NF)

제1정규형은 모든 필드가 원자값(Atomic Value)을 가져야 한다는 조건이다. 하나의 컬럼에 여러 값이 묶여 저장되지 않도록 분해한다.
주소가 다음처럼 한 컬럼에 합쳐져 있다면 원자성이 깨진 상태이다.
- 주소 = "서울-강남구-역삼동"

이를 다음과 같이 분해할 수 있다.
- 주소1 = "서울"
- 주소2 = "강남구"
- 주소3 = "역삼동"

2) 제2정규형(2NF)

제2정규형은 부분 함수적 종속을 제거하는 단계이다. 기본키가 복합키(둘 이상의 컬럼으로 구성된 키)일 때, 일반 속성이 기본키의 일부에만 종속되면 안 된다.
- 복합키 전체에 종속되어야 할 속성이 키의 일부에만 종속되어 있으면 테이블 분해가 필요하다.
- 기본키가 단일키인 테이블은 일반적으로 2NF를 만족하는 경우가 많다.

3) 제3정규형(3NF)

제3정규형은 이행적 함수 종속(Transitive Dependency)을 제거하는 단계이다.

⬚ 기적의 TIP

이행적 종속 형태
- A → B, B → C이면 A → C가 성립하는 구조가 나타날 수 있다.
- 이때 A(기본키)가 아닌 B가 C를 결정한다면, B와 C를 분리하는 방식으로 정규화를 진행한다.

---

03 데이터 사전

1) 데이터 사전(Data Dictionary) 개념

① 정의

데이터 사전은 데이터베이스에 저장된 실제 데이터(업무 데이터)를 제외한 나머지 정보가 저장되는 영역이다. 즉 데이터 구조와 규칙을 설명하는 "데이터에 대한 데이터"로, 메타데이터(Metadata)로 구성된다.

② 관리 권한

데이터 사전의 내용 변경 권한은 시스템(DBMS)이 가진다. 사용자는 일반적으로 읽기 전용 형태로 제공받으며, 단순 조회만 가능하다.

2) 데이터 사전 내용

데이터 사전에는 다음과 같은 정보가 포함된다.

- 사용자 정보(아이디, 패스워드, 권한 등)
- 데이터베이스 객체 정보(테이블, 뷰, 인덱스 등)
- 무결성 제약 정보
- 함수, 프로시저, 트리거 등

데이터 사전이 메타데이터로 구성된다는 점은 대부분의 DBMS에서 공통이다. 다만 구현 방식과 관리 방식이 DBMS 제품마다 달라, 저장되는 메타데이터의 구체적인 구성과 조회 방법은 제품별로 차이가 있을 수 있다.

3) 데이터 사전 용도

① 사용자 관점

사용자에게 데이터 사전은 일반적으로 조회 대상이다. 데이터베이스의 구조나 제약 조건, 객체 정보를 확인하는 용도로 활용한다.

② DBMS 내부 관점

DBMS를 구성하는 컴파일러, 옵티마이저 같은 구성 요소는 SQL을 분석하고 실행 계획을 세우기 위해 데이터 사전 정보를 참조한다. 이 때문에 데이터 사전은 내부 처리 과정에서 필요한 참조 정보이면서 동시에 관리 대상이 된다.

01 다음 (①) 안에 들어갈 알맞은 용어를 쓰시오.

> 데이터베이스를 잘못 설계하면 불필요한 데이터 중복으로 인한 공간 낭비를 넘어 부작용을 초래할 수 있다. 이러한 부작용을 이상(Anomaly) 현상이라고 하며, 이를 해결하기 위해서 (①)를 실행하여 테이블 내의 데이터 중복을 제거한다.

[정답]
정규화(Normalization)

[해설]
데이터베이스를 잘못 설계하면 같은 의미의 데이터가 여러 곳에 중복 저장되어 불일치가 발생하거나, 특정 데이터를 삽입 · 삭제 · 갱신할 때 의도하지 않은 문제가 생길 수 있다.
이런 부작용을 이상(Anomaly) 현상이라 하며, 이를 예방하기 위해 테이블을 체계적으로 분해하여 데이터 중복을 줄이고 무결성을 유지하는 과정이 정규화이다.

02 릴레이션의 모든 속성이 원자값(Atomic Value)만을 가지도록 하여, 한 컬럼에 여러 값이 저장되거나 반복되는 그룹이 존재하지 않도록 만드는 정규형은 무엇인지 쓰시오.

[정답]
제1정규형(1NF)

[해설]
제1정규형은 각 속성값이 더 이상 분해할 수 없는 원자값이어야 한다는 조건이다.
예를 들어 한 컬럼에 "서울─강서구─등촌동"처럼 여러 값이 결합되어 저장되면 원자성이 깨진 상태이므로, 시/구/동처럼 분리해 저장하도록 요구한다.

03 체육대회 테이블에서 운동종목이 계주인 팀이름을 '무적청팀'으로 변경하는 SQL 코드에 대하여 (①) 안에 들어
갈 알맞은 명령어를 쓰시오.

(①) 체육대회 SET 팀이름 = '무적청팀' WHERE 운동종목 = '계주'

[정답]
UPDATE

[해설]
테이블에 저장된 데이터를 수정(변경)할 때 사용하는 명령어는 UPDATE이다.

SQL 활용

학습 방향

먼저 데이터 정의어(DDL)와 조작어(DML)의 차이를 명확히 구분하고, SELECT 문의 6가지 절(SELECT, FROM, WHERE, GROUP BY, HAVING, ORDER BY)의 실행 순서를 체득하는 것이 우선이다.

단순 조회를 넘어 JOIN을 활용해 흩어진 테이블을 연결하고, 집계 함수와 GROUP BY를 조합하여 데이터에서 유의미한 통계치를 추출하는 연습을 반복해야 한다. 이후 서브쿼리의 흐름을 파악하고 제약 조건(PK, FK 등)이 데이터 무결성에 미치는 영향을 이해한다면, 단순히 문법을 외우는 것을 넘어 데이터를 목적에 맞게 가공하는 실전 능력을 갖출 수 있다.

데이터 정의어 - DDL

▶ 합격 강의

빈출 태그 CREATE, ALTER, DROP, TRUNCATE, 제약 조건

01 데이터 정의어 – DDL

1) DDL(Data Definition Language)

DDL(Data Definition Language)은 데이터를 정의하는 언어이다. 더 엄밀하게는 데이터를 담는 구조, 즉 데이터베이스 오브젝트(객체)를 정의하는 언어이다. DDL로 정의되는 오브젝트 유형은 다음과 같다.

DDL 대상	설명
스키마(Schema)	• DBMS 특성과 구현 환경을 감안한 데이터 구조 • 직관적으로 하나의 데이터베이스 단위
도메인(Domain)	• 속성의 데이터 타입, 크기, 제약 조건 등을 지정한 정보 • 속성이 가질 수 있는 값의 범위
테이블(Table)	데이터를 저장하는 공간
뷰(View)	하나 이상의 물리 테이블에서 유도되는 가상의 논리 테이블
인덱스(Index)	검색 성능을 높이기 위한 데이터 구조

2) DDL 유형

구분	DDL 명령어	내용
생성	CREATE	데이터베이스 오브젝트 생성
변경	ALTER	데이터베이스 오브젝트 변경
삭제	DROP	데이터베이스 오브젝트 자체를 삭제
	TRUNCATE	테이블의 데이터만 삭제하고 구조는 유지

02 DDL 활용

1) 테이블 생성

① 신규 테이블 생성 문법

테이블을 새로 생성할 때는 컬럼 정의와 함께 기본키, 외래키, 체크, 유니크 등의 제약 조건을 지정할 수 있다.

```
CREATE TABLE 테이블이름 (
    열이름1 데이터타입 [DEFAULT 값] [NOT NULL],
    열이름2 데이터타입,
    ...
    [PRIMARY KEY (열_리스트)],
    [FOREIGN KEY (열_리스트) REFERENCES 테이블이름 [(열_리스트)]
        [ON DELETE 옵션]
        [ON UPDATE 옵션]
    ],
    [CHECK (조건식)],
    [UNIQUE (열_리스트)]
);
```

▼ 기본키 + 외래키 테이블 생성 예시

```
CREATE TABLE 부서 (
    부서번호 INT PRIMARY KEY,
    부서명 VARCHAR(20) NOT NULL
);
CREATE TABLE 사원 (
    사원번호 INT PRIMARY KEY,
    이름 VARCHAR(20) NOT NULL,
    부서번호 INT,
    FOREIGN KEY (부서번호) REFERENCES 부서 (부서번호)
);
```

② 다른 테이블 정보를 이용한 생성

SELECT 결과를 이용해 테이블을 생성할 수 있다.

```
CREATE TABLE 테이블이름 AS
SELECT ...;
```

2) 테이블 변경

구분	문법
열 추가	ALTER TABLE 테이블이름 ADD 열이름 데이터타입 [DEFAULT 값];
열 데이터 타입 변경	ALTER TABLE 테이블이름 MODIFY 열이름 데이터타입 [DEFAULT 값];
열 삭제	ALTER TABLE 테이블이름 DROP 열이름;

3) 테이블 삭제, 절단, 이름 변경

구분	문법
테이블 삭제	DROP TABLE 테이블이름;
테이블 내용 삭제	TRUNCATE TABLE 테이블이름;
테이블 이름 변경	ALTER TABLE 이전테이블이름 RENAME TO 새로운테이블이름;

4) 데이터 타입

주요 데이터 유형	정의
CHAR	고정 길이 문자열 데이터 타입
VARCHAR	가변 길이 문자열 데이터 타입
INT	정수형 숫자 데이터 타입
FLOAT	소수형 데이터 타입
DATE	날짜 데이터 타입

03 제약 조건 적용

1) 제약 조건 유형

① PRIMARY KEY

테이블의 기본키를 정의한다. 기본키는 일반적으로 NOT NULL과 UNIQUE 성격을 포함한다.

② FOREIGN KEY

외래키를 정의한다. 참조 대상은 REFERENCES 테이블이름(열이름) 형태로 명시한다. 참조 무결성 위배 상황에서의 처리 방법으로 옵션을 지정할 수 있다. (NO ACTION, SET DEFAULT, SET NULL, CASCADE, RESTRICT)

③ UNIQUE

테이블 내에서 해당 열(또는 열 조합)의 값이 유일해야 한다. 중복되면 안 되는 항목에 지정한다.

④ NOT NULL

해당 열의 값이 NULL일 수 없음을 의미한다. 필수 입력 항목에 대해 설정한다.

⑤ CHECK

개발자가 정의하는 제약 조건이다. 상황에 따라 다양한 조건식을 설정할 수 있다.

기적의 TIP

CASCADE
- 특정 객체를 삭제할 때 그 객체에 의존(참조)하는 관련 객체나 제약조건까지 함께 처리하도록 지정하는 옵션이다.
- 예를 들어 DROP TABLE 테이블이름 CASCADE로 해당 테이블을 참조하는 제약조건까지 함께 제거하여 연관 제약 때문에 삭제가 실패하는 상황을 방지한다.

2) 제약조건 변경

ALTER TABLE을 사용하여 제약 조건을 추가하거나 삭제할 수 있다. 다만 제약 조건을 수정하는 방식은 일반적으로 지원되지 않으며, 보통 삭제 후 재추가로 처리한다.

제약 조건	SQL 명령문
제약 조건 추가	ALTER TABLE 테이블이름 ADD [CONSTRAINT 제약조건이름] 제약조건(열이름);
제약 조건 삭제	ALTER TABLE 테이블이름 DROP CONSTRAINT KEY 제약조건이름;
제약 조건 활성화	ALTER TABLE 테이블이름 ENABLE CONSTRAINT 제약조건이름;
제약 조건 비활성화	ALTER TABLE 테이블이름 DISABLE CONSTRAINT 제약조건이름;

01 다음 조건을 모두 만족하고, 고객 테이블을 생성하는 SQL 쿼리를 쓰시오.

"ID"와 "고객명"은 20자의 가변 길이 문자열이고, "나이"는 정수형 숫자, "가입일"은 날짜 타입이다. 기본키는 "ID"로 설정하며 "ID"와 "가입일"은 NULL을 허용하지 않는다. "가입일"이 입력되지 않으면 기본값으로 2020−01−01이 입력되도록 설정한다.

[정답]
```
CREATE TABLE 고객 (
  ID VARCHAR(20) NOT NULL,
  고객명 VARCHAR(20),
  나이 INT,
  가입일 DATE NOT NULL DEFAULT '2020−01−01',
  PRIMARY KEY (ID)
);
```

02 주문 테이블의 컬럼명 '배송지'를 '배송지역'으로 변경하는 SQL 코드에 대하여 (①) 안에 들어갈 알맞은 명령어를 쓰시오.

(①) 주문 RENAME COLUMN 배송지 TO 배송지역;

[정답]
ALTER TABLE

[해설]
컬럼명 변경은 테이블 구조를 바꾸는 데이터 정의어(DDL) ALTER TABLE을 사용한다.

03 급여 테이블을 삭제하는 SQL 쿼리를 쓰시오.

[정답]
DROP TABLE 급여;

[해설]
테이블을 삭제할 때 사용하는 DDL 명령어는 DROP이며, DROP TABLE 테이블이름; 형태로 사용한다.

04 test 테이블의 구조와 데이터를 모두 삭제하면서, test 테이블을 참조하는 제약 조건이 존재하면 그 제약 조건까지 함께 삭제하는 SQL 쿼리를 작성하시오.

[정답]
DROP TABLE test CASCADE;

[해설]
CASCADE 옵션을 사용하면 해당 테이블을 참조하는 외래키 같은 종속(연관) 제약 조건이 존재할 때 이를 함께 삭제하여, 참조 관계 때문에 삭제가 실패하는 상황을 방지한다.

05 데이터 정의 언어(DDL)에서 테이블 구조는 유지하며 테이블 내용을 제거하는 키워드를 쓰시오.

[정답]
TRUNCATE

[해설]
TRUNCATE는 테이블의 구조(컬럼, 데이터 타입 등)는 유지한 채 테이블의 모든 데이터를 한 번에 삭제하는 명령이다. 일반적으로 DELETE와 달리 조건절(WHERE)을 사용할 수 없고, 대량 데이터 삭제에 유리하다.

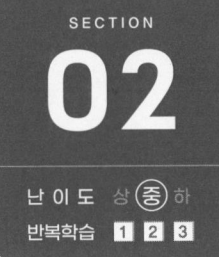
데이터 조작어 - DML

▶ 합격 강의

빈출 태그 SELECT, DELETE, UPDATE, INSERT, DISTINCT, LIKE, ORDER BY

01 데이터 조작어 – DML

1) DML(Data Manipulation Language)

DML은 데이터를 조작하는 SQL 명령어이다. 여기서 조작은 데이터 관점에서 생명 주기(추가, 조회, 수정, 삭제)를 제어하는 것을 의미한다.

2) DML 유형

구분	DML 명령어	내용
데이터 조회	SELECT	테이블의 내용을 조회
데이터 삭제	DELETE	테이블의 내용을 삭제
데이터 변경	UPDATE	테이블의 내용을 변경
데이터 추가	INSERT	테이블의 내용을 추가

02 DML 활용

1) 데이터 조회

SELECT는 테이블의 내용을 조회할 때 사용하는 명령어이다. 가장 많이 사용되는 SQL 명령어이며, WHERE, ORDER BY 같은 절과 결합되어 다양한 조회가 가능하다.

```
SELECT [OPTION] columns
FROM table
[WHERE 조건식] ;
```

▶ SELECT 문에서 사용되는 요소

요소	요소값	내용
OPTION	ALL	중복을 포함한 조회
	DISTINCT	중복을 제외한 조회
columns	컬럼명 목록	조회할 컬럼을 지정
	*	*는 모든 컬럼을 의미

```
SELECT DISTINCT 직급
FROM 회사;
```

• 회사 테이블의 직급 컬럼에서 중복 값을 제거하고 고유한 값만 조회한다.

F 기적의 TIP

COALESCE() 함수로 NULL 처리
• COALESCE(A, B, C, ...)는 왼쪽부터 값을 확인해 NULL이 아닌 첫 번째 값을 반환한다. 모든 값이 NULL이면 결과도 NULL이다.
• NULL을 0이나 기본 문자열로 바꾸는 용도로 자주 사용한다.
⑩ SELECT 이름, COALESCE(연봉, 0) FROM 직원;은 연봉이 NULL이면 0으로 대체

2) 데이터 삭제

레코드를 삭제할 때 DELETE를 사용한다. WHERE 절 없이 DELETE를 실행하면 테이블의 모든 행이 삭제될 수 있다.

```
DELETE FROM table
[WHERE 조건식] ;
```

3) 데이터 변경

데이터를 수정할 때 UPDATE를 사용한다. 보통 WHERE 절로 수정 대상을 특정하며, WHERE 절이 없으면 전체 행이 수정될 수 있다.

```
UPDATE table
SET column1 = value1, column2 = value2, ...
[WHERE 조건식] ;
```

4) 데이터 추가

데이터를 삽입하기 위한 명령어로 다음과 같이 두 가지 형태의 명령문 형식을 제공한다.
이때 데이터 삽입 결과로 하나의 레코드가 추가된다. 따라서 삽입에 사용되는 정보는 하나의 레코드를 충분히 묘사해야 한다.
테이블에 데이터를 삽입할 때 INSERT를 사용한다. 삽입 결과로 하나의 레코드(행)가 추가되며, 값은 해당 행을 충분히 표현할 수 있어야 한다.

① 전체 컬럼에 순서대로 삽입

```
INSERT INTO table_name
VALUES (value1, value2, ...);
```

② 특정 컬럼만 지정하여 삽입

```
INSERT INTO table_name (column1, column2)
VALUES (value1, value2);
```

5) 컬럼에 별칭(alias) 주기

SELECT 결과에서 컬럼이나 계산식의 이름을 보기 좋게 바꾸기 위해 별칭을 사용한다.

```
SELECT 가격 * 1.1 AS 판매가격
FROM 판매물품;
```

- 위 쿼리는 판매물품 테이블에서 가격 컬럼의 값에 1.1을 곱한 결과를 판매가격이라는 이름의 별칭으로 출력한다.

6) 논리 연산을 이용한 SQL

① BETWEEN(범위 검색)

```
SELECT *
FROM emp
WHERE salary BETWEEN 2000 AND 5000;
```

- 위 조건은 salary >= 2000 AND salary <= 5000과 같은 의미이다.

② IN(여러 값 중 하나에 해당하는 행 조회)

```
SELECT *
FROM 사원
WHERE 직위 IN ('대리', '과장', '부장');
```

- 위 조건은 직위 = '대리' OR 직위 = '과장' OR 직위 = '부장'과 같은 의미이다.

③ NOT IN(지정된 목록이나 서브쿼리 결과에 포함되지 않는 데이터만 선택)

```
SELECT *
FROM 사원
WHERE 직급 NOT IN ('사원', '대리');
```

④ LIKE(패턴 검색)

패턴	의미
%	0글자 이상(임의 길이 문자열)
_	정확히 1글자

```
WHERE name LIKE '김%'        -- 김으로 시작하는 모든 글자
WHERE name LIKE '_동'        -- 2글자이며 동으로 끝남
WHERE name LIKE '%동%'       -- 동이 포함되어 있는 글자
```

⑤ NOT LIKE(LIKE 부정 형태)

```
WHERE 제목 NOT LIKE '%보고서%'
```

• 위 조건은 보고서라는 글자가 포함되어 있지 않은 제목의 의미이다.

7) 정렬

ORDER BY로 조회 결과를 정렬한다.

```
ORDER BY 성적 ASC;                    -- 오름차순(기본), 생략 가능
ORDER BY 성적 DESC;                   -- 내림차순
ORDER BY 부서명 ASC, 나이 DESC;       -- 복합 정렬
```

8) 조건문

CASE WHEN, THEN, ELSE, END로 조건에 따라 다른 값을 반환할 수 있다.

```
CASE
    WHEN 조건1 THEN 결과1
    WHEN 조건2 THEN 결과2
    ...
    ELSE 결과N
END
```

01 학생 테이블의 모든 컬럼을 조회하는 SQL 쿼리를 쓰시오.

[정답]
SELECT *
FROM 학생;

[해설]
SELECT *는 테이블의 모든 컬럼을 조회한다. 따라서 학생 테이블의 전체 행과 전체 컬럼이 출력된다.

02 학생 테이블에는 학년 컬럼이 있다. 학년이 2인 학생의 모든 컬럼을 조회하는 SQL 쿼리를 쓰시오.

[정답]
SELECT *
FROM 학생
WHERE 학년 = 2;

[해설]
WHERE 학년 = 2 조건을 만족하는 행만 선택하고, SELECT *로 해당 행의 모든 컬럼을 조회한다.

03 학생 테이블에는 동아리명 컬럼이 있다. 중복을 제외한 동아리명만 조회하는 SQL 쿼리를 쓰시오.

[정답]
SELECT DISTINCT 동아리명
FROM 학생;

[해설]
DISTINCT는 조회 결과에서 중복 값을 제거한다. 따라서 학생 테이블에 존재하는 동아리명 중 서로 다른 값만 출력된다.

04 학생 테이블에는 학년, 과목, 성명, 연락처 컬럼이 있다. 학년이 3이고 과목이 '영어'인 학생의 성명과 연락처를 조회하는 SQL 쿼리를 쓰시오.

[정답]
SELECT 성명, 연락처
FROM 학생
WHERE 학년 = 3 AND 과목 = '영어';

[해설]
WHERE 절에서 AND를 사용하면 두 조건을 동시에 만족하는 행만 선택된다.
선택된 행에 대해 SELECT 성명, 연락처로 필요한 컬럼만 조회한다.

05 사원 테이블에서 부서가 영업 또는 총무이고, 급여가 3000 이상인 데이터를 조회하는 SQL 쿼리를 쓰시오.

[정답]
SELECT *
FROM 사원
WHERE 부서 IN ('영업', '총무')
  AND 급여 >= 3000;

[해설]
IN 연산자를 사용하면 부서가 영업, 총무 중 하나인 데이터를 조건으로 지정할 수 있다.
또한 AND로 급여 조건을 함께 적용하여 두 조건을 모두 만족하는 행만 조회한다.

06 학생 테이블에서 전체 행을 제거하는 SQL 쿼리를 쓰시오.

[정답]
DELETE FROM 학생;

[해설]
DELETE FROM 학생은 WHERE 조건이 없으므로 학생 테이블의 모든 행(레코드)을 삭제한다.
테이블 구조는 유지되고 데이터만 제거된다.

07 학생 테이블에는 학년 컬럼이 있다. 학년이 3인 학생 데이터를 삭제하는 SQL 쿼리를 쓰시오.

[정답]
DELETE FROM 학생
WHERE 학년 = 3;

[해설]
WHERE 학년 = 3 조건을 만족하는 행만 삭제된다.

08 판매내역 테이블에는 재고, 상태 컬럼이 있다. 재고가 없는 행의 상태를 '판매불가'로 수정하는 SQL 쿼리를 쓰시오.

[정답]
UPDATE 판매내역
SET 상태 = '판매불가'
WHERE 재고 IS NULL;

[해설]
UPDATE는 테이블의 데이터를 수정하는 명령이다.
WHERE 재고 IS NULL 조건을 만족하는 행만 선택하고, 해당 행의 상태 값을 '판매불가'로 변경한다.
NULL 여부 비교는 = NULL이 아니라 IS NULL을 작성하는 것에 주의한다.

09 회원 테이블에는 회원번호, 성명, 지역, 연락처 컬럼이 있다. 회원번호가 1112이고 성명이 '김영진', 지역이 '인천', 연락처가 '999-1234'인 회원을 추가하는 SQL 쿼리를 쓰시오.

[정답]
INSERT INTO 회원 (회원번호, 성명, 지역, 연락처)
VALUES (1112, '김영진', '인천', '999-1234');

[해설]
INSERT는 테이블에 데이터를 삽입하는 명령이다.
컬럼 목록을 명시하면 지정한 컬럼에 값이 매칭되어 삽입되므로 컬럼 순서가 바뀌어도 안전하다.

10 사원 테이블에는 이름, 급여 컬럼이 있다. 급여가 4000 이상이면 '고소득', 2000 이상 4000 미만이면 '중간소득', 그 외는 '저소득'으로 구분하여 이름과 소득구분을 조회하는 SQL 쿼리를 쓰시오.

[정답]
SELECT 이름,
   CASE
     WHEN 급여 >= 4000 THEN '고소득'
     WHEN 급여 >= 2000 THEN '중간소득'
     ELSE '저소득'
   END AS 소득구분
FROM 사원;

[해설]
CASE 문은 조건에 따라 다른 값을 반환하는 표현식이다. 급여 값에 따라 구간별로 소득구분 문자열을 만들고, AS 소득구분 별칭을 사용해 결과 컬럼 이름을 지정한다.
4000 이상 조건을 먼저 배치해 고소득 구간이 중간소득 조건에 의해 먼저 처리되지 않도록 순서를 구성한다.

SECTION

03 데이터 제어어 - DCL

▶ 합격 강의

난이도 상 **중** 하
반복학습 **1** **2** **3**

빈출 태그 GRANT, REVOKE, COMMIT, ROLLBACK, SAVEPOINT

01 데이터 제어어 – DCL

1) DCL(Data Control Language)

데이터베이스에서는 데이터뿐 아니라 데이터베이스 오브젝트와 사용자 권한 같은 요소도 제어해야 한다. 이때 사용하는 SQL 명령을 DCL이라 한다. DCL은 주로 사용자 접근 통제와 권한 관리에 사용된다.

▶ DCL의 조작 대상

오브젝트	목적	내용
사용자 권한	접근 통제	사용자를 등록하고, 사용자에게 데이터베이스 사용 권한을 부여하거나 회수한다.
트랜잭션	안전한 거래 보장	동시에 수행되는 작업을 독립적으로 안전하게 처리하기 위한 논리적 작업 단위를 제어한다.

트랜잭션 제어를 위한 명령어는 TCL(Transaction Control Language)로 분류하기도 한다. 다만 제어 기능이라는 공통점 때문에 DCL의 일부로 함께 다루는 경우도 있다.

2) DCL과 TCL 유형

유형	명령어	용도
DCL	GRANT	데이터베이스 사용자 권한을 부여
	REVOKE	데이터베이스 사용자 권한을 회수
TCL	COMMIT	트랜잭션을 확정
	ROLLBACK	트랜잭션을 취소
	SAVEPOINT	복귀 지점을 설정

02 DCL 활용

1) 사용자 권한 부여

① 권한 분류

권한은 시스템 권한과 객체 권한으로 분류한다.

- 시스템 권한 : 사용자/세션/오브젝트 생성 등 시스템 수준 작업 권한
- 객체 권한 : 특정 테이블, 뷰, 프로시저 등에 대해 SELECT/INSERT 같은 작업 권한

② 권한 부여

권한	명령어 문법
시스템 권한 부여	GRANT 권한1, 권한2 TO 사용자명;
객체 권한 부여	GRANT 권한1, 권한2 ON 객체명 TO 사용자명;
다른 사용자에게도 부여 가능	GRANT 권한 ON 객체명 TO 사용자명 WITH GRANT OPTION;

▼ 권한 부여 예시

```
GRANT CREATE SESSION TO user1;
GRANT SELECT, INSERT ON Employees TO user1;
GRANT SELECT ON Employees TO user1 WITH GRANT OPTION;
```

▶ 권한 종류

구분	권한	내용
시스템 권한	CREATE USER	계정 생성 권한
	DROP USER	계정 삭제 권한
	DROP ANY TABLE	테이블 삭제 권한
	CREATE SESSION	데이터베이스 접속 권한
	CREATE TABLE	테이블 생성 권한
	CREATE VIEW	뷰 생성 권한
	CREATE SEQUENCE	시퀀스 생성 권한
	CREATE PROCEDURE	프로시저/함수 생성 권한
객체 권한	ALTER	객체 변경 권한
	INSERT	데이터 삽입 권한
	DELETE	데이터 삭제 권한
	SELECT	데이터 조회 권한
	UPDATE	데이터 수정 권한
	EXECUTE	프로시저/함수 실행 권한

2) 사용자 권한 회수

GRANT에 대응하는 권한 회수 명령은 REVOKE이다. 권한 유형에 따른 기본 문법은 다음과 같다.

권한 구분	명령어 문법
시스템 권한 회수	REVOKE 권한1, 권한2 TO 사용자명;
객체 권한 회수	REVOKE 권한1, 권한2 ON 객체명 FROM 사용자명;
재부여 권한 회수	REVOKE GRANT OPTION FOR 권한 ON 객체 FROM 사용자명;

3) 변경 내용 저장과 취소

① COMMIT

- COMMIT은 트랜잭션에서 수행한 데이터 변경 사항을 데이터베이스에 영구 반영한다.
- COMMIT 이후에는 다른 사용자도 변경된 내용을 조회할 수 있으며, 해당 트랜잭션은 종료된다.
- COMMIT은 사용자가 명시적으로 실행할 수 있으며, 프로그램이 정상 종료된 경우 또는 DDL (CREATE, ALTER, DROP 등)을 실행한 경우에는 자동 COMMIT이 발생한다.

② ROLLBACK

- ROLLBACK은 마지막 COMMIT 이후의 변경된 내용을 모두 취소하고 이전 상태로 되돌린다.
- ROLLBACK은 사용자가 명시적으로 실행할 수 있으며, 오류로 인해 프로그램이 비정상 종료되었을 때 자동으로 수행될 수 있다.

③ SAVEPOINT

- SAVEPOINT는 여러 단계의 변경 작업 중 특정 시점까지만 되돌리고 싶을 때 사용한다.
- 저장한 지점은 ROLLBACK TO SAVEPOINT로 선택하여 복귀할 수 있다.

```
SAVEPOINT sp1;          -- 중간 저장점(sp1) 설정
-- 여러 DML 작업 수행
ROLLBACK TO sp1;        -- sp1 지점까지만 되돌림(트랜잭션 자체는 유지됨)
```

03 접근 통제

1) 접근 통제 개념

데이터베이스 보안을 구현하는 대표적인 방법으로 접근 통제를 사용한다. 접근 통제란 보안 정책에 따라 접근 객체(시스템 자원, 통신 자원 등)에 대한 접근 주체(사용자, 프로세스 등)의 권한을 확인하고, 그 결과에 따라 접근을 제어하여 비인가된 사용을 방지하는 정보 보호 기능이다.

2) 접근 통제 유형

접근 통제는 통제 권한이 누구에게 있는가에 따라 임의 접근 통제와 강제 접근 통제로 구분한다.

유형	정의	의미
임의 접근 통제 (DAC, Discretionary Access Control)	• 시스템 객체에 대한 접근을 사용자 개인 또는 그룹의 식별자를 기반으로 제한하는 방법이다. • 접근 권한을 가진 사용자가 자신의 판단으로 다른 사용자에게 권한을 부여할 수 있다.	• 통제 권한이 주체(사용자)에게 있음 • 주체가 임의적으로 권한을 배분하고 제어 가능
강제 접근 통제 (MAC, Mandatory Access Control)	주체가 객체에 접근하려 할 때 양쪽의 보안 레이블(Security Label)을 비교하여, 높은 보안 수준의 정보(객체)가 낮은 보안 수준의 주체에게 노출되지 않도록 접근을 제한하는 방법이다.	• 통제 권한이 제3자(정책/시스템)에 있음 • 주체는 임의로 권한을 배분할 수 없음

3) 접근 통제와 DCL 관계

- 강제 접근 통제는 제3자의 종류나 운영 방식에 따라 정책을 더 세분화할 수 있다.
- 한편 DBMS에서 일반적으로 채택하는 접근 통제 방식은 임의 접근 통제(DAC)인 경우가 많다. 이때 사용자 및 객체에 대한 권한을 부여하거나 회수하는 등 접근 통제를 수행하기 위해 SQL에서 사용하는 명령어가 DCL이다.

04 TCL 활용 방법

1) 트랜잭션 개념

트랜잭션은 '일 처리 단위'를 의미한다. 트랜잭션은 다음과 같은 특징을 가진다.

- 트랜잭션은 논리적 연산 단위이다.
- 트랜잭션은 한 개 이상의 데이터베이스 조작으로 이루어진다. 즉, 하나 이상의 SQL 문장이 포함된다.
- 트랜잭션은 특별하고 엄격한 거래이며, 거래 결과는 모두 반영되거나 모두 취소되어야 한다.
- 트랜잭션은 더 이상 분할할 수 없는 최소 단위로 취급한다.

2) 트랜잭션 제어

트랜잭션을 제어한다는 것은 처리 흐름 자체를 바꾸는 것이 아니라, 트랜잭션의 결과를 확정할지 취소할지를 결정하는 것을 의미한다. 이때 사용하는 명령이 TCL이다.

명령어	내용	상세
COMMIT	트랜잭션을 확정한다.	변경 사항을 영구 반영한다.
ROLLBACK	트랜잭션을 취소한다.	마지막 COMMIT 이후 작업을 되돌린다.
SAVEPOINT	저장점을 설정한다.	ROLLBACK할 위치를 지정할 때 사용한다.

01 사원 테이블의 데이터를 조회할 수 있는 권한을 user에게 부여하는 SQL 쿼리를 쓰시오.

[정답]

GRANT SELECT ON 사원 TO user;

[해설]

GRANT는 사용자에게 권한을 부여하는 명령이다. SELECT 권한을 사원 테이블에 대해 user에게 부여하면 해당 사용자는 사원 테이블을 조회할 수 있다.

02 사원 테이블에 대한 조회, 삽입, 수정 권한을 user에게 부여하는 SQL 쿼리를 쓰시오.

[정답]

GRANT SELECT, INSERT, UPDATE ON 사원 TO user;

[해설]

객체 권한을 여러 개 부여할 때는 권한을 쉼표로 나열한다.
SELECT, INSERT, UPDATE 권한을 부여하면 조회, 입력, 수정 작업이 가능하다.

03 사원 테이블의 조회 권한을 user에게 부여하고, 다른 사용자에게도 권한을 부여할 수 있도록 설정하는 SQL 쿼리를 쓰시오.

[정답]
GRANT SELECT ON 사원 TO user WITH GRANT OPTION;

[해설]
WITH GRANT OPTION을 사용하면 권한을 받은 사용자가 다른 사용자에게 동일 권한을 다시 부여할 수 있다.

04 user에게서 사원 테이블의 조회 권한을 회수하는 SQL 쿼리를 쓰시오.

[정답]
REVOKE SELECT ON 사원 FROM user;

[해설]
REVOKE는 사용자에게 부여한 권한을 회수하는 명령이다. 객체 권한 회수는 ON 객체명 FROM 사용자명 형태로 작성한다.

05 사원 테이블의 SELECT 권한을 다른 사용자에게 재부여할 수 있는 권한(GRANT OPTION)만 회수하는 SQL 쿼리를 쓰시오.

[정답]

REVOKE GRANT OPTION FOR SELECT ON 사원 FROM user;

[해설]

GRANT OPTION FOR를 사용하면 권한 자체는 유지하면서, 다른 사용자에게 재부여할 수 있는 권한만 회수할 수 있다.

06 다음 SQL 쿼리 수행 결과로 사원번호가 100인 사원의 급여 값은 얼마가 되는지 쓰시오.

```
UPDATE 사원 SET 급여 = 3000 WHERE 사원번호 = 100;
SAVEPOINT A;
UPDATE 사원 SET 급여 = 5000 WHERE 사원번호 = 100;
ROLLBACK TO A;
COMMIT;
```

[정답]

3000

[해설]

첫 번째 UPDATE에서 사원번호 100의 급여가 3000으로 변경된다. 이후 SAVEPOINT A로 현재 상태(급여 3000인 상태)를 저장한다.

두 번째 UPDATE로 급여를 5000으로 바꾸지만, ROLLBACK TO A를 실행하면 저장점 A 이후의 변경 사항이 취소되어 급여는 다시 3000이 된다. 마지막으로 COMMIT을 실행하므로 최종 급여 3000이 확정된다.

집계 함수와 그룹화

▶ 합격 강의

빈출 태그 COUNT, AVG, GROUP BY, HAVING

01 집계 함수

집계 함수(집합 함수, Aggregate Functions)는 여러 행(Row)을 하나의 결과로 집계하는 함수이다.

주요 집계 함수	설명
COUNT()	개수
SUM()	합계
AVG()	평균
MIN()	최소값
MAX()	최대값
VARIANCE()	분산
STDDEV()	표준편차

02 GROUP BY와 HAVING

1) GROUP BT로 그룹화

GROUP BY는 특정 컬럼 기준으로 그룹을 나누고, 각 그룹마다 집계를 수행하는 구문이다. 중요한 규칙으로는 SELECT 절에 나오는 컬럼은 GROUP BY에 포함된 컬럼이거나 집계 함수의 결과이어야 한다는 점이다.

```
[정상 실행]
SELECT 부서, COUNT(*) AS 사원수
FROM 사원
GROUP BY 부서;
```

```
[오류 발생]
SELECT 이름, COUNT(*) AS 사원수
FROM 사원
GROUP BY 부서;
-- 이름은 그룹 기준 컬럼이 아니고, 집계 함수로도 감싸지지
않아 오류 발생
```

2) HAVING으로 그룹 조건 지정

그룹화 결과에 조건을 걸 때는 WHERE가 아니라 HAVING을 사용한다.

```
SELECT 부서, COUNT(*) AS 사원수
FROM 사원
GROUP BY 부서
HAVING COUNT(*) >= 3;          -- 그룹별 집계 결과(부서별 사원수)가 3명 이상인 부서만 출력
```

01 테이블의 전체 행 개수를 구하는 SQL 쿼리를 쓰시오. (NULL 포함)

[정답]
SELECT COUNT(*)
FROM 부서;

[해설]
COUNT(*)는 행(Row) 자체를 세므로 특정 컬럼 값이 NULL이더라도 해당 행은 개수에 포함된다.

02 특정 컬럼(전화번호)이 NULL이 아닌 행의 개수를 구하는 SQL 쿼리를 쓰시오. (NULL 제외)

[정답]
SELECT COUNT(전화번호)
FROM 사원;

[해설]
COUNT(컬럼명)은 해당 컬럼 값이 NULL인 행은 제외하고 개수를 계산한다.

03 사원 테이블에서 급여의 합계를 구하는 SQL 쿼리를 쓰시오.

[정답]
SELECT SUM(급여)
FROM 사원;

[해설]
SUM은 숫자 컬럼의 합계를 계산하는 집계 함수이다.

04 사원 테이블에서 급여의 평균을 구하는 SQL 쿼리를 쓰시오.

[정답]
SELECT AVG(급여)
FROM 사원;

[해설]
AVG는 숫자 컬럼의 평균을 계산하는 집계 함수이며, 일반적으로 NULL 값은 평균 계산에서 제외된다.

05 부서별 평균 급여를 계산한 후 평균 급여가 높은 순서대로 부서를 정렬하여 출력하는 SQL 쿼리를 쓰시오. (평균 급여의 별칭은 평균급여로 지정)

[정답]
SELECT 부서, AVG(급여) AS 평균급여
FROM 사원
GROUP BY 부서
ORDER BY 평균급여 DESC;

[해설]
GROUP BY로 부서별 그룹을 만든 뒤 AVG(급여)로 그룹별 평균을 계산한다.
ORDER BY 평균급여 DESC를 사용하면 평균 급여가 큰 부서부터 내림차순 출력된다.

06 학생 테이블에서 수학이 80점 이하인 학생이 3명 이상인 반의 튜플 수를 구하는 SQL 코드에 대하여 (①) 안에 들어갈 알맞은 명령어를 쓰시오.

```
SELECT 반, COUNT(*) AS 학생수
FROM 학생
WHERE 수학 <= 80
GROUP BY 반
(    ①    ) COUNT(*) >= 3;
```

[정답]
HAVING

[해설]
WHERE는 그룹화(GROUP BY) 전에 개별 행(Row)에 조건을 적용하고, HAVING은 GROUP BY 이후 집계 결과(그룹)에 조건을 적용한다.
따라서 반별 학생 수(COUNT(*))가 3명 이상인 그룹만 남기려면 HAVING을 사용한다.

07 사원 테이블에서 급여가 3000~5000 사이인 사원들만 대상으로, 각 부서별 해당 사원 수를 계산하는 SQL 쿼리를 쓰시오. (GROUP BY와 BETWEEN 사용, 사원 수의 별칭은 사원수로 지정)

[정답]
SELECT 부서, COUNT(*) AS 사원수
FROM 사원
WHERE 급여 BETWEEN 3000 AND 5000
GROUP BY 부서;

[해설]
BETWEEN 3000 AND 5000은 급여가 3000 이상 5000 이하인 행을 선택하는 조건이다.
이렇게 조건으로 대상을 먼저 줄인 뒤 GROUP BY 부서로 부서별 그룹을 만들고 COUNT(*)로 각 그룹의 사원 수를 계산한다.

JOIN, 서브쿼리, VIEW, 인덱스

▶ 합격 강의

빈출 태그 내부 조인, 외부 조인, 단일 행 서브쿼리, EXISTS, 뷰 생성

01 JOIN

조인(JOIN)은 2개 이상의 테이블을 공통 컬럼(기본키, 외래키 등)을 기준으로 연결하는 관계형 데이터베이스에서 가장 중요한 개념 중 하나이다.

조인은 크게 물리적 조인과 논리적 조인으로 구분한다.

▶ 조인 유형

조인 분류	내용	종류
논리적 조인	사용자가 SQL 문에서 표현하는 테이블 결합 방식	내부 조인(Inner Join), 외부 조인(Outer Join)
물리적 조인	DBMS 옵티마이저가 내부적으로 선택하는 실제 결합 방식	중첩 반복 조인(Nested Loop Join), 정렬 합병 조인(Sort–Merge Join), 해시 조인(Hash Join)

1) 논리적 조인

논리적 조인은 결과를 어떤 방식으로 만들 것인지(SQL로 지정하는 조인 방식)를 의미한다.

① 내부 조인(INNER JOIN)

두 테이블에서 조인 조건이 일치하는 행만 결과로 반환한다.

조인 유형	내용
동등 조인(EQUI JOIN)	공통 컬럼의 값이 같은 행만 추출한다.
자연 조인(NATURAL JOIN)	동일한 컬럼명을 가진 컬럼을 기준으로 자동 조인한다.
교차 조인(CROSS JOIN)	조인 조건이 없이 모든 조합(데카르트 곱)을 추출한다.

② 외부 조인(OUTER JOIN)

한쪽 테이블의 모든 행을 기준으로 출력하며, 반대쪽 테이블에 매칭되는 값이 없으면 NULL로 채워 출력한다.

조인 유형	내용
왼쪽 외부 조인(LEFT OUTER JOIN)	왼쪽 테이블의 모든 행 + 오른쪽의 매칭 행을 출력한다.
오른쪽 외부 조인(RIGHT OUTER JOIN)	오른쪽 테이블의 모든 행 + 왼쪽의 매칭 행을 출력한다.
완전 외부 조인(FULL OUTER JOIN)	양쪽 테이블의 모든 행을 출력한다.

2) 물리적 조인

물리적 조인은 옵티마이저가 성능을 고려하여 내부적으로 선택하는 실행 방식이다.

조인 유형	내용
중첩 반복 조인(Nested Loop Join)	한 테이블(바깥 테이블)의 행을 하나씩 읽으면서, 그 값으로 다른 테이블(안쪽 테이블)을 반복 탐색하여 조인한다.
정렬 합병 조인(Sort–Merge Join)	양쪽 테이블을 조인 키 기준으로 정렬한 뒤, 정렬된 결과를 스캔하며 조건에 맞게 합병한다.
해시 조인(Hash Join)	조인 키로 해시 테이블을 만든 뒤 해시 값을 이용해 빠르게 매칭하여 조인한다.

3) SQL에서의 JOIN 활용

① INNER JOIN

두 테이블에서 일치하는 값이 있는 행만 결과로 반환한다.

```
SELECT 컬럼
FROM A
INNER JOIN B
ON A.공통컬럼 = B.공통컬럼;    -- 조인 조건: 두 테이블의 공통 컬럼 값이 같은 행만 연결
```

② LEFT JOIN(LEFT OUTER JOIN)

왼쪽 테이블(A)의 모든 행을 출력하고, 오른쪽 테이블(B)에 매칭되는 행이 있으면 가져오며 없으면 NULL로 출력한다.

```
SELECT *
FROM A
LEFT JOIN B
ON A.key = B.key;          -- A는 전부 출력, B는 조건에 맞는 행만 매칭(없으면 NULL)
```

③ RIGHT JOIN(RIGHT OUTER JOIN)

RIGHT JOIN은 오른쪽 테이블(B)을 기준으로 모두 출력한다. LEFT JOIN과 기준 테이블만 반대이다.

```
SELECT *
FROM A
RIGHT JOIN B
ON A.key = B.key;          -- B는 전부 출력, A는 조건에 맞는 행만 매칭(없으면 NULL)
```

④ JOIN + WHERE 조합

JOIN으로 테이블을 결합한 뒤 WHERE로 필요한 조건을 추가하여 결과를 필터링한다.

```
SELECT 사원.이름, 부서.부서명
FROM 사원
JOIN 부서
ON 사원.부서번호 = 부서.부서번호          -- 사원과 부서를 부서번호로 연결
WHERE 부서.부서명 = '영업';              -- 조인 결과에서 영업 부서만 선택
```

02 서브쿼리

1) 서브쿼리(Subquery) 개요

서브쿼리는 SQL 문 안에 포함된 또 다른 SQL 문을 의미한다. 주로 조건에 사용할 기준값이 미리 확정되지 않았을 때(평균보다 큰 값, 특정 조건을 만족하는 집합 등) 그 기준을 구하기 위해 사용한다.

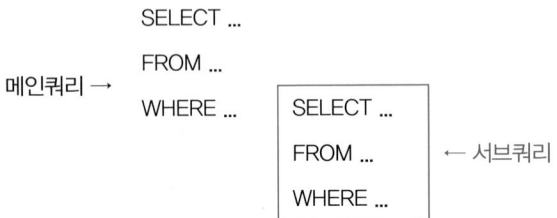

- 메인쿼리와 서브쿼리는 주종 관계로 볼 수 있다. 서브쿼리는 메인쿼리의 컬럼을 참조할 수 있으나(연관 서브쿼리), 메인쿼리에서 서브쿼리 내부의 별칭이나 컬럼을 직접 참조하는 방식은 성립하지 않는다.

2) 서브쿼리 유형

서브쿼리는 동작 방식과 반환 형태에 따라 분류한다.

① 동작 형태에 따른 분류

서브쿼리 종류	설명
비연관 (Uncorrelated) 서브쿼리	• 서브쿼리가 메인쿼리의 컬럼을 참조하지 않는 형태이다. • 서브쿼리 결과를 메인쿼리의 조건값으로 사용하는 용도이다.
연관(Correlated) 서브쿼리	• 서브쿼리가 메인쿼리의 컬럼을 참조하는 형태이다. • 메인쿼리의 각 행에 대해 서브쿼리를 수행해 조건을 만족하는지 확인하는 용도이다.

② 반환 데이터 형태에 따른 분류

서브쿼리 종류	설명	주 사용 연산자
단일 행 (Single Row)	결과가 1행(또는 0행)인 서브쿼리이다.	=, ⟨, ⟨=, ⟩, ⟩=, ◇
다중 행 (Multiple Row)	결과가 여러 행인 서브쿼리이다.	IN, ALL, ANY(SOME), EXISTS
다중 컬럼 (Multiple Column)	• 결과가 여러 컬럼으로 반환되는 서브쿼리이다. • 메인쿼리에서 여러 컬럼을 동시에 비교할 때 사용한다.	(컬럼1, 컬럼2) IN (서브쿼리) 등

3) SQL에서의 서브쿼리 종류

① 단일 행 서브쿼리

서브쿼리 결과가 1개 값(1행 1컬럼)으로 확정되는 경우에 사용한다.

▼ 전체 평균 급여보다 높은 사원 조회

```
SELECT 이름, 급여
FROM 사원
WHERE 급여 > (
    SELECT AVG(급여)
    FROM 사원
);                      -- 서브쿼리가 전체 평균 급여(단일 값)를 반환
```

▼ 최고 급여를 받는 사원 조회

```
SELECT 이름
FROM 사원
WHERE 급여 = (
    SELECT MAX(급여)
    FROM 사원
);                      -- 서브쿼리가 최고 급여(단일 값)를 반환
```

② 다중 행 서브쿼리

서브쿼리 결과가 여러 행일 수 있으므로 IN, ANY(SOME), ALL 같은 다중 행 비교 연산자를 사용한다.

▼ IN(서브쿼리 결과 중 하나라도 일치하면 참)

```
SELECT 이름, 부서번호
FROM 사원
WHERE 부서번호 IN (
    SELECT 부서번호
    FROM 부서
    WHERE 지역 = '서울'
);                      -- 서울 지역 부서에 속한 사원만 조회
```

▼ ANY / SOME(비교 결과가 하나라도 참이면 참)

```
SELECT 이름, 급여
FROM 사원
WHERE 급여 > ANY (
    SELECT 급여
    FROM 임원
);                        -- 임원 급여 중 '어떤 하나'보다만 크면 참(결과적으로 최소 임원 급여보다 크면 참)
```

▼ ALL(비교 결과가 모두 참이어야 참)

```
SELECT 이름, 급여
FROM 사원
WHERE 급여 > ALL (
    SELECT 급여
    FROM 임원
);                        -- 임원 급여 전부보다 커야 참(결과적으로 최대 임원 급여보다 커야 참)
```

③ EXISTS 서브쿼리

서브쿼리 결과의 값 자체가 아니라 행의 존재 여부만 확인한다. 결과 행이 1건이라도 있으면 참(TRUE)이다.

```
SELECT 이름
FROM 사원 a
WHERE EXISTS (
    SELECT 1
    FROM 부서 b
    WHERE a.부서번호 = b.부서번호
);                        -- 사원의 부서번호와 일치하는 부서가 존재하는 사원만 출력
```

4) 서브쿼리 위치

서브쿼리는 주로 WHERE 절, FROM 절, SELECT 절에 위치할 수 있다.

① WHERE 절 서브쿼리

```
SELECT *
FROM 사원
WHERE 급여 > (
    SELECT AVG(급여)
    FROM 사원
);                        -- 평균 급여보다 높은 사원만 필터링한다.
```

② FROM 절 서브쿼리(인라인 뷰)

```
SELECT a.이름, a.급여
FROM (
    SELECT 이름, 급여
    FROM 사원
    WHERE 부서번호 = 10              -- 부서번호 10인 사원만 먼저 추려서 가상 테이블로 만듦
) a
WHERE a.급여 >= 3000;              -- 인라인 뷰 결과에 추가 조건을 적용
```

③ SELECT 절 서브쿼리(스칼라 서브쿼리)

```
SELECT b.이름, (
    SELECT a.부서명
    FROM 부서 a
    WHERE a.부서번호 = b.부서번호) AS 부서명
FROM 사원 b;                       -- 사원마다 부서명을 하나의 값으로 조회
```

03 VIEW

뷰(View)는 논리 테이블로서 사용자가 조회하는 관점에서는 테이블과 동일하게 취급된다. 뷰는 하나의 테이블에서 생성할 수도 있고, 여러 테이블의 조인 결과 또는 다른 뷰를 이용해 생성할 수도 있다.

조인(Join)을 사용하면 뷰와 같은 결과를 만들 수 있다. 그러나 뷰가 미리 정의되어 있으면 사용자는 조인 문장을 직접 작성하지 않고도 하나의 테이블을 조회하듯 단순한 SQL 쿼리로 데이터를 조회할 수 있다.

1) 뷰의 특징

뷰를 사용하는 주된 이유는 복잡한 조회를 단순한 형태로 제공할 수 있기 때문이다.

```
SELECT *
FROM 뷰이름;                       -- 뷰를 테이블처럼 조회
```

• 즉, FROM 절에 하나의 뷰를 사용함으로써 뷰를 구성하는 여러 테이블에 대한 복잡한 조회를 대체할 수 있다. 또한 뷰를 통해 테이블의 일부 데이터만 제공할 수 있어 보안과 관리 측면에서도 유리하다.

구분	내용	상세
장점	논리적 독립성 제공	뷰는 논리 테이블이므로, 기반 테이블 구조가 변경되더라도 뷰를 사용하는 응용 프로그램의 수정 부담을 줄일 수 있다.
	사용자 데이터 관리 용이	여러 테이블에 흩어진 데이터를 뷰로 묶으면 단순한 질의로 조회할 수 있다.
	데이터 보안 용이	민감한 컬럼을 제외한 뷰만 제공하여 필요한 정보만 공개할 수 있다.
단점	뷰 자체 인덱스 생성 불가	인덱스는 물리적으로 저장된 데이터에 생성되므로 뷰 자체에는 인덱스를 만들 수 없다.
	뷰 정의 변경 제약	뷰의 정의를 바꾸려면 일반적으로 삭제 후 재생성해야 한다.
	데이터 변경 제약 존재	뷰를 통한 INSERT/UPDATE/DELETE는 뷰 정의에 따라 제한이 있을 수 있다.

2) 뷰 생성

뷰 생성 명령의 일반 형태는 다음과 같다.

```
CREATE VIEW 뷰이름 (컬럼목록)
AS 조회쿼리;
```

① 테이블 전체를 그대로 뷰로 생성

```
CREATE VIEW 뷰A
AS SELECT *
    FROM 테이블A;              -- 테이블A 전체를 뷰로 제공
```

② 테이블의 일부 컬럼만 선택하여 뷰로 생성

```
CREATE VIEW 뷰X
AS SELECT 컬럼1, 컬럼2, 컬럼3
    FROM 테이블A;              -- 필요한 컬럼만 뷰로 제공
```

③ 두 테이블의 조인 결과를 뷰로 생성

```
CREATE VIEW 뷰Y
AS SELECT a.*, b.*
    FROM 테이블A a
    JOIN 테이블B b
      ON a.컬럼1 = b.컬럼1;    -- 공통 컬럼을 기준으로 조인한 결과를 뷰로 만듦
```

3) 뷰 삭제와 변경

뷰는 생성 후 정의를 직접 수정하는 명령이 없다. 따라서 뷰 정의를 변경하려면 기존 뷰를 삭제한 뒤 새로운 정의로 다시 생성하는 방식으로 처리한다.

① 뷰 삭제

```
DROP VIEW 뷰이름;              -- 뷰 자체를 삭제
```

② 뷰를 통한 데이터 변경 제약

- 뷰를 통해서도 기반 테이블의 데이터 변경(INSERT/UPDATE/DELETE)이 가능한 경우가 있다.
- 다만 뷰 정의에 따라 제약이 존재한다. 예를 들어 NOT NULL 컬럼이나 기본키 컬럼이 뷰에 포함되지 않으면 INSERT가 제한될 수 있다.

04 인덱스

인덱스는 데이터를 빠르게 찾기 위한 자료구조로, 테이블의 조회 성능을 향상시키는 수단이다. 인덱스는 특정 컬럼 값에 대해 레코드의 위치를 빠르게 찾도록 돕는다. 또한 테이블에서 기본키(Primary Key)를 지정하면 해당 컬럼에 인덱스가 자동 생성된다.

1) 인덱스 생성

```
CREATE [UNIQUE] INDEX 인덱스명
ON 테이블명 (컬럼명[, 컬럼명 ...]);
```

▶ 파라미터의 의미

파라미터	내용
[UNIQUE]	인덱스 컬럼에 중복값을 허용하지 않음(생략 가능)
인덱스명	생성할 인덱스의 이름
테이블명	인덱스를 생성할 대상 테이블 이름
컬럼명	인덱스 대상 컬럼 이름(들)

2) 인덱스 변경과 삭제

인덱스는 한 번 생성되면 변경하는 경우가 드물다. 또한 DBMS에 따라 인덱스 변경 문법을 제공하지 않는 경우가 있어, 일반적으로는 기존 인덱스를 삭제한 뒤 새 인덱스를 생성하는 방식이 권고된다.

▼ 인덱스 삭제

```
DROP INDEX 인덱스명;          -- DBMS에 따라 문법이 다름
```

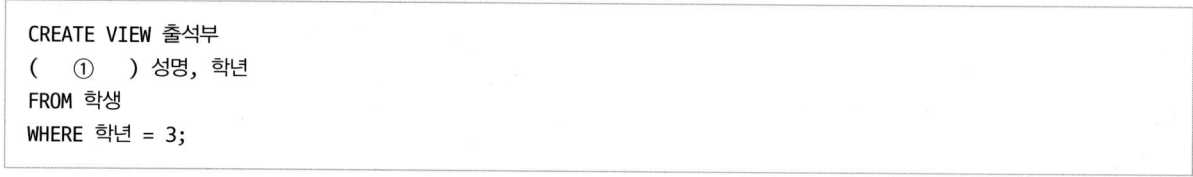

01 학생 테이블에서 3학년 학생들의 성명, 학년으로 구성된 뷰를 출석부라는 이름으로 생성하는 SQL 코드에 대하여 (①) 안에 들어갈 알맞은 명령어를 쓰시오.

```
CREATE VIEW 출석부
(    ①    ) 성명, 학년
FROM 학생
WHERE 학년 = 3;
```

[정답]

AS SELECT

[해설]

뷰는 CREATE VIEW 뷰이름 AS SELECT ... 형태로 생성한다.

02 직원(Employees) 테이블에서 전체 직원의 평균 급여(Salary)보다 더 높은 급여를 받는 직원들의 Name과 Salary를 조회하는 SQL 코드에 대하여 (①) 안에 들어갈 알맞은 서브쿼리를 쓰시오.

```
[Employees 테이블 구조]           [SQL]
 EmployeeID (INT)                 SELECT Name, Salary
 Name (VARCHAR)                   FROM Employees
 Salary (INT)                     WHERE Salary > (    ①    );
 DepartmentID (INT)
```

[정답]

SELECT AVG(Salary) FROM Employees

[해설]

서브쿼리에서 전체 직원의 평균 급여를 AVG로 계산하고, 메인쿼리에서 Salary가 평균보다 큰 행만 조회하면 된다.

AVG 결과는 단일 값(단일 행)으로 반환되므로 > 비교 연산자와 함께 사용할 수 있다.

03 테이블 book, magazine에 대한 SQL 쿼리 수행 결과를 참고하여 (①) 안에 들어갈 알맞은 조인 명령어를 쓰시오.

book

publisher	price	remark
youngjin	20.2	1
miracle	21.2	1
dotcom	15.1	2
path	11.9	2
siwon	11.2	3

magazine

id	name	subject
1	rei	it
2	quan	cooking
3	jung	military

[출력 결과]

publisher	price	remark	name	subject
youngjin	20.2	1	rei	it
miracle	21.2	1	rei	it
dotcom	15.1	2	quan	cooking
path	11.9	2	quan	cooking
siwon	11.2	3	jung	military

```
SELECT * FROM book
(      ①      ) magazine ON book.remark = magazine.id;
```

[정답]
LEFT JOIN
(또는 LEFT OUTER JOIN)

[해설]
출력 결과를 보면 book 테이블의 모든 행이 그대로 출력되고, remark 값과 magazine.id가 일치하는 경우에만 magazine의 name, subject가 연결된다.
따라서 book을 기준으로 모두 출력하는 왼쪽 외부 조인인 LEFT JOIN을 사용한다.

PART

03

운영체제

파트 소개

운영체제 파트에서는 Windows와 Linux를 명령어로 시스템을 다루는 방법 관점에서 함께 학습한다. Windows는 드라이브 기반 구조와 CMD를 중심으로 파일 · 폴더 관리, 프로세스 확인, 네트워크 점검 같은 기본 작업을 수행하는 운영체제이다. Linux는 단일 루트 트리 구조와 터미널(Shell) 환경을 기반으로 권한 관리와 프로세스 · 네트워크 제어를 더 세밀하게 다루는 운영체제이다. 학습은 두 운영체제의 핵심 명령을 대응시키며, 이동→조회→조작→검증 흐름으로 반복 연습한다. 리다이렉션과 파이프 같은 출력 제어까지 익혀, 실기에서 요구하는 명령 작성과 결과 해석을 안정적으로 수행할 수 있게 한다.

Windows 환경

학습 방향

Windows 명령어 학습은 CMD에서 자주 쓰는 작업 흐름(이동→조회→조작→확인)을 기준으로 진행하면 효과적이다. cd, dir로 현재 위치와 목록을 확인하고, 드라이브 전환과 경로 이동을 안정적으로 수행한다. 다음으로 mkdir, copy, move, del, rmdir로 파일·폴더를 관리하되, 덮어쓰기 옵션과 삭제 조건도 확인한다. 출력 저장(>, >>)과 파이프(|)를 활용해 결과를 파일로 남기고 필요한 문자열만 필터링하는 내용도 짚고 넘어간다.

▶ 합격 강의

파일 시스템과 경로

SECTION 01

난이도 상 중 **하**
반복학습 **1 2 3**

빈출태그 cd, 절대 경로, 상대 경로

01 파일 시스템

파일 시스템(File System)은 운영체제가 저장장치(HDD, SSD, USB 등)에 데이터와 디렉터리(폴더)를 어떻게 저장하고 관리할지 정의한 구조이다. 운영체제는 파일을 단순한 데이터 묶음이 아니라 이름(name), 확장자(extension), 경로(path), 접근 권한(permission), 수정 시간(timestamp) 등의 속성을 가진 객체로 관리한다.

1) Windows의 파일 시스템 구조

Windows는 드라이브 문자(Drive Letter) 단위로 저장장치를 구분한다. (예: C:\ , D:\ , E:\)
- 각 드라이브는 독립된 파일 시스템처럼 취급된다.
- 대표 파일 시스템은 NTFS, ReFS이다.
- 경로 구분자는 백슬래시 \, ₩를 사용한다.

2) Linux의 파일 시스템 구조

Linux는 Windows처럼 드라이브 문자를 나누지 않고, 최상위 디렉터리인 / 아래에 모든 장치와 디렉터리를 연결하는 단일 트리 구조를 사용한다.
- 디스크, USB, 네트워크 드라이브까지 모두 / 아래에 마운트된다.
- 대표 파일 시스템은 EXT4, XFS, Btrfs이다.
- 경로 구분자는 슬래시 /를 사용한다.

02 경로

경로(Path)란 파일이나 디렉터리의 위치를 문자열로 표현한 것이다. 경로는 크게 절대 경로와 상대 경로로 나뉜다.

1) 절대 경로(Absolute Path)

절대 경로는 시작 지점이 루트(최상위)로 고정된 경로로, 현재 위치와 관계없이 항상 같은 위치를 가리킨다.

운영체제	예시
Windows	C:\Users\Master\Documents
Linux	/home/master/documents

- 루트(최상위 폴더)부터 전체 주소를 쓰는 방식이다.
- 명령의 오해나 혼동이 적어 시스템 관리에서 안전한 편이다.

2) 상대 경로(Relative Path)

상대 경로는 현재 작업 중인 디렉터리를 기준으로 경로를 지정하는 방식이다.

표기	의미	예시
.	현재 디렉터리	./run.sh
..	상위 디렉터리	../image/logo.png

- 주소가 짧아 작업 흐름이 빠르다.
- 스크립트나 자동화에서 자주 사용된다.
- 개념 자체는 Windows/Linux 공통이지만, 경로 구분자는 운영체제에 따라 달라질 수 있다.

03 경로 이동 기본 명령어

1) Windows 명령어

명령어	의미
cd 경로	특정 경로로 이동한다.
cd ..	상위 디렉터리로 이동한다.
cd \	현재 드라이브의 루트로 이동한다.
cd /d D:\work	드라이브 변경까지 포함하여 이동한다.

2) Linux 명령어

명령어	의미
cd 경로	특정 경로로 이동한다.
cd ..	상위 디렉터리로 이동한다.
cd /	시스템 최상위(/)로 이동한다.
cd ~	자신의 홈 디렉터리로 이동한다.

01 현재 작업 디렉터리의 절대 경로가 다음과 같을 때, 상대 경로로 제시된 디렉터리의 절대 경로를 쓰시오.

[작업폴더]
/Users/ABC/work

[상대 경로]
".../data/test"

[정답]
/Users/ABC/data/test

[해설]
현재 작업 폴더가 /Users/ABC/work이므로 ..는 상위 디렉터리인 /Users/ABC를 의미한다.
따라서 ../data/test는 /Users/ABC/data/test가 된다.

02 현재 작업 디렉터리의 절대 경로가 다음과 같을 때, 상대 경로로 제시된 디렉터리의 절대 경로를 쓰시오.

[작업폴더]
/home/master/projects/app

[상대 경로]
"../../data/logs"

[정답]
/home/master/data/logs

[해설]
현재 작업 폴더가 /home/master/projects/app이므로 ../../는 app → projects → master 순서로 두 단계 올라가 /home/master가 된다. 여기에 data/logs를 붙이면 절대 경로는 /home/master/data/logs이다.

Windows 명령어

▶ 합격 강의

빈출 태그 dir, cd, copy, del, set, path, type, 파이프

01 Windows CMD

Windows CMD(Command Prompt)는 텍스트 기반 명령어 환경이다. 파일 관리, 디렉터리 이동, 환경 변수 설정 등 시스템의 기본 작업을 수행한다.

1) 파일과 폴더 조회 및 이동

① dir

dir은 현재 디렉터리의 파일과 폴더 목록을 출력하는 명령어이다.

```
C:\> dir
```

• dir은 옵션을 통해 출력 형태를 바꿀 수 있다.

▶ dir 옵션

옵션	의미
/w	와이드(wide) 출력 → 가로로 넓게 표시
/p	페이지 단위 출력 → 화면 차면 멈춤
/s	서브디렉토리 포함 전체 출력
/a	숨김 파일 포함 출력

② cd

cd는 디렉터리를 이동하는 명령어이다.

```
cd 폴더명          :: 지정한 폴더로 이동
cd ..             :: 상위 디렉터리로 이동
cd \              :: 현재 드라이브의 루트로 이동
```

2) 폴더 생성과 삭제

① md / mkdir

md 또는 mkdir은 폴더를 생성하는 명령어이다.

```
md test           :: test 폴더 생성
mkdir test        :: test 폴더 생성
```

② rd / rmdir

rd 또는 rmdir은 폴더를 삭제하는 명령어이다.

```
rd test                    :: test 폴더 삭제
rmdir test                 :: test 폴더 삭제
```

• Windows에서는 폴더가 비어 있어야 삭제가 가능하다.

③ del

del은 파일을 삭제하는 명령어이다.

```
del memo.txt               :: 특정 파일 삭제
del *.log                  :: 확장자가 log인 파일 전체 삭제
```

▶ del 옵션

del 옵션	의미
/s	하위 디렉터리 포함 모든 파일 삭제
/q	삭제 여부 묻지 않음

3) 복사와 이동

① copy

copy는 파일을 복사하는 명령어이다.

```
copy a.txt b.txt           :: a.txt를 b.txt로 복사(동일 폴더 내)
```

▶ copy 옵션

copy 옵션	의미
/y	덮어쓰기 여부를 묻지 않고 바로 실행
/-y	덮어쓰기 전에 사용자에게 물어봄(기본 옵션)

② xcopy

xcopy는 대량 복사나 폴더 복사에 사용하는 확장 복사 명령어이다.

```
xcopy source destination /E /I /Y
```

xcopy 옵션	의미
/E	빈 디렉터리를 포함하여 전체 복사
/I	대상이 폴더라고 가정
/Y	덮어쓰기 확인을 묻지 않음

③ move

move는 파일을 이동하거나 이름을 변경하는 명령어이다.

```
move a.txt backup\          :: backup 폴더로 이동
move a.txt b.txt            :: 파일 이름 변경
```

4) 출력
① type

type은 텍스트 파일의 내용을 출력하는 명령어이다.

```
type readme.txt             :: 파일 내용을 화면에 출력
```

② cls

cls는 화면을 지우는 명령어이다.

```
cls
```

③ echo

echo는 문장(문자열)을 출력하는 명령어이다.

```
echo Hello World!
```

④ exit

exit는 명령 프롬프트를 종료하는 명령어이다.

```
exit
```

5) 경로 및 드라이브 전환

- 드라이브를 바꾸려면 드라이브 문자만 입력한다.
- cd /d 옵션을 사용하면 드라이브 전환과 이동을 한 번에 수행할 수 있다.

```
D:                          :: 드라이브 전환
cd /d E:\Work               :: 드라이브 전환 + Work 폴더 이동
```

6) 환경 변수 / 시스템 정보

① set

set은 환경 변수를 조회하거나 설정하는 명령어이다.

```
set                         :: 전체 환경 변수 출력
set PATH                    :: PATH 관련 변수 출력
set JAVA_HOME               :: JAVA_HOME 관련 변수 출력
```

② path

path는 PATH 환경 변수를 확인하는 명령어로도 사용되며, echo로 특정 변수 값을 출력할 수 있다.

```
path
echo %PATH%
echo %JAVA_HOME%
```

02 고급 기능

1) 리다이렉션(Redirection)

명령의 결과를 파일로 저장하거나, 파일 내용을 명령의 입력으로 사용하는 기능이다.

① 출력 리다이렉션

기호	의미
〉	덮어쓰기 출력
〉〉	이어쓰기 출력

```
dir > result.txt            :: result.txt를 새로 생성하거나 덮어씀
echo Hello >> message.txt   :: message.txt 끝에 Hello를 추가
```

② 입력 리다이렉션

기호	의미
〈	파일 내용을 입력으로 사용

```
sort < names.txt            :: names.txt 내용을 정렬하여 출력
```

2) 파이프(Pipe)

앞 명령의 출력을 뒤 명령의 입력으로 전달하는 기능이다.

```
type log.txt | find "ERROR"        :: ERROR가 포함된 줄만 출력한다.
tasklist | find "chrome"           :: 실행 중인 프로세스 목록에서 chrome을 찾는다.
type data.txt | sort               :: 파일 내용을 정렬하여 출력한다.
```

3) 프로세스 및 네트워크 명령

① tasklist

실행 중인 프로세스 목록을 출력한다.

```
tasklist
```

② taskkill

프로세스를 종료한다.

```
taskkill /PID 1234                 :: PID로 종료
taskkill /IM notepad.exe /F        :: 프로그램 이름으로 강제 종료
```

▶ taskkill 옵션

taskkill 옵션	의미
/PID	프로세스 ID로 종료
/IM	이미지(프로그램) 이름으로 종료
/F	강제 종료

③ ipconfig

IP 정보를 확인한다.

```
ipconfig
ipconfig /all
```

④ ping

네트워크 연결 상태를 테스트한다.

```
ping 8.8.8.8
ping google.com
```

⑤ netstat

포트 및 연결 상태를 확인한다.

```
netstat -a
```

▶ netstat 옵션

netstat 옵션	의미
-a	모든 포트와 연결 상태 표시
-n	주소를 숫자로 표시
-o	PID를 함께 표시

01 현재 작업 디렉터리의 파일 목록을 보는 명령어를 쓰시오.

[정답]
dir

02 현재 작업 디렉터리에서 상위 디렉터리로 이동하는 명령어를 쓰시오.

[정답]
cd ..

03 logs 폴더를 생성하는 명령어를 쓰시오.

[정답]
mkdir logs

04 text.txt 파일을 삭제하는 명령어를 쓰시오.

[정답]
del text.txt

05 a.txt 파일을 backup\a.txt로 복사하는 명령어를 쓰시오.

[정답]
copy a.txt backup\a.txt

06 하위 디렉터리를 포함한 파일 목록 전체를 log.txt에 저장하는 명령어를 쓰시오.

[정답]
dir /s 〉 log.txt

07 a.txt 파일을 backup 폴더에 덮어쓰기 복사하는 명령어를 쓰시오.

[정답]
copy /y a.txt backup\

08 log.txt에서 ERROR가 포함된 줄만 출력하는 명령어를 쓰시오.

[정답]
type log.txt | find "ERROR"

09 PID 3500 프로세스를 강제 종료하는 명령어를 쓰시오.

[정답]
taskkill /PID 3500 /F

02

Linux 환경

Linux 명령어 학습은 터미널에서 자주 쓰는 작업 흐름(이동→조회→조작→검증)을 기준으로 익히는 것이 효과적이다. pwd, ls, cd로 현재 위치를 확인하고 원하는 디렉터리로 이동하며 mkdir, cp, mv, rm으로 파일과 폴더를 안전하게 다루되, 옵션의 의미를 함께 익힌다. ls -l로 권한을 읽고 chmod로 변경하는 내용은 리눅스에서 자주 다뤄지므로 확실히 이해하도록 한다.

SECTION
01.

난이도 상 **(중)** 하
반복학습 **1** **2** **3**

Linux 명령어

▶ 합격 강의

빈출 태그 pwd, ls, 권한, chmod, 리다이렉션, 파이프, 프로세스, grep

01 Linux 환경

리눅스(Linux)는 사용자와 운영체제가 소통하는 창구인 터미널을 통해 시스템을 제어한다. 사용자는 터미널에서 명령 기반(Command-line, Shell)으로 파일 관리, 권한 설정, 프로세스 조회, 네트워크 상태 확인 등 대부분의 작업을 수행한다.

1) 경로 및 디렉터리 명령어

① pwd

pwd는 현재 작업 디렉터리의 절대 경로를 출력하는 명령어이다.

```
pwd
# 예: /home/master
```

② ls

ls는 파일과 폴더 목록을 출력하는 명령어이다.

```
ls                      # 목록 보기
ls -l                   # 상세 정보 출력
ls -a                   # 숨김 파일 포함 출력
ls -R                   # 하위 폴더까지 재귀적으로 출력
```

③ cd

cd는 디렉터리를 이동하는 명령어이다.

```
cd folder               # folder로 이동
cd ..                   # 상위 디렉터리로 이동
cd /                    # 루트 디렉터리로 이동
cd ~                    # 홈 디렉터리로 이동
```

④ mkdir / rmdir

mkdir은 디렉터리를 생성하고, rmdir은 비어 있는 디렉터리를 삭제한다. 내용이 있는 폴더를 삭제하려면 -r 옵션을 사용한다.

```
mkdir newfolder          # 디렉터리 생성
rmdir emptyfolder        # 비어 있는 디렉터리만 삭제 가능
```

2) 파일 복사 및 변경 명령어

① cp

cp는 파일을 복사하는 명령어이다.

```
cp file1 file2           # file1을 file2로 복사
cp file.txt backup/      # backup 폴더로 복사
cp -r src/ dest/         # 폴더 복사
cp -i src/ dest/         # 덮어쓰기 전 확인
```

② mv

mv는 파일을 이동하거나 이름을 변경하는 명령어이다.

```
mv a.txt backup/         # backup 폴더로 이동
mv old.txt new.txt       # 파일 이름 변경
```

③ rm

rm은 파일을 삭제하는 명령어이다.

```
rm a.txt                 # 파일 삭제
rm -r folder/            # 폴더 전체 삭제
rm -f file.txt           # 강제 삭제
rm -rf folder/           # 폴더 전체 강제 삭제
```

3) 출력 명령어

① cat

cat은 파일 내용을 출력하는 명령어이다.

```
cat memo.txt             # 파일 내용 출력
```

② less / more

less 또는 more는 페이지 단위로 파일을 보는 명령어이다. cat은 한 번에 출력하므로 내용이 긴 파일은 less/more 사용이 적절하다.

```
less longfile.txt
more longfile.txt
```

③ echo

echo는 문자열을 출력하는 명령어이다.

```
echo Hello Linux!
```

4) 시스템 명령어

① vi

vi는 텍스트 편집기를 실행하는 명령어이다.

```
vi memo.txt
```

② top

top은 실행 중인 프로세스와 CPU/메모리 사용량을 실시간으로 확인하는 명령어이다.

```
top
```

③ ifconfig / ip addr

네트워크 인터페이스 정보를 확인하는 명령어이다.

```
ifconfig
ip addr
```

5) 환경 변수

- 환경 변수는 운영체제가 프로세스를 실행하기 위해 참조하는 동적인 설정값이다.
- export는 현재 셸(터미널 세션)에서 환경 변수를 설정하거나, 하위 프로세스에도 전달되도록 내보내는 명령어이다.

```
export PATH=/usr/bin:$PATH          # PATH 앞에 /usr/bin을 추가한다.
export JAVA_HOME=/usr/lib/java      # JAVA_HOME 환경 변수를 설정한다.
```

⑫ 파일 권한(Permission)

Linux는 모든 파일과 폴더에 대해 사용자(u) / 그룹(g) / 기타(o)로 대상을 나누고, 읽기(r=4) / 쓰기 (w=2) / 실행(x=1) 권한을 부여한다.

1) 권한 표기 해석

ls −l의 결과가 rwxr−xr−−이라면 다음과 같이 해석한다.

구분	권한	의미
사용자(u)	rwx	읽기/쓰기/실행 가능
그룹(g)	r−x	읽기/실행 가능
기타(o)	r−−	읽기만 가능

8진수 표기법으로는 다음과 같다.
- rwx = 4 + 2 + 1 = 7
- r−x = 4 + 0 + 1 = 5
- r−− = 4 + 0 + 0 = 4

따라서 rwxr−xr−−는 754로 표현할 수 있다.

2) chmod로 권한 변경

chmod는 파일 권한을 변경하는 명령어이며, 숫자 방식과 기호 방식이 있다.

① 숫자 방식(Numeric)

```
chmod 654 file          # 654 = rw- r-x r--
```

② 기호 방식(Symbolic)

```
chmod u+x file          # 사용자에게 실행 권한 추가
chmod g-w file          # 그룹의 쓰기 권한 제거
chmod o+r file          # 기타 사용자에 읽기 권한 추가
chmod ug+r file         # 사용자+그룹에 읽기 권한 추가
chmod a-x file          # 모든 사용자에게 실행 권한 제거(a = all)
```

03 고급 기능

1) 리다이렉션(Redirection)
리다이렉션은 명령의 출력 또는 입력을 다른 위치로 보내는 기능이다.

① 덮어쓰기 출력(〉)
파일 새로 생성하거나 기존 내용을 삭제 후 기록한다.

```
ls > list.txt                          # 파일 목록을 list.txt에 저장
echo Hello > msg.txt                   # Hello를 msg.txt에 저장
```

② 이어쓰기 출력(〉〉)
기존 파일의 끝에 추가로 기록한다.

```
echo log1 >> debug.log                 # echo의 출력(log1)을 debug.log 끝에 추가
```

③ 입력 리다이렉션(〈)
명령이 필요한 입력을 파일에서 가져온다.

```
sort < names.txt                       # names.txt 내용을 sort 명령에 입력
```

2) 파이프(Pipe)
파이프는 앞 명령의 출력을 뒤 명령의 입력으로 전달하는 기능이다.

```
cat log.txt | grep "ERROR"             # ERROR가 포함된 줄만 출력
ps aux | grep ssh                      # ssh 관련 프로세스만 찾기
cat names.txt | sort                   # 파일 내용을 정렬하여 출력
tail -n 100 app.log | grep "FAIL"      # 최근 100줄에서 FAIL만 필터링
```

3) 프로세스 관리
① ps
ps는 프로세스 목록을 출력한다.

```
ps                                     # 현재 터미널과 관련된 프로세스만 출력
ps aux                                 # 전체 시스템 프로세스를 상세 출력
```

▶ ps aux 주요 컬럼

컬럼	의미
USER	실행 사용자
PID	프로세스 ID
%CPU	CPU 사용률
%MEM	메모리 사용률
COMMAND	실행 중인 명령

② kill

kill은 PID로 프로세스를 종료한다.

```
kill 1234          # 정상 종료 요청
kill -9 1234       # 강제 종료
```

③ killall

killall은 같은 이름의 모든 프로세스를 종료한다.

```
killall pd         # pd라는 이름의 프로세스를 모두 종료
```

④ 작업 제어

jobs / bg / fg는 백그라운드/포그라운드 작업을 제어한다.

명령어	의미
jobs	백그라운드 작업 목록 출력
bg	작업을 백그라운드로 실행
fg	작업을 포그라운드로 가져옴

4) 네트워크 명령

① ifconfig / ip addr

IP 주소, MAC 주소, 인터페이스 상태, 브로드캐스트 주소 등을 확인할 수 있다.

```
ifconfig
ip addr
```

ifconfig

Interface Configuration의 약자이며 네트워크 정보를 확인하고 수정할 수 있다.

현대적인 네트워크 기술(IPv6, 터널링, 네트워크 네임스페이스 등)을 완벽하게 지원하지 못하여 현재는 사용을 권장하지 않는다.

② ping

네트워크 연결 상태를 테스트한다.

```
ping 8.8.8.8
ping www.youngjin.com
```

③ netstat

포트/연결 상태를 확인한다.

```
netstat
netstat -a              # 모든 연결 표시
netstat -n              # 숫자로 표시
netstat -p              # PID 표시
```

④ ssh

원격 접속을 지원하는 명령어이다.

```
ssh user@192.168.0.10
```

5) 검색

① 문자열 검색(grep)

grep은 파일 내용에서 특정 문자열이 포함된 줄을 검색하는 명령어이다.

```
grep "apple" fruit.txt          # fruit.txt 파일에서 apple이 포함된 줄 출력
```

▶ grep 옵션

grep 옵션	의미
-i	대소문자 무시
-n	줄 번호 표시
-r	하위 디렉터리까지 재귀 검색
-v	해당 문자열이 없는 줄 출력

② 파일 검색(find)

find는 파일/디렉터리를 조건으로 검색하는 명령어이다.

---

find . −name "*.c"   # 현재 디렉터리(.)에서 확장자가 .c인 파일 검색

▶ find 옵션

find 옵션	의미
−name	파일명 패턴 검색
−type f	파일만 검색
−type d	디렉터리만 검색
−size	파일 크기 조건
−maxdepth N	검색 깊이 제한

01 test 폴더를 생성하는 Linux 터미널 명령어를 쓰시오.

[정답]
mkdir test

02 a.txt 파일을 backup 폴더로 이동하는 Linux 터미널 명령어를 쓰시오.

[정답]
mv a.txt backup/

03 memo.txt 파일을 삭제하는 Linux 터미널 명령어를 쓰시오.

[정답]
rm memo.txt

04 log.txt 파일 내용을 출력하는 Linux 터미널 명령어를 쓰시오.

[정답]
cat log.txt

05 run.sh 파일에 사용자(u) 실행 권한을 추가하는 Linux 터미널 명령어를 쓰시오.

[정답]
chmod u+x run.sh

06 log 디렉터리 전체를 삭제하는 Linux 터미널 명령어를 쓰시오.

[정답]
rm -r log

07 모든 실행 중인 프로세스를 확인하는 Linux 터미널 명령어를 쓰시오.

[정답]
ps aux

08 PID 3300 프로세스를 강제 종료하는 Linux 터미널 명령어를 쓰시오.

[정답]
kill -9 3300

09 현재 디렉터리 목록을 list.txt에 저장하는 Linux 터미널 명령어를 쓰시오.

[정답]
ls > list.txt

10 log.txt에서 FAIL이 포함된 줄만 출력하는 Linux 터미널 명령어를 쓰시오.

[정답]
grep "FAIL" log.txt

11 log.txt에서 ERROR가 포함된 줄만 필터링하는 Linux 터미널 명령어를 쓰시오.

[정답]
cat log.txt | grep "ERROR"

12 현재 디렉터리 이하의 모든 .log 파일 목록을 result.txt에 저장하는 Linux 터미널 명령어를 쓰시오.

[정답]
find . —name "*.log" > result.txt

13 a.txt 파일 내용을 정렬하여 출력하는 Linux 터미널 명령어를 쓰시오.

[정답]

sort 〈 a.txt

14 프로세스 목록 중 nginx만 출력하는 Linux 터미널 명령어를 쓰시오.

[정답]

ps aux | grep nginx

Windows와 Linux 비교

▶ 합격 강의

빈출태그 경로, 파일 내용, 프로세스, 네트워크

01 Windows와 Linux 주요 차이

▶ **경로(Path) 차이**

항목	Windows	Linux
최상위 구조	드라이브별 루트(C:, D:\ 등)	단일 루트(/)
경로 구분자	\	/
대소문자 구분	구분하지 않음	구분함
홈 디렉터리	C:\Users\계정	/home/계정

▶ **목록 보기와 경로 확인**

기능	Windows	Linux
목록 보기	dir	ls
현재 경로 표시	cd	pwd
숨김 파일 보기	dir /a	ls -a

• Windows의 cd는 인자 없이 실행하면 현재 경로를 표시할 수 있고, 경로를 지정하면 이동도 수행한다.
• 반면 Linux는 현재 경로 표시는 pwd, 이동은 cd로 역할이 분리되어 있다.

▶ **파일 내용 출력**

기능	Windows	Linux
텍스트 파일 내용 보기	type	cat
페이지 단위 보기	more	more / less

▶ **파일과 폴더 조작**

기능	Windows	Linux
복사	copy	cp
이동/이름 변경	move	mv
삭제(파일)	del	rm
삭제(폴더)	rmdir (비어 있을 때)	rm -r (내용 포함 삭제)

▶ 프로세스와 네트워크 명령

기능	Windows	Linux
프로세스 목록	tasklist	ps / ps aux
프로세스 종료	taskkill	kill / kill −9
네트워크 정보	ipconfig	ifconfig / ip addr
연결 확인	ping	ping
포트/연결 상태	netstat −a	netstat / ss

02 Windows ↔ Linux 명령어 대응표

기능	Windows	Linux
목록 보기	dir	ls
경로 확인	cd	pwd
파일 내용 출력	type	cat
파일 복사	copy	cp
파일 이동	move	mv
파일 삭제	del	rm
폴더 삭제	rmdir	rm −r
폴더 생성	mkdir	mkdir
프로세스 조회	tasklist	ps aux
프로세스 종료	taskkill	kill
환경 변수 설정	set	export
네트워크 정보	ipconfig	ifconfig / ip addr
포트 상태 조회	netstat −a	netstat / ss
문자열 검색	findstr	grep

01 상위의 config 디렉터리로 이동하는 Linux 터미널 명령어를 쓰시오.

[정답]
cd ../config

[해설]
..는 상위 디렉터리를 의미한다.
../config는 상위 디렉터리로 이동한 뒤 그 아래의 config 디렉터리로 이동하라는 의미이다.

02 Linux에서 현재 디렉터리에서 확장자가 .c인 파일을 찾는 명령어를 쓰시오.

[정답]
find . −name "*.c"

[해설]
find .는 현재 디렉터리부터 검색을 시작한다.
−name "*.c"는 파일명이 .c로 끝나는 파일을 찾는 조건이며, 하위 디렉터리까지 재귀적으로 검색한다.

03 Linux에서 네트워크 인터페이스 상태를 확인하는 명령어를 보기에서 골라 쓰시오.

[보기]

| ipconfig | ip addr | netstat –a | ls -n |

[정답]

ip addr

[해설]

Windows에서 IP 설정 확인은 ipconfig를 주로 사용하고, Linux에서는 ip addr을 사용한다.

04 Linux 환경에서 파일 권한 rwxr–xr––을 숫자 권한으로 표현하시오.

[정답]

754

[해설]

권한은 r=4, w=2, x=1로 계산한다. 사용자(rwx)=7, 그룹(r–x)=5, 기타(r––)=4이므로 754이다.

05 파일 app.sh에 대해 사용자에게 실행 권한 추가, 그룹에게 쓰기 권한 제거, 기타 사용자에게 읽기 권한 추가를 동시에 수행하는 명령어를 쓰시오.

[정답]

chmod u+x,g-w,o+r app.sh

[해설]

u+x는 사용자에게 실행 권한을 추가하고, g-w는 그룹의 쓰기 권한을 제거하며, o+r은 기타 사용자에게 읽기 권한을 추가한다.

06 Linux 환경에서 다음 명령의 결과로 이동한 절대 경로를 쓰시오.

```
현재 위치 : /home/user/docs
명령 : cd ../config
```

[정답]

/home/user/config

[해설]

현재 위치 /home/user/docs에서 ..로 한 단계 위인 /home/user로 이동한 뒤, config로 들어가므로 최종 경로는 /home/user/config이다.

기출 프로그래밍 공략

파트 소개

본 파트는 프로그래밍기능사의 전신인 정보처리기능사부터 정보처리산업기사, 정보처리기사까지 오랫동안 자주 출제된 프로그래밍 기출문제 유형을 선별하여 수록하였다. 특히 최근 변경된 프로그래밍기능사 실기 시험의 출제 기준에 맞춰 문항 표현과 요구 사항을 재구성하고, 각 언어별 특성에 따른 정확한 풀이가 가능하도록 체계화하였다. 이 파트에서 제공하는 다양한 기출 유형을 반복적으로 연습함으로써 실전 감각을 익히고, 실제 시험에서 안정적인 고득점을 확보하는 완벽한 대비를 할 수 있도록 한다.

최신 기출문제 **C언어**

01 다음 C언어 프로그램의 실행 결과를 쓰시오.

```c
#include <stdio.h>
int main(void) {
    int a = 45, b = 3, c = 3, d = 2;
    a /= b-- + c * d;
    printf("%d", a);
    return 0;
}
```

[정답]

5

[해설]

a /= b-- + c * d;는 a = a / (b-- + c * d);로 해석된다.

연산자 우선순위에 따라 c * d가 먼저 계산되어 3 * 2 = 6이 된다.

b--는 현재 값 3을 식에 사용한 뒤 b를 2로 감소시키므로, 괄호 안은 3 + 6 = 9이다.

따라서 a = 45 / 9 = 5이다.

🏁 **기적**의 TIP

후위 감소 연산자

b--는 "사용 후 감소"이므로 식에서는 감소 전 값이 사용되고, 식 평가가 끝난 뒤 b가 1 감소한다.

---

02 다음 C언어 프로그램의 실행 결과를 쓰시오.

```c
#include <stdio.h>
int main(void) {
    int num1, num2, result1, result2;
    num1 = 38;
    num2 = 11;
    result1 = num1 & num2;
    result2 = num1 | num2;

    printf("result1 = %d\n", result1);
    printf("result2 = %d\n", result2);
    return 0;
}
```

[정답]

result1 = 2
result2 = 47

[해설]

비트 연산자는 정수 값을 2진수로 변환한 뒤, 각 비트 단위로 논리 연산을 수행한다.

& (AND)는 두 비트가 모두 1일 때만 1이 되고, | (OR)는 둘 중 하나라도 1이면 1이 된다.

  num1 = 38 → 0010 0110(2)

  num2 = 11 → 0000 1011(2)

AND 연산(&) 결과는 0000 0010이므로 10진수 2이고, OR 연산(|) 결과는 0010 1111이므로 10진수 47이다.

F 기적의 TIP

비트 연산자

정수의 각 비트를 대상으로 계산한다.

&는 둘 다 1일 때만 1, |는 하나라도 1이면 1, ^는 서로 다를 때 1이 된다.

---

03 다음 C언어 프로그램의 실행 결과를 쓰시오.

```c
#include <stdio.h>
int main(void) {
    int num1 = 1;
    int num2 = 9;
    int re;
    re = num1 > num2 && num1 == num2 ? num1 : num2;
    printf("%d", re);
    return 0;
}
```

[정답]

9

[해설]

삼항 연산자는 조건 ? 참일 때 값 : 거짓일 때 값 형태로, 조건이 참이면 앞의 값을 선택하고 거짓이면 뒤의 값을 선택한다. 또한 논리 연산자 &&는 두 조건이 모두 참일 때만 참이 된다.

해당 조건 num1 > num2 && num1 == num2에서

  num1 > num2는 1 > 9이므로 거짓이다.

  num1 == num2는 1 == 9이므로 거짓이다.

따라서 전체 조건은 거짓이 되어 삼항 연산자의 거짓 값인 num2가 선택되고, re는 9가 된다.

🏳 **기적**의 TIP

삼항 연산자

삼항 연산자는 조건 ? 값1 : 값2 형태로 조건에 따라 둘 중 하나의 값을 선택한다.

조건식에는 비교/논리 연산 결과가 들어가며, &&는 두 조건이 모두 참일 때만 참이 된다.

04 다음 C언어 프로그램의 실행 결과를 쓰시오.

```c
#include <stdio.h>
int main(void) {
    int i = 1;
    int a;
    a = i++ > 1 ? i + 2 : i + 3;
    printf("%d", a);
    return 0;
}
```

[정답]

5

[해설]

i++ > 1에서 i++는 후위 증가이므로 비교에는 증가 전 값인 1이 사용된다. 따라서 1 > 1은 거짓이다.

하지만 후위 증가가 적용되어 비교가 끝난 뒤 i는 1 증가하여 i=2가 된다.

조건이 거짓이므로 삼항 연산자의 거짓 값인 i + 3이 선택되고, 이때 i는 2이므로 2 + 3 = 5가 되어 a는 5가 된다.

▶ **기적**의 TIP

후위 증가 연산자

++는 "사용 후 증가"이므로 식에서는 증가 전 값이 먼저 사용되고, 식 평가가 끝난 뒤 i가 1 증가한다.

---

05 다음은 1부터 10까지 숫자 중 짝수와 홀수를 판별하는 C언어 프로그램이다. (①)에 들어갈 알맞은 조건식을 쓰시오.

```c
#include <stdio.h>
int main(void) {
    for (int i = 1; i <= 10; i++) {
        if (   ①   )
            printf("짝수 %d\n", i);
        else
            printf("홀수 %d\n", i);
    }
    return 0;
}
```

[정답]

i % 2 == 0

[해설]

짝수는 2로 나누었을 때 나머지가 0이고, 홀수는 나머지가 1이다. C언어에서는 나머지를 구하는 연산자로 %를 사용하므로 i % 2 == 0이면 i는 짝수이다.

또한 비교 연산자 ==는 "같다"를 의미하며, =는 값을 대입할 때 사용하는 연산자이므로 혼동하지 않도록 한다.

🏁 **기적**의 TIP

나머지 연산자(%)

연산 결과로 나머지 값을 반환한다. % 연산자는 정수 타입에서만 사용할 수 있다.

만약 a % b에서 b가 a보다 값이 커 나눌 수 없으면 a값을 그대로 반환한다.

---

06 다음 C언어 프로그램의 실행 결과를 쓰시오.

```c
#include <stdio.h>
int main(void) {
    int a, sum;
    a = sum = 0;
    while (a <= 10) {
        a += 1;
        if (a % 2 == 1)
            continue;
        sum += a;
    }
    printf("sum = %d", sum);
    return 0;
}
```

[정답]

sum = 30

[해설]

while문은 a <= 10인 동안 반복한다. 반복할 때마다 a를 1 증가시키고, a가 홀수이면 continue가 실행되어 sum += a를 건너뛰고
다음 반복으로 넘어간다.

따라서 sum에는 a가 짝수일 때만 더해지며, while문이 종료될 때까지 더해지는 값은 2, 4, 6, 8, 10이다.

2 + 4 + 6 + 8 + 10 = 30이므로 출력 결과는 sum = 30이다.

🏳 **기적의 TIP**

continue

continue는 반복문을 종료하지 않고, 현재 반복에서 아래 문장을 건너뛴 뒤 다음 반복으로 바로 넘어간다.
주로 특정 조건의 값을 제외하고 처리할 때 사용한다.

07 다음 C언어 프로그램의 실행 결과를 쓰시오.

```
#include <stdio.h>
int main(void) {
    int num = 0b1111;

    printf("%o\n", num);
    printf("%d\n", num);
    printf("%x\n", num);
    return 0;
}
```

[정답]
17
15
f

[해설]
프로그래밍에서는 기본적으로 10진수 형태로 값을 사용하지만, 다른 진수로 표현하기 위해 접두사를 붙여 값을 작성할 수 있다.
또한 printf의 서식 지정자를 이용하면 같은 값을 8진수, 10진수, 16진수로 변환하여 출력할 수 있다.
코드에서 num = 0b1111은 2진수 1111이다. 따라서 %o로 출력하면 8진수 17, %d로 출력하면 10진수 15, %x로 출력하면 16진수 f
가 출력된다.

🇫 **기적**의 TIP

진수 표현과 출력 서식
2진수는 0b, 8진수는 0, 16진수는 0x 접두사로 표현한다.
printf에서 %b는 2진수, %o는 8진수, %d는 10진수, %x는 16진수로 출력한다.
• 2진수(0b, %b) 표기는 컴파일러/표준 설정에 따라 지원되지 않을 수 있다.

08 다음 C언어 프로그램의 실행 결과를 쓰시오.

```
#include <stdio.h>
int main(void) {
    int num = 0111;
    printf("%d", num);
    return 0;
}
```

[정답]

73

[해설]

프로그래밍에서는 기본적으로 10진수 형태로 값을 사용하지만, 다른 진수로 표현하기 위해 접두사를 붙여 작성할 수 있다.
0111은 8진수이며, 이를 10진수로 변환하면 64 + 8 + 1 = 73이 된다. 따라서 %d로 출력하면 73이 출력된다.

F 기적의 TIP

진수 접두사

2진수는 0b, 8진수는 0, 16진수는 0x 접두사로 표현한다. 0b 표기는 컴파일러/표준 설정에 따라 지원되지 않을 수 있으며, 시험
에서는 출력 서식(%d, %o, %x)과 진수 변환 원리를 함께 이해하는 것이 중요하다.

09 다음 C언어 프로그램의 실행 결과를 쓰시오.

```c
#include <stdio.h>
int main(void) {
    int cnt = 0;
    for (int i = 1; i < 100; i++) {
        if (i % 3 == 0) {
            cnt++;
        } else if (i % 4 == 0) {
            cnt--;
        }
    }
    printf("%d", cnt);
    return 0;
}
```

[정답]

17

[해설]

i는 1부터 99까지 증가한다.

if (i % 3 == 0)이면 cnt가 1 증가한다.

그렇지 않고(else if) i % 4 == 0이면 cnt가 1 감소한다.

즉, 3의 배수는 증가 대상이고, 4의 배수는 "3의 배수가 아닐 때만" 감소 대상이다.

따라서 3과 4의 공배수(12의 배수)는 첫 번째 조건에서 이미 걸리므로 감소하지 않고 증가만 한다.

　　1~99에서 3의 배수 개수: 99/3 → 33개

　　1~99에서 4의 배수 개수: 99/4 → 24개

　　1~99에서 12의 배수 개수: 99/12 → 8개

감소하는 4의 배수는 "12의 배수를 제외한 4의 배수"이므로 24 − 8 = 16개이다.

따라서 최종 cnt는 33 − 16 = 17이 된다.

🏳 **기적**의 TIP

배수 개수와 else if

1부터 N까지 k의 배수 개수는 N/k로 빠르게 구할 수 있다.

else if는 앞 조건이 참이면 뒤 조건을 검사하지 않으므로, 공배수는 첫 조건에만 반영되는지(중복 처리 여부) 확인하는 것이 핵심이다.

10 다음은 입력받은 값(분)을 시간과 분으로 변환하는 C언어 프로그램이다 (①), (②)에 각각 들어갈 알맞은 연산자를 쓰시오.

```c
#include <stdio.h>
int main(void) {
    int num, hour, minute;
    printf("분 입력 : ");
    scanf("%d", &num);
    if (num >= 60) {
        hour = num (  ①  ) 60;
        minute = num (  ②  ) 60;
        printf("%d시간 %d분입니다.", hour, minute);
    }
    else {
        printf("%d분입니다.\n", num);
    }
    return 0;
}
```

[정답]
① /
② %

[해설]
이 프로그램은 입력받은 분(num)이 60 이상인지 확인한 뒤, 60 이상이면 "시간 + 분" 형태로 변환하여 출력한다.
- if (num >= 60)
  num이 60분 이상일 때만 시간 단위가 생기므로, 이 조건을 만족하면 변환 작업을 수행한다.
- hour = num (①) 60;
  시간은 60으로 나눈 "몫"이다. 예를 들어 325분은 60분짜리 묶음이 5개이므로 시간은 5가 된다.
  따라서 ①에는 정수 나눗셈을 수행하는 /가 들어가 hour = num / 60;이 된다.
- minute = num (②) 60;
  분은 60으로 나눈 "나머지"이다. 예를 들어 325분에서 5시간(300분)을 제외하면 25분이 남는다.
  따라서 ②에는 나머지를 구하는 %가 들어가 minute = num % 60;이 된다.
- else
  num이 60 미만이면 시간으로 나눌 필요가 없으므로 그대로 "몇 분"인지 출력한다.
즉 325를 입력하면 hour = 325 / 60 = 5, minute = 325 % 60 = 25가 되어 5시간 25분입니다.가 출력된다.

⚑ **기적**의 TIP

몫(/)과 나머지(%)
어떤 값을 기준 단위로 "묶음"과 "남는 값"으로 나눌 때는 /로 몫을, %로 나머지를 구한다. 시간 변환(60), 날짜 변환(24), 금액 거스름돈 계산에서도 같은 원리로 자주 사용된다.

11 다음 C언어 프로그램의 실행 결과를 쓰시오.

```c
#include <stdio.h>
int main(void) {
    int num1 = 3;
    int num2 = 7;
    if (++num1 < 5 || ++num2 > 8) {
        printf("%d\n", num1);
    }
    printf("%d\n", num2);
    return 0;
}
```

[정답]

4

7

[해설]

조건식은 ++num1 < 5 || ++num2 > 8이다. 먼저 ++num1이 수행되어 num1은 3에서 4가 되고, 4 < 5는 참이 된다.

논리 OR(||)는 앞 조건이 참이면 전체가 참이므로 뒤 조건은 검사하지 않는다(단락 평가). 따라서 ++num2 > 8은 실행되지 않아 num2는 그대로 7이다.

조건이 참이므로 if 블록에서 num1(4)을 출력하고, 마지막에 num2(7)을 출력한다.

F **기적**의 TIP

단락 평가(Short-circuit)

||는 앞 조건이 참이면 뒤 조건을 검사하지 않고, &&는 앞 조건이 거짓이면 뒤 조건을 검사하지 않는다. 따라서 조건식 안의 ++num2처럼 "값을 바꾸는 표현"이 실행되지 않을 수 있다.

```
#include <stdio.h>
int hdr(int num) {
    if (num <= 0)
        return 0;
    printf("%d ", num);
    return hdr(num - 1);
}
int main(void) {
    hdr(5);
    return 0;
}
```

[정답]

5 4 3 2 1

[해설]

hdr(5)가 호출되면 먼저 num이 5이므로 0 이하가 아니어서 5를 출력하고 hdr(4)를 호출한다. 같은 방식으로 hdr(4), hdr(3), hdr(2), hdr(1) 순서로 호출되어 각각 4 3 2 1이 이어서 출력된다.

이후 hdr(0)이 호출되면 num <= 0 조건이 참이 되어 더 이상 출력하지 않고 함수가 종료된다.

따라서 출력 결과는 5 4 3 2 1이다.

📕 **기적**의 TIP

재귀 함수

재귀 함수는 함수가 자기 자신을 다시 호출하는 방식이며, 반드시 종료 조건(기저 조건)이 필요하다. 종료 조건이 없으면 호출이 반복되어 프로그램이 정상적으로 끝나지 않는다.

---

13 다음 C언어 프로그램의 실행 결과를 쓰시오.(입력값은 5)

```c
#include <stdio.h>
int main(void) {
    int x;
    scanf("%d", &x);
    switch (x) {
        case 1:
            printf("1번 선택");
            break;
        case 2:
            printf("2번 선택");
            break;
        case 3:
            printf("3번 선택");
            break;
        default:
            printf("선택 오류");
            break;
    }
    return 0;
}
```

[정답]
선택 오류

[해설]
입력값이 5이므로 case 1, case 2, case 3 어느 조건에도 해당하지 않는다. 따라서 default로 이동하여 "선택 오류"를 출력한다.

F **기적**의 TIP

switch-case문
switch문은 값이 case와 일치하는지 비교하여 해당 블록을 실행한다.
어떤 case에도 해당하지 않으면 default가 실행된다.

14 다음 C언어 프로그램의 실행 결과를 쓰시오.

```c
#include <stdio.h>
#define Arrsize 5

int main(void) {
    int arr[Arrsize] = {0, 1, 2, 3, 4};

    for (int i = 0; i < Arrsize; i++) {
        arr[i] = (arr[i] + 2) % 5;
    }

    for (int i = 0; i < Arrsize; i++) {
        printf("%d", arr[i]);
    }
    return 0;
}
```

[정답]

23401

[해설]

초기 배열은 {0, 1, 2, 3, 4}이다.
첫 번째 for문에서 각 원소에 2를 더한 뒤 5로 나눈 나머지를 다시 저장한다.

arr[0] = (0 + 2) % 5 = 2
arr[1] = (1 + 2) % 5 = 3
arr[2] = (2 + 2) % 5 = 4
arr[3] = (3 + 2) % 5 = 0
arr[4] = (4 + 2) % 5 = 1

따라서 배열은 {2, 3, 4, 0, 1}이 되고, 이를 순서대로 출력하므로 결과는 23401이다.

F 기적의 TIP

배열과 인덱스

배열은 같은 자료형 값을 연속으로 저장하며, 인덱스는 0부터 시작한다. for (i = 0; i < 배열크기; i++) 형태로 0부터 마지막 인덱스까지 순서대로 접근하면 모든 원소를 한 번씩 처리할 수 있다.

15 다음은 배열의 숫자를 한 칸씩 왼쪽으로 당겨 23451을 출력하는 C언어 프로그램이다. (①)에 들어갈 알맞은 코드를 쓰시오.

```c
#include <stdio.h>
int main(void) {
    int a[5]= {1, 2, 3, 4, 5};
    int temp;

    temp = a[0];
    for (int i = 0; i < 4; i++)
        a[i] = a[i + 1];
    ( ① ) = temp;
    for(int i = 0; i < 5; i++)
        printf("%d", a[i]);
    return 0;
}
```

[정답]

a[4]

[해설]

temp = a[0];에서 첫 번째 원소 1을 temp에 저장한다.
그 다음 반복문에서 a[i] = a[i+1];가 수행되므로 배열은 한 칸씩 왼쪽으로 당겨져 {2, 3, 4, 5, 5}가 된다.
마지막으로 마지막 칸 a[4]에 temp에 저장해 둔 1을 넣어야 {2, 3, 4, 5, 1}이 되어 출력이 23451이 된다.

기적의 TIP

배열 회전

배열을 한 칸 이동(shift)할 때는 먼저 "사라질 값"을 임시 변수에 저장한 뒤, 순서대로 값을 당기거나 밀고, 마지막 빈 칸에 임시 값을 넣는다. 저장 없이 바로 덮어쓰면 원래 값이 사라져 원하는 결과를 만들기 어렵다.

---

16 다음은 배열에 문자열을 입력하고 그대로 출력하는 C언어 프로그램이다. (①) 안에 들어갈 알맞은 코드를 쓰시오.

```c
#include <stdio.h>
int main(void) {
    char str[20];
    scanf(  ①  );

    printf("%s", str);
    return 0;
}
```

[정답]

"%s", str
(또는 "%s", &str[0])

[해설]

scanf는 입력값을 저장할 메모리 주소가 필요하다. 일반 변수는 &변수명 형태로 주소를 전달하지만, 배열은 배열 이름 자체가 첫 번째 원소의 시작 주소를 의미하므로 str만 전달해도 된다.

따라서 문자열을 입력받을 때는 scanf("%s", str);처럼 작성한다.

참고로 "%19s", str처럼 입력 가능한 범위를 배열 크기보다 작게 지정하면 버퍼 오버플로를 방지할 수 있어 실무에서 더 권장되는 형태이다.

F⊒ **기적**의 TIP

배열 이름과 주소

배열 이름은 첫 원소의 시작 주소처럼 사용된다. 그래서 scanf("%s", str)처럼 배열은 & 없이도 입력을 받을 수 있다. 단, %s는 공백 전까지만 입력받으므로 공백을 포함한 문자열은 fgets() 같은 다른 입력 방법을 사용한다.

17 다음 C언어 프로그램의 실행 결과를 쓰시오.

```c
#include <stdio.h>
int main(void) {
    int num = 1640;
    num = num >> 3;
    printf("%d", num);
    return 0;
}
```

[정답]

205

[해설]

시프트 연산자는 비트(bit)의 위치를 왼쪽 또는 오른쪽으로 이동시키는 연산자이다.
num >> 3은 num의 비트를 오른쪽으로 3칸 이동시키며, 양의 정수에서 오른쪽 시프트는 결과적으로 2^3(=8)으로 나눈 몫과 같다.
따라서 1640 >> 3 = 1640 / 8 = 205가 되어 205가 출력된다.

🖽 **기적**의 TIP

시프트 연산자(<<, >>)

x << n은 비트를 왼쪽으로 n칸 이동하므로 값이 x * 2^n처럼 커진다. x >> n은 비트를 오른쪽으로 n칸 이동하므로 양의 정수에서는 x / 2^n의 몫과 같다.

---

18 [보기1]은 실행 결과가 4인 C언어 프로그램이다. [보기2]의 실행 결과를 쓰시오.

```
[보기1]
#include <stdio.h>
int main(void) {
    printf("%d", sizeof(12));
    return 0;
}
```

```
[보기2]
#include <stdio.h>
int main(void){
    printf("%d\n", sizeof(12.4));
    printf("%d\n", sizeof(char));
    return 0;
}
```

[정답]
81

[해설]
sizeof는 자료형(또는 값)이 차지하는 메모리 크기를 바이트(Byte) 단위로 반환하는 연산자이다.
12.4는 실수 리터럴이며, C에서 실수 리터럴은 기본적으로 double 타입이다. 따라서 sizeof(12.4)는 sizeof(double)과 같고, 8바이트가 된다.
char 타입의 크기는 1바이트이므로 sizeof(char)는 1이다.

▶ **기적**의 TIP

sizeof()와 리터럴 타입
정수는 보통 int로 처리되고, 실수는 기본이 double이다. sizeof(값)은 "값의 자료형 크기"를 반환하므로, 리터럴의 기본 타입을 함께 기억하는 것이 중요하다.

자료형		크기
정수형	char	1바이트
	short	2바이트
	int	4바이트
	long	4바이트
	long long	8바이트
실수형	float	4바이트
	double	8바이트
	long double	8바이트 이상(컴파일러에 따라 다름)

19 다음은 특정 연산 시간을 측정하는 C언어 프로그램이다. (①)에 들어갈 알맞은 헤더를 쓰시오.

```
#include <stdio.h>
#include <( ① )>
int main(void) {
    clock_t start, finish;
    int sum = 0;
    start = clock();
    for (int i = 0; i < 6666666; i++) {
        sum++;
    }
    finish = clock();
    printf("%lf\n", (double)(finish - start) / CLOCKS_PER_SEC);
    return 0;
}
```

[정답]

time.h

[해설]

clock_t, clock(), CLOCKS_PER_SEC는 시간 측정과 관련된 표준 라이브러리 기능으로 〈time.h〉에 선언되어 있다. 따라서 해당 프로그램에서 필요한 헤더는 〈time.h〉이다.

기적의 TIP

time.h와 clock()

clock()은 프로그램이 사용한 CPU 시간을 측정할 때 사용하며 반환형은 clock_t이다.
걸린 시간을 초로 출력하려면 (finish – start) / CLOCKS_PER_SEC 형태로 변환한다.

20 다음 C언어 프로그램의 실행 결과를 쓰시오.

```c
#include <stdio.h>
#include <string.h>
int main(void) {
    char a[11] = "abcde";
    char b[] = "12345";
    strcat(a, b);
    puts(a);
    printf("%s\n", b);
    return 0;
}
```

[정답]
abcde12345
12345

[해설]
strcat 함수는 첫 번째 문자열 뒤에 두 번째 문자열을 이어 붙여 하나의 문자열로 만드는 함수이다.
strcat(a, b)가 실행되면 a의 뒤에 b가 붙어서 a는 "abcde12345"가 된다.
puts(a)는 a를 출력하고 줄바꿈을 한다.
마지막 printf("%s\n", b)는 b를 그대로 출력한다.
따라서 출력은 abcde12345 다음 줄에 12345이다.

▶ **기적의 TIP**

strcat()
strcat(dest, src)는 src 문자열을 dest 뒤에 붙여 dest에 저장한다. dest 배열에는 "붙인 결과 + 널 문자(\0)"까지 들어갈 충분한 공간이 있어야 한다.

21 다음 C언어 프로그램의 실행 결과를 쓰시오.

```c
#include <stdio.h>
#define _USE_MATH_DEFINES
#include <math.h>
int main(void) {
    int su = pow(2, ceil(M_PI));
    printf("%d", su);
    return 0;
}
```

[정답]

16

[해설]

M_PI는 math.h에 정의된 원주율 π 값이며 약 3.14159...이다. ceil() 함수는 실수를 올림하여 정수 값(실수 형태)을 만든다. 따라서 ceil(M_PI)는 4.0이 되고, pow(2, 4.0)는 2의 4제곱이므로 16이 된다.

🏁 **기적의 TIP**

ceil()과 pow()

ceil(x)는 x를 올림한 값을 반환한다.

pow(a, b)는 a의 b제곱 값을 반환하며, 반환형은 실수(double)이므로 정수에 저장할 때는 값이 정확히 정수인지 확인하는 습관이 필요하다.

---

22 다음 C언어 프로그램의 실행 결과를 쓰시오.

```c
#include <stdio.h>
#define N 100
int main(void) {
    int i = 1;
    while (i <= N) {
        if (i % 3 == 0 && i % 7 == 0) {
            printf("%d ", i);
        }
        i++;
    }
    return 0;
}
```

[정답]

21 42 63 84

[해설]

i % 3 == 0 && i % 7 == 0은 i가 3의 배수이면서 7의 배수인 경우를 의미하므로, i는 3과 7의 최소공배수인 21의 배수이다.
1부터 100까지 21의 배수는 21, 42, 63, 84이므로 이 값들이 차례대로 출력된다. 각 값 뒤에는 공백이 함께 출력된다.

▶ **기적**의 TIP

논리 AND(&&)와 공배수

&&는 두 조건이 모두 참일 때만 참이 된다. "a의 배수이면서 b의 배수"는 LCM(a, b)의 배수이므로, 최소공배수를 이용하면 출력될 값을 빠르게 예측할 수 있다.

23 다음 C언어 프로그램의 실행 결과를 쓰시오.

```c
#include <stdio.h>
int main(void) {
    char* list[7] = {"월요일", "화요일", "수요일", "목요일", "금요일", "토요일", "일요일"};
    int cmp = 1;
    for (int i = 1; i < 7; i++) {
        if (i % 3 == 0) {
            break;
        }
        cmp++;
    }
    printf("오늘은 %s", list[cmp]);
    return 0;
}
```

[정답]
오늘은 목요일

[해설]
배열 list는 0번부터 6번까지 요일 문자열이 저장되어 있다.
cmp는 1로 시작하고, for문에서 i는 1부터 6까지 증가한다.
반복을 순서대로 보면
　　i=1: 1 % 3 ≠ 0이므로 break하지 않고 cmp++ 실행 → cmp=2
　　i=2: 2 % 3 ≠ 0이므로 break하지 않고 cmp++ 실행 → cmp=3
　　i=3: 3 % 3 == 0이므로 break 실행 → 반복 종료(이때 cmp는 3)
따라서 list[3]의 "목요일"이 출력된다.

F 기적의 TIP

break
break는 반복문을 즉시 종료한다. 따라서 break가 실행되는 순간의 변수 값(여기서는 cmp=3)이 반복문 종료 후 그대로 유지되어 다음 출력에 영향을 준다.

---

24 다음 C언어 프로그램의 실행 결과를 쓰시오.

```c
#include <stdio.h>
int main(void) {
    double num = 0.01;
    double res = 0;
    int cnt = 0;
    while (cnt < 100) {
        res += num;
        cnt++;
    }
    printf(res == 1 ? "true" : "false");
    return 0;
}
```

[정답]
false

[해설]
while문은 0.01을 100번 더하므로 수학적으로는 res가 1이 되어야 한다. 하지만 double은 2진수 기반의 부동소수점으로 실수를 근사 저장하므로 0.01이 정확히 표현되지 않는다. 그 결과 0.01을 100번 더한 값이 1과 완전히 같지 않은 근삿값이 될 수 있어, res == 1 비교는 거짓이 되어 "false"가 출력된다.

🏳 기적의 TIP

부동소수점 비교
실수는 근사값으로 저장되므로 ==로 정확 비교하면 오답이 될 수 있다. 실수 비교는 보통 fabs(a−b) 〈 1e−9처럼 오차 범위를 두고 판단한다.

25 다음 C언어 프로그램의 실행 결과를 쓰시오.

```c
#include <stdio.h>
int main(void) {
    int n1 = 344;
    int n2 = 215;
    while (n1 != n2) {
        if (n1 > n2) {
            n1 -= n2;
        }
        else {
            n2 -= n1;
        }
    }
    printf("%d", n1);
    return 0;
}
```

[정답]

43

[해설]

이 프로그램은 두 수가 같아질 때까지 큰 수에서 작은 수를 반복해서 빼는 방식으로 최대공약수(GCD)를 구한다.

이는 유클리드 호제법의 "뺄셈 방식"이다.

값의 변화를 따라가면 다음과 같다.

(344, 215) → 344−215 = 129 ⇒ (129, 215)

(129, 215) → 215−129 = 86 ⇒ (129, 86)

(129, 86) → 129−86 = 43 ⇒ (43, 86)

(43, 86) → 86−43 = 43 ⇒ (43, 43)

두 값이 같아지면 while문이 종료되고, n1은 43이므로 43이 출력된다.

⧉ 기적의 TIP

유클리드 호제법(최대공약수)

두 수의 최대공약수는 "큰 수에서 작은 수를 빼기"를 반복해도 변하지 않는다. 코딩에서는 같은 원리를 a % b를 이용한 나머지 방식으로 더 빠르게 구현할 수 있다.

26 다음은 25의 양의 제곱근을 계산하는 C언어 프로그램이다. (①) 안에 들어갈 알맞은 라이브러리 함수를 쓰시오.

```c
#include <stdio.h>
#include <math.h>
int main(void) {
    double x = 25;
    printf("%g", (    ①    ));
    return 0;
}
```

[정답]

sqrt(x)

[해설]

제곱근(Square root)을 구할 때는 〈math.h〉에 포함된 sqrt() 함수를 사용한다. sqrt()함수의 결과는 double(실수)이다.
따라서 printf("%g", sqrt(x));처럼 작성하면 x의 양의 제곱근이 출력된다.
여기서 x가 25이므로 출력되는 값은 5이다.

🏁 **기적**의 TIP

math.h 라이브러리

〈math.h〉에는 sqrt()(제곱근), pow()(제곱), ceil()(올림), floor()(내림) 등 수학 관련 함수가 포함되어 있다. 함수가 정의된 헤더를 include하지 않으면 컴파일 오류 또는 경고가 발생할 수 있다.

27 다음 C언어 프로그램의 실행 결과를 쓰시오.

```
#include <stdio.h>
#include <string.h>
int main(void) {
    char *arr = "ABCDEFG";
    printf("%d", (int)strlen(arr));
    return 0;
}
```

[정답]

7

[해설]

"ABCDEFG"는 널 문자(₩0)로 끝나는 문자열 상수이며, arr은 그 문자열의 시작 주소를 가리킨다.
strlen(arr)는 문자열의 길이(널 문자를 제외한 문자 개수)를 반환하므로 "ABCDEFG"의 길이인 7을 반환한다.

F **기적**의 TIP

strlen()

strlen(s)는 문자열 끝의 \0를 만나기 전까지의 문자 개수를 센다. 그래서 "ABC"의 길이는 3이며, 널 문자 자체는 길이에 포함되지 않는다.

string.h 주요 함수	설명
strlen(str)	문자열의 길이 반환
strcpy(s1, s2)	s2 문자열을 s1에 복사
strcmp(s1, s2)	두 문자열이 같으면 0, 다르면 음수 및 양수 반환
strtok(s, delimiter)	문자열을 구분자로 분할
strcat(s1, s2)	첫 번째 문자열에 두 번째 문자열을 연결

28 다음 C언어 프로그램의 실행 결과를 쓰시오.

```
#include <stdio.h>
int main(void) {
    int a = 15;
    printf("%o", a);
    return 0;
}
```

[정답]

17

[해설]

변수 a에는 10진수 15가 저장되어 있다. printf의 서식 지정자 %o는 값을 8진수로 변환하여 출력한다.
10진수 15를 8진수로 바꾸면 $1 \times 8 + 7 = 15$이므로 8진수 표기는 17이다. 따라서 출력 결과는 17이다.

⚑ **기적의 TIP**

printf() 진수 서식 지정자

%d는 10진수, %o는 8진수, %x는 16진수로 출력한다.
같은 값이라도 서식 지정자에 따라 출력 형태가 달라진다.

---

29 다음 C언어 프로그램의 실행 결과를 쓰시오.

```c
#include <stdio.h>
void printBin(int n) {
    if (n >= 2) {
        printBin(n / 2);
    }
    printf("%d", n % 2);
}
int main(void) {
    int a = 11;
    printBin(a);
    return 0;
}
```

[정답]

1011

[해설]

printBin 함수는 입력된 정수를 2로 나누어 가며 재귀 호출한 뒤, 되돌아오면서 n % 2를 출력한다. 이 방식은 이진수 변환 과정과 동일하다.

a = 11일 때 호출 흐름은 다음과 같다.

　　printBin(11) → printBin(5) 호출 후 11 % 2 = 1

　　printBin(5) → printBin(2) 호출 후 5 % 2 = 1

　　printBin(2) → printBin(1) 호출 후 2 % 2 = 0

　　printBin(1) → 재귀 호출 없이 1 % 2 = 1 출력

되돌아오면서 출력되는 순서는 1 0 1 1이다.

⏸ 기적의 TIP

재귀로 이진수 출력

정수를 2로 나누며 재귀 호출한 뒤, 복귀하면서 n % 2를 출력하면 높은 자리부터 이진수가 출력된다.

재귀는 종료 조건이 없으면 무한 호출이 되므로, n 〉= 2처럼 멈추는 조건이 반드시 필요하다.

---

30 다음 C언어 프로그램의 실행 결과를 쓰시오.

```c
#include <stdio.h>
int main(void) {
    int map[5][5] = {
        {1, 4, 3, 4, 5},
        {2, 5, 3, 5, 6},
        {1, 3, 4, 5, 6},
        {2, 3, 8, 3, 4},
        {5, 4, 1, 2, 1}
    };
    int i = 0, j = 0;
    int res = 1;
    while (1) {
        if (i==4 && j==4) break;
        else if (i==4) j++;
        else if (j==4) i++;
        else if (map[i+1][j] > map[i][j+1]) j++;
        else i++;
        res += map[i][j];
    }
    printf("result : %d", res);
    return 0;
}
```

[정답]

result : 17

[해설]

시작 위치는 (0,0)이고 res=1에서 출발한다. while문은 (4, 4)에 도착할 때까지 진행하며, 아래쪽 값 map[i+1][j]과 오른쪽 값 map[i][j+1]을 비교해 더 작은 값을 가진 방향으로 이동한다(아래쪽이 더 크면 오른쪽으로, 그렇지 않으면 아래로 이동). 이동한 뒤 그 칸의 값을 res에 누적한다.

이 조건에 따라 이동 경로는 (0,0) → (1,0) → (2,0) → (3,0) → (3,1) → (4,1) → (4,2) → (4,3) → (4,4)이며, 누적 합은 1 + 2 + 1 + 2 + 3 + 4 + 1 + 2 + 1 = 17이 된다.

⨞ 기적의 TIP

2차원 배열 이동과 경계 처리

2차원 배열에서 오른쪽/아래로 이동할 때는 가장자리(i==마지막행, j==마지막열)에서 인덱스가 범위를 벗어나지 않도록 먼저 처리한다. 이후 비교 조건으로 다음 이동 방향을 결정하면 경로를 단계적으로 추적할 수 있다.

31 다음 C언어 프로그램의 실행 결과를 쓰시오.

```
#include <stdio.h>
int main(void) {
    char a[5] = {'1', 'B', 'C', 'D', 'E'};
    char *p;
    p = &a[2];
    printf("%c%c", *p, *(p - 2));
    return 0;
}
```

[정답]

C1

[해설]

배열 a에는 문자 '1', 'B', 'C', 'D', 'E'가 순서대로 저장된다.

p = &a[2];이므로 p는 세 번째 원소인 a[2]를 가리키며, *p는 'C'이다.

또한 p - 2는 포인터를 두 칸 앞(인덱스 기준으로 2 감소)으로 이동시키므로 a[0]을 가리킨다.

따라서 *(p - 2)는 '1'이 된다.

printf("%c%c", *p, *(p - 2));는 'C'와 '1'을 순서대로 출력하므로 결과는 C1이다.

▣ **기적의 TIP**

포인터 산술 연산

포인터에서 p+1, p-1은 주소값을 1바이트가 아니라 자료형 크기만큼 이동한다. 배열에서 포인터로 접근할 때는 p = &a[k]처럼 시작 위치를 잡고, *(p±n)으로 주변 원소를 읽을 수 있다.

32 다음 C언어 프로그램의 실행 결과를 쓰시오.

```c
#include <stdio.h>
int main(void) {
    int x = 5, y = 10, z = 20;
    int sum;
    x += y;
    y -= x;
    z %= y;
    sum = x + y + z;
    printf("%d", sum);
    return 0;
}
```

[정답]

10

[해설]

복합 대입 연산자는 x += y처럼 연산 결과를 다시 자기 자신에 저장한다.

  x += y → x = x + y → x = 5 + 10 = 15

  y -= x → y = y − x → y = 10 − 15 = −5

  z %= y → z = z % y → z = 20 % (−5) = 0

  sum = x + y + z → sum = 15 + (−5) + 0 = 10

🏳 **기적**의 TIP

복합 대입 연산자

+=, −=, *=, /=, %=는 계산과 대입을 한 번에 수행한다.

예를 들어 x += y는 x = x + y와 같은 의미이며, 순서대로 실행되므로 앞에서 바뀐 값이 뒤 연산에 그대로 영향을 준다.

---

33 다음 C언어 프로그램의 실행 결과를 쓰시오.

```c
#include <stdio.h>
#include <stdbool.h>
bool Test(int a) {
    if (a % 2 == 1)
        return true;
    return false;
}
int main(void) {
    int result = 0;
    for (int i = 0; i < 6; i++) {
        for (int j = 0; j < 6; j++) {
            int temp = 0;
            if (Test(i + j))
                temp = i;
            result += temp;
        }
    }
    printf("%d", result);
    return 0;
}
```

[정답]

45

[해설]

Test(i + j)는 (i + j)가 홀수일 때만 true를 반환한다. 안쪽 반복문에서 (i + j)가 홀수이면 temp = i가 되고, 짝수이면 temp = 0이므로 result에는 홀수일 때만 i가 누적된다.

j는 0~5까지 6개 값이며, i가 고정될 때 (i + j)가 홀수가 되는 j의 개수는 항상 3개이다.

• i가 짝수이면 j가 홀수(1, 3, 5)일 때 홀수 → 3번 i가 더해진다.
• i가 홀수이면 j가 짝수(0, 2, 4)일 때 홀수 → 3번 i가 더해진다.

따라서 각 i에 대한 누적은 3 * i이고, 전체 합은 3 * (0 + 1 + 2 + 3 + 4 + 5) = 45가 된다.

F 기적의 TIP

stdbool.h

이 헤더 파일을 포함하면 다음과 같은 키워드를 사용할 수 있게 된다.

• bool : 논리 자료형을 선언할 때 사용
• true : 정수 값 1로 정의
• false : 정수 값 0으로 정의

34 다음 C언어 프로그램의 실행 결과를 쓰시오.

```c
#include <stdio.h>
int gcd(int a, int b) {
    if (b == 0) return a;
    return gcd(b, a % b);
}
void swap(int *x, int *y) {
    int t = *x;
    *x = *y;
    *y = t;
}
int main(void) {
    int a = 5, b = 4;
    int g = gcd(15, 12);
    switch (g % 2) {
        case 1:
            swap(&a, &b);
        default:
            a += g;
            break;
    }
    printf("%d-%d", a, b);
    return 0;
}
```

[정답]

7–5

[해설]

먼저 gcd(15, 12)를 계산한다.

gcd(15, 12) → gcd(12, 15%12=3) → gcd(3, 12%3=0) → 3

따라서 g = 3이고, g % 2 = 1이므로 case 1로 들어간다.

case 1에서 swap(&a, &b)가 실행되어 a와 b가 바뀐다.

(a, b) = (5, 4) → (4, 5)

그런데 case 1에 break가 없으므로 default까지 이어서 실행된다.

default에서 a += g이므로 a = 4 + 3 = 7

마지막으로 printf("%d-%d", a, b)는 7–5를 출력한다.

🏁 **기적**의 TIP

switch의 break 누락

switch문에서 break가 없으면 다음 case(또는 default)까지 이어서 실행된다. 이 특성 때문에 함수가 한 번 더 실행되거나 값이 추가로 바뀌는 문제를 주의해야 한다.

35 다음 C언어 프로그램의 실행 결과를 쓰시오.

```c
#include <stdio.h>
#include <stdbool.h>
int fact(int i) {
    if (i <= 1)
        return 1;
    else
        return i * fact(i - 1);
}
bool test(int a) {
    return a < 150 ? true : false;
}
int main(void) {
    int cnt = 0;
    for (int i = 1; i < 10; i++) {
        if (test(fact(i)))
            cnt++;
    }
    printf("%d", cnt);
    return 0;
}
```

[정답]

5

[해설]

for문은 i=1부터 i=9까지 반복하며 fact(i)의 값이 150보다 작으면(test(fact(i)) == true) cnt를 1 증가시킨다.

팩토리얼 값을 계산하면 다음과 같다.

 fact(1) = 1 → 150보다 작다 → cnt=1

 fact(2) = 2 → 150보다 작다 → cnt=2

 fact(3) = 6 → 150보다 작다 → cnt=3

 fact(4) = 24 → 150보다 작다 → cnt=4

 fact(5) = 120 → 150보다 작다 → cnt=5

 fact(6) = 720 → 150보다 크다 → cnt 증가 없음

이후 fact(7), fact(8), fact(9)도 모두 150보다 크므로 cnt는 더 이상 증가하지 않는다.

따라서 최종 출력은 5이다.

F 기적의 TIP

팩토리얼과 재귀

팩토리얼은 n! = n × (n−1)! 형태로 정의되어 재귀로 자주 구현된다. 값이 매우 빠르게 커지므로 조건 비교 문제에서는 어느 시점부터 기준값을 넘는지(여기서는 6!부터)만 찾으면 된다.

36 다음 C언어 프로그램의 실행 결과를 쓰시오.

```c
#include<stdio.h>
#define MAX 9
int main() {
    int a = 1, b = 1, c = 0;
    printf("%d-", a);
    for (int i = 0; i < MAX; i++) {
        printf("%d", a);
        if (a == 55) break;
        c = b;
        b = a;
        a = a + c;
        if (a % 4 == 0)
            printf("\n");
        else
            printf("-");
    }
    return 0;
}
```

[정답]
1-1-2-3-5
8-13-21-34-55

[해설]
초기 출력에서 printf("%d-", a);로 1-이 먼저 출력된다.
이후 for문에서 현재 a를 출력한 뒤 a가 55이면 종료하고, 아니면 다음 피보나치 값으로 갱신한다.
반복 흐름을 따라가면 출력되는 a는 1, 2, 3, 5, 8, 13, 21, 34, 55 순서이다.
줄바꿈은 "갱신된 a"가 4의 배수일 때 실행된다.
5를 출력한 뒤 a가 8로 갱신되면서 a % 4 == 0이 되어 줄바꿈이 발생한다.
따라서 첫 줄은 1-1-2-3-5에서 끝나고, 다음 줄이 8-13-21-34-55가 된다.

▶ **기적**의 TIP

출력 시점과 종료 조건
반복문에서 값을 출력한 직후 종료 조건(if (a == 55) break;)을 검사하면, 종료 값(55)을 따로 출력하는 코드 없이도 자연스럽게 마지막에 포함시킬 수 있다.

37 다음 C언어 프로그램의 실행 결과를 쓰시오.

```c
#include <stdio.h>
int main(void) {
    int arr[4][4] = { 0, };
    for (int i = 0; i < 4; i++) {
        for (int j = 0; j < 4; j++) {
            if (i >= j)
                arr[i][j] = i - j;
            else
                arr[i][j] = j - i;
        }
    }
    for (int i = 0; i < 4; i++) {
        for (int j = 0; j < 4; j++) {
            printf("%d ", arr[i][j]);
        }
        printf("\n");
    }
    return 0;
}
```

[정답]

0 1 2 3
1 0 1 2
2 1 0 1
3 2 1 0

[해설]

두 개의 for문을 사용하여 행(i)과 열(j)을 순회한다.

i >= j로 행 번호가 열 번호보다 크거나 같을 때(대각선 포함 왼쪽 아래 영역) arr[i][j] = i - j

그 외 else로 열 번호가 더 클 때(대각선 오른쪽 위 영역) arr[i][j] = j - i이므로 결과적으로 이 로직은 |i - j| (행과 열 인덱스 차이의 절댓값)를 구하는 것과 같다.

따라서 대각선(i = j) 위치는 모두 0이 되고, 대각선에서 멀어질수록 값이 1, 2, 3으로 증가하는 형태의 4×4 배열이 출력된다.

▶ **기적**의 TIP

2차원 배열의 대각선 규칙

i와 j의 관계로 대각선 패턴을 만들 수 있다. |i - j|는 주대각선에서의 거리를 의미하므로, 대각선은 0이고 한 칸 떨어지면 1, 두 칸 떨어지면 2처럼 규칙적인 표를 만들 때 사용된다.

---

38 다음 C언어 프로그램의 실행 결과를 쓰시오.

```c
#include <stdio.h>
int main(void){
    char *p = "KOREA";
    printf("%s\n", p + 3);
    printf("%c\n", *p);
    printf("%c\n", *(p + 3));
    printf("%c\n", *p + 2);
    return 0;
}
```

[정답]

EA

K

E

M

[해설]

문자열 "KOREA"에서 p는 첫 문자 'K'의 주소를 가리킨다.

• printf("%s\n", p + 3); p+3은 포인터를 3칸 이동한 위치로, 문자열의 4번째 문자 'E'를 가리킨다. 따라서 'E'부터 끝까지인 "EA"가 출력된다.

• printf("%c\n", *p); *p는 p가 가리키는 문자이므로 첫 글자 'K'가 출력된다.

• printf("%c\n", *(p + 3)); *(p+3)은 p에서 3칸 이동한 위치의 문자이므로 'E'가 출력된다.

• printf("%c\n", *p + 2); *p는 'K'이고, 문자는 내부적으로 아스키코드 값으로 계산된다. 'K'에 2를 더하면 'M'이므로 'M'이 출력된다.

기적의 TIP

문자열 포인터 연산

p + n은 문자열에서 n번째 뒤의 문자를 가리키며, %s로 출력하면 그 위치부터 문자열 끝까지 출력된다. 또한 문자는 아스키코드 기반으로 덧셈/뺄셈이 가능해 'A' + 1 = 'B'처럼 다룰 수 있다.

39 다음 C언어 프로그램의 실행 결과를 쓰시오.

```c
#include <stdio.h>
struct Score {
    char name[12];
    int KOR;
    int ENG;
    int cur_sum;
    int total_sum;
};
int main(void) {
    struct Score students[3] = {
        {"A", 95, 88},
        {"B", 84, 91},
        {"C", 86, 75}
    };
    struct Score *ptr =students;
    (ptr + 1)->cur_sum = (ptr + 1)->KOR + (ptr + 2)->ENG;
    (ptr + 1)->total_sum = (ptr + 1)->cur_sum + ptr->KOR + ptr->ENG;
    printf("%d", (ptr + 1)->cur_sum + (ptr + 1)->total_sum);
    return 0;
}
```

[정답]

501

[해설]

ptr → students[0], ptr + 1 → students[1], ptr + 2 → students[2]로 대응된다.

(ptr + 1)−)cur_sum = (ptr + 1)−)KOR + (ptr + 2)−)ENG;

= B의 KOR(84) + C의 ENG(75) = 159

(ptr + 1)−)total_sum = (ptr + 1)−)cur_sum + ptr−)KOR + ptr−)ENG;

= 159 + A의 KOR(95) + A의 ENG(88) = 159 + 183 = 342

따라서 출력은 (ptr + 1)−)cur_sum + (ptr + 1)−)total_sum

= 159 + 342 = 501

⚑ 기적의 TIP

구조체 포인터와 −) 연산자

구조체 배열에서 ptr = students;는 ptr = &students[0];와 같다.

(ptr + n)−)멤버는 students[n].멤버와 동일하며, 포인터로 구조체 멤버에 접근할 때는 . 대신 −)를 사용한다.

40 다음 C언어 프로그램의 실행 결과를 쓰시오.

```c
#include <stdio.h>
int isUpper(char c) {
    return c >= 'A' && c <= 'Z';
}
int isLower(char c) {
    return c >= 'a' && c <= 'z';
}
int isDigit(char c) {
    return c >= '0' && c <= '9';
}
int isAllnum(char c) {
    return isLower(c) || isUpper(c) || isDigit(c);
}
int main(void) {
    char str[100] = "It is 8";
    char str2[100] = { 0 };
    int i = 0;
    while (str[i] != '\0') {
        if (isUpper(str[i])) str2[i] = (str[i] - 'A' + 5) % 26 + 'A';
        if (isLower(str[i])) str2[i] = (str[i] - 'a' + 10) % 26 + 'a';
        if (isDigit(str[i])) str2[i] = (str[i] - '0' + 3) % 10 + '0';
        if (isAllnum(str[i]) == 0) str2[i] = str[i];
        i++;
    }
    printf("%s", str2);
    return 0;
}
```

[정답]

Nd sc 1

[해설]

문자열 "It is 8"을 한 글자씩 검사하여 str2에 변환해 저장한다.

- 대문자(A~Z): +5 후 %26으로 순환
- 소문자(a~z): +10 후 %26으로 순환
- 숫자(0~9): +3 후 %10으로 순환
- 영숫자가 아니면(공백 등): 그대로 복사

각 문자 변환은 다음과 같다.

- 'I'는 대문자이므로 'I' + 5 → 'N'
- 't'는 소문자이므로 't' + 10 → 'd' (26을 넘으면 순환)
- ' '(공백)은 영숫자가 아니므로 그대로 ' '
- 'i'는 소문자이므로 'i' + 10 → 's'
- 's'는 소문자이므로 's' + 10 → 'c'
- ' '(공백)은 그대로 ' '
- '8'은 숫자이므로 8 + 3 = 11, %10 → 1 → '1'

따라서 출력되는 문자열은 Nd sc 1이다.

F **기적**의 TIP

문자(ASCII) 이동과 순환

문자는 아스키코드 값으로 계산할 수 있어 'a'를 0으로 두고 이동한 뒤 %26을 하면 알파벳이 순환된다.

숫자도 '0'을 기준으로 %10을 적용하면 0~9가 순환한다.

---

02 최신 기출문제 JAVA

01 다음 JAVA 프로그램의 실행 결과를 쓰시오.

```java
public class Main {
    public static void main(String[] args) {
        System.out.println(5 % (4 + 2) * 3);
    }
}
```

[정답]

15

[해설]

괄호가 가장 먼저 계산되므로 (4 + 2)는 6이 된다. 이후 %와 *는 같은 우선순위(곱셈/나눗셈/나머지)이므로 왼쪽부터 계산한다.

→ 5 % (4 + 2) * 3

→ 5 % 6 * 3

→ 5 * 3

따라서 출력 결과는 15이다.

▣ **기적**의 TIP

연산자 우선순위

괄호 ()가 가장 먼저 계산되고, 그 다음은 * / %가 + −보다 우선한다.

같은 우선순위의 연산자끼리는 왼쪽에서 오른쪽으로 계산된다.

02 다음 JAVA 프로그램의 실행 결과를 쓰시오.

```java
public class Main {
    public static void main(String[] args) {
        int num = 13;
        num += 1;
        num -= 2;
        num *= 3;
        num /= 4;
        num %= 5;
        System.out.printf("%d", num);
    }
}
```

[정답]
4

[해설]
초기값 num = 13에서 복합 대입 연산자가 순서대로 적용된다.
  num += 1 → 14
  num -= 2 → 12
  num *= 3 → 36
  num /= 4 → 9
  num %= 5 → 4
따라서 최종 출력은 4이다.

🏃 **기적**의 TIP

복합 대입 연산자

+=, -=, *=, /=, %=는 계산 결과를 다시 같은 변수에 저장한다.
정수형에서 /는 소수점을 버리는 것에 유의한다.

---

03 다음 JAVA 프로그램의 실행 결과를 쓰시오.

```java
public class Main {
    public static void main(String[] args) {
        System.out.println("Hello");
        System.out.printf("PA");
        System.out.print("TH");
    }
}
```

[정답]

Hello
PATH

[해설]

println은 출력 후 줄바꿈을 하므로 첫 줄에 Hello가 출력된다.
printf("PA")는 줄바꿈 없이 PA를 출력한다.
print("TH")도 줄바꿈 없이 이어서 TH를 출력한다.

🏴 **기적**의 TIP

print / println / printf

print는 줄바꿈 없이 출력하고, println은 출력 후 줄바꿈을 한다.
printf는 형식 지정 출력이며, 줄바꿈은 \n을 직접 넣어야 한다.

---

04 다음 JAVA 프로그램의 실행 결과를 쓰시오.

```java
public class Main {
    public static void main(String[] args) {
        String str = "HRDK" + 20 + 26;
        System.out.println(str);
    }
}
```

[정답]

HRDK2026

[해설]

문자열과 + 연산을 하면 숫자도 문자열로 변환되어 이어 붙는다(문자열 결합). 또한 +는 왼쪽부터 차례대로 처리된다.

"HRDK" + 20 → "HRDK20"

"HRDK20" + 26 → "HRDK2026"

따라서 HRDK2026이 출력된다.

기적의 TIP

문자열 결합과 + 연산

문자열이 한 번이라도 등장하면 이후 +는 덧셈이 아니라 "문자열 이어 붙이기"로 동작한다.

숫자 덧셈을 먼저 하려면 (20 + 26)처럼 괄호로 묶어야 한다.

---

05 다음 JAVA 프로그램의 실행 결과를 쓰시오.

```java
public class Main {
    public static void main(String[] args) {
        int[] num = {10, 502, 12, 666, 11};
        int sum = 0;
        for (int i = 1; i < 5; i++)
            sum += num[i];
        System.out.println(sum);
    }
}
```

[정답]

1191

[해설]

배열 num의 인덱스 1부터 4까지 값을 더한다.

num[1] = 502

num[2] = 12

num[3] = 666

num[4] = 11

따라서 sum = 502 + 12 + 666 + 11 = 1191이 된다.

기적의 TIP

배열 인덱스 범위

C, JAVA, Python, JavaScript의 배열 인덱스는 0부터 시작하여 n−1까지이다.

06 다음 JAVA 프로그램의 실행 결과를 쓰시오.

```java
public class Main {
    public static void main(String[] args) {
        char str = 'B';
        switch (str) {
            case 'A':
                System.out.println("1번");
                break;
            case 'B':
                System.out.println("2번");
                break;
            default:
                System.out.println("누락");
        }
    }
}
```

[정답]

2번

[해설]

switch(str)에서 str 값은 'B'이므로 case 'B'가 실행되어 "2번"이 출력된다.
해당 case에는 break가 있으므로 switch문을 빠져나가며, default는 실행되지 않는다.

🏁 **기적**의 TIP

switch와 break

switch문에서 break가 없으면 다음 case로 이어서 실행되는 fall-through가 발생한다.
원하는 case만 실행하려면 각 case 끝에 break를 넣는 것이 기본이다.

---

07 다음 JAVA 프로그램의 실행 결과를 쓰시오.

```java
public class Main {
    public static void main(String[] args) {
        int[] num = {3, 9, 1, 8, 5};
        int sum = 0;
        for (int i : num)
            sum = sum * i;
        System.out.println(sum);
    }
}
```

[정답]

0

[해설]

for (int i : num)은 배열 num의 모든 원소(3, 9, 1, 8, 5)를 순서대로 i에 담아 반복한다.
그런데 sum의 초기값이 0이므로 첫 반복에서 sum = 0 * 32 = 0이 되고, 이후에도 계속 0에 어떤 값을 곱해도 0이 유지된다.
따라서 최종 출력은 0이다.

⊡ 기적의 TIP

곱셈 누적의 초기값

곱을 누적할 때는 초기값을 0이 아니라 1로 두어야 한다.
초기값이 0이면 어떤 수를 곱해도 결과가 0이 되어 누적 계산이 의미가 없어질 수 있다.

---

08 다음 JAVA 프로그램의 실행 결과를 쓰시오.

```
public class Main {
    public static void main(String[] args) {
        System.out.println(4 << 1);
        System.out.println(4 << 2);
    }
}
```

[정답]
8
16

[해설]
왼쪽 시프트 연산자 <<는 비트를 왼쪽으로 이동시키며, 정수 값은 2^n만큼 곱해진 것과 같은 효과가 있다.
  4 << 1은 4에 2^1을 곱한 값이므로 8
  4 << 2는 4에 2^2을 곱한 값이므로 16
따라서 8과 16이 출력된다.

▶ **기적**의 TIP

시프트 연산자(<<, >>)
x << n은 x * 2^n과 같고, x >> n은 x / 2^n의 몫과 같다(양수 기준).
빠른 2의 거듭제곱 계산에 자주 사용된다.

---

09 다음 JAVA 프로그램의 실행 결과를 쓰시오.

```java
public class Main {
    public static void main(String[] args) {
        StringBuffer sb = new StringBuffer();
        sb.append("KOREA");
        sb.insert(3, "HRD");
        System.out.println(sb);
    }
}
```

[정답]

KORHRDEA

[해설]

StringBuffer는 문자열을 변경 가능한 형태로 다루는 클래스이다.

sb.append("KOREA") 실행 후 sb는 "KOREA"가 된다.

sb.insert(3, "HRD")는 인덱스 3 위치에 "HRD"를 삽입한다.

"KOREA"에서 인덱스는 K(0) O(1) R(2) E(3) A(4)이므로, E 앞에 "HRD"가 들어가 "KOR" + "HRD" + "EA"가 된다.

따라서 출력은 KORHRDEA이다.

기적의 TIP

StringBuffer의 insert

insert(index, 문자열)은 지정한 인덱스 위치(0부터 시작)에 문자열을 끼워 넣는다.

인덱스는 "몇 번째 문자 앞에 넣는가"로 생각하면 빠르게 판단할 수 있다.

10 다음은 짝수의 합을 구하는 JAVA 프로그램이다. (①)에 들어갈 알맞은 연산식을 쓰시오.

```java
public class Main {
    public static void main(String[] args) {
        int sum = 0;
        for (int i = 0; i < 10; i++) {
            if (i % 2 == 0) {
                (    ①    )
            }
        }
        System.out.println("짝수의 합 = " + sum);
    }
}
```

[정답]

sum += i;

(또는 sum = sum + i;)

[해설]

조건문 if (i % 2 == 0)에서 i가 짝수일 때만 실행되므로, 짝수 값을 sum에 누적하면 된다.

따라서 sum = sum + i와 같은 의미인 sum += i;를 작성하면 0부터 9까지의 짝수(0, 2, 4, 6, 8)가 sum에 더해져 짝수의 합이 계산된다.

🏁 **기적**의 TIP

누적 합 패턴

반복문에서 특정 조건을 만족하는 값만 더하려면 if(조건) sum += 값; 형태를 사용한다.

+=는 누적 합을 만들 때 가장 자주 쓰는 복합 대입 연산자이다.

---

11 다음 JAVA 프로그램의 실행 결과를 쓰시오.

```java
public class Main {
    public static void main(String[] args) {
        System.out.printf("%d", (int)Math.sqrt(16) + (int)Math.log10(100));
    }
}
```

[정답]

6

[해설]

Math.sqrt(16)은 16의 제곱근을 구하므로 결과는 4.0이고, (int)로 형변환하면 4가 된다.
Math.log10(100)은 밑이 10인 로그이므로 log10(100) = 2.0이고, (int)로 형변환하면 2가 된다.
따라서 4 + 2 = 6이 출력된다.

▶ **기적의 TIP**

Math 함수와 형변환

Math.sqrt, Math.log10 같은 Math 함수의 반환형은 double이다.
(int)로 형변환하면 소수점 이하는 버려지고 정수 부분만 남는다.

---

12 다음 JAVA 프로그램의 실행 결과를 쓰시오.

```java
public class Main {
    public static void main(String[] args) {
        int k = 0;
        int temp;
        for (int i = 1; i <= 3; i++) {
            temp = k;
            k++;
            System.out.print(temp + "번");
        }
    }
}
```

[정답]

0번1번2번

[해설]

for문은 i=1부터 i=3까지 총 3번 반복한다.

각 반복에서 temp = k;로 현재 k 값을 temp에 저장한 뒤 k++로 k를 1 증가시키고, temp를 출력한다.

　1회차: k=0 → temp=0 출력, k=1

　2회차: k=1 → temp=1 출력, k=2

　3회차: k=2 → temp=2 출력, k=3

따라서 연속으로 "0번1번2번"이 출력된다.

---

⑫ 기적의 TIP

증가 전 값 출력 패턴

temp = k; k++;처럼 "대입 후 증가" 구조는 현재 값을 먼저 사용(출력/저장)한 뒤 다음 반복을 위해 1 증가시키는 패턴이다.

13 다음 JAVA 프로그램의 실행 결과를 쓰시오.

```java
public class Main {
    public static void main(String[] args) {
        String str = "ulsan";
        int n = str.length();
        char[] arr = new char[n];
        n--;
        for (int k = n; k >= 0; k--)
            arr[n - k] = str.charAt(k);
        for (char k : arr)
            System.out.printf("%c", k);
    }
}
```

[정답]

naslu

[해설]

문자열 str의 길이는 5이므로 arr은 크기 5의 문자 배열로 생성된다. 이후 n--로 n은 4가 된다.

str.charAt(i)는 문자열 str에서 i번째(0부터 시작) 문자 1개를 char로 가져오는 메서드이다.

첫 번째 for문은 k를 4부터 0까지 감소시키며, str.charAt(k)를 arr[n−k] 위치에 저장한다. 즉, 문자열을 뒤에서부터 읽어 배열의 앞쪽부터 채우므로 문자열이 뒤집혀 저장된다.

문자별 대입은 다음과 같다. (str = u l s a n, 인덱스 0∼4)

  k=4 → arr[4−4=0] = str[4] = n
  k=3 → arr[1] = a
  k=2 → arr[2] = s
  k=1 → arr[3] = l
  k=0 → arr[4] = u

따라서 arr에는 n a s l u가 저장되고, 두 번째 for문이 이를 순서대로 출력하므로 naslu가 출력된다.

⨡ 기적의 TIP

배열 인덱스 매칭

arr[n−k] = str.charAt(k)처럼 한쪽은 증가(n−k가 0→n), 다른 쪽은 감소(k가 n→0)하도록 만들면 "뒤집기"가 된다. 문자열 길이가 L이면 마지막 인덱스는 L−1임을 항상 함께 확인한다.

14 다음 JAVA 프로그램의 실행 결과를 쓰시오.

```java
public class Main {
    public static void main(String[] args) {
        System.out.println((int)34.5);
    }
}
```

[정답]

34

[해설]

(int)34.5는 실수(double) 값을 정수(int)로 강제 형변환(casting)한 것이다.

Java에서 실수를 int로 변환하면 소수점 이하는 버리고(절삭) 정수 부분만 남는다. 따라서 34.5는 34가 되어 출력된다.

기적의 TIP

강제 형변환(캐스팅)

(int)로 실수를 정수로 바꾸면 반올림이 아니라 소수점 아래를 버린다.

예를 들어 (int)9.9는 9, (int)-3.7은 -3이 된다.

---

15 다음 JAVA 프로그램의 실행 결과를 쓰시오.

```java
public class Main {
    public static void main(String[] args) {
        char num = 0x06;
        System.out.printf("%04X", num << 2);
    }
}
```

[정답]

0018

[해설]

num은 16진수 0x06이므로 값은 6이다.

num << 2는 6을 왼쪽으로 2비트 시프트하므로 6 × 2^2 = 24가 된다. 24를 16진수로 표현하면 0x18이다.

%04X는 16진수(대문자)로 출력하되, 전체 자릿수를 4자리로 맞추고 부족한 자리는 0으로 채운다.

따라서 0018이 출력된다.

⊡ **기적**의 TIP

시프트와 16진수 출력 서식

x << n은 정수 값을 2^n만큼 곱한 것과 같다.

printf("%0kX", 값) 형태는 16진수로 출력하면서 k자리로 0 채움(패딩)을 적용한다.

16 다음 JAVA 프로그램의 실행 결과를 쓰시오.

```java
public class Main {
    public static void main(String[] args) {
        int[] num = {2, 4, 7, 8, 1};
        int[] numb = new int[8];

        for (int i = 0; i < num.length; i++)
            numb[i] = num[i];
        for (int i = 0; i < numb.length; i++)
            System.out.printf("%d", numb[i]);
    }
}
```

[정답]

24781000

[해설]

배열 numb는 길이가 8인 int 배열이며, 생성 시 모든 원소는 기본값 0으로 초기화된다.
첫 번째 for문에서 num의 5개 값을 numb[0]~numb[4]에 복사한다.

  numb[0..4] = 2, 4, 7, 8, 1
  numb[5..7] = 초기값 0, 0, 0
두 번째 for문은 numb의 모든 원소를 순서대로 출력하므로 24781 뒤에 000이 붙어 24781000이 출력된다.

▣ **기적의** TIP

배열의 기본 초기값

Java에서 new int[8]처럼 배열을 생성하면 int 배열의 모든 원소는 자동으로 0으로 초기화된다. 따라서 일부만 복사하면 남은 칸은 0이 출력된다.

17 외부에서 클래스 변수에 직접 접근할 수 없도록 설정하는 JAVA의 제어자를 보기에서 골라 쓰시오.

```
public static void main (String[] args) {
    (      ) int i= 1;
}
```

[보기]

| public | private | default | protected | volatile |

[정답]

private

[해설]

접근 제어자(access modifier)는 변수(필드), 메서드, 생성자 등에 붙여 외부 접근 범위를 제한한다.
이 중 private는 같은 클래스 내부에서만 접근 가능하므로, 외부에서 클래스 변수(필드)에 직접 접근하지 못하게 만들 때 사용한다.

기적의 TIP

접근 제어자

public(모두 허용) → protected(패키지+상속) → default(같은 패키지) → private(같은 클래스) 순으로 접근 범위가 좁아진다.
캡슐화(정보 은닉)를 위해 필드는 보통 private로 선언한다.

---

18 다음 JAVA 프로그램의 실행 결과를 쓰시오.

```java
public class Main {
    public static void main(String[] args) {
        String s1 = "HelloWorld!";
        String s2 = s1.substring(5);
        System.out.print(s2.toUpperCase());
    }
}
```

[정답]
WORLD!

[해설]
substring(5)는 문자열의 지정한 인덱스 5부터 끝까지를 잘라낸다.
"HelloWorld!"의 인덱스는 H(0) e(1) l(2) l(3) o(4) W(5) ...이므로, s2는 'World!'가 된다.
toUpperCase()는 영문자를 모두 대문자로 변환하므로 'World!' → 'WORLD!'가 되어 출력된다.

⚑ **기적의 TIP**

대소문자 변환
toUpperCase()는 문자열의 영문자를 모두 대문자로, toLowerCase()는 모두 소문자로 바꾼다.
원본 문자열은 변경되지 않고, 변환된 새 문자열이 반환된다.

19 다음 JAVA 프로그램의 실행 결과를 쓰시오.

```java
public class Main {
    public static void main(String[] args) {
        Main ot = new Main();
        ot.cat();
        ot.cat("4");
    }
    public void cat() {
        System.out.print("1234");
    }
    public void cat(int c) {
        System.out.print(++c);
    }
    public void cat(String c) {
        System.out.print("문자");
    }
}
```

[정답]

1234문자

[해설]

이 코드는 메서드 오버로딩(overloading)으로 cat()이 매개변수 형태에 따라 다르게 호출된다.

ot.cat();는 매개변수가 없는 cat()이 호출되어 1234를 출력한다.

ot.cat("4");는 문자열(String)을 전달했으므로 cat(String c)가 호출되어 문자를 출력한다.

따라서 줄바꿈 없이 1234문자가 이어서 출력된다.

F 기적의 TIP

메서드 오버로딩

같은 이름의 메서드라도 매개변수의 개수나 타입이 다르면 여러 개를 정의할 수 있다.

호출 시에는 전달한 인자의 타입에 가장 잘 맞는 메서드가 선택된다.

---

20 다음 JAVA 프로그램의 실행 결과를 쓰시오.

```java
import java.math.BigInteger;
public class Main {
    public static void main(String[] args) {
        BigInteger n = new BigInteger("12345");
        BigInteger m = new BigInteger("54321");
        System.out.print(n.compareTo(m));
    }
}
```

[정답]

−1

[해설]

BigInteger는 int나 long으로 표현하기 어려운 아주 큰 정수를 다루기 위한 클래스이다. 기본형처럼 +, −, * 연산자를 사용할 수 없고, add(), subtract(), multiply() 같은 메서드로 연산한다. 또한 크기 비교는 〈, 〉 대신 compareTo()를 사용한다.

이 코드에서 n = 12345, m = 543210이므로 n이 m보다 작다.

compareTo()는 비교 결과를 다음처럼 반환한다.

  n 〈 m → 음수

  n == m → 0

  n 〉 m → 양수

따라서 n.compareTo(m)는 음수 값인 −1이 출력된다.

기적의 TIP

compareTo 반환값 의미

compareTo는 "작다/같다/크다"를 각각 음수/0/양수로 알려준다. 정확히 −1, 0, 1로만 나오는 것은 아니지만, BigInteger 비교에서는 일반적으로 −1/0/1 형태로 이해해도 된다.

21 다음 JAVA 프로그램의 실행 결과를 쓰시오.

```java
public class Main {
    public static void main(String[] args) {
        int result = -5 >> 31;
        System.out.println(result);
    }
}
```

[정답]

−1

[해설]

Java의 >>는 산술 오른쪽 시프트(arithmetic shift)로, 부호 비트(최상위 비트)를 유지하면서 오른쪽으로 이동한다.

int는 32개의 비트로 이루어져 있다. 음수인 −5는 2의 보수 표현에서 맨 왼쪽의 부호 비트가 1이다.

- −5의 비트 표현(2의 보수) : 11111111 11111111 11111111 11111011 (32비트)

  >> 연산자는 오른쪽으로 밀려나가는 비트는 버리고, 왼쪽에서 새로 생겨나는 빈칸을 '원래 부호 비트'로 채운다. 이것을 산술 시프트(Arithmetic Shift)라고 부른다.

  −5 >> 31은 부호 비트를 31칸 오른쪽으로 밀면서 빈 자리를 부호 비트 1로 채우므로, 결과는 모든 비트가 1인 값이 된다.

- 시프트 후 결과 : 11111111 11111111 11111111 11111111 (모든 비트가 1)

  2의 보수 체계에서 모든 비트가 1인 정수 값은 −1을 의미한다.

F 기적의 TIP

2의 보수와 −1

2의 보수에서 어떤 수의 음수는 "비트를 반전(∼)하고 1을 더한 값"이다.

예를 들어 1을 음수로 만들면

1 : 000...0001 → 반전하면 111...1110 → +1하면 111...1111

즉, −1은 모든 비트가 1인 값으로 표현된다.

---

22 다음 JAVA 프로그램의 실행 결과를 쓰시오.

```java
public class Main {
    public static void main(String[] args) {
        String str = "ABc De F !";
        StringBuilder modifiedStr = new StringBuilder();
        for (int i = 0; i < str.length(); i++) {
            if (str.charAt(i) != ' ') {
                modifiedStr.append(str.charAt(i));
            }
        }
        System.out.println(modifiedStr.toString());
    }
}
```

[정답]

ABcDeF!

[해설]

문자열 str을 처음부터 끝까지 한 글자씩 확인하면서, 공백 문자 ' '가 아닌 경우에만 modifiedStr에 추가한다.
따라서 "ABc De F !"에서 공백을 제거하면 "ABcDeF!"만 남고, 이것이 출력된다.

▷ **기적**의 TIP

StringBuilder로 문자열 누적

문자열을 반복문에서 계속 이어 붙일 때 StringBuilder를 사용하면 효율적이다.
append()로 문자를 누적한 뒤 toString()으로 최종 문자열을 얻는다.

---

23 다음 JAVA 프로그램의 실행 결과를 쓰시오.

```java
public class Main {
    public static void main(String[] args) {
        String str = "HElloWorLd!";
        String str1 = "helLowORld!";

        if (str.equals(str1)) {
            System.out.println(str.toLowerCase());
        } else if (str.equalsIgnoreCase(str1)) {
            System.out.println(str1.toLowerCase());
        } else {
            System.out.println(str1);
        }
    }
}
```

[정답]

helloworld!

[해설]

str.equals(str1)은 대소문자까지 완전히 같아야 참인데, 두 문자열은 대소문자가 다르므로 거짓이다.

str.equalsIgnoreCase(str1)은 대소문자를 무시하고 비교하므로, 내용이 같아 참이 된다.

따라서 두 번째 조건문이 실행되어 str1.toLowerCase()가 출력된다.

"helLowORld!"를 모두 소문자로 바꾸어 "helloworld!"가 최종 출력된다.

🅵 **기적의 TIP**

equals vs equalsIgnoreCase

equals()는 대소문자를 구분하여 비교하고, equalsIgnoreCase()는 대소문자를 무시하고 비교한다.

문자열 비교에서 ==는 주소 비교이므로 문자열 내용 비교에는 equals()를 사용한다.

---

24 다음 JAVA 프로그램의 실행 결과를 쓰시오.

```java
public class Main {
    public static void main(String[] args) {
        String str1 = "Hello@?!World/-";
        String regex = "[^a-zA-Z0-9]";
        String result = str1.replaceAll(regex, "*");
        System.out.println(result);
    }
}
```

[정답]

Hello***World**

[해설]

replaceAll(regex, "*")는 정규식 regex에 일치하는 모든 문자를 "*"로 바꾼다.

정규식 [^a-zA-Z0-9]는 대괄호 안의 ^ 때문에 영문자(a~z, A~Z)와 숫자(0~9)가 아닌 문자 1개를 의미한다.

문자열 "Hello@?!World/-"에서 Hello와 World는 영문자이므로 그대로 유지된다.

@, ?, !는 각각 "*"로 바뀌어 ***가 된다.

/-도 각각 "*"로 바뀌어 **가 된다.

따라서 출력은 Hello***World**이다.

▷ **기적**의 TIP

정규식 대괄호와 ^ 의미

[...]는 문자 1개를 의미하는 문자 집합이고, [^ ...]는 "해당 집합에 속하지 않는 문자 1개"를 뜻한다. 그래서 [^a-zA-Z0-9]는 영문자/숫자가 아닌 모든 문자를 찾는다.

---

25 다음 JAVA 프로그램의 실행 결과를 쓰시오.

```java
public class Main {
    public static void main(String[] args) throws Exception {
        switch ((int)(Math.signum(-100))) {
            case -1:
                System.out.print("P");
                break;
            case 0:
                System.out.print("A");
                break;
            case 1:
                System.out.print("T");
                break;
            default:
                System.out.print("H");
        }
    }
}
```

[정답]
P

[해설]
Math.signum(x)는 x의 부호를 판단해 다음 값을 반환한다.

　x < 0이면 -1.0
　x = 0이면 0.0
　x > 0이면 1.0

여기서 Math.signum(-100)은 음수이므로 -1.0을 반환하고, (int)로 형변환하면 -1이 된다.
따라서 case -1:이 실행되어 "P"가 출력된다.

▶ **기적의 TIP**

signum 함수

signum은 "부호(sign) + 값(value)"의 의미로, 입력값이 음수/0/양수인지에 따라 -1, 0, 1을 반환한다.
부호 판별이 필요한 조건문이나 switch문에서 간단히 활용할 수 있다.

---

26 다음 JAVA 프로그램에서 (①)에 들어갈 알맞은 명령어를 보기에서 골라 쓰시오

```java
interface MyInterface {
    void myMethod();
}
class MyPath (    ①    ) MyInterface {
    @Override
    public void myMethod() {
        System.out.println("myPath의 myMethod가 호출되었습니다.");
    }
}
public class Main {
    public static void main(String[] args) {
        MyPath myObject = new MyPath();
        myObject.myMethod();
    }
}
```

[보기]

implements	extends	public
abstract	interface	private

[정답]

implements

[해설]

MyInterface는 인터페이스이므로, 클래스가 이 인터페이스를 구현하려면 implements를 사용한다.

즉, class MyPath implements MyInterface 형태로 작성하며, 인터페이스에 선언된 myMethod()를 반드시 오버라이딩하여 구현해야 한다.

⊞ **기적의** TIP

extends와 implements

클래스가 클래스를 상속할 때는 extends, 클래스가 인터페이스를 구현할 때는 implements를 사용한다. 또한 인터페이스는 여러 개를 implements로 동시에 구현할 수 있다.

extends = 상속(재사용/확장)	• 클래스가 클래스 1개만 상속: class A extends B • 부모의 코드(구현) + 필드(상태)를 물려받아 확장
implements = 인터페이스 구현(규약 이행)	• 클래스가 인터페이스 여러 개 구현 가능: class A implements X, Y • 메서드 규약을 반드시 구현(못 하면 클래스는 abstract) • 인터페이스 필드는 항상 상수(public static final) • 인터페이스끼리는 implements가 아니라 extends: interface B extends A

27 다음 JAVA 프로그램의 실행 결과를 쓰시오.

```java
public class Main {
    public static void main(String[] args) {
        int cnt = 0;
        int arr[] = new int[5];
        int temp[] = new int[5];
        for (int i = 0; i < 10; i++) {
            try {
                double s = Math.pow(i, 2);
                if (s % 10 >= 5) {
                    arr[cnt] = i;
                    cnt++;
                }
            } catch (ArrayIndexOutOfBoundsException e) {
                temp[cnt] = i;
                cnt++;
            }
        }
        System.out.print(cnt);
    }
}
```

[정답]

5

[해설]

i를 0부터 9까지 증가시키며 s = i^2를 계산하고, s % 10 >= 5이면 arr[cnt] = i를 수행한 뒤 cnt를 증가시킨다. 배열 arr의 크기는 5이므로 cnt가 5 이상인 상태에서 arr[cnt]에 접근하면 ArrayIndexOutOfBoundsException이 발생하여 catch로 이동한다.

각 i에 대해 i^2 % 10을 확인한다.

i=0 → 0%10=0 (조건 X)	i=5 → 25%10=5 (O) → arr[2]=5, cnt=3
i=1 → 1 (X)	i=6 → 36%10=6 (O) → arr[3]=6, cnt=4
i=2 → 4 (X)	i=7 → 49%10=9 (O) → arr[4]=7, cnt=5
i=3 → 9 (O) → arr[0]=3, cnt=1	i=8 → 64%10=4 (X)
i=4 → 16%10=6 (O) → arr[1]=4, cnt=2	i=9 → 81%10=1 (X)

조건을 만족한 i는 3, 4, 5, 6, 7 총 5개이며, 이때까지는 arr[0]~arr[4]까지만 접근하므로 예외가 발생하지 않는다.

따라서 최종 cnt는 5이다.

⚐ 기적의 TIP

배열 인덱스 예외와 try-catch

배열 크기가 n이면 유효 인덱스는 0 ~ n-1이다. 이를 넘어 접근하면 ArrayIndexOutOfBoundsException이 발생한다.

단, 예외는 "조건이 참이라 실제로 대입을 시도할 때"만 발생하며, 조건이 거짓이면 배열 접근 자체가 일어나지 않는다.

28 다음 JAVA 프로그램의 실행 결과를 쓰시오.

```java
public class Main {
    public static void main(String[] args) {
        String t1 = "4-1a2";
        String t2 = "5-523";
        int res = 0;
        for (int i = 0; i < 5; i++) {
            try {
                res += Character.getNumericValue(
                        t2.charAt(Character.getNumericValue(t1.charAt(i)))
                );
            } catch (Exception e) {
                res -= 1;
            } finally {
                res += 1;
            }
        }
        System.out.printf("%d", res);
    }
}
```

[정답]

10

[해설]

t1의 각 문자에 대해 Character.getNumericValue()로 숫자값을 얻어 그 값을 t2의 인덱스로 사용한다.

t1 = "4-1a2"
 	
'4' → 4
 	
'-' → -1 (숫자 문자가 아니면 보통 -1)
 	
'1' → 1
 	
'a' → 10
 	
'2' → 2
	t2 = "5-523" (인덱스 0~4)
	반복에서 finally는 항상 실행되어 매번 res += 1이 추가
	• i=0: 인덱스 4 → t2[4]='3' → numericValue=3
	  res = 0 + 3, finally +1 → res=4
	• i=1: 인덱스 -1 → charAt(-1) 예외 발생
	  catch -1, finally +1 → 변화 없음 → res=4
	• i=2: 인덱스 1 → t2[1]='-' → numericValue=-1
	  res = 4 + (-1), finally +1 → res=4
	• i=3: 인덱스 10 → charAt(10) 예외 발생
	  catch -1, finally +1 → 변화 없음 → res=4
	• i=4: 인덱스 2 → t2[2]='5' → numericValue=5
	  res = 4 + 5, finally +1 → res=10

따라서 최종 출력은 10이다.

기적의 TIP

try-catch-finally 동작

finally 블록은 예외 발생 여부와 관계없이 항상 실행된다. 그래서 예외가 발생해 catch로 들어가더라도, 그 뒤에 finally가 실행되어 추가 연산이 반영된다.

---

29 다음 JAVA 프로그램의 실행 결과를 쓰시오.

```java
public class Main {
    static class T1 {
        int a = 5;
    }
    static class T2 extends T1 {
        int a = 55;
        void function(int i) {
            System.out.print(super.a);
        }
        void function() {
            System.out.print(super.a + a);
        }
        <T> void function(T i) {
            System.out.print(a);
        }
    }
    public static void main(String[] args) {
        T2 t = new T2();
        t.function(1);
        t.function();
        t.function(1.0);
    }
}
```

[정답]

56055

[해설]

이 코드는 상속과 오버로딩(매개변수 형태에 따라 다른 메서드 선택)을 함께 묻는다.

T2는 T1을 상속하며, T1.a = 5, T2.a = 55로 같은 이름의 멤버 변수 a가 숨겨진다.

호출 순서는 다음과 같다.

1. t.function(1);

   인자 1은 int이므로 function(int i)가 가장 정확히 매칭된다.

   System.out.print(super.a); → 부모(T1)의 a = 5 출력

2. t.function();

   매개변수 없는 function() 호출

   super.a + a → 5 + 55 = 60 출력

3. t.function(1.0);

   인자 1.0은 double이고, function(double)은 없다.

   이때 function(int)로는 자동 변환(다운캐스팅)이 불가능하므로, 남는 후보는 제네릭 메서드 〈T〉 void function(T i)이다.

   System.out.print(a); → 현재 클래스(T2)의 a = 55 출력

따라서 최종 출력은 56055이다.

🅵 기적의 TIP

super와 오버로딩 선택

super.변수는 부모 클래스의 멤버 변수를 가리킨다(자식에서 같은 이름 변수를 선언하면 숨김 발생). 메서드 오버로딩은 "인자 타입이 가장 정확히 맞는 메서드"가 우선 선택되며, 정확히 맞는 것이 없으면 변환 가능 여부를 따진 뒤, 그 외에는 제네릭 같은 더 넓은 형태가 선택될 수 있다.

30 다음 JAVA 프로그램의 실행 결과를 쓰시오.

```java
public class Main {
    public static void main(String[] args) {
        String[] lst = {"A100", "H100", "32f", "100", "250", "103"};
        int sum = 0;

        for (String t : lst) {
            try {
                int n = Integer.parseInt(t);
                sum += n;
            } catch (Exception e) {
                int n = Integer.parseInt(t.replaceAll("[^0-9]", ""));
                sum -= n;
            }
        }
        System.out.println(sum);
    }
}
```

[정답]
221

[해설]
배열의 각 문자열에 Integer.parseInt()로 정수 변환을 시도한다.
• 숫자로만 이루어진 문자열이면 변환 성공 → sum += n
• 숫자 외 문자가 섞여 변환 실패하면 예외 발생 → 숫자가 아닌 문자를 제거한 뒤 정수로 변환하여 sum -= n
각 원소 처리 과정은 다음과 같다.
  "A100": 변환 실패 → 숫자만 남기면 "100" → sum -= 100 → -100
  "H100": 변환 실패 → "100" → sum -= 100 → -200
  "32f": 변환 실패 → "32" → sum -= 32 → -232
  "100": 변환 성공 → sum += 100 → -132
  "250": 변환 성공 → sum += 250 → 118
  "103": 변환 성공 → sum += 103 → 221
따라서 최종 출력은 221이다.

▣ **기적**의 TIP

parseInt 예외와 숫자 추출
Integer.parseInt()는 문자열이 순수한 정수 형태가 아니면 예외가 발생한다.
정규식 [^0-9]는 "숫자가 아닌 문자"를 의미하므로, replaceAll("[^0-9]", " ")로 숫자만 남길 수 있다.

31 다음 JAVA 프로그램의 실행 결과를 쓰시오.

```java
public class Main {
    static class A {
        private int a;
        public A(int a) {
            this.a = a;
        }
        public void display() {
            System.out.println("a=" + a);
        }
    }
    static class B extends A {
        public B(int a) {
            super(a);
            super.display();
        }
    }
    public static void main(String[] args) {
        B obj = new B(10);
    }
}
```

[정답]

a=10

[해설]

new B(10)이 실행되면 B의 생성자가 호출된다.

B 생성자에서 super(a)를 통해 부모 클래스 A의 생성자 A(int a)가 먼저 실행되어, A의 멤버 변수 a에 10이 저장된다.

그 다음 super.display()가 실행되어 A 클래스의 display()가 호출되고, "a=" + a가 출력된다.

따라서 출력 결과는 a=10이다.

🏳 **기적**의 TIP

super()와 생성자 호출 순서

자식 클래스의 생성자는 항상 부모 생성자를 먼저 호출한다. super(값)은 부모 생성자를 직접 지정하는 방식이며, 부모에서 초기화한 값은 부모 메서드(super.display())로 출력할 수 있다.

32 다음 JAVA 프로그램의 실행 결과를 쓰시오.

```java
public class Main {
    static class Parent {
        public int compute(int num) {
            if (num <= 1) return num;
            return compute(num - 1) + compute(num - 2);
        }
    }
    static class Child extends Parent {
        @Override
        public int compute(int num) {
            if (num <= 1) return num;
            return compute(num - 1) + compute(num - 3);
        }
    }
    public static void main(String[] args) {
        Parent obj = new Child();
        System.out.print(obj.compute(4));
    }
}
```

[정답]

1

[해설]

Parent obj = new Child();로 생성했으므로, 실제 실행되는 compute()는 오버라이딩된 Child의 compute()이다. (동적 바인딩)

obj.compute(4)를 계산하면,

compute(4) = compute(3) + compute(1)

compute(3) = compute(2) + compute(0)

compute(2) = compute(1) + compute(−1)

기저 조건 num <= 1에 의해

compute(1) = 1

compute(0) = 0

compute(−1) = −1 (조건 num <= 1이므로 그대로 −1 반환)

따라서

compute(2) = 1 + (−1) = 0

compute(3) = 0 + 0 = 0

compute(4) = 0 + 1 = 1

여기서 주의할 점은 Child의 재귀 호출도 모두 Child의 compute()로 이어진다는 것이다.

B 기적의 TIP

오버라이딩과 동적 바인딩

참조 변수 타입이 Parent여도, 실제 객체가 Child이면 오버라이딩된 메서드(Child의 compute)가 호출된다. 재귀 호출 안의 compute()도 현재 클래스(Child)의 메서드를 계속 호출한다.

---

33 다음 JAVA 프로그램의 실행 결과를 쓰시오.

```java
public class Main {
    public static void main(String[] args) {
        int a = 3, b = 4, c = 3, d = 5;
        if ((a == 2 | a == c) & !(c > d) & (1 == b ^ c != d)) {
            a = b + c;
            if (7 == b ^ c != a) {
                System.out.println(a);
            } else {
                System.out.println(b);
            }
        } else {
            a = c + d;
            if (7 == c ^ d != a) {
                System.out.println(a);
            } else {
                System.out.println(d);
            }
        }
    }
}
```

[정답]

7

[해설]

조건식에서 |, &, ^는 boolean에서도 사용 가능한 비트(논리) 연산자이며, ==, != 같은 비교식이 먼저 계산된 뒤 |, &, ^가 적용된다.

- 바깥 if 조건 계산(a == 2 | a == c)

a == 2 → 3==2 → false a == c → 3==3 → true	false | true → true

- !(c 〉 d)

c 〉 d → 3〉5 → false	!false → true

- (1 == b ^ c != d)는 비교가 먼저

(1 == b) → 1==4 → false (c != d) → 3!=5 → true	false ^ true → true

따라서 최종 출력은 10이다.

따라서 전체는 true & true & true → true이므로 if 블록을 실행한다.

- if 블록 내부 a = b + c = 4 + 3 = 7
- if (7 == b ^ c != a)도 비교가 먼저

(7 == b) → 7==4 → false (c != a) → 3!=7 → true	false ^ true → true

조건이 참이므로 System.out.println(a);를 실행하여 7을 출력한다.

₣ 기적의 TIP

| & ^와 || && 차이

|, &는 단락 평가(short-circuit)를 하지 않아 조건이 앞에서 결정돼도 뒤까지 모두 평가한다.

반면 ||, &&는 결과가 확정되면 뒤 조건을 평가하지 않는다. 또한 ==, != 같은 비교 연산이 ^, &, |보다 우선 계산되므로 x == y ^ z != w는 보통 (x == y) ^ (z != w)로 해석된다.

34 다음 JAVA 프로그램의 실행 결과를 쓰시오.

```java
class A {
    int a;
    int b;
}
public class Main {
    static void func1(A m) {
        m.a *= 10;
    }
    static void func2(A m) {
        m.a += m.b;
    }
    public static void main(String[] args) {
        A m = new A();
        m.a = 100;
        func1(m);
        m.b = m.a;
        func2(m);
        System.out.printf("%d", m.a);
    }
}
```

[정답]

2000

[해설]

객체 m은 참조형이므로, func1(m), func2(m)에서 매개변수로 전달된 m은 같은 객체를 가리킨다.

즉 함수 안에서 m.a를 바꾸면 main의 m.a에도 그대로 반영된다.

실행 흐름을 따라가면 다음과 같다.

m.a = 100

func1(m) 실행: m.a * = 10 → m.a = 1000

m.b = m.a → m.b = 1000

func2(m) 실행: m.a + = m.b → m.a = 1000 + 1000 = 2000

따라서 m.a는 2000이 되어 2000이 출력된다.

F 기적의 TIP

참조형 매개변수와 객체 변경

Java에서 객체를 함수에 전달하면 참조값이 복사되어 전달된다. 참조값은 복사되지만 가리키는 객체는 같기 때문에, 함수 내부에서 m.a처럼 필드를 변경하면 호출한 쪽의 객체 상태도 함께 바뀐다.

---

35 다음 JAVA 프로그램의 실행 결과를 쓰시오.

```java
public class Main {
    static class Master {
        public void paint() {
            draw();
        }
        public void draw() {
            System.out.println("Super");
        }
    }
    static class Sub extends Master {
        @Override
        public void draw() {
            System.out.println("Sub");
            super.draw();
        }
    }
    public static void main(String[] args) {
        Master a = new Sub();
        a.paint();
    }
}
```

[정답]

Sub
Super

[해설]

Master a = new Sub();이므로 실제 객체는 Sub이며, a.paint()를 호출하면 paint() 내부에서 draw()가 실행된다.
이때 draw()는 오버라이딩되어 있으므로 Sub의 draw()가 호출된다. (동적 바인딩)
Sub의 draw()가 먼저 "Sub"를 출력한다.
이어서 super.draw()를 호출하므로 부모(Master)의 draw()가 실행되어 "Super"를 출력한다.

F 기적의 TIP

오버라이딩 + super 호출
부모 타입으로 참조하더라도 실제 객체가 자식이면 오버라이딩된 메서드가 실행된다.
자식 메서드에서 super.메서드()를 호출하면 부모의 원래 동작을 이어서 실행할 수 있다.

---

03 최신 기출문제 Python

01 다음 Python 프로그램의 실행 결과를 쓰시오.

```python
a, b = 100, 200
print(a == b)
```

[정답]
False

[해설]
a, b = 100, 200은 여러 값을 한 번에 대입하는 다중 할당(튜플 언패킹)이다.
괄호를 생략해도 내부적으로 (100, 200)처럼 처리되어 a에는 100, b에는 200이 저장된다.
이후 a == b는 두 값이 같은지 비교하는데, 100과 200은 서로 다르므로 결과는 False가 되어 출력된다.

📌 **기적의** TIP

튜플 언패킹(다중 할당)

a, b = x, y 형태는 값을 동시에 대입하는 문법이다.
오른쪽 값의 개수와 왼쪽 변수 개수는 같아야 하며, a, b = b, a처럼 두 변수의 값 교환에도 자주 사용된다.

02 다음 Python 프로그램의 실행 결과를 쓰시오.

```python
def exam(num1, num2 = 2):
    print('a =', num1, 'b =', num2)
exam(20)
```

[정답]

a = 20 b = 2

[해설]

함수 exam()은 num2=2처럼 기본값이 지정된 매개변수(기본 매개변수, default parameter)를 가진다.

exam(20)처럼 인자를 하나만 전달하면 20은 num1에 대입되고, num2는 전달되지 않았으므로 기본값 2가 사용된다.

따라서 a= 20 b= 2가 출력된다.

⨎ 기적의 TIP

기본 매개변수

def f(x, y=값)처럼 기본값이 있으면 호출 시 y를 생략할 수 있다.

단, 기본값이 없는 매개변수는 먼저 배치해야 하며(def f(x, y=2)는 가능, def f(x=2, y)는 불가), 함수 호출 시 exam(20, 5)처럼 값을 주면 기본값 대신 전달한 값이 사용된다.

---

03 다음 Python 프로그램의 실행 결과를 쓰시오.

```
a = "REMEMBER NOVEMBER"
b = a[:3] + a[12:16]
c = "R AND %s" % "STR"
print(b + c)
```

[정답]
REMEMBER AND STR

[해설]
문자열 a = "REMEMBER NOVEMBER"의 인덱스는 다음과 같다(0부터 시작).

 REMEMBER : 0 ~ 7
 공백 : 8
 NOVEMBER : 9 ~ 16

따라서

 a[:3] → 0 ~ 2 → "REM"
 a[12:16] → 12 ~ 15 → "EMBE" (끝 인덱스 16은 포함하지 않음)

정리하면

 b = "REM" + "EMBE" = "REMEMBE"
 c = "R AND %s" % "STR" = "R AND STR"
 b + c = "REMEMBER AND STR"

⚑ **기적**의 TIP

슬라이싱의 끝 인덱스

문자열[start:end]에서 end는 포함되지 않는다. 원하는 구간이 한 글자씩 어긋나면 인덱스를 직접 적어 보고 end 값을 조정하는 습관이 중요하다.

---

04 다음 Python 프로그램의 실행 결과를 쓰시오.

```python
a = {'일본', '중국', '미국'}
a.add('베트남')
a.add('중국')
a.remove('일본')
a.update(['인도', '미국', '태국'])
print(a)
```

[정답]
{'미국', '베트남', '인도', '중국', '태국'}
(단, 출력 순서는 달라질 수 있음)

[해설]
a는 set(집합) 자료형이므로 중복을 허용하지 않고, 순서를 보장하지 않는다.
　초기: {'일본', '중국', '미국'}
　add('베트남') → 베트남 추가
　add('중국') → 중국은 이미 있으므로 변화 없음(중복 제거)
　remove('일본') → 일본 삭제
　update(['인도', '미국', '태국']) → 인도, 태국 추가(미국은 이미 있으므로 변화 없음)
따라서 최종적으로 포함되는 요소는 {'미국', '베트남', '인도', '중국', '태국'}의 5개이며, 출력 시 순서는 달라질 수 있다.

F **기적**의 TIP

set의 중복과 순서

set은 집합이며 중복을 허용하지 않는 것에 유의한다. 즉 같은 값을 여러 번 add()하거나 update()해도 한 번만 저장된다. 또한 출력 순서도 고정되지 않는다.

05 다음 Python 프로그램의 실행 결과를 쓰시오.

```python
class path:
    li = ["seoul", "gyeonggi", "incheon", "daejeon", "daegu", "busan"]
p = path()
str01 = ''
for i in p.li:
    str01 = str01 + i[0]
print(str01)
```

[정답]

sgiddb

[해설]

클래스 path의 클래스 변수 li에 저장된 문자열들을 인스턴스 p에서 p.li로 접근하여 순서대로 반복한다.
각 문자열 i에 대해 i[0]은 첫 글자를 의미하므로, 첫 글자만 이어 붙여 str01을 만든다.

"seoul"[0] → s
"gyeonggi"[0] → g
"incheon"[0] → i
"daejeon"[0] → d
"daegu"[0] → d
"busan"[0] → b

따라서 최종 출력은 sgiddb이다.

F 기적의 TIP

클래스 변수와 인스턴스 변수

클래스 변수는 클래스에 소속되어 모든 인스턴스가 공유한다. 인스턴스에서 p.li로 접근할 때, 인스턴스에 li가 없으면 클래스의 li
를 찾아 사용한다. (필요하면 path.li처럼 클래스 이름으로도 직접 접근할 수 있다.)

---

06 다음 Python 프로그램의 실행 결과를 쓰시오.

```python
a = 100
result = 0
for i in range(1, 3):
    result = a >> i
    result = result + 1
print(result)
```

[정답]

26

[해설]

range(1, 3)은 1부터 3 미만까지이므로 i = 1, 2 두 번 반복한다.

반복문 안에서 result는 매번 a >> i 값으로 새로 대입되므로, 이전 반복에서의 result 값이 다음 반복 계산에 이어지지 않는다.

- i = 1

  a >> 1은 100을 오른쪽으로 1비트 이동한 값으로 100 // 2 = 50과 같다.

  result = 50 + 1 = 51

- i = 2

  a >> 2는 100을 오른쪽으로 2비트 이동한 값으로 100 // 4 = 25와 같다.

  result = 25 + 1 = 26

F 기적의 TIP

오른쪽 시프트(>>)

양의 정수에서 x >> n은 2의 n제곱으로 나눈 몫(x // 2**n)과 같은 효과를 가진다.

07 다음 Python 프로그램의 실행 결과를 쓰시오.

```
TestList = [1, 2, 3, 4, 5]
TestList = list(map(lambda num: num + 100, TestList))
print(TestList)
```

[정답]

[101, 102, 103, 104, 105]

[해설]

map(함수, 반복가능객체)는 반복 가능한 자료의 각 요소에 함수를 적용한 결과를 만들어 준다.

여기서는 lambda num: num + 100을 사용해 TestList의 각 요소에 100을 더한다.

map()의 결과는 map 객체이므로 list(...)로 변환하여 리스트 형태로 저장하고 출력한다.

따라서 [101, 102, 103, 104, 105]가 출력된다.

🏳 **기적**의 TIP

map과 lambda

map()은 각 요소에 같은 처리를 적용할 때 유용하다.

lambda는 이름 없는 간단한 함수를 한 줄로 만들 때 사용하며, 리스트 컴프리헨션 [x+100 for x in TestList]으로도 같은 결과를 만들 수 있다.

---

08 다음 Python 프로그램의 실행 결과를 쓰시오.

```python
lol = [[1, 2, 3], [4, 5], [6, 7, 8, 9]]
print(lol[0])
print(lol[2][1])
for sub in lol:
    for item in sub:
        print(item, end = '')
    print()
```

[정답]

[1, 2, 3]

7123

45

6789

[해설]

lol은 리스트 안에 리스트가 들어 있는 2차원 리스트이다.

print(lol[0])은 첫 번째 하위 리스트를 출력하므로 [1, 2, 3]이 출력된다.

print(lol[2][1])은 세 번째 하위 리스트 [6, 7, 8, 9]에서 두 번째 원소를 의미하므로 7이 출력된다.

이후 이중 반복문에서 바깥 반복문 for sub in lol:은 하위 리스트를 하나씩 꺼낸다.

안쪽 반복문 for item in sub:은 해당 하위 리스트의 원소를 순서대로 출력한다.

print(item, end='')로 출력하므로 같은 줄에 붙어서 출력되고, 하위 리스트 하나를 다 출력하면 print()로 줄바꿈한다.

따라서 각 하위 리스트의 원소가 한 줄씩 123, 45, 6789 형태로 출력된다.

F 기적의 TIP

2차원 리스트 인덱싱과 end 옵션

lol[i][j]는 i번째 리스트의 j번째 원소를 의미한다.

print(..., end='')는 줄바꿈 대신 지정한 문자열을 붙여 출력하므로, 숫자들이 한 줄에 이어서 출력된다.

---

09 다음 Python 프로그램의 실행 결과를 쓰시오.

```python
a = "engineer information processing"
b = a[:3]
c = a[4:6]
d = a[28:]
e = b + c + d
print(e)
```

[정답]

engneing

[해설]

파이썬 슬라이싱은 문자열[start:end] 형태이며, start는 포함, end는 포함하지 않는다.

문자열 a = "engineer information processing"에서 주요 인덱스는 다음과 같다.

 0:e, 1:n, 2:g, 3:i, 4:n, 5:e, ... 28:i, 29:n, 30:g

따라서,

 b = a[:3] → 인덱스 0~2 → "eng"

 c = a[4:6] → 인덱스 4~5 → "ne"

 d = a[28:] → 인덱스 28부터 끝까지 → "ing"

결과적으로 e = "eng" + "ne" + "ing" → "engneing"이 출력된다.

기적의 TIP

슬라이싱 end는 미포함

s[start:end]에서 end는 포함되지 않는다.

끝에서 한 글자씩 어긋나면, 보통 end 값을 1 크게(또는 작게) 조정하면 해결된다.

---

10 다음 Python 프로그램에서 (①)에 들어갈 알맞은 메서드를 쓰시오.

```
num1, num2 = input().(  ①  )
num3 = int(num1) + int(num2)
print(num1 + " + " + num2 + " = " + str(num3))
```

[입력]
2 3
[출력 결과]
2 + 3 = 5

[정답]
split()

[해설]
input()은 한 줄을 문자열로 입력받는다. 입력이 2 3처럼 공백으로 구분되어 있으므로, split()을 사용하면 공백 기준으로 문자열을 나눌 수 있다.
따라서 num1, num2 = input().split()에서 num1 = "2", num2 = "3"이 된다. input()은 입력받은 데이터를 문자열로 처리하므로 int()로 정수 변환하여 더하면 5가 된다.
만약 int() 변환을 하지 않았다면 글자를 이어 붙여서 23이 출력된다.

P **기적**의 TIP

split()의 기본 구분자

split()은 괄호 안에 값을 주지 않으면 공백(스페이스, 탭 등)을 기준으로 문자열을 분리한다.
여러 값을 한 줄로 입력받을 때 가장 자주 쓰는 메서드이다.

11 다음 Python 프로그램의 실행 결과를 쓰시오.

```python
text = "ABCDEFGH"
reversed_text = text[::-1]
result = reversed_text[1::2]
print(result)
```

[정답]

GECA

[해설]

reversed_text = text[::-1]은 슬라이싱의 step을 -1로 지정해 문자열을 뒤집으므로 "HGFEDCBA"가 된다.

reversed_text[1::2]는 인덱스 1부터 끝까지 2칸씩 건너뛰며 문자를 가져온다.

"HGFEDCBA"에서

인덱스 1 → G

인덱스 3 → E

인덱스 5 → C

인덱스 7 → A

따라서 GECA가 출력된다.

⊨ **기적**의 TIP

슬라이싱 step 활용

문자열[start : end : step]에서 step을 2로 주면 한 칸씩 건너뛰고, -1을 주면 문자열을 역순으로 만든다.

[::-1]은 문자열 뒤집기의 대표 표현이다.

---

12 다음 Python 프로그램의 실행 결과를 쓰시오.

```python
a = ["Seoul", "Gyeonggi", "Incheon", "Daejeon", "Daegu", "Busan"]
str01 = "S"
for i in a:
    str01 = str01 + i[1]
print(str01)
```

[정답]

Seynaau

[해설]

리스트 a의 각 문자열 i에 대해 i[1]은 두 번째 문자를 의미한다(인덱스는 0부터 시작).

str01은 초기값 "S"에서 시작하여, 반복문을 돌며 두 번째 문자를 하나씩 이어 붙인다.

"Seoul"[1] → e

"Gyeonggi"[1] → y

"Incheon"[1] → n

"Daejeon"[1] → a

"Daegu"[1] → a

"Busan"[1] → u

따라서 str01 = "S" + "e" + "y" + "n" + "a" + "a" + "u"가 되어 최종 출력은 Seynaau이다.

F 기적의 TIP

문자열 인덱싱과 누적

파이썬에서 문자열은 인덱스로 문자 1개를 꺼낼 수 있으며, s[0]은 첫 글자, s[1]은 두 번째 글자이다.

반복문에서 str01 = str01 + i[1]처럼 작성하면 매 반복마다 문자가 뒤에 붙어 문자열이 누적된다.

단, 문자열은 변경 불가능(immutable)이므로 +로 연결하면 문자열을 새로 만들게 되고 이 반복이 많아지면 복사량이 커져 느려질 수 있다. 이런 경우 "".join()을 사용하면 더 효율적이다.

---

13 다음 Python 프로그램의 실행 결과를 쓰시오.

```python
def cnt(str, p):
    result = 0
    for i in range(len(str)):
        sub = str[i: i + len(p)]
        if sub == p:
            result += 1
    return result
str = "abcbabcabca"
p1 = "ab"
p2 = "ca"
print(f'ab{cnt(str, p1)}' + f'ca{cnt(str, p2)}')
```

[정답]

ab3ca2

[해설]

함수 cnt(str, p)는 문자열에서 길이가 len(p)인 부분 문자열을 한 칸씩 이동하며 잘라 비교해서, 패턴 p가 몇 번 등장하는지 센다.

문자열 str = "abcbabcabca"에서

• p1 = "ab" 등장 횟수

　인덱스 0~1: "ab" (1회)

　인덱스 4~5: "ab" (2회)

　인덱스 7~8: "ab" (3회)

　따라서 cnt(str, "ab") = 3

• p2 = "ca" 등장 횟수

　인덱스 6~7: "ca" (1회)

　인덱스 9~10: "ca" (2회)

　따라서 cnt(str, "ca") = 2

출력은

　f'ab{3}' → "ab3"

　f'ca{2}' → "ca2"를 이어 붙인 "ab3ca2"이다.

F **기적의** TIP

슬라이싱으로 부분 문자열 비교

str[i:i+k]는 i부터 길이 k만큼의 부분 문자열을 만든다.

이 방식은 패턴 매칭을 직접 구현할 때 자주 쓰이며, range(len(str) − len(p) + 1)처럼 범위를 줄이면 마지막에 불필요한 비교를 줄일 수 있다.

14 다음 Python 프로그램의 실행 결과를 쓰시오.

```python
def func(lst):
    for i in range(len(lst) // 2):
        lst[i], lst[-i-1] = lst[-i-1], lst[i]
lst = [1, 2, 3, 4, 5, 6]
func(lst)
print(sum(lst[::2]) - sum(lst[1::2]))
```

[정답]

3

[해설]

func(lst)는 리스트의 앞과 뒤 원소를 서로 교환하며 리스트를 뒤집는(역순으로 만드는) 함수이다.

lst의 길이는 6이고 len(lst) // 2 = 3이 되어 반복문은 0, 1, 2 진행한다.

   i = 0일 때 lst[0]과 lst[−1]이 교환되어 → [6,2,3,4,5,1]

   i = 1일 때 lst[1]과 lst[−2]이 교환되어 → [6,5,3,4,2,1]

   i = 2일 때 lst[2]과 lst[−3]이 교환되어 → [6,5,4,3,2,1]

이제 슬라이싱으로 홀짝 위치 합을 계산한다. (인덱스는 0부터)

   lst[::2] → 인덱스 0,2,4 → [6, 4, 2] 합 = 12

   lst[1::2] → 인덱스 1,3,5 → [5, 3, 1] 합 = 9

따라서 12 − 9 = 3이 출력된다.

F 기적의 TIP

슬라이싱 start:stop:step

lst[::2]는 0번 인덱스부터 2칸씩 건너뛰며 가져오므로 "짝수 인덱스 원소들", lst[1::2]는 1번 인덱스부터 2칸씩 가져오므로 "홀수 인덱스 원소들"을 의미한다.

이런 방식으로 교차 합, 짝/홀 위치 합을 쉽게 구할 수 있다.

15 다음 Python 프로그램의 실행 결과를 쓰시오.

```python
def func(value):
    if type(value) == type(100):
        return 100
    elif type(value) == type(""):
        return len(value)
    else:
        return 20
a = '100.0'
b = 100.0
c = (100, 200)
print(func(a) + func(b) + func(c))
```

[정답]

45

[해설]

func()는 전달된 값의 타입에 따라 다른 값을 반환한다.
· type(100)은 int 타입이다.
· type("")는 str 타입이다.
각 변수에 대해 확인하면,
  a = '100.0'는 문자열(str)이므로 len('100.0') = 5 → func(a) = 5
  b = 100.0는 실수(float)이므로 int도 str도 아니어서 else로 이동 → func(b) = 20
  c = (100, 200)는 튜플(tuple)이므로 int도 str도 아니어서 else로 이동 → func(c) = 20
따라서 합은 5 + 20 + 20 = 45가 되어 출력된다.

▶ 기적의 TIP

type으로 자료형 구분하기

type(value)는 값의 자료형을 알려준다. 이 문제는 int이면 100을, str이면 문자열 길이를, 그 외(float, tuple 등)는 20을 반환한다. 즉 100(정수)과 100.0(실수)는 겉보기는 비슷해도 자료형이 달라 다른 분기로 처리된다.

최신 기출문제 SQL

01 다음 학생 릴레이션의 차수(Degree)와 카디널리티(Cardinality) 개수를 쓰시오.

순번	성명	학과	점수	총점
1	지후	컴퓨터공학	92	A
2	지윤	시각디자인	80	D
3	우주	정보통신	84	C
4	우빈	경영정보	87	B

[정답]
차수(Degree) : 5개
카디널리티(Cardinality) : 4개

[해설]

1. 속성(Attribute)

2. 튜플(Tuple)

속성은 릴레이션을 구성하는 열(Column)을 의미하고 이 개수를 차수라 한다. 위 릴레이션의 속성은 순번, 성명, 학과, 점수, 총점으로 총 5개이다.
튜플은 릴레이션을 구성하는 행(Row)을 의미하고 이 개수를 카디널리티라 한다. 위 릴레이션의 튜플은 학생 데이터가 들어 있는 행 1~4번까지 총 4개이다.

기적의 TIP

차수와 카디널리티 구분
차수(Degree)는 열의 개수, 카디널리티(Cardinality)는 행의 개수이다.
표를 보면 위쪽 제목 줄(열)이 몇 개인지, 실제 데이터 줄(행)이 몇 개인지를 세면 된다.

---

02 pdr 테이블에서 가격이 100보다 크고, 종류가 'Electronics'이며, 빈도수가 10보다 큰 데이터를 검색하는 SQL 코드에 대하여, (①) 안에 공통으로 들어갈 알맞은 논리 연산자를 쓰시오.

```
SELECT * FROM pdr
WHERE 가격 > 100
(  ①  ) 종류 = 'Electronics'
(  ①  ) 빈도수 > 10
```

[정답]
AND

[해설]
세 조건을 모두 만족하는 행만 조회해야 하므로 조건을 연결할 때 AND를 사용한다.

⚑ **기적**의 TIP

WHERE 절의 AND / OR
AND는 모든 조건이 참일 때만 참이 되고, OR는 조건 중 하나라도 참이면 참이 된다. 여러 조건을 함께 쓸 때는 필요에 따라 괄호 ()로 우선순위를 명확히 하면 실수를 줄일 수 있다.

---

03 회사 테이블에서 나이가 20살부터 25살까지의 모든 사원의 정보를 조회하는 SQL 코드에 대하여 (①) 안에 들어갈 알맞은 키워드를 쓰시오.

```
SELECT *
FROM 회사
WHERE 나이 (    ①    )  20 AND 25;
```

[정답]

BETWEEN

[해설]

BETWEEN A AND B는 값이 A 이상 B 이하 범위에 포함되는지를 검사할 때 사용한다.

따라서 나이가 20 ~ 25인 사원을 조회하려면 BETWEEN 20 AND 25로 작성한다.

▣ 기적의 TIP

BETWEEN의 포함 범위

BETWEEN은 양 끝값을 포함한다. 즉 BETWEEN 20 AND 25는 20 <= 나이 <= 25와 같은 의미이다.

반대로 25를 포함하지 않게 하려면 나이 >= 20 AND 나이 < 25처럼 조건을 직접 작성해야 한다.

---

04 학생 테이블에서 지역이 서울이면서 전공이 경영인 학생의 이름과 나이를 조회하는 SQL 코드에 대하여 (①) 안에 들어갈 알맞은 조건식을 쓰시오.

학생

학번	이름	나이	전공	지역
2110001	홍길동	18	컴퓨터	인천
2110002	김나비	20	디자인	경기
2010001	이진수	20	경영	서울
1910001	최수훈	31	컴퓨터	부산
1810001	박수한	18	디자인	광주

[출력 결과]

이름	나이
이진수	20

```
SELECT 이름, 나이 FROM 학생 WHERE (      ①      )
```

[정답]
지역 = '서울' AND 전공 = '경영'

[해설]
WHERE 절은 조회 조건을 지정하는 부분이다. "지역이 서울이면서 전공이 경영"처럼 두 조건을 동시에 만족해야 하므로 AND로 조건을 연결한다.

▐▜ **기적**의 TIP

AND와 OR
AND는 모든 조건을 만족해야 선택되고, OR는 조건 중 하나만 만족해도 선택된다.

---

05 학생 테이블에서 2학년 학생들의 성명, 사진, 학년으로 구성된 뷰를 출석부라는 이름으로 생성하는 SQL 코드에 대하여 (①) 안에 들어갈 알맞은 키워드를 쓰시오.

```
CREATE VIEW 출석부
(     ①     ) 성명, 사진, 학년
FROM 학생
WHERE 학년 = 2;
```

[정답]

AS SELECT

[해설]

뷰(View)는 하나 이상의 테이블에서 조회한 결과를 가상의 테이블처럼 이름을 붙여 저장해 두는 객체이다.
뷰를 생성할 때는 CREATE VIEW 뷰이름 AS SELECT ... 형태로 작성하며, AS SELECT 뒤에 뷰에 포함할 컬럼과 조회 조건을
작성한다.

⎍ 기적의 TIP

뷰 생성 기본 형태

CREATE VIEW 뷰이름 AS SELECT ... 형태로 만든다. 뷰는 "조회 결과를 저장해 둔 이름표"처럼 동작하므로, 자주 쓰는 조회
문을 간단히 재사용할 때 유용하다.

---

06 학생 테이블에서 수학이 70점 이상인 학생이 5명 이상인 반을 조회하는 SQL 코드에 대하여 (①) 안에 들어갈
알맞은 키워드를 쓰시오.

```
SELECT 반, COUNT(*)
FROM 학생
WHERE 과목 = '수학' AND 점수 >= 70
GROUP BY 반
(   ①   ) COUNT(*) >= 5;
```

[정답]

HAVING

[해설]

WHERE는 그룹화(GROUP BY) 이전의 개별 행(튜플)에 조건을 걸 때 사용한다.

반면 COUNT(*)처럼 집계 함수 결과에 조건을 걸려면, 그룹화 이후에 조건을 적용해야 하므로 HAVING을 사용한다.

⚑ 기적의 TIP

WHERE vs HAVING

WHERE : 그룹화 전에 행을 필터링한다. (개별 행 조건)

HAVING : 그룹화 후 집계 결과를 필터링한다. (COUNT, SUM, AVG 등 조건)

---

07 보기를 참고하여 SELECT문의 실행 순서를 쓰시오.

FROM → (①   ) → (②   ) → (③   ) → SELECT → ORDER BY

[보기]
GROUP BY   WHERE   HAVING

[정답]
① WHERE
② GROUP BY
③ HAVING

[해설]
SELECT문은 문법 순서와 실제 실행 순서가 다르다.
- 문법 순서
  SELECT → FROM → WHERE → GROUP BY → HAVING → ORDER BY
- 실행 순서
  FROM → WHERE → GROUP BY → HAVING → SELECT → ORDER BY
즉, 테이블을 먼저 가져오고(FROM), 행을 조건으로 걸러낸 뒤(WHERE), 그룹화하고(GROUP BY), 그룹 조건을 적용한 다음
(HAVING), 마지막에 SELECT로 출력할 컬럼을 결정하고(SELECT), 정렬한다(ORDER BY).

F 기적의 TIP

WHERE와 HAVING의 위치
WHERE는 그룹화 이전(행 단위) 조건이고, HAVING은 그룹화 이후(집계 결과) 조건이다. 그래서 실행 순서는 WHERE가
GROUP BY보다 먼저 온다.

08 테이블 회원, 대여, DVD에 대한 SQL 쿼리 수행 결과를 테이블로 작성하시오.

회원

회원번호	성명	전화번호
S2	마함식	222–2222
S3	이국종	333–3333
S5	조원희	555–5555
S4	박찬호	444–4444
S1	이국종	111–1111

대여

회원번호	DVD번호
S1	D3
S2	D4
S3	D5
S3	D3
S4	D3

DVD

DVD번호	영화
D1	쉬리
D2	타이타닉
D3	넘버3
D4	택시
D5	비천무

```
SELECT 회원.성명, 회원.전화번호
FROM 회원, 대여
WHERE 회원.회원번호 = 대여.회원번호 AND 대여.DVD번호 = "D3";
```

[정답]

성명	전화번호
이국종	111–1111
이국종	333–3333
박찬호	444–4444

(순서는 바뀔 수 있음)

[해설]

이 SQL은 회원 테이블과 대여 테이블을 회원번호로 조인한 뒤, 대여.DVD번호가 D3인 행만 골라 회원의 성명과 전화번호를 출력한다.

- 대여 테이블에서 DVD번호가 D3인 데이터 : S1, S3, S4

회원 테이블에서 해당 회원번호의 성명과 전화번호를 찾으면 다음과 같다.

S1 → 이국종, 111–1111

S3 → 이국종, 333–3333

S4 → 박찬호, 444–4444

따라서 위 3건이 결과로 출력된다.

기적의 TIP

출력 순서와 ORDER BY

SELECT 결과는 ORDER BY를 지정하지 않으면 출력 순서가 정해져 있지 않다.

DBMS나 실행 계획에 따라 같은 쿼리라도 행 순서가 달라질 수 있으므로, 항상 같은 순서를 원하면 ORDER BY 컬럼 조건을 함께 작성해야 한다.

09 학생(student), 점수(score) 테이블을 학생 번호(no) 컬럼을 기준으로 결합하여 학생 번호, 학생 이름(s_name), 점수(score)를 조회하는 SQL 코드에 대하여 (①) 안에 들어갈 알맞은 키워드를 쓰시오.

```
SELECT student.no, student.s_name, score.score
FROM student, score
(    ①    ) student.no = score.no;
```

[정답]

WHERE

[해설]

FROM student, score처럼 테이블을 쉼표로 나열한 방식은 구형 조인 문법이다. 이 방식에서는 두 테이블을 연결하는 조건(조인 조건)을 WHERE절에 작성한다.

따라서 student.no = score.no를 WHERE절에 넣어 학생 번호가 같은 데이터끼리 결합되도록 한다.

▶ **기적**의 TIP

구형 조인 vs 표준 조인

쉼표 조인(구형 문법)에서는 조인 조건을 WHERE에 작성한다. 반면 표준 조인 문법에서는 FROM A JOIN B ON ...처럼 ON에 조인 조건을 작성한다.

• 구형 조인 : FROM A, B WHERE A.key = B.key
• 표준 조인 : FROM A JOIN B ON A.key = B.key

10 emp 테이블에는 id(사번), name(이름), dept(부서) 컬럼이 있다. 성이 정씨인 사람의 정보를 찾는 SQL 코드에 대하여 (①) 안에 들어갈 알맞은 키워드를 쓰시오.

```
SELECT *
FROM emp
WHERE name (    ①    ) '정%';
```

[정답]

LIKE

[해설]

LIKE는 문자열 패턴을 이용해 조건을 검색할 때 사용한다.
'정%'에서 %는 뒤에 어떤 문자열이 와도 되는 와일드카드이다.
따라서 name LIKE '정%'로 작성하면 정씨 성을 가진 모든 사람을 찾을 수 있다.

🏴 **기적**의 TIP

LIKE 와일드카드

%는 0개 이상의 문자열, _는 정확히 1글자를 의미한다.
따라서 '정%'는 정씨 전체, '정_'는 정 + 한 글자(이름이 1글자)만 찾는다.

---

11 데이터베이스에서 기본 키를 설정하는 SQL 쿼리에 대하여 (①) 안에 들어갈 알맞은 키워드를 쓰시오.

```
CREATE TABLE Users (
    user_id VARCHAR(10) NOT NULL (    ①    ),
    user_name VARCHAR(20) NOT NULL
);
```

[정답]
PRIMARY KEY

[해설]
기본 키(Primary Key)는 테이블에서 각 행을 유일하게 식별하는 컬럼이다. 컬럼 정의 뒤에 PRIMARY KEY를 작성하면 해당 컬럼이 기본 키로 지정된다.

▶ **기적**의 TIP

PRIMARY KEY
기본 키는 중복될 수 없고(NULL도 불가), 한 테이블에 하나만 지정한다.
여러 컬럼을 묶은 복합 기본 키는 PRIMARY KEY (col1, col2)처럼 테이블 수준 제약으로 지정한다.

12 테이블의 모든 레코드를 지우는 SQL 쿼리에 대하여 (①) 안에 들어갈 알맞은 명령어를 쓰시오.

(①   ) FROM Users;

[정답]
DELETE

[해설]
DELETE는 테이블(또는 뷰)에서 행을 삭제하는 DML 명령어이며, WHERE 조건이 없으면 모든 행이 삭제된다.
따라서 DELETE FROM Users;는 Users 테이블의 전체 레코드를 삭제한다.
TRUNCATE는 TRUNCATE TABLE Users; 형태로 사용할 수 있다.

기적의 TIP

DELETE와 TRUNCATE
DELETE : DML, 조건 삭제 가능(WHERE), 트랜잭션 제어(COMMIT/ROLLBACK) 대상이다.
TRUNCATE : DDL, 전체 행 삭제만 가능, 보통 더 빠르며 실행 시 자동 COMMIT이 발생하는 DBMS가 많다.

---

13 테이블 student에 대한 SQL 쿼리 수행 결과를 테이블로 작성하시오.

student

id	name	grade	major
21055	홍길동	3	컴퓨터
24032	김나비	2	디자인
23077	이진수	2	건축
25003	성시경	1	컴퓨터
22032	김용원	4	디자인

```
CREATE VIEW 컴퓨터학과 AS SELECT name FROM student WHERE major = '컴퓨터';
SELECT * FROM 컴퓨터학과;
```

[정답]

name
홍길동
성시경

[해설]
첫 SQL 쿼리는 student 테이블에서 전공(major)이 컴퓨터인 행만 골라 name 컬럼만 보이도록 하는 뷰(가상 테이블) 컴퓨터학과를 생성한다.
student 테이블에서 major가 컴퓨터인 학생은 홍길동(컴퓨터), 성시경(컴퓨터) 2명이므로, SELECT * FROM 컴퓨터학과; 결과는 위와 같이 name만 2행 출력된다.

기적의 TIP

VIEW
뷰(View)는 실제 데이터를 따로 저장하는 것이 아니라, SELECT문에 이름을 붙여 저장해 둔 논리 테이블이다.
그래서 SELECT * FROM 뷰이름;을 실행하면 뷰를 만들 때 정의한 조회 조건(WHERE 등)이 그대로 적용된 결과가 출력된다.

---

14 emp 테이블의 구조와 데이터를 모두 삭제하고, 연관 조건이 있다면 해당 연관조건까지 모두 삭제하는 SQL 쿼리를 3개의 키워드와 테이블 이름(emp)만 사용하여 쓰시오.

[정답]
DROP TABLE emp CASCADE;

[해설]
DROP TABLE은 테이블의 구조와 데이터(레코드)를 모두 삭제하는 명령이다.
또한 CASCADE 옵션을 함께 사용하면 emp 테이블과 연관된 제약조건이 있더라도 함께 제거하도록 하여 테이블 삭제가 가능하게 한다.

R 기적의 TIP

TRUNCATE와 DROP 차이

TRUNCATE TABLE은 테이블 구조는 남기고 데이터만 모두 삭제하지만, DROP TABLE은 테이블 자체(구조+데이터)를 삭제한다.
"구조와 데이터 모두 삭제"라고 하면 DROP TABLE이 정답이다.

---

15 student 테이블에 점수는 200, 이름은 홍길동, 학년이 2학년인 데이터를 추가하는 SQL 코드에 대하여 (①) 안에 들어갈 알맞은 명령어를 쓰시오.

(①) INTO student(score, name, year) VALUES(200, '홍길동', 2);

[정답]
INSERT

[해설]
테이블에 새로운 데이터를 추가할 때는 INSERT INTO 테이블명(컬럼...) VALUES(값...) 형식을 사용한다.

▣ 기적의 TIP

INSERT 기본 형식
INSERT INTO 테이블명 VALUES(...)는 모든 컬럼에 값을 순서대로 넣을 때 사용하고, INSERT INTO 테이블명(컬럼1, 컬럼2, ...) VALUES(...)는 필요한 컬럼만 지정해 넣을 때 사용한다.

16 아이디는 기본키로 설정하고 참조 테이블의 비밀번호는 외래키로 설정하는 SQL 쿼리에 대하여 (①) 안에 들어갈 알맞은 키워드를 쓰시오.

```
CREATE TABLE test (
    아이디 VARCHAR(20) NOT NULL,
    비밀번호 VARCHAR(20) NOT NULL,
    학년 INT NOT NULL,
    이름 VARCHAR(10) UNIQUE,
    PRIMARY KEY (아이디),
    (    ①    ) KEY (비밀번호) REFERENCES 참조 (비밀번호)
);
```

[정답]
FOREIGN

[해설]
외래키를 지정할 때는 FOREIGN 키워드를 사용하며, FOREIGN KEY (내 테이블 컬럼) REFERENCES 참조할테이블 (참조할 컬럼) 형식으로 작성한다.

🏁 **기적의 TIP**

PRIMARY KEY와 FOREIGN KEY
PRIMARY KEY는 테이블에서 행을 유일하게 식별하는 키이며 중복과 NULL을 허용하지 않는다.
FOREIGN KEY는 다른 테이블의 키를 참조해 데이터 무결성을 지키는 제약조건이다.

---

17 다음에 해당하는 데이터베이스 용어를 보기에서 골라 쓰시오.

[보기]

튜플   인스턴스   스키마   차수   인덱스

① 이것은 데이터베이스의 구조와 제약 조건에 관한 전반적인 명세를 의미한다.

② 이것은 실제로 저장된 데이터들의 집합이며 특정 시점의 실제 데이터값이다.

[정답]

① 스키마

② 인스턴스

[해설]

스키마(Schema)는 데이터베이스의 구조(테이블, 속성, 관계)와 제약조건 등 전반적인 설계를 정의한 명세이다.

인스턴스(Instance)는 특정 시점에 데이터베이스에 실제로 저장되어 있는 데이터 값들의 집합이다.

F 기적의 TIP

스키마와 인스턴스

인스턴스는 데이터베이스 설계도인 스키마에 따라 실제로 저장된 데이터들의 집합을 의미한다.

스키마를 틀(내포, Intension)이라고 보면, 인스턴스는 그 틀을 통해 만들어진 실제 내용물(외연, Extension)이다.

18 INDEX를 생성하는 SQL 코드에 대하여 (①) 안에 들어갈 알맞은 키워드를 쓰시오.

```
CREATE UNIQUE INDEX idx_student (    ①    ) student (name DESC);
```

[정답]
ON

[해설]
인덱스를 생성할 때는 CREATE [UNIQUE] INDEX 인덱스명 ON 테이블명 (컬럼명...) 형식을 사용한다.
따라서 테이블명을 지정하는 위치에 ON이 들어간다.

F **기적**의 TIP

UNIQUE INDEX
UNIQUE를 붙이면 인덱스가 걸린 컬럼 값의 중복을 허용하지 않는다.
즉, 해당 컬럼(또는 컬럼 조합)이 겹치지 않도록 제한하는 효과가 있다.

---

19 youngjin에게 book 테이블에 대한 삭제 권한을 부여하고 <u>다른</u> 사람에게도 삭제 권한을 재부여할 수 있는 SQL 코드에 대하여 (①) 안에 들어갈 알맞은 키워드를 쓰시오.

```
GRANT DELETE ON book TO youngjin WITH (    ①    ) OPTION;
```

[정답]
GRANT

[해설]
객체 권한을 다른 사용자에게도 다시 부여할 수 있도록 하려면 WITH GRANT OPTION을 사용한다.

⚑ 기적의 TIP

WITH GRANT OPTION
권한을 받은 사용자가 같은 권한을 다른 사용자에게도 부여할 수 있게 하는 옵션이다. (권한 재부여 허용)

---

20 테이블 t1, t2를 통합하며 같은 레코드가 중복되지 않도록 하는 SQL 코드에 대하여 (①) 안에 들어갈 알맞은 키워드를 쓰시오.

```
SELECT * FROM t1 (    ①    ) SELECT * FROM t2;
```

[정답]
UNION

[해설]
UNION은 두 SELECT 결과를 합쳐서 하나의 결과로 만들며, 중복 행은 제거한다.
따라서 t1과 t2의 조회 결과를 합치되 같은 레코드가 중복되지 않게 하려면 UNION을 사용한다.

▷ 기적의 TIP

UNION과 UNION ALL
- UNION : 중복 제거 후 합침
- UNION ALL : 중복 제거 없이 그대로 합침

---

21 직원 테이블에서 주소가 NULL인 모든 튜플을 조회하는 SQL 코드에 대하여 (①) 안에 들어갈 알맞은 키워드를 쓰시오.

```
SELECT * FROM 직원 WHERE 주소 (    ①    );
```

[정답]
IS NULL

[해설]
NULL은 값이 없음을 의미하므로 =로 비교할 수 없다.
NULL 여부는 IS NULL, IS NOT NULL로 판단한다.

▷ 기적의 TIP

NULL은 비교가 아닌 확인

NULL은 값이 존재하지 않음을 나타내는 특별한 형태이므로 비교 대상이 되지 않는다.
그러므로 NULL 체크는 반드시 IS NULL 또는 IS NOT NULL을 사용한다.

22 관계대수 σ(code=101)(test)를 SQL 쿼리로 변환하여 작성하시오.

[정답]
SELECT * FROM test WHERE code = 101;

[해설]

관계대수는 관계형 데이터베이스에서 원하는 정보와 그 정보를 어떻게 유도하는가를 기술하는 절차적 언어이다.
σ(code=101)(test)는 선택(Selection) 연산으로, 릴레이션 test에서 조건 code = 101을 만족하는 튜플만 추출한다.
SQL에서는 WHERE절로 조건을 지정하므로 위와 같이 작성한다.

⚑ 기적의 TIP

관계 연산자
Select(선택) : 기호는 σ이며, 릴레이션에서 조건에 맞는 행(튜플)을 선택한다.
Project(프로젝션) : 기호는 π이며, 릴레이션에서 필요한 열(속성)만 선택한다.
Join(조인) : 기호는 ⋈이며, 공통 속성을 기준으로 두 릴레이션을 결합해 하나의 결과 릴레이션을 만든다.
Division(나눗셈) : 기호는 ÷이며, R(A,B) ÷ S(B)의 결과는 S의 모든 B값을 만족하는 A값만 남긴다. 즉 S에 있는 값을 전부 포함하는 대상을 찾을 때 사용한다.

---

23 test 테이블에서 score 컬럼의 평균값을 조회하는 코드에 대하여 (①) 안에 들어갈 알맞은 함수명을 쓰시오.

```
SELECT (    ①    )(score)
FROM test;
```

[정답]
AVG

[해설]
AVG()는 지정한 컬럼 값의 평균을 구하는 집계 함수이다. 따라서 score 컬럼의 평균을 조회하려면 AVG(score)로 작성한다.

📎 **기적**의 TIP

집계 함수와 NULL
AVG, SUM, COUNT(컬럼)은 NULL을 제외하고 계산한다.
(단, COUNT(*)는 행 전체를 세므로 NULL 여부와 관계없이 카운트한다.)

---

24 전체상품 테이블에서 제품코드에 따라 신제품 컬럼에 표시할 값을 정하는 SQL 코드에 대하여 (①) 안에 들어갈 알맞은 키워드를 쓰시오.

```
SELECT *, (    ①    )
    WHEN 제품코드 = 'P001' THEN '제품1'
    WHEN 제품코드 = 'P002' THEN '제품2'
    ELSE NULL
END AS 신제품
FROM 전체상품;
```

[정답]
CASE

[해설]
CASE 문은 조건에 따라 서로 다른 값을 반환하는 조건식이다. WHEN 조건 THEN 값 형태로 조건을 나열하고, 조건에 해당하지 않으면 ELSE의 값이 반환된다.

ㄹ 기적의 TIP

콤마(,) 위치 주의
SELECT 절에서 여러 컬럼을 나열하다가 CASE 문을 사용할 때, CASE 문 바로 앞 컬럼 뒤에는 반드시 콤마(,)가 있어야 한다.
예 SELECT 이름, 전화번호, CASE ... END AS 별칭 FROM ...

25 name과 address를 가변형 문자열 타입의 크기 30으로 설정하는 SQL 코드에 대하여 (①) 안에 들어갈 알맞은 명령어를 쓰시오.

```
CREATE TABLE test (
    id INT PRIMARY KEY,
    name (    ①    ),
    address (    ①    )
);
```

[정답]

VARCHAR(30)

[해설]

가변 길이 문자열 자료형은 VARCHAR(n) 형태로 선언하며, n에는 최대 길이를 지정한다. 따라서 크기 30의 가변형 문자열은 VARCHAR(30)이다.

▷ **기적**의 TIP

CHAR와 VARCHAR

CHAR(n)은 항상 n만큼 고정 길이로 저장하고, VARCHAR(n)은 실제 문자열 길이에 따라 가변적으로 저장한다(최대 n까지). 일반적인 이름/주소처럼 길이가 유동적인 데이터는 VARCHAR가 자주 쓰인다.

26 테이블 t1, t2를 ID 컬럼으로 연결한 뒤, t2 테이블의 수량이 100개 이상인 행들만 골라 t1 테이블의 수량 값을 t2의 수량으로 변경하는 SQL 코드에 대하여 (①) 안에 들어갈 알맞은 키워드를 쓰시오.

```
UPDATE t1
SET t1.수량 = t2.수량
FROM t2
(     ①     ) t1 ON t2.ID = t1.ID
WHERE t2.수량 >= 100;
```

[정답]
INNER JOIN

[해설]
문제의 빈칸에는 두 테이블을 조인 조건으로 연결하는 조인 구문이 들어간다. 이 문제에서는 t2.ID = t1.ID로 일치하는 행만 연결해야 하므로 INNER JOIN을 사용한다. WHERE t2.수량 >= 100 조건을 만족하는 행만 갱신 대상이 된다.
많은 DBMS에서 JOIN은 일반적으로 INNER JOIN의 생략형으로 동작한다.

기적의 TIP

INNER JOIN과 OUTER JOIN

INNER JOIN은 조인 조건을 만족하는 행만 결과에 남긴다. 즉, 양쪽 테이블에 모두 존재하는(매칭되는) 데이터만 조회 · 갱신 대상이 된다.
OUTER JOIN은 한쪽 테이블의 행을 모두 유지하면서, 반대쪽에 매칭되는 데이터가 없으면 NULL로 채워 결과를 만든다. LEFT OUTER JOIN은 왼쪽 테이블을 모두 유지하고, RIGHT OUTER JOIN은 오른쪽 테이블을 모두 유지한다.

---

27 test 테이블에서 youngjin에게 부여된 SELECT와 UPDATE 권한을 회수하는 SQL 코드에 대하여 (①) 안에 들어갈 알맞은 명령어를 쓰시오.

```
(    ①    ) SELECT, UPDATE ON test FROM 'youngjin';
```

[정답]
REVOKE

[해설]
사용자에게 부여된 권한을 회수할 때는 REVOKE 권한 ON 객체 FROM 사용자 형식을 사용한다.

F 기적의 TIP

GRANT ↔ REVOKE

GRANT는 권한을 부여하고, REVOKE는 권한을 회수한다.
객체 권한은 ON 테이블명, 회수 대상 사용자는 FROM 사용자명으로 쓴다.

---

28 모든 사용자(Users) 정보와 해당 사용자의 주문 내역(Orders)을 함께 조회하는 SQL 쿼리에 대하여, 만약 주문 내역이 <u>없는</u> 사용자라도 결과에 포함시키고 싶을 때, (①) 안에 들어갈 알맞은 키워드를 쓰시오.

```
SELECT u.name, o.order_date
FROM Users u (    ①    ) Orders o
ON u.id = o.user_id;
```

[정답]
LEFT OUTER JOIN
(또는 LEFT JOIN)

[해설]
주문 내역이 없는 사용자도 포함하려면 Users 테이블의 모든 행을 유지해야 한다. 이를 위해 왼쪽 테이블(Users)을 기준으로 하는 LEFT JOIN을 사용한다. 매칭되는 주문이 없으면 Orders 쪽 컬럼(o.order_date)은 NULL로 출력된다.

P 기적의 TIP

LEFT JOIN 선택 기준
왼쪽 테이블은 무조건 다 나오고, 오른쪽은 있으면 붙이고 없으면 NULL이 필요할 때 LEFT JOIN을 쓴다.
반대로 오른쪽 테이블은 다 나오게 하려면 RIGHT JOIN을 사용한다.

---

29 테이블 직원목록에 대한 SQL 쿼리 수행 결과를 테이블로 작성하시오.

직원목록

번호	이름	부서	연봉
1	김다미	인사팀	5000
2	박명수	재무팀	6000
3	정준하	IT팀	7000
4	윤동주	IT팀	8000
5	손종원	마케팅팀	6000

```
SELECT 이름
FROM 직원목록
WHERE 연봉 > (
    SELECT AVG(연봉)
    FROM 직원목록
    WHERE 부서 = 'IT팀'
);
```

[정답]

이름
윤동주

[해설]

서브쿼리는 AVG() 함수로 IT팀의 평균 연봉을 구한다.
• IT팀 평균 연봉 : (7000 + 8000) / 2 = 7500
메인쿼리는 WHERE 연봉 > 7500인 직원의 이름을 조회하므로, 8000인 윤동주만 출력된다.

🏁 **기적**의 TIP

서브쿼리 평균 비교

WHERE 컬럼 > (SELECT AVG(컬럼) ...) 형태는 특정 집단의 평균보다 큰 값만 추출하는 대표 패턴이다.
평균을 구하는 서브쿼리는 1행을 반환하므로 >, <, = 같은 단일행 비교 연산자를 사용할 수 있다.

30 학생 테이블에 가변적인 50자리 문자가 저장될 주소 속성을 추가하는 SQL 쿼리에 대하여 (①) 안에 들어갈 알맞은 명령어를 쓰시오.

> (①) 학생 ADD 주소 VARCHAR(50)

[정답]
ALTER TABLE

[해설]
기존 테이블에 컬럼(속성)을 추가할 때는 ALTER TABLE 테이블명 ADD 컬럼명 자료형 형식을 사용한다.

🏁 **기적의 TIP**

ADD는 열 추가
ALTER TABLE ... ADD ...는 테이블 구조를 바꾸는 DDL이다.
행(데이터)을 추가하는 INSERT와 혼동하지 않도록 주의한다.

PART

05

실전 모의고사

파트 소개

프로그래밍기능사 시행처인 한국산업인력공단에서 공개한 실기 시험 출제 기준과 예시 문제를 분석하여 개발한 모의고사이다. 실제 시험처럼 풀어보고 해설을 통해 부족한 부분을 보완하도록 한다.

자격종목	시험 시간	풀이 시간
프로그래밍기능사	90분	분

01 현재 작업 디렉터리의 절대 경로가 다음과 같을 때, 상대 경로로 제시된 디렉터리의 절대 경로를 쓰시오.

```
[작업폴더]
/home/user/project/src/module

[상대 경로]
"../../bin/utils"
```

02 다음 각 기능에 해당하는 Linux 터미널 명령어를 보기에서 골라 쓰시오.

```
[보기]
ls            pwd           chmod          grep
mv            echo          cat            ifconfig
```

① 특정 문자열이 포함된 행을 파일에서 검색하는 명령어를 쓰시오.
② 파일 이름을 변경하거나 다른 위치로 이동하는 명령어를 쓰시오.

03 다음 Python 프로그램의 실행 결과를 쓰시오.

```
1   def recur(n):
2       if n <= 1:
3           return 1
4       return n + recur(n-2)
5
6   print(recur(6))
```

04 다음 Python 프로그램에서 (①) 안에 들어갈 알맞은 메소드를 쓰시오.

```
1  def find_keys(d, value):
2      return [k for k, v in d.( ① ) if v == value]
```

05 다음 Python 프로그램에 대하여 다음 각 물음에 답하시오.

```
1  def calc(arr):
2      total = 0
3      for i in range(len(arr)):
4          total += arr[i]
5      return total
6
7  nums = [3, 5, 2]
8  print(calc[nums])
```

① 오류가 발생하는 Line의 번호를 쓰시오.
② 오류를 적절하게 수정하여 프로그램이 실행되었을 때의 실행 결과를 쓰시오.

06 다음 JAVA 프로그램의 실행 결과가 20이 나오도록 (①) 안에 들어갈 알맞은 키워드를 한 단어로 쓰시오.

```
1  interface Op {
2      int run(int a, int b);
3  }
4  class Mul (    ①    ) Op {
5      public int run(int a, int b) {
6          return a * b;
7      }
8  }
9  public class Main {
10     public static void main(String[] args) {
11         Op m = new Mul();
12         System.out.print(m.run(4, 5));
13     }
14 }
```

07 다음 JAVA 프로그램의 실행 결과를 쓰시오.

```java
1   public class Main {
2       public static void main(String[] args) {
3           String s1 = "PATH";
4           String s2 = new String("PATH");
5           if (s1.equals(s2))
6               System.out.print("JYJHJY");
7           else
8               System.out.print("HHKHHJ");
9       }
10  }
```

08 다음 JAVA 프로그램의 실행 결과를 쓰시오.

```java
1   class Input {
2       Input() { System.out.print("I"); }
3   }
4
5   class Process extends Input {
6       Process() { System.out.print("P"); }
7   }
8
9   class Output extends Process {
10      Output() { System.out.print("O"); }
11  }
12
13  public class Main {
14      public static void main(String[] args) {
15          Output sys = new Output();
16      }
17  }
```

09 회원 테이블에서 member_id의 세 번째 글자가 'P'인 사람의 정보를 찾는 SQL 코드에 대하여 (①) 안에 들어갈 알맞은 와일드카드 문자를 쓰시오.

```
SELECT * FROM member
WHERE member_id LIKE '(   ①   )';
```

10 테이블 t1, t2에 대한 SQL 쿼리 수행 결과를 테이블로 작성하시오.

t1

c1	c2
A	2
C	4
D	1

t2

c1	c2
B	3
C	6
E	2

```
SELECT SUM(c2) AS 합계
FROM t2
WHERE c1 NOT IN (SELECT c1 FROM t1);
```

11 다음 C언어 프로그램의 실행 결과를 쓰시오.

```c
1  #include <stdio.h>
2  int main(void) {
3      int arr[] = {3, 7, 2, 8};
4      int *p = arr;
5      printf("%d", *(p+1) + *(p+3));
6      return 0;
7  }
```

12 다음 C언어 프로그램의 실행 결과를 쓰시오.

```c
1  #include <stdio.h>
2  int f(int n) {
3      if(n <= 1) return 1;
4      return n * f(n - 2);
5  }
6  int main(void) {
7      printf("%d", f(7));
8      return 0;
9  }
```

13 test 테이블을 참조하는 다른 테이블에 외래키 제약조건을 설정하려고 한다. test 테이블의 행이 삭제될 때, 이를 참조하는 다른 테이블의 연관된 행도 함께 삭제되도록 (①)에 들어갈 알맞은 외래키 옵션을 쓰시오.

```sql
ALTER TABLE child
ADD CONSTRAINT fk_child_test
FOREIGN KEY (test_id) REFERENCES test(test_id)
(   ①   );
```

14 다음 Python 프로그램의 실행 결과를 쓰시오.

```
1   class Node:
2       def __init__(self, data):
3           self.data = data
4           self.left = None
5           self.right = None
6   root = Node(50)
7   root.left = Node(20)
8   root.right = Node(70)
9   root.left.left = Node(60)
10  root.left.right = Node(10)
11  root.right.right = Node(30)
12  print(root.data)
13  print(root.left.left.data)
14  print(root.right.right.data)
```

15 다음 JavaScript 코드의 실행 결과를 쓰시오.

```
1   let x = 5;
2   let y = "5";
3   console.log(x == y, x === y);
```

자격종목	시험 시간	풀이 시간
프로그래밍기능사	90분	분

01 현재 디렉터리의 모든 .conf 파일에서 "active"가 포함된 줄을 찾아 파일 이름과 함께 출력하는 Linux 터미널 명령어를 작성하시오.

02 현재 폴더의 하위 폴더인 backup 폴더에 있는 파일 config.json의 이름을 config_old.json으로 바꾸는 Linux 터미널 명령을 작성하시오.

03 다음 C언어 프로그램의 실행 결과를 쓰시오.

```c
#include <stdio.h>
int main(void) {
    int x = 7, y = 3;
    x = x * y - (x / y);
    y = y + x % 4;
    printf("%d %d", x, y);
    return 0;
}
```

04 다음 C언어 프로그램의 실행 결과가 30이 나오도록 (①) 안에 들어갈 알맞은 매개변수 선언을 쓰시오.

```
1   #include <stdio.h>
2   int total(  ①  ) {
3       int result = 0;
4       for(int i = 0; i < 5; i++)
5           result += data[i];
6       return result;
7   }
8   int main(void) {
9       int data[5] = {2, 4, 6, 8, 10};
10      printf("%d", total(data));
11      return 0;
12  }
```

05 다음 C언어 프로그램의 실행 결과를 쓰시오.

```
1   #include <stdio.h>
2   int f(int n) {
3       return (n % 2 == 0) ? n / 2 : n * 2;
4   }
5   int main(void) {
6       int x = 3;
7       x = f(f(x));
8       printf("%d", x);
9       return 0;
10  }
```

06 다음 JAVA 프로그램의 실행 결과를 쓰시오.

```java
1   class A {
2       void show() { System.out.print("A"); }
3   }
4   class B extends A {
5       void show() { System.out.print("B"); }
6   }
7   public class Main {
8       public static void main(String[] args) {
9           A obj = new B();
10          obj.show();
11      }
12  }
```

07 다음 JAVA 프로그램에 대하여 각 물음에 답하시오.

```java
1   class Calc {
2       int add(int a, int b) {
3           return a + b;
4       }
5   }
6   public class Main {
7       public static void main(String[] args) {
8           Calc c = new Calc;
9           System.out.println(c.add(2,3));
10      }
11  }
```

① 오류가 발생하는 Line의 번호를 쓰시오.
② 프로그램의 실행 결과가 5가 나오도록 오류가 발생한 Line의 전체 코드를 다시 쓰시오.

08 다음 JAVA 프로그램의 실행 결과를 쓰시오.

```java
public class Main {
    public static void main(String[] args){
        String a = "java";
        String b = a.replace("a", "A");
        System.out.print(b);
    }
}
```

09 다음 JAVA 프로그램의 실행 결과를 쓰시오.

```java
public class Main {
    public static void main(String[] args) {
        int x = 4;
        x = x++ + ++x;
        System.out.print(x);
    }
}
```

10 다음 JAVA 프로그램의 실행 결과를 쓰시오.

```
1  class P {
2      int v = 1;
3  }
4  class C extends P {
5      int v = 2;
6  }
7  public class Main {
8      public static void main(String[] args) {
9          P p = new C();
10         System.out.print(p.v);
11     }
12 }
```

11 다음 Python 프로그램의 실행 결과를 쓰시오.

```
1  x = [15, 7, 12, 9, 4]
2  x.sort(key = lambda n: (n % 10, n // 10))
3  print(x)
```

12 다음 Python 프로그램의 실행 결과를 쓰시오.

```
1  scores = { "math": 85, "english": 92, "science": 78 }
2  print(sorted(scores.values()))
```

13 다음 Python 프로그램의 실행 결과를 쓰시오.

```
1   def digit_sum(num):
2       return num if num < 10 else digit_sum(num % 10) + digit_sum(num // 10)
3   print(digit_sum(357))
```

14 emp 테이블에서 department가 '영업'인 행을 조회하는 SQL 쿼리를 쓰시오.

15 부서별 급여의 평균을 조회하되, 평균 급여가 4000 이상인 부서의 평균을 출력하는 SQL 코드에 대하여 (①) 안에 들어갈 알맞은 키워드를 쓰시오.

```
SELECT 부서, AVG(급여) AS 평균
FROM 회사
GROUP BY 부서
(   ①   ) AVG(급여) >= 4000
```

01 현재 폴더에 위치한 report.txt 파일의 내용을 출력하는 Linux 터미널 명령어를 작성하시오.

02 다음 각 기능에 해당하는 Windows CMD 명령어를 보기에서 골라 쓰시오.

[보기]

dir	ipconfig	find	tasklist	copy
move	del	mkdir	type	attrib

① 파일 내용을 화면에 출력하는 명령어를 쓰시오.
② 현재 실행 중인 프로세스 목록을 확인하는 명령어를 쓰시오.

03 다음 C언어 프로그램의 실행 결과를 쓰시오.

```
1   #include <stdio.h>
2   int func(int n) {
3       int r = 0;
4       while (n > 0) {
5           r += n % 2;
6           n /= 2;
7       }
8       return r;
9   }
10  int main(void) {
11      printf("%d", func(13));
12      return 0;
13  }
```

04 다음 C언어 프로그램의 실행 결과를 쓰시오.

```c
#include <stdio.h>
void swap(int *a, int *b) {
    int t = *a;
    *a = *b;
    *b = t + 1;
}
int main(void) {
    int x = 3, y = 5;
    swap(&x, &y);
    printf("%d %d", x, y);
    return 0;
}
```

05 다음 C언어 프로그램의 실행 결과를 쓰시오.

```c
#include <stdio.h>
int main(void) {
    int arr[5] = { 1, 3, 2, 6, 4 };
    int sum = 0;
    for(int i = 0; i < 5; i += 2) {
        sum += arr[i] * arr[i];
    }
    printf("%d", sum);
    return 0;
}
```

06 다음 JAVA 프로그램의 실행 결과를 쓰시오.

```
1   class A {
2       void show() {
3           System.out.print("A");
4       }
5   }
6   class B extends A {
7       void show() {
8           System.out.print("B");
9       }
10      void test() {
11          super.show();
12      }
13  }
14  public class Main {
15      public static void main(String[] args) {
16          B b = new B();
17          b.test();
18          b.show();
19      }
20  }
```

07 다음 JAVA 프로그램의 실행 결과를 쓰시오.

```
1   public class Main {
2       public static void main(String[] args) {
3           String s1 = "Path";
4           String s2 = new String("Path");
5           System.out.print(s1.equals(s2) ? "True" : "False");
6           System.out.print(s1 == s2 ? "True" : "False");
7       }
8   }
```

08 다음 JAVA 프로그램의 실행 결과를 쓰시오.

```java
class P { int x = 1; }
class C extends P { int x = 2; }
public class Main {
    public static void main(String[] args) {
        P p = new C();
        System.out.print(p.x);
    }
}
```

09 다음 JAVA 프로그램의 실행 결과를 쓰시오.

```java
class Test {
    int run(int a) { return a + 1; }
    double run(double a) { return a + 0.5; }
}
public class Main {
    public static void main(String[] args) {
        Test t = new Test();
        System.out.print(t.run(3) + " ");
        System.out.print(t.run(3.0));
    }
}
```

10 다음 JAVA 프로그램의 실행 결과를 쓰시오.

```java
public class Main {
    public static void check(int[] x, int[] y) {
        if(x == y) System.out.print("O");
        else System.out.print("N");
    }
    public static void main(String[] args) {
        int a[] = new int[] { 1, 2, 3, 4 };
        int b[] = new int[] { 1, 2, 3, 4 };
        int c[] = new int[] { 1, 2, 3 };
        check(a, b);
        check(b, c);
        check(a, c);
    }
}
```

11 다음 Python 프로그램의 실행 결과를 쓰시오.

```python
nums = [2, 4, 6]
print(nums[1] * nums[-1])
```

12 다음 Python 프로그램의 실행 결과를 쓰시오.

```python
d = {"a": 1, "b": 3, "c": 1}
print([k for k,v in d.items() if v == 1])
```

13 다음 Python 프로그램의 실행 결과를 쓰시오.

```
1  class Node:
2      def __init__(self, data):
3          self.data = data
4          self.next = None
5  head = Node(10)
6  head.next = Node(20)
7  head.next.next = Node(30)
8  print(head.next.data)
```

14 부서 테이블에서 급여가 3000 이상인 직원의 이름과 급여를 조회하는 SQL 코드에 대하여 (①) 안에 들어갈 알맞은 조건식을 쓰시오.

```
SELECT 이름, 급여 FROM 부서 WHERE (    ①    ) ;
```

15 직원 테이블에는 직원번호, 직원명, 부서코드 컬럼이 있고 부서 테이블에는 부서코드, 부서명 컬럼이 있다. 모든 직원의 직원명과 부서명을 조회하는 SQL 코드에 대하여 (①) 안에 들어갈 알맞은 키워드를 쓰시오.

```
SELECT 직원.직원명, 부서.부서명
FROM 직원
(    ①    ) 부서 ON 직원.부서코드 = 부서.부서코드;
```

자격종목	시험 시간	풀이 시간
프로그래밍기능사	90분	분

01 현재 작업 디렉터리의 절대 경로가 다음과 같을 때, 상대 경로로 제시된 디렉터리의 절대 경로를 쓰시오.

```
[작업폴더]
/home/user/workspace/project/src

[상대 경로]
../include/../build
```

02 "방문하기"라는 문자를 클릭하면 설정된 사이트로 이동하는 HTML 코드에 대하여 (①) 안에 들어갈 알맞은 키워드를 쓰시오.

```
<( ① ) href="https://license.youngjin.com" target="_blank">방문하기</( ① )>
```

03 다음 C언어 프로그램의 실행 결과를 쓰시오.

```c
#include <stdio.h>
int calc(int x) {
    return (x % 3 == 0) ? x / 3 : x + 3;
}
int main(void) {
    int s = 0;
    for(int i = 1; i <= 5; i++)
        s += calc(i);
    printf("%d", s);
    return 0;
}
```

04 다음은 1부터 5까지 숫자를 더해 15를 출력하는 C언어 프로그램이다. (①) 안에 들어갈 알맞은 비교 연산자를 쓰시오.

```
1   #include <stdio.h>
2   int main(void) {
3       int i, sum = 0;
4       for (i = 1; i (   ①   ) 5; i++) {
5           sum += i;
6       }
7       printf("%d\n", sum);
8       return 0;
9   }
```

05 다음 C언어 프로그램의 실행 결과를 쓰시오.

```
1   #include <stdio.h>
2   int f(int n) {
3       if(n <= 1) return 2;
4       return f(n - 1) * 2;
5   }
6   int main(void) {
7       printf("%d", f(4));
8       return 0;
9   }
```

06 다음 C언어 프로그램의 실행 결과를 쓰시오.

```c
1  #include <stdio.h>
2  #include <math.h>
3  int main(void) {
4      for (int i = 0; ; i++) {
5          printf("%d", i + 1);
6          if (pow(i, 2) > 6) {
7              break;
8          }
9      }
10 }
```

07 다음 JAVA 프로그램의 실행 결과를 쓰시오.

```java
1  class Calc {
2      int add(int a, int b) {
3          return a + b;
4      }
5      String add(String a, String b) {
6          return a + "-" + b;
7      }
8  }
9  public class Main {
10     public static void main(String[] args) {
11         Calc c = new Calc();
12         System.out.print(c.add(3, 4) + " / " + c.add("A", "B"));
13     }
14 }
```

08 다음 JAVA 프로그램의 실행 결과를 쓰시오.

```
1   public class Main {
2       public static void main(String[] args) {
3           int a = -7;
4           double b = 2.7;
5           System.out.println(Math.abs(a) + Math.round(b));
6       }
7   }
```

09 다음 JAVA 프로그램에 대하여 각 물음에 답하시오.

```
1    public class Main {
2        public static void main(String[] args) {
3            int[] nums = { 1, 2, 3, 4, 5, 6, 7, 8, 9, 10 };
4            int sum = 0;
5            for (int n : nums) {
6                if (n % 4 == 0) {
7                    sum += n;
8                }
9            }
10           System.out.println(sum);
11       }
12   }
```

① 프로그램의 실행 결과를 쓰시오.

② 프로그램이 4의 배수와 5의 배수의 합계 27을 출력하도록 Line 6번의 n % 4 == 0 부분을 수정하시오. (% 연산자를 사용)

10 다음 Python 프로그램의 실행 결과를 쓰시오.

```
1  nums = [x**2 for x in range(1, 6) if x % 2 == 0]
2  print(nums)
```

11 다음 Python 프로그램의 실행 결과가 "30 200"이 나오도록 (①) 안에 들어갈 알맞은 코드를 쓰시오.

```
1  class Calculator:
2      def add(self,a,b):
3          return a + b
4      def mul(self,a,b):
5          return a * b
6  cal = (    ①    )
7  x = cal.add(10,20)
8  y = cal.mul(10,20)
9  print(x, y)
```

12 급여가 2000 이상이면서 4000 이하인 사람의 정보를 찾는 SQL 코드에 대하여 (①) 안에 들어갈 알맞은 키워드를 쓰시오.

```
SELECT * FROM emp
WHERE 급여 (        ) 2000 AND 4000;
```

13 직원 테이블에서 김씨 성을 가진 모든 사람의 정보를 찾는 SQL 코드에 대하여 (①) 안에 들어갈 알맞은 와일드카드 문자를 쓰시오.

```
SELECT * FROM 직원 WHERE 직원명 LIKE '(   ①   )';
```

14 직원 테이블에 대한 π직급(직원) 수행 결과를 테이블로 작성하시오.

직원

이름	나이	직급
김상덕	32	대리
박재범	27	사원
노홍철	28	사원
박명수	38	부장

15 다음 SQL 코드에 대하여 각 빈칸에 들어갈 알맞은 키워드를 순서대로 쓰시오.

```
INSERT INTO 도서 (도서코드, 도서명, 가격, 재고수량, 카테고리) (   ①   ) (1001, '파이썬 기초', 25000, 50, 1);
INSERT INTO 도서 (   ②   ) 도서코드, 도서명, 가격, 재고수량, 카테고리 FROM 신간도서 WHERE 카테고리 = 1;
DELETE (   ③   ) 도서 WHERE 도서코드 = 1001;
UPDATE 도서 (   ④   ) 가격 = 28000 WHERE 도서명 = '프로그래밍 심화';
```

자격종목	시험 시간	풀이 시간
프로그래밍기능사	90분	분

01 파일 note.txt의 권한 설정을 위한 요구사항이 다음과 같을 때, Linux 터미널 명령어를 chmod 숫자형식으로 쓰시오.

```
[note.txt]
소유자(owner) : 읽기(r), 쓰기(w) 가능
그룹(group) : 읽기(r)만 가능
기타(other) : 읽기(r)만 가능
```

02 다음 각 기능에 해당하는 Windows CMD 명령어를 보기에서 골라 쓰시오.

```
[보기]
dir          type         copy         move         del          mkdir
find         findstr      more         sort         tree         ren
```

① 파일 내용을 화면에 출력하는 명령어를 쓰시오.
② 현재 실행 중인 프로세스 목록을 확인하는 명령어를 쓰시오.

03 다음 C언어 프로그램의 실행 결과를 쓰시오.

```
1  #include <stdio.h>
2  int main(void) {
3      int x = 3;
4      int y = 4;
5      int z = x + y * x - y;
6      printf("%d", z);
7      return 0;
8  }
```

04 다음 C언어 프로그램의 실행 결과를 쓰시오.

```c
1  #include <stdio.h>
2  int sum(int n) {
3      if (n == 0) return 0;
4      return n + sum(n - 1);
5  }
6  int main(void) {
7      int total = 0;
8      for (int i = 1; i <= 3; i++) {
9          total += sum(i);
10     }
11     printf("%d\n", total);
12     return 0;
13 }
```

05 다음은 input.txt 파일의 내용을 한 줄씩 읽어 출력하는 C언어 프로그램이다. (①)에 들어갈 알맞은 함수를 쓰시오.

```c
1  #include <stdio.h>
2  int main(void) {
3      FILE *fp;
4      char line[256];
5      fp = (   ①   )("input.txt", "r");
6      while (fgets(line, sizeof(line), fp)) {
7          printf("%s", line);
8      }
9      fclose(fp);
10     return 0;
11 }
```

06 다음 JAVA 프로그램의 실행 결과를 쓰시오.

```
1  public class Main {
2      public static void main(String[] args) {
3          int[] arr = { 1, 2, 3 };
4          for (int x : arr) {
5              x += 1;
6          }
7          System.out.println(arr[0] + arr[2]);
8      }
9  }
```

07 다음 JAVA 프로그램의 실행 결과를 쓰시오.

```
1   class Parent {
2       Parent() {
3           System.out.print("Parent ");
4       }
5   }
6   class Child extends Parent {
7       void display() {
8           System.out.println("Child");
9       }
10  }
11  public class Main {
12      public static void main(String[] args) {
13          Child c = new Child();
14          c.display();
15      }
16  }
```

08 다음 JAVA 프로그램의 실행 결과를 쓰시오.

```java
public class Main {
    public static void main(String[] args) {
        String[] arr = { "143", "5x5", "100", "A20" };
        int count = 0;
        for (String s : arr) {
            try {
                int num = Integer.parseInt(s);
                count += num;
            }
            catch (NumberFormatException e) {
                count -= 100;
            }
            finally {
                count += 1;
            }
        }
        System.out.println(count);
    }
}
```

09 다음 Python 프로그램의 실행 결과를 쓰시오.

```python
lst = [1, 2, 3]
lst = [x * 2 for x in lst if x > 1]
print(sum(lst))
```

10 다음 Python 프로그램에서 (1) → (3) → (7) 형태의 연결리스트가 있을 때, (3) 뒤에 새 노드 (5)를 삽입하여 (1) → (3) → (5) → (7)의 연결리스트로 구성하고자 한다. (①) 안에 들어갈 알맞은 코드를 쓰시오.

```python
class Node:
    def __init__(self, data):
        self.data = data
        self.next = None

head = Node(1)
head.next = Node(3)
head.next.next = Node(7)

cur = head
while cur.data != 3:
    cur = cur.next

(    ①    )
new_node.next = cur.next
cur.next = new_node
```

11 다음은 선언된 배열을 전체 순회하면서 콘솔에 출력하는 JavaScript 코드이다. (①) 안에 들어갈 알맞은 코드를 쓰시오.

```javascript
let arr = [10, 20, 30, 40, 50, 60];

for (   ①   ) {
  console.log(v);
}
```

12 다음 JavaScript 코드의 실행 결과가 6이 나오도록 (①)에 들어갈 알맞은 메서드를 쓰시오.

```
1  let sum = [1, 2, 3].(    ①    )((acc, cur) => acc + cur);
2  console.log(sum);
```

13 사원, 급여 테이블에 대한 SQL 쿼리 수행 결과를 테이블로 작성하시오.

사원

id	이름
1001	최안나
1002	황유정
1003	김조은
1004	권순찬
1005	유도영

급여

id	상여금
1003	1500
1002	1000
1005	800
1001	1500
1004	600

```
SELECT id, 이름
FROM 사원, 급여
WHERE 사원.id = 급여.id and 상여금 >= 1500
```

14 다음 각 설명에 해당하는 데이터베이스 용어를 보기에서 골라 쓰시오.

[보기]
슈퍼키   외래키   대체키   후보키   기본키

① 다른 테이블, 릴레이션의 기본 키를 참조하는 속성 또는 속성들의 집합을 쓰시오.
② 테이블에서 각 행을 유일하게 식별할 수 있는 최소한의 속성들의 집합을 쓰시오.

15 테이블 서울회원, 부산회원에 대한 SQL 쿼리 수행 결과를 테이블로 작성하시오.

서울회원

회원번호	이름	나이
1001	도희진	20
1002	조승래	28
1003	엄도연	38
1004	황갑영	36
1005	김덕중	33
1006	박유진	28

부산회원

회원번호	이름	나이
1001	도희진	20
1010	김수인	27
1004	황갑영	36
1009	박성웅	28
1008	조수아	26
1006	박유진	28

```
SELECT 회원번호, 이름, 나이
FROM 서울회원
WHERE 회원번호 IN (SELECT 회원번호 FROM 부산회원)
ORDER BY 회원번호;
```

실전 모의고사 06회

자격종목	시험 시간	풀이 시간
프로그래밍기능사	90분	분

01 파일 script.sh의 권한 설정을 위한 요구사항이 다음과 같을 때, Linux 터미널 명령을 chmod를 사용하여 쓰시오.

> [script.sh]
> 현재 소유자는 rwx 권한을 가지고 있다.
> 그룹(group)에 실행(x) 권한을 추가해야 한다.

02 다음 각 기능에 해당하는 Linux 터미널 명령어를 보기에서 골라 쓰시오.

> [보기]
> vi   chmod   top   cat   cd   export
> ls   ifconfig   cp   rm   pwd   echo

① 현재 시스템의 네트워크 설정 정보를 출력하는 명령어를 쓰시오.
② 현재 작업 중인 디렉토리 경로를 표시하는 명령어를 쓰시오.

03 다음 C언어 프로그램의 실행 결과를 쓰시오.

```c
#include <stdio.h>
int main(void) {
    int data[] = { 3, 8, 5, 12, 7 };
    int *ptr = data + 2;
    printf("%d", *(ptr + 1));
    return 0;
}
```

04 다음 C언어 프로그램의 실행 결과를 쓰시오.

```c
#include <stdio.h>
int main(void) {
    int x = 5;
    int y = 3;
    x = x ^ y;
    y = x ^ y;
    x = x ^ y;
    printf("%d %d", x, y);
    return 0;
}
```

05 다음 C언어 프로그램의 실행 결과를 쓰시오.

```c
#include <stdio.h>
int main(void) {
    char text[] = "HelloWorld";
    text[5] = '\0';
    printf("%s", text);
    return 0;
}
```

06 다음 C언어 프로그램의 실행 결과를 쓰시오. (Hello World를 두 번 입력)

```c
1   #include <stdio.h>
2   int main(void) {
3       char str1[20];
4       char str2[20];
5       int ch;
6       scanf("%s", str1);                // Hello World 입력
7       while ((ch = getchar()) != '\n' && ch != EOF) {}
8       fgets(str2, 12, stdin);           // Hello World 입력
9       printf("%s\n", str1);
10      printf("%s\n", str2);
11      return 0;
12  }
```

07 다음 JAVA 프로그램의 실행 결과를 쓰시오.

```java
1   public class Main {
2       public static void main(String[] args) {
3           int[] num= { 10, 502, 12, 666, 11 };
4           int sum = 0;
5           for(int i = 1; i < 5; i++)
6               sum += num[i];
7           System.out.println(sum);
8       }
9   }
```

08 다음 JAVA 프로그램의 실행 결과를 쓰시오.

```java
public class Main {
    public static void main(String[] args) {
        int[] arr = { 2, 5, 8, 11, 14 };
        int result = 0;
        for (int i = 0; i < arr.length; i++) {
            if (i % 2 == 0) {
                result += arr[i];
            } else {
                result -= arr[i];
            }
        }
        System.out.println(result);
    }
}
```

09 다음 JAVA 프로그램의 실행 결과를 쓰시오.

```java
public class Main {
    public static void main(String[] args) {
        int sum = 7;
        Sum(11, 12);
        System.out.println(sum);
    }
    public static int Sum(int a, int b) {
        int sum = a + b;
        return sum;
    }
}
```

10 다음 JAVA 프로그램의 실행 결과를 쓰시오.

```java
class Parent {
    Parent() {
        this("msg");
        System.out.print("Parent1 ");
    }
    Parent(String msg) {
        System.out.print("Parent2 ");
    }
}
class Child extends Parent {
    void display() {
        System.out.println("Child");
    }
}
public class Main {
    public static void main(String[] args) {
        Child c = new Child();
        c.display();
    }
}
```

11 다음 Python 이진 트리에 대하여, 화면에 출력되는 노드 값을 순차적으로 쓰시오.

```
1   class Node:
2       def __init__(self, data):
3           self.data = data
4           self.left = None
5           self.right = None
6
7   def preorder(node):
8       if node:
9           print(node.data, end = " ")
10          preorder(node.left)
11          preorder(node.right)
12
13  root = Node(50)
14  root.left = Node(30)
15  root.right = Node(70)
16  root.left.left = Node(20)
17  root.right.right = Node(80)
18
19  preorder(root)
```

12 다음 각 기능에 해당하는 HTML 태그를 보기에서 골라 쓰시오.

[보기]

⟨a⟩	⟨p⟩	⟨img⟩	⟨ul⟩	⟨li⟩
⟨h1⟩	⟨span⟩	⟨div⟩	⟨br⟩	⟨input⟩

① 문단(단락)을 나타내는 태그를 쓰시오.
② 한 줄 띄우기(줄바꿈)를 하는 태그를 쓰시오.

13 상품의 price(가격)이 50000 이상이면 HIGH, 50000 미만 20000 이상이면 MID, 20000 미만이면 LOW로 grade(등급)을 매기는 SQL 코드에 대하여 (①) 안에 들어갈 알맞은 키워드를 쓰시오.

```
SELECT
    name,
    (   ①   )
        WHEN price >= 50000 THEN 'HIGH'
        WHEN price >= 20000 THEN 'MID'
        ELSE 'LOW'
    END AS grade
FROM 상품;
```

14 학생 테이블에서 점수가 60점 미만인 학생은 제외하고, 과목별 평균 점수를 구하되 평균 점수가 80점 이상인 과목만 출력하는 SQL 코드에 대하여 (①) 안에 들어갈 알맞은 키워드를 쓰시오.

```
SELECT 과목, AVG(점수) AS 평균점수
FROM 성적
WHERE 점수 >= 60
GROUP BY 과목
(   ①   ) AVG(점수) >= 80;
```

15 테이블 t1, t2에 대한 SQL 쿼리 수행 결과를 테이블로 작성하시오.

t1

c1	c2
김	5
정	2
소	3
명	1

t2

c1	c2
김	3
최	7
정	6
오	2

```
SELECT SUM(c2) AS ans
FROM t2
WHERE c1 NOT IN (SELECT c1 FROM t1);
```

자격종목	시험 시간	풀이 시간
프로그래밍기능사	90분	분

01 현재 작업 디렉터리의 절대 경로가 다음과 같을 때, 상대 경로로 제시된 디렉터리의 절대 경로를 쓰시오.

```
[작업폴더]
/home/se/roms

[상대 경로]
"../../ps/pack"
```

02 다음 각 기능을 수행하는 Linux 터미널 명령어를 보기에서 골라 쓰시오.

```
[보기]
ls              cd              mkdir           rm              cat
pwd             cp              mv              touch           grep
```

① 특정 단어가 포함된 줄만 찾아 출력하는 명령어를 쓰시오.
② 파일의 내용을 화면에 출력하는 명령어를 쓰시오.
③ 새로운 디렉터리를 생성하는 명령어를 쓰시오.

03 다음 C언어 프로그램의 실행 결과를 쓰시오.

```
1  #include <stdio.h>
2  int main(void) {
3      int sum = 0;
4      for (int i = 1; i <= 3; i++) {
5          for (int j = 1; j <= i; j++) {
6              sum += i + j;
7          }
8      }
9      printf("%d", sum);
10     return 0;
11 }
```

04 다음 C언어 프로그램의 실행 결과가 51234가 나오도록 (①) 안에 들어갈 알맞은 코드를 쓰시오.

```c
1   #include <stdio.h>
2   int main(void) {
3       int b[5] = { 1, 2, 3, 4, 5 };
4       int temp;
5       temp = b[4];
6       for (int i = 4; i > 0; i--) {
7           b[i] = b[i - 1];
8       }
9       (  ①  ) = temp;
10      for (int i = 0; i < 5; i++) {
11          printf("%d", b[i]);
12      }
13      return 0;
14  }
```

05 다음 C언어 프로그램의 실행 결과를 쓰시오.

```c
1   #include <stdio.h>
2   int main(void) {
3       int value = 1;
4       for (int i = 1; ; i++) {
5           if (i > 5)
6               break;
7           value = value * i;
8       }
9       printf("%d", value);
10      return 0;
11  }
```

06 다음 JAVA 프로그램의 실행 결과를 쓰시오.

```java
public class Main {
    public static void main(String[] args) {
        int m = 4197;
        int a = m / 1000;
        int b = (m % 1000) / 500;
        int c = (m % 500) / 100;
        int d = (m % 100) / 10;

        System.out.println(a + " " + b + " " + c + " " + d);
    }
}
```

07 다음 JAVA 프로그램의 실행 결과를 쓰시오.

```java
class Parent {
    Parent() {
        System.out.print("A");
    }
}
class Child extends Parent {
    Child() {
        System.out.print("BB");
    }
}
public class Main {
    public static void main(String[] args) {
        Parent p = new Child();
        Child c = new Child();
    }
}
```

08 다음 JAVA 프로그램의 실행 결과를 쓰시오.

```java
public class Main {
    public static void main(String[] args) {
        String s1 = "Hello" + "World";
        String s2 = "HelloWorld";
        String s3 = new String("Hello") + new String("World");
        System.out.println(s1 == s2);
        System.out.println(s1 == s3);
        System.out.println(s1.equals(s3));
    }
}
```

09 다음 JAVA 프로그램의 실행 결과를 쓰시오.

```java
class Parent {
    int x = 10;
    Parent(int x) {
        this.x = x * 2;
    }
}
class Child extends Parent {
    int x = 20;
    Child() {
        super(5);
        this.x = super.x + 10;
    }
    int getValue() {
        return x;
    }
}
public class Main {
    public static void main(String[] args) {
        Child obj = new Child();
        System.out.println(obj.getValue());
    }
}
```

10 다음 각 기능에 해당하는 CSS 속성을 보기에서 골라 쓰시오.

[보기]				
color	background-color	font-size	text-align	margin
padding	border	width	height	display

① 글자 색상을 지정하는 속성을 쓰시오.
② 요소 바깥 여백(주변 간격)을 지정하는 속성을 쓰시오.
③ 텍스트를 왼쪽, 가운데, 오른쪽 정렬하는 데 사용하는 속성을 쓰시오.

11 다음 Python 프로그램의 실행 결과를 쓰시오.

```
1  nums1 = [1, 2, 3]
2  nums2 = [10, 20, 30]
3  result = list(map(lambda x, y: x * y, nums1, nums2))
4  print(result)
```

12 다음 Python 프로그램의 실행 결과를 쓰시오.

```
1   def func(value):
2       if type(value) == type(100):
3           return 100
4       elif type(value) == type(""):
5           return len(value)
6       else:
7           return 20
8
9   x = 'Python'
10  y = [1, 2, 3, 4, 5]
11  z = 50
12  print(func(x) + func(y) + func(z))
```

13 학생 테이블의 구조가 다음과 같을 때, 학번(26001), 이름(김영진), 전공(컴퓨터공학) 데이터를 삽입하는 SQL 쿼리를 쓰시오. (컬럼 이름을 명시)

```
CREATE TABLE 학생 (
  학번 INT,
  이름 VARCHAR(20),
  전공 VARCHAR(30)
);
```

14 path 테이블에는 성명, 주소 컬럼이 있다. 성이 김씨이면서 이름이 1글자인 사람의 정보를 찾는 SQL 코드에 대하여 (①) 안에 들어갈 알맞은 와일드카드 문자를 쓰시오.

```
SELECT * FROM path WHERE 성명 LIKE (   ①   )  ORDER BY 성명 DESC;
```

15 상품 테이블에 대한 SQL 쿼리 수행 결과를 쓰시오.

상품

ID	가격	재고
1	1000	NULL
2	2000	10
3	1500	5
4	NULL	8
5	3000	15

```
SELECT COUNT(가격)
FROM 상품
WHERE 가격 IN (1000, 2000) OR 재고 IN (8, 15);
```

실전 모의고사 08회

자격종목	시험 시간	풀이 시간
프로그래밍기능사	90분	분

01 현재 작업 디렉터리의 절대 경로가 다음과 같을 때, 주어진 명령어 실행 후 최종 경로를 쓰시오.

```
[작업폴더]
/home/user

[실행]
cd project
cd ./src
cd ../test
```

02 현재 작업 디렉터리에 있는 파일 report.txt를 하위 디렉터리로 있는 backup으로 복사하면서, 이 복사된 파일 이름을 report_bak.txt로 저장하려고 한다. 이를 수행하는 Linux 터미널 명령을 한 줄로 쓰시오.

03 다음 C언어 프로그램의 실행 결과를 쓰시오.

```c
#include <stdio.h>
int main(void) {
    int num = 0x111;
    printf("%d", num);
    return 0;
}
```

04 다음 C언어 프로그램의 실행 결과를 쓰시오.

```c
#include <stdio.h>
int r1() {
    return 5;
}
int r10() {
    return (40 + r1());
}
int r100() {
    return (300 + r10());
}
int main(void) {
    printf("%d\n", r100());
    return 0;
}
```

05 다음 C언어 프로그램의 실행 결과를 쓰시오.

```c
#include <stdio.h>
int mp(int base, int exp) {
    int res = 1;
    for (int i = 0; i < exp; i++) {
        res = res * base;
    }
    return res;
}
int main(void) {
    int res;
    res = mp(2, 5);
    printf("%d", res);
    return 0;
}
```

06 다음 C언어 프로그램의 실행 결과를 쓰시오.

```c
#include <stdio.h>
int main(void) {
    int *arr[3];
    int a = 12, b = 19, c = 7;
    arr[0] = &a;
    arr[1] = &b;
    arr[2] = &c;
    printf("%d\n", *arr[1] + **arr + 1);
    return 0;
}
```

07 다음은 버블 정렬(Bubble Sort)로 배열을 오름차순 정렬하는 JAVA 프로그램이다. (①)에 들어갈 알맞은 코드를 쓰시오.

```java
public class Main {
    public static void main (String[] args) {
        int[] a = {5, 1, 4, 2, 3};
        for (int i = 0; i < a.length - 1; i++) {
            for (int j = 0; j < a.length - 1 - i; j++) {
                if (a[j] > a[j + 1]) {
                    int t = a[j];
                    (   ①   )
                    a[j + 1] = t;
                }
            }
        }
        for (int v : a) {
            System.out.print(v);
        }
    }
}
```

```java
public class Main {
    public static void main(String[] args) {
        int sum = 0;
        try {
            func();
        }
        catch (NullPointerException e) {
            sum = sum + 1;
        }
        catch (Exception e) {
            sum = sum + 10;
        }
        finally {
            sum = sum + 100;
        }
        System.out.print(sum);
    }
    static void func() throws Exception {
        throw new NullPointerException();
    }
}
```

```java
class Connection {
    private static Connection _inst_ = null;
    private int count = 0;
    static public Connection get() {
        if(_inst_ == null) {
            _inst_ = new Connection();
            return _inst_;
        }
        return _inst_;
    }
    public void count() {
        count++;
    }
    public int getCount() {
        return count;
    }
}
public class Main {
    public static void main(String[] args) {
        Connection conn1 = Connection.get();
        conn1.count();
        Connection conn2 = Connection.get();
        conn2.count();
        Connection conn3 = Connection.get();
        conn3.count();
        System.out.print(conn1.getCount());
    }
}
```

10 다음 JAVA 프로그램의 실행 결과를 쓰시오.

```java
class Static{
    public int a = 20;
    static int b = 0;
}

public class Main {
    public static void main(String[] args) {
        int a;
        a = 10;
        Static.b = a;
        Static st = new Static();

        System.out.println(Static.b++);
        System.out.println(st.b);
        System.out.println(a);
        System.out.print(st.a);
    }
}
```

11 다음 Python 프로그램의 실행 결과를 쓰시오.

```python
s = "Miracle Youngjin PATH"

a = s[0 : 7]
b = s[8 : 16]
c = s[17 : ]

result = a + " " + c
print(result)
```

12 가장 높은 급여를 받는 직원의 직원명과 급여를 조회하는 SQL 코드에 대하여 (①) 안에 들어갈 알맞은 집계 함수를 쓰시오.

```
SELECT 직원명, 급여
FROM 직원
WHERE 급여 = (SELECT (    ①    ) FROM 직원);
```

13 student 테이블에는 컴퓨터학과 학생 50명, 경영학과 학생 100명, 기계과 학생 50명의 정보가 저장되어 있다. 다음 SQL 쿼리 수행 결과에 따른 튜플의 수를 쓰시오.

```
SELECT 학과 FROM student;
```

14 test 테이블의 번호 컬럼에 대해 오름차순 정렬하여 중복되는 값 없이 idx_번호라는 이름으로 인덱스를 생성하는 SQL 코드에 대하여 (①) 안에 들어갈 알맞은 키워드를 쓰시오.

```
CREATE (    ①    ) INDEX idx_번호 ON test (번호 ASC);
```

15 판매 테이블에서 상품별 총판매액이 10000 이상인 상품명과 총판매액을 조회하는 SQL 코드에 대하여 (①) 에 들어갈 알맞은 키워드를 쓰시오.

```
SELECT 상품명, SUM(판매액) AS 총판매액
FROM 판매
(    ①    ) 상품명
HAVING SUM(판매액) >= 10000;
```

자격종목	시험 시간	풀이 시간
프로그래밍기능사	90분	분

01 report.txt 파일에 사용자에게 읽기/쓰기/실행 권한을 부여하고, 그룹에게는 읽기/쓰기 권한을 부여하며, 기타 사용자에게는 읽기 권한만 부여하는 Linux 터미널 명령을 쓰시오. (8진법을 사용)

02 IP 주소, MAC 주소 등 네트워크 인터페이스의 정보를 확인할 수 있도록 도와주는 Linux 터미널 명령어를 보기에서 골라 쓰시오.

〈보기〉

chmod	vi	cat	ls	pwd	echo
ifconfig	top	rm	cp	cd	export

03 다음 C언어 프로그램의 실행 결과를 쓰시오.

```
1  #include <stdio.h>
2  int main(void) {
3      int val1, val2, output;
4      val1 = 32;
5      val2 = 3;
6      output = val1 << 2 >> val2;
7      printf("%d", output);
8      return 0;
9  }
```

04 다음 C언어 프로그램의 실행 결과를 쓰시오.

```c
#include <stdio.h>
int main(void) {
    int number = 8765;
    int divisor = 10;
    int result = 0;
    while (number > 0) {
        result = result * divisor;
        result = result + number % divisor;
        number = number / divisor;
    }
    printf("%d", result);
    return 0;
}
```

05 다음 C언어 프로그램의 실행 결과를 쓰시오.

```c
#include <stdio.h>
int isPrime(int number) {
    if (number < 2) return 0;
    for (int i = 2; i < number; i++) {
        if (number % i == 0) return 0;
    }
    return 1;
}
int main(void) {
    int count = 0;
    for (int i = 2; i <= 20; i++) {
        if (isPrime(i)) count++;
    }
    printf("%d", count);
    return 0;
}
```

06 다음 JAVA 프로그램의 실행 결과를 쓰시오.

```
1  public class Main {
2      public static void main(String[] args) {
3          boolean x = true, y = false, z = true;
4          boolean result = (x | y) & !(y & z) & (x ^ z);
5          System.out.println(result);
6      }
7  }
```

07 다음 JAVA 프로그램의 실행 결과를 쓰시오.

```
1  public class Binary {
2      public static void main(String[] args) {
3          int[] binary = new int[8];
4          int index = 0;
5          int num = 15;
6          while (num > 0) {
7              binary[index++] = num % 2;
8              num /= 2;
9          }
10         for (index = 7; index >= 0; index--) {
11             System.out.print(binary[index]);
12         }
13     }
14 }
```

08 다음 JAVA 프로그램의 실행 결과를 쓰시오.

```
1   class ovr {
2       int sun(int x, int y) {
3           return x + y;
4       }
5   }
6   class ovr2 extends ovr {
7       int sun(int x, int y) {
8           return x - y + super.sun(x, y);
9       }
10  }
11  public class Main {
12      public static void main(String[] args){
13          ovr a1 = new ovr();
14          ovr a2 = new ovr2();
15          System.out.println(a1.sun(5, 3) + a2.sun(5, 3));
16      }
17  }
```

09 다음 JAVA 프로그램의 실행 결과를 쓰시오.

```
1   class A {
2       int calculate(int x) {
3           return x * 2;
4       }
5   }
6   class B extends A {
7       int calculate(int x) {
8           return super.calculate(x) + x;
9       }
10  }
11  public class Main {
12      public static void main(String[] args) {
13          A obj = new B();
14          System.out.println(obj.calculate(5));
15      }
16  }
```

10 다음 JavaScript 코드의 실행 결과를 쓰시오.

```
1  let a = { x: 10, y: 20 };
2  let b = a;
3  b.x = 419;
4  console.log(a.x);
```

11 다음 Python 프로그램의 실행 결과를 쓰시오.

```
1  text = "PROGRAMMING"
2  reversed_text = text[ : :-1]
3  result = reversed_text[2: :3]
4  print(result)
```

12 다음 Python 프로그램의 실행 결과를 쓰시오.

```
1  def reverse_list(lst):
2      for i in range(len(lst) // 2):
3          lst[i], lst[-i-1] = lst[-i-1], lst[i]
4  lst = [10, 20, 30, 40, 50, 60]
5  reverse_list(lst)
6  print(sum(lst[::2]) - sum(lst[1::2]))
```

13 emp 테이블에서 더 이상 사용하지 않는 address 컬럼을 삭제하는 SQL 코드에 대하여 (①)에 들어갈 알맞은 키워드를 쓰시오.

```
ALTER TABLE emp (    ①    ) address;
```

14 학생 테이블에 대한 SQL 쿼리 수행 결과를 테이블로 작성하시오.

학생

학번	이름	나이	학과	지역
240001	이광수	21	간호	서울
240002	유지민	23	디자인	경기
220001	지예은	24	사회복지	부산
260001	신지혜	20	디자인	경기
250001	김민정	22	컴퓨터	경기

```
SELECT COUNT(DISTINCT 학과) AS 인원수
FROM 학생
WHERE 지역 <> '서울';
```

15 사원 테이블에서 부서가 마케팅인 인원의 입사년도를 조회하여 VIEW로 생성하는 SQL 코드에 대하여 ( )에 들어갈 알맞은 키워드를 각각 쓰시오.

```
(   ①   ) VIEW 마케팅입사년도 (   ②   )
SELECT 입사년도 FROM 사원 WHERE 부서 = '마케팅';
```

자격종목	시험 시간	풀이 시간
프로그래밍기능사	90분	분

01 다음 각 기능에 해당하는 Linux 터미널 명령어를 보기에서 골라 쓰시오.

〈보기〉

cp	top	kill	curl	wget
tar	head	tail	cut	sort

① CPU와 메모리 사용량을 실시간으로 모니터링하는 명령어를 쓰시오.
② 특정 PID 프로세스를 종료하는 명령어를 쓰시오.
③ 파일의 처음 10줄을 출력하는 명령어를 쓰시오.

02 Windows에서 현재 작업 디렉터리의 절대 경로가 다음과 같을 때, 상대 경로로 제시된 디렉터리의 절대 경로를 쓰시오.

[작업폴더]
C:\Users\developer\workspace\backend

[상대 경로]
..\..\..\data\temp

03 다음 C언어 프로그램의 실행 결과를 쓰시오.

```c
1   #include <stdio.h>
2   int power(int base, int exp);
3   int main(void) {
4       printf("%d", power(3, 4));
5   }
6   int power(int base, int exp) {
7       if(exp == 0)
8           return 1;
9       return base * power(base, exp - 1);
10  }
```

04 다음 C언어 프로그램의 실행 결과를 쓰시오.

```c
1   #include <stdio.h>
2   int main(void) {
3       int arr[2] = {15, 25};
4       int *ptr = arr;
5       printf("%d %d", *ptr + 2, *(ptr + 1) - 2);
6       return 0;
7   }
```

05 다음 JAVA 프로그램의 실행 결과를 쓰시오.

```
1  public class Main {
2      public static void main(String[] args) {
3          String text = "Hello Java Programming";
4          String result = text.replaceAll("[^a-z]", "");
5          System.out.print(result.length());
6      }
7  }
```

06 다음 JAVA 프로그램의 실행 결과를 쓰시오.

```
1  public class Main {
2      public static void main(String[] args) {
3          int count = 0;
4          for (int i = 0; i < 10; i = (int) Math.pow(2, i)) {
5              count++;
6          }
7          System.out.println(count);
8      }
9  }
```

07 다음 JAVA 프로그램의 실행 결과를 쓰시오.

```
1  public static void main (String[] args)
2      public static void main (String[] args) {
3          char num = 033;
4          System.out.printf("%04X", num << 3);
5      }
6  }
```

08 다음 JAVA 프로그램의 실행 결과를 쓰시오.

```
1   public class Main {
2       public static void main (String[] args) {
3           int num1 = 3;
4           int num2 = 7;
5           if (++num1 < 5 || ++num2 > 8) {
6               System.out.println(num1);
7           }
8           System.out.println(num2);
9       }
10  }
```

09 다음 JAVA 프로그램의 실행 결과를 쓰시오.

```
1   class Text1 {
2       int a = 2;
3       int b = 1;
4       Text1() {
5           System.out.print((this.a - this.b));
6       }
7       Text1(int a, int b) {
8           System.out.print((this.a + this.b));
9       }
10  }
11  class Text2 extends Text1 {
12      int a = 3;
13      int b = 5;
14      Text2(int a, int b) {
15          System.out.print((super.a * this.b));
16      }
17  }
18  public class Main {
19      public static void main(String[] args) {
20          Text1 t1 = new Text2(3, 1);
21      }
22  }
```

10 다음 JAVA 프로그램의 실행 결과를 쓰시오.

```java
class Node {
    int data;
    Node left;
    Node right;
    Node(int data) {
        this.data = data;
    }
}
public class Main {
    public static void main(String[] args) {
        Node root = new Node(10);
        root.left = new Node(5);
        root.right = new Node(30);
        root.right.left = new Node(20);
        int height = height(root);
        System.out.println(height);
    }
    static int height(Node node) {
        if (node == null) return 0;
        int lh = height(node.left);
        int rh = height(node.right);
        return 1 + Math.max(lh, rh);
    }
}
```

11 다음 JavaScript 코드의 실행 결과를 쓰시오.

```
1   let a = 10;
2   let b = "10";
3
4   if (a == b && a === b) {
5       console.log("A");
6   }
7   else if (a == b && a !== b) {
8       console.log("B");
9   }
10  else {
11      console.log("C");
12  }
```

12 다음 Python 프로그램의 실행 결과를 쓰시오.

```
1   nums = [1, 2, 3, 4, 5, 6]
2   result = list(map(lambda x: x * 10, filter(lambda x: x % 2 == 0, nums)))
3   print(result)
```

13 회원 테이블에서 상태가 '탈퇴'인 행들을 완전히 삭제하는 SQL 코드에 대하여 (①)에 들어갈 알맞은 키워드를 쓰시오.

```
(   ①   ) 회원 WHERE 상태 = '탈퇴';
```

14 다음은 게시글 테이블을 생성하는 SQL 코드이다. 작성자ID 컬럼은 회원 테이블의 ID 컬럼을 참조하는 외래키이고 참조되는 회원의 ID가 변경될 경우, 이를 참조하는 게시글 테이블의 작성자ID도 함께 자동으로 변경되도록 설정하려고 한다. (   )에 들어갈 알맞은 키워드를 각각 쓰시오.

```
CREATE TABLE 게시글 (
  글번호 INT PRIMARY KEY,
  내용 TEXT,
  작성자ID VARCHAR(20),
  CONSTRAINT FK_작성자 (   ①   ) (작성자ID)
  REFERENCES 회원(ID)
  (   ②   ) CASCADE
);
```

15 학생 테이블에는 학번, 이름, 학년 컬럼이 있다. 3학년과 4학년인 학생의 학번을 조회하는 SQL 쿼리를 IN 연산자를 사용하여 쓰시오.

학생

학번	이름	학년
2501	최영훈	1
2411	임연희	2
2318	이형준	3
2105	김민희	4

실전 모의고사
정답 & 해설

01	/home/user/project/bin/utils
02	① grep ② mv
03	13
04	items()
05	① 8 ② 10
06	implements
07	JYJHJY
08	IPO
09	__P%
10	합계 / 5
11	15
12	105
13	ON DELETE CASCADE
14	50 60 30
15	true false

01번 해설 ..는 상위 디렉터리를 의미한다.

현재 위치가 /home/user/project/src/module이므로 ../..를 적용하면 두 단계 위인 /home/user/project로 이동한다.

이후 bin/utils로 이동하므로 최종 절대 경로는 /home/user/project/bin/utils가 된다.

02번 해설
- grep : 파일 내용에서 특정 문자열(패턴)이 포함된 행을 찾아 출력하는 명령이다.
- mv : 파일을 이동하거나 같은 위치에서 이름을 바꿔 파일 이름 변경에 사용한다.
- ls : 현재 디렉터리의 파일/폴더 목록을 출력한다.
- pwd : 현재 작업 디렉터리의 절대 경로를 출력한다.
- chmod : 파일/디렉터리의 권한(r/w/x)을 변경한다.
- echo : 문자열을 화면에 출력한다. (리다이렉션과 함께 파일에 기록할 때도 사용)
- cat : 텍스트 파일의 내용을 화면에 출력한다.
- ifconfig : 네트워크 인터페이스 정보를 확인한다. (환경에 따라 ip addr를 사용)

03번 해설 함수 recur(n)은 n <= 1이면 1을 반환하고, 그 외에는 n + recur(n-2)를 반환한다. 즉, 2씩 줄어들면서 값을 더해 가는 재귀 구조이다.

recur(6) = 6 + recur(4)

recur(4) = 4 + recur(2)

recur(2) = 2 + recur(0)

recur(0) = 1 (n <= 1이므로)

따라서,

recur(2) = 2 + 1 = 3

recur(4) = 4 + 3 = 7

recur(6) = 6 + 7 = 13

최종적으로 출력은 13이다.

04번 해설 딕셔너리에서 키와 값을 함께 순회하려면 items( )를 사용한다.

items( )는 (키, 값) 쌍을 반복 가능한 형태로 반환하므로, 리스트 컴프리헨션에서 for k, v in d.items( )처럼 받아 v == value인 키만 골라낼 수 있다.

05번 해설 ① 8번째 줄의 print(calc[nums])에서 오류가 발생한다. calc는 함수인데, calc[nums]처럼 대괄호 []를 사용하면 TypeError가 발생한다. 함수를 호출하려면 소괄호 ( )를 사용해야 하므로 calc(nums)로 수정한다.

② calc(arr) 함수는 리스트 arr의 모든 값을 total에 누적해서 합계를 반환한다. nums = [3, 5, 2]이므로, 올바르게 함수가 호출되면 3 + 5 + 2 = 10이 된다.

06번 해설 Op는 인터페이스이며, Mul 클래스는 Op가 정의한 run 메서드를 구현하여 곱셈 결과를 반환한다. JAVA에서 클래스가 인터페이스를 구현할 때는 implements 키워드를 사용하므로, class Mul implements Op 형태가 되어 객체를 Op 타입으로 참조해도 run(4, 5)의 결과인 20이 출력된다.

07번 해설   s1은 문자열 리터럴 "PATH"를 참조하고, s2는 new String("PATH")로 생성한 새로운 String 객체를 참조한다.

두 변수가 참조하는 객체는 서로 다를 수 있으나, equals 메서드는 문자열의 내용이 같은지를 비교한다.

s1과 s2의 문자열 내용은 모두 "PATH"로 동일하므로 조건식이 참이 되어 JYJHJY가 출력된다.

만약 코드의 if 조건문이 s1 == s2이라면 문자열의 값이 같아도 참조 주소가 다르기 때문에 False가 나와 else 조건으로 실행되게 된다.

08번 해설   new Output( )을 실행하면 Output 클래스의 객체를 만들게 된다. 이때 Output은 Process를 상속하고, Process는 Input을 상속한다.

자바에서는 자식 클래스의 객체를 만들 때 부모 클래스 부분부터 먼저 만들어야 하므로, 생성자가 부모 → 자식 순서로 호출된다.

호출 순서는 다음과 같다.

1. Input 생성자가 먼저 실행되어 I가 출력된다.
2. 그다음 Process 생성자가 실행되어 P가 출력된다.
3. 마지막으로 Output 생성자가 실행되어 O가 출력된다.

따라서 출력은 I, P, O가 이어져 IPO가 된다.

09번 해설   LIKE는 문자열의 패턴을 이용해 조건에 맞는 데이터를 찾는 방식이다.

언더바(_)는 글자 1개를 의미하고, 퍼센트(%)는 글자가 0개 이상 이어질 수 있음을 의미한다. 따라서 세 번째 글자가 P가 되려면 앞의 두 글자는 각각 _로 처리하고, 세 번째 위치에 P를 놓으면 된다. 그 뒤에는 어떤 글자가 이어져도 되므로 %를 붙여 _ _P%가 된다.

10번 해설   먼저 서브쿼리(SELECT c1 FROM t1)는 t1의 c1 값인 A, C, D를 가져온다.

그다음 바깥쪽 쿼리는 t2에서 c1이 A, C, D에 포함되지 않는 행만 남긴다.

t2의 c1은 B, C, E인데 이 중에서 C는 제외되고 B와 E만 남는다.

남은 행의 c2는 B가 3, E가 2이므로 합계는 3 + 2 = 5가 된다.

11번 해설   int arr[] = {3, 7, 2, 8} 배열은 메모리에 순차적으로 저장되며, int *p = arr는 배열의 첫 번째 요소(arr[0])의 주소인 &arr[0]을 가리킨다.

- arr[0] (주소: p): 3
- arr[1] (주소: p+1): 7
- arr[2] (주소: p+2): 2
- arr[3] (주소: p+3): 8

즉 *(p+1) = 7이고 *(p+3) = 8이므로 더하면 15가 된다.

12번 해설 함수 f는 n이 1 이하이면 1을 반환하고, 그렇지 않으면 n에 f(n − 2)를 곱한 값을 반환한다. 즉, 2씩 줄여 가며 곱하는 재귀 함수이다.

f(7)을 계산하면 다음과 같다.

f(7) = 7 × f(5)

f(5) = 5 × f(3)

f(3) = 3 × f(1)

f(1) = 1 (n <= 1이므로 종료)

따라서 f(7) = 7 × 5 × 3 × 1 = 105가 되어 105가 출력된다.

13번 해설 외래키는 다른 테이블의 행을 참조하는 제약조건이다. 기본 상태에서는 부모 테이블(test)의 행을 지우려 할 때 자식 테이블(child)에 참조 중인 행이 있으면 삭제가 막힐 수 있다. 부모 행이 삭제될 때 자식 테이블의 관련 행도 자동으로 함께 삭제되게 하려면 외래키 옵션으로 ON DE-LETE CASCADE를 지정해야 한다.

14번 해설 Node는 data 값을 저장하고, left와 right로 다른 노드를 연결할 수 있는 클래스이다. 코드에서는 root를 50으로 만들고, 왼쪽과 오른쪽 자식 노드를 차례대로 연결한다.

```
     50
    /  \
  20    70
 / \      \
60 10     30
```

root.data는 루트 노드의 값이므로 50이 출력된다.

root.left.left.data는 루트의 왼쪽(20)으로 간 뒤, 다시 왼쪽(60)으로 간 노드의 값이므로 60이 출력된다.

root.right.right.data는 루트의 오른쪽(70)으로 간 뒤, 다시 오른쪽(30)으로 간 노드의 값이므로 30이 출력된다.

따라서 출력은 줄마다 50, 60, 30이 된다.

15번 해설 JavaScript에서 ==는 값만 비교하려고 하며, 필요하면 자료형을 자동으로 변환해서 비교한다. 그래서 숫자 5와 문자열 "5"를 비교할 때 문자열 "5"가 숫자 5처럼 변환되어 같다고 판단하므로 x == y는 true가 된다.

반면 ===는 자료형까지 같이 비교하는 연산자이다. x는 숫자(number)이고 y는 문자열(string)이므로 자료형이 다르다. 따라서 x === y는 false가 된다.

01 grep —H "active" *.conf

02 mv backup/config.json backup/config_old.json

03 19 6

04 int *data(또는 int data[])

05 3

06 B

07 ① 8   ② Calc c = new Calc();

08 jAvA

09 10

10 1

11 [12, 4, 15, 7, 9]

12 [78, 85, 92]

13 15

14 SELECT * FROM emp WHERE department = '영업';

15 HAVING

grep는 텍스트 파일에서 특정 문자열(패턴)이 포함된 줄을 찾아 출력하는 Linux 명령어이다. 설정 파일(.conf)이나 로그에서 원하는 단어가 들어 있는 줄을 빠르게 찾을 때 사용한다.

여기서는 현재 디렉터리의 모든 .conf 파일을 대상으로 "active"가 포함된 줄을 찾고, 어느 파일에서 나온 줄인지 알 수 있도록 파일 이름도 함께 출력해야 한다.

따라서 파일 이름을 함께 출력하는 −H 옵션을 사용하여 grep −H "active" *.conf로 작성한다.

grep 옵션	설명	사용 예시
−i	대소문자 구분 없이 검색	grep −i "active" file.conf
−v	패턴과 일치하지 않는 줄만 출력	grep −v "error" log.txt
−n	줄 번호를 함께 출력	grep −n "error" log.txt
−c	일치하는 줄 수만 출력	grep −c "active" *.conf
−l	패턴이 있는 파일 이름만 출력	grep −l "active" *.conf
−H	파일 이름과 함께 출력	grep −H "active" *.conf
−r	하위 디렉토리를 포함해 재귀적 검색	grep −r "error" /etc/

Linux에서 파일의 이름을 변경하거나 위치를 옮길 때는 mv 명령어를 사용한다.

첫 번째 인수 backup/config.json은 이름을 바꿀 대상 파일의 경로와 현재 이름을 의미한다.

두 번째 인수 backup/config_old.json은 변경 후 파일이 존재할 경로와 새 이름을 의미한다.

두 경로의 디렉터리 부분이 모두 backup/으로 같으므로, 파일을 다른 폴더로 이동하지 않고 이름만 변경하게 된다.

따라서 mv [기존경로/기존이름] [새경로/새이름] 형식으로 작성하면, 같은 디렉터리 내에서는 이름 변경이 되고 다른 디렉터리를 지정하면 파일 이동이 된다.

C에서 int끼리 나눗셈을 하면 소수점 이하는 버리고 정수 부분만 남는다.

처음 값은 x = 7, y = 3이다.

x = x * y − (x / y);

- x * y는 7 * 3 = 21이다.
- x / y는 7 / 3인데 정수 나눗셈이므로 2가 된다.
- 따라서 x는 21 − 2 = 19가 된다.

y = y + x % 4;

- x % 4는 19를 4로 나눈 나머지이므로 3이다.
- 따라서 y는 3 + 3 = 6이 된다.

마지막으로 printf("%d %d", x, y);는 x와 y를 공백으로 구분해 출력하므로 19 6이 출력된다.

04번 해설 main 함수의 data는 int형 배열이다. C에서 배열 이름을 함수에 전달하면 배열 전체가 복사되어 넘어가는 것이 아니라, 배열의 첫 번째 원소 주소가 전달된다. 그래서 total 함수는 배열의 시작 주소를 받을 수 있도록 매개변수를 포인터 형태로 선언해야 하며, int *data로 선언하면 data[i]처럼 배열 인덱스 방식으로 접근할 수 있다.

또한 int data[]로 선언해도 매개변수에서는 포인터처럼 처리되므로 같은 방식으로 동작한다. 참고로 int data[5]처럼 크기를 함께 적는 형태도 문법상 가능하지만, 함수 매개변수에서의 배열 크기는 동작에 영향을 주지 않고 표기 의미에 가깝다.

05번 해설 삼항 연산자는 (조건식) ? 참 : 거짓 형태로서, 함수 f는 입력값 n이 짝수이면 2로 나눈 값을 반환하고, 홀수이면 2를 곱한 값을 반환한다.

x = f(f(x))는 f를 두 번 연속으로 적용한다.

• 먼저 f(x)를 계산한다. x=3은 홀수이므로 2를 곱해 f(3) = 6이 된다.
• 그다음 f(6)을 계산한다. 6은 짝수이므로 2로 나눠 f(6) = 3이 된다.

따라서 x에는 다시 3이 저장되고, 출력 결과는 3이다.

06번 해설 B는 A를 상속하고, show 메서드를 같은 이름으로 다시 정의했다. 이를 메서드 오버라이딩이라고 한다.

A obj = new B( );는 변수 타입은 A이지만, 실제로 만들어진 객체는 B 객체이다. 자바에서는 메서드를 호출할 때 변수의 타입이 아니라 실제 객체의 타입에 따라 실행할 메서드가 결정된다.

따라서 obj.show( )를 실행하면 B 클래스의 show가 호출되어 B가 출력된다.

07번 해설 8행에서 객체를 생성할 때 new Calc까지만 쓰고 생성자 호출을 위한 괄호( )가 빠져 있어 문법 오류가 발생한다.

자바에서 클래스로 객체를 만들려면 new 클래스이름( ) 형태로 생성자를 호출해야 한다.

따라서 8행을 Calc c = new Calc( );로 고치면 Calc 객체가 정상 생성되고, c.add(2,3)이 2+3을 계산하여 5가 출력된다.

08번 해설 a에는 문자열 "java"가 저장되어 있다. replace는 문자열에서 특정 문자를 다른 문자로 바꾼 새 문자열을 만들어 반환하는 메서드이다. 따라서 "java"의 모든 "a"가 "A"로 바뀌어 "jAvA"가 되고, 그 결과가 b에 저장된다.

09번 해설 x++는 현재 값을 먼저 사용한 뒤에 1 증가이고, ++x는 먼저 1 증가한 뒤에 그 값을 사용이다. 또한 JAVA는 식을 왼쪽부터 순서대로 계산한다.

• x++는 먼저 4를 사용하고, 그 다음 x는 5가 된다.
• ++x는 x를 먼저 6으로 만든 뒤, 6을 사용한다.

따라서 x++ + ++x는 4 + 6 = 10이 된다.

10번 해설 P p = new C( );는 변수 타입은 P이지만 실제 객체는 C인 상황이다. 메서드는 오버라이딩이 적용되어 실제 객체 타입(C)의 메서드가 실행되지만, 필드(멤버 변수)는 다르게 동작한다.

필드는 오버라이딩이 아니라 변수의 타입을 기준으로 선택된다. 따라서 p.v는 p의 타입이 P이므로 P 클래스의 v를 사용하게 되고, 값 1이 출력된다.

11번 해설 sort의 key는 정렬 기준을 만들어 주는 값이다. lambda는 이름 없는 한 줄짜리 익명 함수를 만드는 키워드이므로 여기서는 각 숫자 n에 대해 (n%10, n//10)이라는 두 개의 값을 기준으로 정렬한다.

파이썬은 튜플을 정렬할 때 앞의 값부터 비교하고, 앞의 값이 같으면 뒤의 값을 비교한다.

각 원소의 key를 계산하면 다음과 같다.

- 15 → (5, 1)
- 7 → (7, 0)
- 12 → (2, 1)
- 9 → (9, 0)
- 4 → (4, 0)

먼저 첫 번째 기준인 n%10(일의 자리)이 작은 순서대로 정렬되므로 (2, 1), (4, 0), (5, 1), (7, 0), (9, 0) 순서가 된다.

따라서 리스트는 12, 4, 15, 7, 9의 순서로 정렬되어 [12, 4, 15, 7, 9]가 출력된다.

12번 해설 scores는 과목명을 키(key), 점수를 값(value)으로 가지는 딕셔너리이다.

scores.values( )는 딕셔너리의 값들만 모아 보여주는 객체를 만든다.

sorted(...)는 전달된 값들을 오름차순으로 정렬한 새 리스트를 만들어 반환한다.

따라서 점수 85, 92, 78이 오름차순으로 정렬되어 [78, 85, 92]가 출력된다.

13번 해설 digit_sum 함수는 숫자의 각 자릿수를 더하는 재귀 함수이다. num이 10보다 작으면(한 자리 수이면) 그 값을 그대로 반환한다. 그렇지 않으면 num % 10으로 마지막 자리(일의 자리)를 떼어 내고, num // 10으로 정수 몫만 구한 뒤 두 결과를 다시 digit_sum으로 계산해 더한다.

- digit_sum(357) = digit_sum(7) + digit_sum(35)
- digit_sum(35) = digit_sum(5) + digit_sum(3)
- digit_sum(7) = 7, digit_sum(5) = 5, digit_sum(3) = 3이므로 합은 7 + 5 + 3 = 15가 된다.

14번 해설 SELECT *는 테이블의 모든 열을 조회하는 의미이다.

WHERE 절에서 문자열을 검색할 때에는 작은 따옴표(' ')를 사용하고 숫자 조건일 때에는 따옴표 없이 작성한다.

데이터타입	조건 작성	예시
문자열	작은따옴표(' ')	WHERE name = '김'
숫자	따옴표 없음	WHERE age = 30
날짜	작은따옴표(' ')	WHERE date = '2026-01-01'
NULL	IS NULL	WHERE value IS NULL

15번 해설 이 SQL 쿼리는 먼저 GROUP BY 부서를 사용해 같은 부서끼리 묶는다. 이렇게 묶이면 부서마다 한 묶음(그룹)이 만들어지고, AVG(급여)는 각 부서 그룹의 평균 급여를 계산한다.

이제 문제는 평균 급여가 4000 이상인 부서만 출력해야 한다는 점이다. 평균 급여는 각 부서를 그룹으로 묶고 난 뒤에 계산되는 값이므로, 그룹 결과에 조건을 걸어야 하는데 이때 사용하는 것이 HAVING이다.

즉, HAVING AVG(급여) >= 4000은 부서별로 평균을 구한 뒤, 그 평균이 4000 이상인 부서만 남기는 의미이다.

WHERE와 쓰임을 비교하면 WHERE는 그룹을 만들기 전의 개별 행을 조건으로 걸러낼 때 사용하고, HAVING은 GROUP BY로 묶은 뒤의 그룹 결과를 조건으로 걸러낼 때 사용한다.

01	cat report.txt
02	① type ② tasklist
03	3
04	5 4
05	21
06	AB
07	TrueFalse
08	1
09	4 3.5
10	NNN
11	24
12	['a', 'c']
13	20
14	급여 >= 3000
15	LEFT JOIN(또는 LEFT OUTER JOIN)

cat은 텍스트 파일의 내용을 터미널 화면에 그대로 출력하는 Linux 명령어이다. 현재 폴더에 있는 report.txt를 출력하려면 파일 이름을 그대로 붙여 cat report.txt로 작성한다.

cat 활용 내용	명령어 예시	추가 설명
파일 내용 출력	cat file.txt	file.txt의 내용을 위에서 아래로 그대로 화면에 출력한다.
여러 파일 연결	cat file1.txt file2.txt	두 파일 내용을 순서대로 이어서 한 번에 출력한다.
파일 생성 (입력 후 Ctrl + D)	cat 〉 newfile.txt	터미널에서 입력한 내용을 newfile.txt에 저장한다. 입력을 끝낼 때 Ctrl + D 를 누르면 저장이 완료된다. 기존 파일이 있으면 내용이 덮어써진다.
파일 내용 덧붙이기	cat 〉〉 existing.txt	터미널에서 입력한 내용을 existing.txt의 끝에 추가한다. 입력 종료는 Ctrl + D 이다.
줄 번호와 함께 출력	cat −n file.txt	출력할 때 각 줄 앞에 줄 번호가 함께 표시된다.

02번 해설 Windows CMD에서 파일 내용을 화면에 출력할 때는 type 명령어를 사용한다. 예를 들어 type memo.txt처럼 입력하면 memo.txt 파일의 내용이 그대로 출력된다.

현재 실행 중인 프로그램(프로세스) 목록을 확인할 때는 tasklist 명령어를 사용한다. tasklist는 프로세스 이름, PID(프로세스를 구분하는 번호), 메모리 사용량 같은 정보를 목록으로 보여준다.

참고로, dir 명령어는 현재 폴더에 있는 파일과 폴더 목록을 보여 주는 기본 명령어이다. Linux의 ls와 비슷하게 "현재 위치에 어떤 파일/폴더가 있는지"를 확인할 때 사용한다.

03번 해설 func는 n을 2로 계속 나누면서, 그때마다 나머지(n % 2)를 r에 더한다. 2로 나눈 나머지는 0 또는 1인데, 이는 이진수로 표현했을 때 각 자리의 값과 같다. 그래서 이 함수는 n을 이진수로 바꿨을 때 1의 개수를 세는 동작을 한다.

13을 계산해 보면 다음과 같다.

n = 13일 때 r에 나머지 1을 더하고, n은 6이 된다.

n = 6일 때 r에 나머지 0을 더하고, n은 3이 된다.

n = 3일 때 r에 나머지 1을 더하고, n은 1이 된다.

n = 1일 때 r에 나머지 1을 더하고, n은 0이 된다.

r에는 1이 총 3번 더해지므로 반환값은 3이 된다.

04번 해설 swap 함수는 값을 직접 바꾸기 위해 x와 y의 주소를 받는다.

t = *a이므로 t에는 x의 값 3이 저장된다.

*a = *b이므로 x에는 y의 값 5가 들어가서 x = 5가 된다.

*b = t + 1이므로 y에는 3 + 1인 4가 들어가서 y = 4가 된다.

따라서 출력은 5 4가 된다.

for문은 i를 0부터 시작해서 2씩 증가시키므로 i는 0, 2, 4만 사용된다. 즉, 배열에서 1번째(인덱스 0), 3번째(인덱스 2), 5번째(인덱스 4) 값을 골라서 제곱한 뒤 더한다.

 i = 0일 때 arr[0] = 1이므로 sum에 1 × 1 = 1을 더한다. sum = 1
 i = 2일 때 arr[2] = 2이므로 sum에 2 × 2 = 4를 더한다. sum = 5
 i = 4일 때 arr[4] = 4이므로 sum에 4 × 4 = 16을 더한다. sum = 21
따라서 최종 출력은 21이다.

B는 A를 상속하며, show 메서드를 다시 정의했기 때문에 b.show( )를 호출하면 B의 show가 실행되어 B가 출력된다.

하지만 b.test( )는 super.show( )를 호출한다. super는 부모 클래스(A)를 뜻하므로, super.show( )는 B에서 재정의한 show가 아니라 A의 show를 실행한다. 그래서 먼저 A가 출력된다. 실행 순서는 다음과 같다.

 • b.test( ) 실행 → A의 show 호출 → A 출력
 • b.show( ) 실행 → B의 show 호출 → B 출력
따라서 최종 출력은 AB이다.

첫 번째 출력은 s1.equals(s2)의 결과이다. equals는 문자열의 내용이 같은지 비교한다. s1과 s2 모두 "Path"라는 같은 글자를 가지고 있으므로 참이 되어 True가 출력된다.

두 번째 출력은 s1 == s2의 결과이다. ==는 문자열의 내용이 아니라 같은 객체를 가리키는지(참조가 같은지)를 비교한다. s1은 문자열 리터럴로 만든 문자열을 참조하고, s2는 new로 새 String 객체를 만들어 참조하므로 서로 다른 객체가 된다. 따라서 거짓이 되어 False가 출력된다. 두 출력은 줄바꿈 없이 이어서 출력되므로 최종 결과는 TrueFalse이다.

P p = new C( );는 변수의 타입은 P이지만 실제로 만들어진 객체는 C인 상황이다. JAVA에서 메서드는 실제 객체(C)의 메서드가 실행되도록 오버라이딩이 적용되지만, 필드(멤버 변수)는 오버라이딩이 적용되지 않는다.

필드는 변수의 타입을 기준으로 선택된다. 따라서 p.x는 p의 타입이 P이므로 P 클래스의 x 값인 1을 사용하게 되어 1이 출력된다.

Test 클래스에는 이름이 같은 run 메서드가 2개 있고, 매개변수 타입이 다르다. 이런 경우를 메서드 오버로딩이라고 한다. JAVA는 메서드를 호출할 때 전달한 값의 타입에 맞는 메서드를 골라 실행한다.

t.run(3)에서 3은 int 값이므로 run(int a)가 호출되고, 3+1인 4가 반환된다.
t.run(3.0)에서 3.0은 double 값이므로 run(double a)가 호출되고, 3.0+0.5인 3.5가 반환된다.
따라서 최종 출력은 4 3.5가 된다.

10번 해설 자바에서 배열은 객체이다. == 연산자는 배열의 내용이 같은지를 비교하는 것이 아니라, 두 변수가 같은 배열 객체를 가리키는지(참조가 같은지)를 비교한다.

a와 b는 들어 있는 값이 같아 보이지만, new int[] { ... }로 각각 따로 만든 배열 객체이다. 그래서 a == b는 거짓이 되어 N이 출력된다.

b와 c도 서로 다른 배열 객체이므로 b == c는 거짓이고 N이 출력된다.

a와 c도 서로 다른 배열 객체이므로 a == c는 거짓이고 N이 출력된다.

따라서 세 번 모두 N이 출력되어 결과는 NNN이다.

11번 해설 리스트 인덱스는 0부터 시작한다. 따라서 nums[1]은 두 번째 값인 4이다.

또한 nums[−1]은 리스트의 마지막 값을 의미하므로 6이다. 두 값을 곱하면 4 × 6 = 24가 되어 24가 출력된다.

12번 해설 d.items( )는 딕셔너리의 (키, 값) 쌍을 차례대로 꺼내는 방식이다.

리스트 컴프리헨션 [k for k, v in d.items( ) if v == 1]은 값 v가 1인 경우에만 그때의 키 k를 리스트에 모은다.

딕셔너리 d에서 값이 1인 항목은 "a": 1, "c": 1이므로 키인 'a'와 'c'가 리스트에 담겨 ['a', 'c']가 출력된다.

13번 해설 Node는 data에 값을 저장하고, next로 다음 노드를 연결할 수 있는 클래스이다.

코드에서는 값이 10인 노드를 head로 만들고, head의 next에 값이 20인 노드를 연결한다. 또한 그 다음 노드로 값이 30인 노드를 연결한다.

head.next는 head 다음에 연결된 노드를 의미한다. 그 노드의 data는 20이므로 head.next.data를 출력하면 20이 출력된다.

14번 해설 WHERE 절은 조건에 맞는 행만 골라서 조회한다. 여기서는 급여가 3000 이상인 직원만 찾으면 되므로, 급여가 3000보다 크거나 같은지를 비교하는 조건식 급여 >= 3000을 넣는다. 그러면 이름과 급여 열이 해당 조건을 만족하는 행만 출력된다.

15번 해설 모든 직원을 출력해야 하므로 기준은 직원 테이블이다. 그런데 어떤 직원은 부서코드가 없거나, 부서 테이블에 해당 부서코드가 존재하지 않을 수도 있다. 이런 경우에도 직원은 빠지지 않고 출력되어야 한다.

LEFT JOIN은 왼쪽(여기서는 직원) 테이블의 행은 모두 출력하고, 조건이 맞는 부서가 있으면 부서명을 붙여서 보여 준다. 조건이 맞는 부서가 없으면 부서명은 NULL로 출력된다.

01 /home/user/workspace/project/build

02 a

03 25

04 <=

05 16

06 1234

07 7 / A−B

08 10

09 ① 12   ② n % 4 == 0 || n % 5 == 0

10 [4, 16]

11 Calculator()

12 BETWEEN

13 김%

14

직급
대리
사원
부장

15 ① VALUES   ② SELECT   ③ FROM   ④ SET

01번 해설 ..는 한 단계 위 폴더로 이동하므로 ../를 적용하면 /home/user/workspace/project가 된다.
그 다음 include로 들어가면 /home/user/workspace/project/include가 된다.
다시 ..를 만나면 한 단계 위로 올라가므로 /home/user/workspace/project로 돌아온다.
마지막으로 build로 들어가면 /home/user/workspace/project/build가 된다.

02번 해설 웹페이지에서 글자를 클릭했을 때 다른 페이지로 이동하게 하려면 링크 태그를 사용한다.
HTML에서 링크는 〈a〉 태그로 만들며, href 속성에 이동할 주소를 적는다. 따라서 여는 태그와
닫는 태그의 이름은 모두 a가 되어 〈a ...〉...〈/a〉 형태가 된다.
target="_blank"는 링크를 새 창(또는 새 탭)으로 여는 설정이다.

03번 해설 calc는 x가 3의 배수이면 x를 3으로 나눈 값을 반환하고, 3의 배수가 아니면 x에 3을 더한 값을
반환한다.
for문은 i를 1부터 5까지 증가시키며 calc(i)의 값을 s에 누적한다.
 i=1 : 3의 배수가 아니므로 calc(1) = 1 + 3 = 4
 i=2 : 3의 배수가 아니므로 calc(2) = 2 + 3 = 5
 i=3 : 3의 배수이므로 calc(3) = 3 / 3 = 1
 i=4 : 3의 배수가 아니므로 calc(4) = 4 + 3 = 7
 i=5 : 3의 배수가 아니므로 calc(5) = 5 + 3 = 8
합계는 4 + 5 + 1 + 7 + 8 = 25가 된다.

04번 해설 for문은 i = 1부터 시작해서 조건이 참인 동안 반복하고, 매 반복이 끝날 때마다 i++로 i가 1씩
증가한다. 1부터 5까지 모두 더하려면 i가 5일 때도 반복문이 실행되어야 한다.
따라서 조건은 i가 5보다 작거나 같을 때가 되어야 하므로 i 〈= 5이다. 이렇게 하면 i는 1, 2, 3,
4, 5까지 순서대로 sum에 더해져 최종 합계 15가 출력된다.

05번 해설 함수 f는 n이 1 이하이면 2를 반환하고, 그렇지 않으면 f(n−1)의 결과에 2를 곱해 반환한다. 즉,
n이 1이 될 때까지 1씩 줄여 가며 매번 2를 한 번 더 곱하는 재귀 형태이다.
f(4) = f(3) × 2
   = (f(2) × 2) × 2
   = ((f(1) × 2) × 2) × 2 = ((2 × 2) × 2) × 2 = (4 × 2) × 2 = 8 × 2 = 16

06번 해설 for문의 조건식 부분이 비어 있으므로 무한 반복이 되며, break가 실행될 때 반복이 종료된다. 반복마다 먼저 printf("%d", i + 1);로 i+1을 출력한 뒤, pow(i, 2) > 6이면 break로 빠져나간다. pow는 math.h에 있는 함수로, pow(a, b)는 a의 b제곱 값을 계산한다. 여기서는 pow(i, 2)이므로 i의 제곱(i^2)을 구하는 의미이다. pow의 반환값은 실수(double)이므로 비교 연산도 실수 기준으로 수행된다.

i 값을 순서대로 보면 다음과 같다.

i=0 : 1 출력, 0^2 = 0은 6보다 크지 않으므로 계속

i=1 : 2 출력, 1^2 = 1은 6보다 크지 않으므로 계속

i=2 : 3 출력, 2^2 = 4는 6보다 크지 않으므로 계속

i=3 : 4 출력, 3^2 = 9는 6보다 크므로 break 실행

따라서 출력은 줄바꿈 없이 1, 2, 3, 4가 이어져 1234가 된다.

07번 해설 Calc에는 이름이 같은 add 메서드가 두 개 있고, 매개변수의 타입이 다르다. 이런 경우를 메서드 오버로딩이라고 한다. 호출할 때 전달하는 값의 종류에 따라 실행되는 메서드가 달라진다.

• c.add(3, 4)는 int 두 개를 전달했으므로 add(int a, int b)가 실행되어 3+4인 7이 나온다.

• c.add("A", "B")는 문자열 두 개를 전달했으므로 add(String a, String b)가 실행되어 "A-B"가 만들어진다.

두 결과를 " / "로 이어서 출력하므로 최종 출력은 7 / A-B가 된다.

08번 해설 Math.abs(a)는 a의 절댓값을 구한다. a가 -7이므로 절댓값은 7이다.

Math.round(b)는 b를 가장 가까운 정수로 반올림한다. 2.7은 반올림하면 3이 된다.

따라서 7 + 3 = 10이 되어 10이 출력된다.

09번 해설 nums 배열에는 1부터 10까지가 들어 있다. for-each 문은 배열의 값을 하나씩 n에 꺼내서 반복한다.

① if문에서 n % 4 == 0은 n이 4로 나누어 떨어지는지(4의 배수인지) 확인하는 조건이다. 조건이 참이면 sum에 n을 더한다. 1부터 10 중 4의 배수는 4와 8이다. 따라서 sum은 4 + 8 = 12가 되어 12가 출력된다.

② 4의 배수와 5의 배수를 모두 더하려면, "4의 배수이거나 5의 배수이면 더한다"라는 조건이 필요하다. 그래서 OR을 의미하는 ||를 사용해 n % 4 == 0 || n % 5 == 0으로 바꾸면 된다. 이 조건을 만족하는 값은 4, 5, 8, 10이고 합은 27이 된다.

10번 해설 리스트 컴프리헨션은 [표현식 for 변수 in 반복가능한객체 if 조건] 구조로서 조건에 맞는 값만 골라 새 리스트를 만드는 방법이다.

range(1, 6)은 1부터 5까지의 숫자를 만든다. 그중 x % 2 == 0 조건을 만족하는 값은 짝수인 2와 4이다. 선택된 값 각각을 x**2로 제곱하면 2의 제곱은 4, 4의 제곱은 16이므로 리스트는 [4, 16]이 된다.

11번 해설   add와 mul은 Calculator 클래스에 정의된 메서드이고, 이 메서드들을 사용하려면 먼저 Cal-culator 객체를 만들어 cal에 저장해야 한다.

파이썬에서는 클래스이름( ) 형태로 객체를 생성한다. 따라서 cal = Calculator( )로 객체를 만든 뒤 cal.add(10,20)은 30, cal.mul(10,20)은 200이 되어 print(x, y)는 30 200을 출력한다.

12번 해설   BETWEEN은 어떤 값이 두 값 사이에 있는지를 확인하는 키워드이다. 급여 BETWEEN 2000 AND 4000은 급여가 2000 이상이고 4000 이하인 경우를 의미한다.

BETWEEN 연산자	의미	같은 표현
BETWEEN 2000 AND 4000	2000 이상 4000 이하(양 끝 포함)	급여 >= 2000 AND 급여 <= 4000
NOT BETWEEN 2000 AND 4000	2000 미만 또는 4000 초과	급여 < 2000 OR 급여 > 4000

13번 해설   LIKE는 문자열의 패턴을 이용해 조건에 맞는 데이터를 찾는 방식이다. %는 글자가 0개 이상 이어질 수 있음을 의미하는 와일드카드 문자이다. 따라서 김%는 김으로 시작하고 그 뒤에는 어떤 글자가 와도 된다라는 뜻이 된다.

요구사항	활용 예시
김으로 시작	LIKE '김%'
김으로 끝남	LIKE '%김'
김 포함	LIKE '%김%'
정확히 '김'	= '김' (또는 LIKE '김')
김으로 시작하고 총 두 글자	LIKE '김_'

14번 해설   π(파이) 연산은 관계대수에서 프로젝션(투영)을 의미하며, 지정한 속성(컬럼)만 남겨서 결과를 만든다. 여기서는 π직급(직원)이므로 직원 테이블에서 직급 컬럼만 뽑는다. 또한 관계대수의 프로젝션 결과는 같은 값이 중복되면 한 번만 남기는 것이 원칙이다. 따라서 직급이 사원으로 중복되어 있어도 결과에는 사원이 한 번만 나타난다.

SQL 쿼리로는 SELECT DISTINCT 직급 FROM 직원;과 동일한 결과이다.

15번 해설

첫 번째 문장은 도서 테이블에 한 행을 직접 추가하는 형태이므로 값 목록 앞에 VALUES를 사용한다.

두 번째 문장은 신간도서 테이블에서 조건에 맞는 데이터를 골라 도서 테이블에 넣는 형태이므로, FROM 앞에 SELECT가 들어가 INSERT INTO … SELECT … FROM … 구조가 된다.

세 번째 문장은 특정 조건의 행을 삭제하는 문장이며 기본 형태는 DELETE FROM 테이블명 WHERE 조건이므로 FROM이 들어간다.

네 번째 문장은 데이터를 수정하는 문장이며 UPDATE 테이블명 SET 컬럼=값 WHERE 조건 형태이므로 SET이 들어간다.

명령어	패턴
INSERT	INSERT INTO 테이블 (컬럼) VALUES(값)
DELETE	DELETE FROM 테이블 WHERE 조건
UPDATE	UPDATE 테이블 SET 컬럼=값 WHERE 조건
SELECT	SELECT 컬럼 FROM 테이블 WHERE 조건

01 chmod 644 note.txt

02 ① type   ② more

03 11

04 10

05 fopen

06 4

07 Parent Child

08 47

09 10

10 new_node = Node(5)

11 let v of arr(또는 const v of arr)

12 reduce

13

id	이름
1001	최안나
1003	김조은

14 ① 외래키   ② 후보키

15

회원번호	이름	나이
1001	도희진	20
1004	황갑영	36
1006	박유진	28

01번 해설 chmod는 파일 권한을 변경하는 Linux 명령어이다. 숫자 형식은 소유자/그룹/기타의 권한을 각각 한 자리 숫자로 표현하며, 각 자리는 읽기(r)=4, 쓰기(w)=2, 실행(x)=1을 더해서 만든다.

구분	r(4)	w(2)	x(1)	합계
소유자(owner)	4	2	0	6
그룹(group)	4	0	0	4
기타(other)	4	0	0	4

따라서 소유자 권한은 rw이므로 4+2=6, 그룹은 r만 있으므로 4, 기타도 r만 있으므로 4가 되어 644가 된다.

02번 해설 type은 텍스트 파일의 내용을 화면에 그대로 출력하는 Windows CMD 명령어이다. 예를 들어 type note.txt처럼 입력하면 note.txt의 내용이 한 번에 출력된다.

more는 출력되는 내용이 길어서 화면에 한 번에 다 보이지 않을 때, 내용을 페이지 단위로 나누어 보여주는 Windows CMD 명령어이다. 한 화면씩 멈춰서 보여주기 때문에 긴 내용을 읽기 편하다.

추가로 Windows CMD에서는 한 명령어의 출력 결과를 다른 명령어의 입력으로 넘겨서 이어서 처리할 수 있는데, 이때 사용하는 기호가 파이프(|)이다. 따라서 긴 파일을 type으로 출력하면서 more로 페이지 단위로 보고 싶다면 type long.txt | more 형태처럼 사용할 수 있다.

03번 해설 곱셈(*)이 덧셈(+)과 뺄셈(−)보다 먼저 계산된다.

x = 3, y = 4이고 먼저 y * x를 계산하면 4 * 3 = 12이다. 그 다음 +와 − 연산을 하므로 z = 3 + 12 − 4 = 11이 된다.

04번 해설 sum 함수는 1부터 n까지의 합을 재귀로 구한다. n이 0이면 더할 값이 없으므로 0을 반환하고, 그렇지 않으면 n + sum(n−1)을 계산한다.

각 i에 대해 sum(i)를 계산하면 다음과 같다.

    sum(1) −> 1 + sum(0) → 1 + 0 → 1 반환

    sum(2) −> 2 + sum(1) → 2 + 1 → 3 반환

    sum(3) −> 3 + sum(2) → 3 + 3 → 6 반환

for문은 i가 1, 2, 3일 때의 값을 모두 더하므로 total은 1 + 3 + 6 = 10이 된다.

05번 해설 fopen("input.txt", "r")은 "input.txt" 파일을 읽기 모드("r")로 연다.

파일 열기에 성공하면 그 파일을 가리키는 FILE 포인터를 fp에 저장한다. 그다음 while문에서 fgets(line, sizeof(line), fp)를 사용해 파일에서 한 줄씩 읽는다.

fgets는 더 읽을 줄이 있으면 문자열을 line에 담고, 더 이상 읽을 내용이 없으면 NULL을 반환하므로, 파일 끝까지 한 줄씩 반복해서 읽을 수 있다.

읽어 온 줄은 printf("%s", line)으로 그대로 출력되므로 파일 전체 내용이 줄 단위로 화면에 출력된다.

fopen 옵션	의미	동작 특징
"r"	읽기 전용	파일이 반드시 존재해야 하며, 없으면 NULL을 반환
"w"	쓰기 전용	파일이 있으면 내용을 모두 지우고 처음부터 다시 씀(없으면 새로 생성)
"a"	추가(append) 전용	항상 파일 끝에만 내용이 추가(없으면 새로 생성)

06번 해설 for-each 문에서 int x : arr의 x는 배열의 값을 복사해서 받는 변수이다. 따라서 반복문 안에서 x += 1을 해도 배열 arr의 값이 바뀌는 것이 아니라, x라는 임시 변수 값만 바뀐다. 그래서 반복문이 끝난 뒤에도 arr은 그대로 {1, 2, 3}이다.

따라서 arr[0] + arr[2]는 1 + 3 = 4가 되어 4가 출력된다.

07번 해설 new Child()로 Child 객체를 만들 때, Child는 Parent를 상속하고 있으므로 부모 클래스의 생성자가 먼저 실행된다.

Child 클래스에 생성자가 따로 정의되어 있지 않으면, 기본 생성자가 자동으로 만들어지고 그 안에서 super()가 호출되어 Parent 생성자가 실행된다. 그래서 먼저 "Parent "가 출력된다.

그다음 c.display()가 실행되어 "Child"가 출력된다. 앞에서 출력된 "Parent " 뒤에 "Child"가 이어지고 줄바꿈이 되므로 최종 출력은 "Parent Child"가 된다.

08번 해설 배열 arr의 문자열을 하나씩 꺼내서 Integer.parseInt로 정수 변환을 시도한다.
숫자로만 이루어진 문자열이면 변환에 성공해 try 구문이 실행되고 count에 그 숫자를 더한다.
숫자가 아닌 문자가 섞여 있으면 NumberFormatException 예외가 발생하여 catch 구문이
실행되어 count -= 100이 된다.
finally는 성공/실패와 상관없이 매번 실행되어 count += 1을 수행한다.

arr	정수 변환	try에서 변화	catch에서 변화	finally에서 변화	누적 count
"143"	성공	+143	0	+1	144
"5x5"	실패	0	−100	+1	45
"100"	성공	+100	0	+1	146
"A20"	실패	0	−100	+1	47

09번 해설 리스트 컴프리헨션은 기존 리스트에서 조건에 맞는 값만 골라서 새 리스트를 만든다.
[x * 2 for x in lst if x > 1]는 리스트 lst의 값 [1, 2, 3]에서 차례대로 x에 1, 2, 3을 담고 if x > 1
조건으로 1보다 큰 값인 2, 3만 남겨 각각의 값에 x * 2를 적용한다.
따라서 lst는 [4, 6]이 되고 sum(lst)는 4 + 6을 계산하므로 10이 출력된다.

10번 해설 연결리스트에서 중간에 노드를 끼워 넣기를 하려면, 먼저 새로 넣을 노드를 만들어야 한다. 그래
서 (①)에는 값이 5인 노드를 생성하는 코드가 들어간다.
이후 두 줄이 실제 연결을 바꾸는 부분이다.
• new_node.next = cur.next는 새 노드(5)가 원래 (3) 다음에 있던 노드(7)를 가리키게 만든다.
• cur.next = new_node는 (3)이 새 노드(5)를 가리키게 만들어, 결과적으로 (3) 뒤에 (5)가 삽
입된다.
따라서 최종 연결은 (1) → (3) → (5) → (7)이 된다.

11번 해설 for(let 변수명 of 객체) 문은 배열이나 문자열처럼 순서대로 값을 꺼낼 수 있는 대상(iterable)
에서 값을 하나씩 꺼내 반복하는 문법이다.
따라서 for (let v of arr)는 arr에 들어 있는 값을 앞에서부터 하나씩 v에 넣어 반복한다. 반복
문 안에서 v를 출력하므로 10, 20, 30, 40, 50, 60이 한 줄씩 출력된다.
또한 반복문 안에서 v 값을 다시 바꾸지 않는다면 let 대신 const를 사용해도 된다. 그래서
const v of arr도 같은 결과를 만든다.
참고로 for...in 문은 배열에서 값이 아니라 인덱스(키)를 꺼내는 방식이므로, 배열의 값을 출력
하려면 위처럼 for...of를 사용하는 것이 더 적절하다.

12번 해설 reduce( )는 배열의 여러 값을 하나의 값으로 모아서 계산할 때 사용하는 메서드이다. 여기서는 누적값(acc)에 현재값(cur)을 더하는 함수를 반복 적용하여 배열의 합계를 구한다.

초기값을 따로 주지 않았으므로, reduce는 배열의 첫 번째 값 1을 처음 누적값(acc)으로 사용하고 두 번째 값부터 현재값(cur)으로 처리한다.

- 첫 번째 계산 : acc=1, cur=2 → 1 + 2 = 3
- 두 번째 계산 : acc=3, cur=3 → 3 + 3 = 6

더 이상 남은 값이 없으므로 최종 결과는 6이 되고, sum에 6이 저장되어 6이 출력된다.

13번 해설 FROM 절에 사원, 급여 두 테이블을 함께 적으면 먼저 두 테이블을 조합한 뒤, WHERE 조건으로 필요한 행만 남긴다.

여기서는 사원.id = 급여.id 조건이 있으므로 id가 같은 행끼리만 연결되어 결과적으로 내부 조인(INNER JOIN)과 같은 효과가 난다.

연결된 결과 중에서 상여금 >= 1500인 행만 남기면, 상여금이 1500인 id는 1001과 1003이다. 따라서 이 id에 해당하는 사원 이름을 출력하면 1001은 최안나, 1003은 김조은이 되어 위와 같은 결과가 나온다.

같은 의미를 INNER JOIN으로 작성하면 다음과 같다.

SELECT 사원.id, 사원.이름
FROM 사원
INNER JOIN 급여 ON 사원.id = 급여.id
WHERE 급여.상여금 >= 1500;

14번 해설 ① 외래키는 다른 테이블의 기본키를 참조하여 테이블 간 관계를 연결하는 키이다.
② 후보키는 한 행을 유일하게 구분할 수 있으면서, 그 키를 이루는 속성을 더 줄이면 유일성이 깨지는 최소 조건을 만족하는 키이다.

- 슈퍼키 : 한 행을 유일하게 식별할 수 있는 속성들의 집합이다. 후보키와 달리 "최소"일 필요는 없어서, 불필요한 속성이 더 포함되어도 슈퍼키가 될 수 있다.
- 기본키 : 후보키들 중에서 대표로 선택한 키이다. 테이블에서 각 행을 구분하는 기준이 되며, 일반적으로 중복이 없어야 하고 NULL이 되면 안 된다.
- 대체키 : 후보키 중에서 기본키로 선택되지 못한 나머지 후보키이다. 즉, 기본키로 쓰지 않았지만 여전히 유일하게 행을 식별할 수 있는 키이다.

15번 해설 서브쿼리(SELECT 회원번호 FROM 부산회원)는 부산회원 테이블의 회원번호 목록을 만든다.
바깥 쿼리는 서울회원 중에서 회원번호가 이 목록 안에 있는(IN) 행만 선택한다. 즉, 두 테이블에 모두 존재하는 회원만 조회하는 조건이다.
두 테이블에 공통으로 존재하는 회원번호는 1001, 1004, 1006이므로 해당 회원의 정보가 정렬되어 출력된다.

01	chmod g+x script.sh
02	① ifconfig ② pwd
03	12
04	3 5
05	Hello
06	Hello Hello World
07	1191
08	8
09	7
10	Parent2 Parent1 Child
11	50 30 20 70 80
12	① ⟨p⟩ ② ⟨br⟩
13	CASE
14	HAVING

15

ans
9

01번 해설 chmod는 파일 권한을 변경하는 Linux 명령어이다. g+x는 group(그룹)에 실행 권한(x)을 추가하라는 의미이다.

따라서 chmod g+x script.sh를 실행하면 소유자 권한은 그대로 두고, 그룹에만 실행 권한이 추가된다.

02번 해설 ① ifconfig는 네트워크 인터페이스의 설정 정보(IP 주소, 넷마스크 등)를 확인할 때 사용하는 명령어이다.

② pwd는 현재 작업 중인 디렉터리의 절대 경로를 출력하는 명령어이다.

03번 해설 배열은 메모리에 값이 순서대로 저장된다. 포인터는 그 배열에서 어느 칸을 가리키고 있는지를 나타낸다.

data는 배열의 첫 번째 칸(data[0])을 가리키는 주소처럼 사용할 수 있다. 그래서 data + 2는 첫 번째 칸에서 2칸 뒤를 뜻하고, 이는 결국 세 번째 원소인 data[2] 위치이다. 따라서 *ptr은 5이다.

그다음 printf 문에서 ptr + 1은 ptr이 가리키는 칸에서 1칸 뒤를 뜻하고 *(ptr + 1)에서 *는 가리키는 곳의 실제 값을 꺼내라는 뜻이므로, data[3]의 값인 12가 출력된다.

04번 해설 ^는 XOR(배타적 OR) 비트 연산자이다. XOR는 같은 비트끼리 계산했을 때 같으면 0, 다르면 1이 된다. 이 성질을 이용하면 임시 변수를 만들지 않고 두 값을 서로 바꿀 수 있다.

XOR를 이용한 swap(교환) 방식은 다음과 같다.

- 초기값 : x = 5, y = 3
- x = x ^ y를 하면 x는 5와 3을 XOR한 값으로 바뀐다.
 x = 5 ^ 3 = 101(2) ^ 011(2) = 110(2) = 6
- y = x ^ y를 하면 (방금 바뀐 x값) XOR (기존 y값)을 계산하게 되는데, XOR의 성질 때문에 y에는 원래의 x값 5가 들어간다.
 y = 6 ^ 3 = 110(2) ^ 011(2) = 101(2) = 5
- 다시 x = x ^ y를 하면 x에는 원래의 y값 3이 들어간다.
 x = 6 ^ 5 = 110(2) ^ 101(2) = 011(2) = 3

따라서 두 값이 서로 바뀌어 x = 3, y = 5가 된다.

05번 해설 C언어에서 문자열의 끝에는 문자열의 종료를 의미하는 널 문자 \0'가 들어간다. printf("%s", text)는 \0'를 만날 때까지를 문자열로 보고 출력한다.

"HelloWorld"에서 인덱스는 0부터 시작하므로 text[5]는 여섯 번째 문자 'W' 위치이다. 이 자리에 \0'를 넣으면 문자열이 그 자리에서 끝난 것으로 처리된다. 따라서 출력은 앞부분인 "Hello"만 출력된다.

06번 해설 scanf("%s", …)는 공백을 만나기 전까지의 문자열(단어)만 읽는다. 그래서 "Hello World"를 입력해도 str1에는 공백 앞의 "Hello"만 저장되고, 버퍼에는 " World\n"이 남는다. 따라서 첫 번째 출력은 Hello가 된다.

그다음 입력을 받을 때, 앞에서 남은 줄바꿈 문자 등을 정리하지 않으면 fgets가 바로 남아 있던 줄바꿈을 읽어 빈 줄처럼 처리될 수 있다. Line 7의 while문은 getchar( )로 줄바꿈(\n)이 나올 때까지 입력 버퍼를 비우는 역할을 하므로, 앞서 scanf가 남겨두었던 " World\n"이 제거된다.

이후 fgets(str2, 12, stdin)는 한 줄을 공백까지 포함해서 읽으므로 두 번째로 입력한 "Hello World"가 str2에 저장된다. 따라서 두 번째 출력은 Hello World가 된다.

07번 해설 배열 num의 인덱스는 0부터 시작한다. for 문은 i를 1부터 4까지 반복하므로 num[1], num[2], num[3], num[4]를 sum에 더한다.

num[1] = 502
num[2] = 12
num[3] = 666
num[4] = 11

따라서 sum은 502 + 12 + 666 + 11 = 1191이 된다.

08번 해설 i는 0부터 4까지 반복한다. 조건 i % 2 == 0은 i가 짝수 인덱스인지 확인한다. 짝수 인덱스의 값은 더하고, 홀수 인덱스의 값은 뺀다.

인덱스별로 계산하면 다음과 같다.

i = 0(짝수) : result = 0 + arr[0] = 0 + 2 = 2
i = 1(홀수) : result = 2 − arr[1] = 2 − 5 = −3
i = 2(짝수) : result = −3 + arr[2] = −3 + 8 = 5
i = 3(홀수) : result = 5 − arr[3] = 5 − 11 = −6
i = 4(짝수) : result = −6 + arr[4] = −6 + 14 = 8

따라서 최종 result는 8이 된다.

09번 해설 main 함수에서 sum은 7로 저장된다. Sum(11, 12)는 11과 12를 더해 23을 반환하지만, 반환값을 main에서 변수에 저장하지 않기 때문에 main의 sum 값은 바뀌지 않는다.

또한 Sum 함수 안의 int sum은 그 함수 안에서만 존재하는 지역 변수이다. 이름이 같더라도 main의 sum과는 별개의 변수이므로 서로 영향을 주지 않는다. 따라서 System.out.println(−sum);은 main의 sum 값인 7을 출력한다.

new Child( )를 실행하면 Child 객체를 만들기 전에 먼저 부모 클래스(Parent)의 생성자가 실행된다. Child에는 생성자가 따로 없으므로 기본 생성자가 자동으로 만들어지고, 그 안에서 super( )가 호출되어 Parent의 기본 생성자 Parent( )가 실행된다.

Parent( ) 생성자 안에서는 this("msg")가 먼저 실행된다. this(...)는 같은 클래스의 다른 생성자를 호출하는 문법이므로 Parent(String msg)가 먼저 실행되어 "Parent2 "가 출력된다. 그 호출이 끝난 뒤 다시 Parent( )로 돌아와 "Parent1 "이 출력된다.

마지막으로 main에서 c.display( )를 호출하면 Child가 출력된다. 따라서 전체 출력은 Parent2 Parent1 Child가 된다.

• 트리 구조

```
        50
       /  \
     30    70
    /        \
  20          80
```

preorder는 전위 순회 방식이다. 전위 순회는 "현재 노드 출력 → 왼쪽 자식 방문 → 오른쪽 자식 방문" 순서로 진행된다.

트리 구조를 보면 루트는 50이고, 왼쪽에 30, 오른쪽에 70이 연결되어 있다. 30의 왼쪽에는 20이 있고, 70의 오른쪽에는 80이 있다.

따라서 순회 순서는 다음과 같이 진행된다.

• 50 출력
• 왼쪽으로 이동하여 30 출력
• 다시 왼쪽으로 이동하여 20 출력
• 왼쪽/오른쪽 자식이 없으므로 돌아옴
• 50의 오른쪽으로 이동하여 70 출력
• 70의 오른쪽으로 이동하여 80 출력

• 순회 비교 예

```
      A
     / \
    B   C
   /   / \
  D   E   F
```

전위 : A B D C E F
중위 : D B A E C F
후위 : D B E F C A

12번 해설 ① 〈p〉 태그는 paragraph(문단)를 의미한다. 글을 하나의 단락 단위로 묶을 때 사용하는 태그
이며, 〈p〉...〈/p〉로 감싼 내용은 브라우저에서 하나의 문단으로 처리된다. 일반적으로 문단과
문단 사이가 구분되도록 위아래 여백이 자동으로 생긴다.

② 〈br〉 태그는 line break(줄바꿈)를 의미한다. HTML에서는 코드에서 엔터를 치더라도 화면
에서 줄바꿈이 자동으로 되지 않는 경우가 많기 때문에, 줄을 바꾸고 싶을 때 〈br〉을 사용한
다. 〈p〉처럼 새로운 문단을 만드는 것이 아니라, 같은 문단 안에서 줄만 바꾸는 역할을 한다.

13번 해설 CASE는 SQL에서 조건에 따라 다른 값을 선택할 때 사용하는 키워드이다.
위 SQL에서는 price 값에 따라 HIGH, MID, LOW 중 하나를 선택해 grade라는 별칭으로 출
력한다.
조건은 위에서부터 차례대로 검사되므로, price가 50000 이상이면 첫 번째 WHEN에서 HIGH
가 되고, 그렇지 않으면 다음 조건인 20000 이상인지 검사해 MID를 선택한다. 두 조건 모두 아
니면 ELSE에 의해 LOW가 된다.

14번 해설 먼저 점수 60점 미만인 행을 제외하는 것은 그룹을 만들기 전에 개별 행을 걸러내는 작업이므로
WHERE를 사용한다.
그다음 GROUP BY로 과목별 평균을 구한 뒤, 평균 점수가 80점 이상인 과목만 남기는 것은 그
룹 결과에 조건을 거는 작업이므로 HAVING을 사용한다.

15번 해설 서브쿼리 SELECT c1 FROM t1은 t1에 있는 c1 값 목록(김, 정, 소, 명)을 만든다. 바깥 쿼리는
t2에서 c1이 이 목록에 없는 행만 남긴다.
t2의 c1 중 t1에 없는 값은 최와 오이다. 따라서 남는 행은 (최, 7), (오, 2)이고, SUM(c2)는 7 +
2 = 9가 된다.

01	/home/ps/pack
02	① grep ② ca ③ mkdir
03	24
04	b[0]
05	120
06	4 0 1 9
07	ABBABB
08	true false true
09	20
10	① color ② margin ③ text—align
11	[10, 40, 90]
12	126
13	INSERT INTO 학생 (학번, 이름, 전공) VALUES (26001, '김영진', '컴퓨터공학');
14	'김_'
15	3

01번 해설 ..는 부모 디렉터리(상위 폴더)를 의미한다. 상대 경로 ../../ps/pack는 ../를 두 번 사용해 두 단계 위로 올라간 뒤, ps/pack으로 내려가는 구조이다.

- 현재 → /home/se/roms
- ../ 적용 → /home/se
- 다시 ../ 적용 → /home
- ps/pack으로 이동 → /home/ps/pack

02번 해설 ① grep (Global Regular Expression Print) : 파일이나 입력에서 특정 패턴(문자열)이 포함된 줄을 찾아 출력한다.

grep -i : 대소문자 구분 없이 검색(ignore case)
grep -v : 패턴과 일치하지 않는 줄만 출력(invert)
grep -n : 줄 번호와 함께 출력(line number)
grep -c : 일치하는 줄의 개수만 출력(count)
grep -l : 패턴이 포함된 파일명만 출력(list files)

② cat (Concatenate) : 파일의 내용을 표준 출력(터미널 화면)에 출력한다.

cat -n : 줄 번호를 함께 출력
cat -b : 빈 줄을 제외하고 줄 번호 출력
cat -s : 연속된 빈 줄을 하나로 압축

③ mkdir (Make Directory) : 새로운 디렉터리(폴더)를 생성한다.

mkdir -p : 상위 디렉터리가 없을 경우 함께 생성(부모 디렉터리 자동 생성)
mkdir -m : 생성 시 권한을 지정
mkdir -v : 생성 과정을 상세하게 출력

03번 해설 바깥 for문은 i가 1부터 3까지 반복한다.
안쪽 for문은 j가 1부터 i까지 반복하므로 i값에 따라 반복 횟수가 달라진다.

- i = 1일 때 : j = 1만 실행 → sum += 1 + 1 → sum = 2
- i = 2일 때 : j = 1, 2 실행
  j = 1 : sum += 2 + 1 → sum = 5
  j = 2 : sum += 2 + 2 → sum = 9
- i = 3일 때 : j = 1, 2, 3 실행
  j = 1 : sum += 3 + 1 → sum = 13
  j = 2 : sum += 3 + 2 → sum = 18
  j = 3 : sum += 3 + 3 → sum = 24

따라서 최종 sum은 24가 된다.

04번 해설 temp에는 배열의 마지막 값인 b[4]가 저장되므로 5가 된다.
그다음 for 문은 i를 4부터 1까지 감소시키면서 b[i] = b[i − 1]을 수행하므로, 배열의 값이 한 칸씩 오른쪽으로 복사되는 형태가 된다. 즉 Line 8까지 수행하면 배열 b는 { 1, 1, 2, 3, 4 }가 된다. 따라서 temp를 b[0] 자리에 넣어야 { 5, 1, 2, 3, 4 }가 완성된다.

for 문의 조건식이 비어 있지만 아래 if 문에서 i가 5보다 커지면 break로 반복을 종료한다.
따라서 i는 1부터 5까지의 값에 대해 value = value * i가 수행된다.

i = 1 : value = 1 * 1 = 1

i = 2 : value = 1 * 2 = 2

i = 3 : value = 2 * 3 = 6

i = 4 : value = 6 * 4 = 24

i = 5 : value = 24 * 5 = 120

i = 6이 되면 i > 5가 참이므로 break로 종료한다.

따라서 최종 value는 120이 출력된다.

정수 나눗셈은 몫만 남기고 소수점은 버린다. % 연산은 나머지를 구한다.

- a = 4197 / 1000 = 4
- b = (4197 % 1000) / 500 = 197 / 500 = 0
- c = (4197 % 500) / 100 = 197 / 100 = 1
- d = (4197 % 100) / 10 = 97 / 10 = 9

따라서 4 0 1 9가 출력된다.

Child 클래스는 Parent를 상속한다. 그래서 Child 객체를 만들면, 자식(Child)만 준비하는 것이 아니라 부모(Parent) 부분도 함께 만들어져야 한다. 이 때문에 Child 생성자를 실행하기 전에 부모 생성자가 먼저 실행된다.

Child 객체 1개를 만들 때의 순서를 정리하면 다음과 같다.

- 1단계 : Parent 생성자 실행 → System.out.print("A") 출력
- 2단계 : Child 생성자 실행 → System.out.print("BB") 출력

즉, Child 객체를 한 번 만들면 항상 A 다음에 BB가 출력되어 ABB가 된다.

main을 보면 Child 객체를 두 번 만들고 있다.

- Parent p = new Child();에서 변수 p의 타입은 Parent이지만, 실제로 만드는 객체는 Child이다.
- Child 객체를 만들었으므로 위 규칙대로 A가 출력되고 그 다음 BB가 출력된다.
- Child c = new Child();에서 Child 객체를 또 만든다.
- 마찬가지로 부모 생성자 A, 자식 생성자 BB 순서로 출력된다.

출력은 줄바꿈 없이 계속 이어지므로, 최종적으로 ABB + ABB가 붙어서 ABBABB가 출력된다.

08번 해설 JAVA에서 ==는 두 변수가 같은 문자열 객체를 가리키는지(참조가 같은지)를 비교하고 equals 는 문자열의 내용(글자)이 같은지를 비교한다.

- s1 = "Hello" + "World" : 두 문자열이 모두 리터럴(따옴표로 직접 쓴 문자열)이라서, 컴파일 과정에서 미리 합쳐져 "HelloWorld" 하나로 처리된다. 그래서 s1은 "HelloWorld"라는 리터 럴 문자열을 가리키게 된다.
- s2 = "HelloWorld" : s2도 같은 리터럴 "HelloWorld"를 가리킨다. 자바는 리터럴 문자열을 문자열 풀에 저장해 같은 내용이면 같은 객체를 재사용한다. 따라서 s1과 s2는 같은 객체를 가 리키게 되어 s1 == s2는 true가 된다.
- s3 = new String("Hello") + new String("World") : new String("Hello")는 리터럴을 그 대로 쓰는 것이 아니라 새 객체를 만든다. 그리고 +로 문자열을 합치는 과정에서도 새로운 문 자열 객체가 만들어진다. 즉, s3는 내용은 같아도 s1, s2가 가리키는 리터럴 객체와는 다른 객 체가 된다. 따라서 s1 == s3는 false가 된다.

마지막으로 s1.equals(s3)는 내용 비교이므로 둘 다 "HelloWorld"라는 같은 글자를 가지고 있 어 true가 출력된다.

09번 해설 이 코드는 부모와 자식에 같은 이름의 필드 x가 있을 때, super.x와 this.x가 무엇을 의미하는 지 묻는다.

new Child( )를 실행하면 먼저 부모 생성자가 호출된다. Child 생성자 첫 줄의 super(5) 때문에 Parent(int x)가 실행된다.

Parent 생성자에서 this.x = x * 2;가 실행된다. 여기서 this.x는 Parent 클래스의 필드 x이 다. 매개변수 x는 5이므로 Parent의 x는 5 * 2 = 10이 된다.

그 다음 Child 생성자의 this.x = super.x + 10;이 실행된다.

- super.x는 부모(Parent)의 필드 x를 뜻하므로 값은 10이다.
- this.x는 자식(Child)의 필드 x를 뜻하므로, Child의 x에 10 + 10 = 20이 저장된다.

getValue( )는 Child의 x를 그대로 반환한다. Child의 x는 20이므로 20이 출력된다.

10번 해설 ① color는 글자(텍스트)의 색상을 지정하는 속성이다. 색상 이름(red), 16진수 코드(#ff0000), rgb(255,0,0) 같은 방식으로 값을 줄 수 있다.

② margin은 요소의 바깥쪽 여백을 지정하는 속성이다. 즉, 다른 요소와의 간격을 벌릴 때 사 용한다. 방향별로 주고 싶으면 margin-top, margin-right, margin-bottom, mar- gin-left처럼 작성하거나, margin: 위 오른쪽 아래 왼쪽;처럼 한 줄로도 설정할 수 있다.

③ text-align은 텍스트의 가로 정렬을 지정하는 속성이다. 보통 left, center, right, justify 값을 사용해 왼쪽/가운데/오른쪽/양쪽 정렬을 설정한다.

11번 해설 map은 리스트의 원소를 하나씩 꺼내 함수에 넣어 결과를 만든다. 여기서는 nums1과 nums2 두 리스트를 함께 전달했으므로, 같은 위치의 값이 한 쌍(x, y)으로 lambda 함수에 들어간다.

(1, 10) → 1 * 10 = 10
(2, 20) → 2 * 20 = 40
(3, 30) → 3 * 30 = 90

이 결과가 리스트로 만들어져 [10, 40, 90]가 출력된다.

12번 해설 func는 value의 자료형(type)에 따라 다른 값을 반환한다.

- value가 정수(int)면 100을 반환한다.
- value가 문자열(str)이면 문자열 길이(len)를 반환한다.
- 그 외의 자료형이면 20을 반환한다.

각 변수에 대해 func를 적용하면 다음과 같다.

- x는 문자열 "Python"이므로 길이 6을 반환한다. → func(x) = 6
- y는 리스트이므로 문자열도 정수도 아니어서 20을 반환한다. → func(y) = 20
- z는 정수 50이므로 100을 반환한다. → func(z) = 100

따라서 6 + 20 + 100 = 126이 출력된다.

13번 해설 INSERT INTO는 테이블에 새로운 행을 추가하는 SQL 쿼리이다.
컬럼 이름을 명시하면 값의 순서를 실수할 가능성이 줄어들고, 테이블 구조가 바뀌더라도 필요한 컬럼에만 값을 넣을 수 있다.
이름과 전공은 문자열이므로 작은따옴표(' ')로 감싸서 입력한다.

14번 해설 LIKE는 문자열 패턴으로 조건을 검색하는 SQL 쿼리에서 사용한다. 와일드카드 문자 _는 임의의 문자 1개를 의미한다.
따라서 '김_'는 김으로 시작하고 뒤에 글자 1개가 더 있는 문자열을 뜻한다. (**예** 김철, 김민)

15번 해설 WHERE 조건은 가격이 1000 또는 2000이거나, 재고가 8 또는 15인 행을 선택한다.

ID 1 : 가격=1000 (가격 IN 1000) 조건 만족   → 선택
ID 2 : 가격=2000 (가격 IN 2000) 조건 만족   → 선택
ID 3 : 가격=1500, 재고=5 두 조건 모두 불만족 → 제외
ID 4 : 재고=8   (재고 IN 8) 조건 만족   → 선택
ID 5 : 재고=15 (재고 IN 15) 조건 만족   → 선택

4개 행이 선택되지만 COUNT(가격)은 가격에서 NULL이 아닌 값만 센다. ID 4는 가격이 NULL이므로 제외되어 결과는 3이 된다.

01	/home/user/project/test
02	cp report.txt backup/report_bak.txt
03	273
04	345
05	32
06	32
07	a[j] = a[j + 1];
08	101
09	3
10	10
	11
	10
	20
11	Miracle PATH
12	MAX(급여)
13	200
14	UNIQUE
15	GROUP BY

01번 해설   cd는 디렉터리를 이동하는 명령어이다. .은 현재 디렉터리, ..은 상위 디렉터리를 의미한다.

- 시작 → /home/user
- cd project 실행 → /home/user/project
- cd ./src 실행 (./는 현재 위치 기준) → /home/user/project/src
- cd ../test 실행 (..로 한 단계 위로 간 뒤 test로 이동) → /home/user/project/test

따라서 최종 경로는 /home/user/project/test이다.

02번 해설   cp는 파일(또는 디렉터리)을 복사하는 Linux 명령어이다.

cp 원본경로 대상경로 형태로 사용하며, 대상 경로에 파일 이름까지 적으면 복사하면서 이름 변경도 동시에 할 수 있다.

따라서 report.txt를 backup 폴더에 report_bak.txt라는 이름으로 복사하려면 cp report.txt backup/report_bak.txt로 작성한다.

03번 해설   C언어에서 0x숫자 형식은 16진수를 나타내는 표기이다. 즉 0x111은 16진수 111이다.

%d는 정수를 10진수로 출력하므로 10진수로 변환하면 된다.

$1 \times 16^2 + 1 \times 16^1 + 1 \times 16^0$

$= 1 \times 256 + 1 \times 16 + 1 \times 1$

$= 256 + 16 + 1$

$= 273$

따라서 num에는 273이 저장되고 출력된다.

04번 해설   함수 호출이 안쪽부터 계산되어 값이 바깥으로 전달된다.

- r1( )은 5를 반환한다.
- r10( )은 40 + r1( )이므로 40 + 5 = 45를 반환한다.
- r100( )은 300 + r10( )이므로 300 + 45 = 345를 반환한다.

따라서 printf는 345를 출력한다.

05번 해설   mp(base, exp)는 base를 exp번 곱해서 거듭제곱 값을 만드는 함수이다.

res를 1로 시작한 뒤, for 문을 exp번 반복하면서 매번 res에 base를 곱한다. 여기서는 mp(2, 5)이므로 2를 5번 곱한다.

res = 1에서 시작

i=0 : res = 1 * 2 = 2

i=1 : res = 2 * 2 = 4

i=2 : res = 4 * 2 = 8

i=3 : res = 8 * 2 = 16

i=4 : res = 16 * 2 = 32

반복문이 종료되면 main의 res로 2의 5승인 32를 반환한다.

따라서 32가 출력된다.

06번 해설 arr는 int를 가리키는 포인터(int*)를 3개 저장하는 배열이다.

즉 arr[0], arr[1], arr[2]에는 각각 a, b, c의 주소가 들어 있다.

printf 문에서 각 부분을 보면 다음과 같다.

*arr[1] : arr[1]이 b의 주소이므로, *를 붙이면 b의 값 19가 나온다.

**arr : arr은 배열 이름이다. 즉 *arr은 a의 주소(&a)이고 여기에 *를 한 번 더 붙인 **arr은 a의 값 12가 된다.

따라서 전체는 19 + 12 + 1 = 32가 되어 32가 출력된다.

07번 해설 버블 정렬은 서로 이웃한 두 값을 비교해서 큰 값을 오른쪽으로 보내는 방식으로 정렬한다.

1. 바깥 반복문(i)의 역할

for (int i = 0; i < a.length − 1; i++)는 정렬 과정을 여러 번 반복한다.

버블 정렬은 한 번 훑을 때마다(바깥 반복 1회) 가장 큰 값이 배열의 맨 뒤로 이동해 자리를 확정한다.

2. 안쪽 반복문(j)의 역할

for (int j = 0; j < a.length − 1 − i; j++)는 인접한 두 칸 a[j]와 a[j+1]를 비교한다.

뒤쪽은 이미 정렬이 끝난 값들이 쌓이기 때문에, − i를 해서 비교 범위를 점점 줄인다.

3. if 조건의 의미

if (a[j] > a[j + 1])는 왼쪽 값이 더 크면 두 값을 바꾸라는 뜻이다.

오름차순 정렬에서는 작은 값이 왼쪽, 큰 값이 오른쪽에 있어야 하므로, 순서가 거꾸로이면 스왑이 필요하다.

4. 스왑(값 교환) 코드가 필요한 이유

a[j]를 바로 a[j+1]로 덮어쓰면 원래 a[j]의 값이 사라진다. 그래서 임시 변수 t에 원래 왼쪽 값을 저장해 둔 뒤 교환한다.

스왑 순서는 다음과 같다.

int t = a[j]; 왼쪽 값을 잠깐 보관한다.

① a[j] = a[j + 1]; 오른쪽 값을 왼쪽 칸으로 옮긴다.

a[j + 1] = t; 보관해 둔 원래 왼쪽 값을 오른쪽 칸에 넣는다.

이렇게 해야 두 값이 서로 바뀌어 큰 값이 오른쪽으로 이동한다.

최종적으로 초기 배열 {5, 1, 4, 2, 3}은 정렬 후 {1, 2, 3, 4, 5}가 된다.

08번 해설 try 안에서 func( );를 호출한다. 그런데 func는 내부에서 throw new NullPointerExcep-tion( );을 실행한다.

throw는 여기서 예외를 강제로 발생시킨다는 뜻이므로, func를 호출한 순간 예외가 발생해서 catch로 넘어간다.

catch는 위에서부터 순서대로 해당 예외를 처리할 수 있는지 확인한다.

발생한 예외가 NullPointerException이므로 첫 번째 catch (NullPointerException e)에서 바로 잡힌다.

따라서 sum = sum + 1;이 실행되어 sum은 0 + 1 = 1이 된다.

예외는 첫 번째 catch에서 이미 처리했기 때문에 두 번째 catch는 실행되지 않는다. 다만 fi-nally 블록은 예외가 발생했든, catch가 실행됐든, 아니면 예외가 전혀 없었든 무조건 마지막에 실행된다.

따라서 sum = sum + 100;이 실행되어 sum은 1 + 100 = 101이 된다.

09번 해설 Connection 클래스에는 _inst_라는 static 변수가 있다. static 변수는 객체가 여러 개 만들어져도 클래스 전체에서 하나만 공유된다.

if 조건을 보면 Connection.get( )은 _inst_가 아직 없으면(new Connection을 안 했으면) 한 번만 객체를 만들고, 그 이후에는 이미 만들어진 같은 객체를 계속 반환한다. 이런 방식은 하나의 객체만 공유해서 쓰는 형태가 된다.

• conn1 = Connection.get( )

  처음 호출이므로 _inst_가 null이다. 새 Connection 객체가 만들어지고 conn1이 그 객체를 가리킨다.

• conn1.count( )

  count( ) 메서드에서 count++가 실행되어 0에서 1이 된다.

• conn2 = Connection.get( )

  _inst_가 이미 만들어져 있으므로 같은 객체를 반환한다. conn2도 conn1과 같은 객체를 가리킨다.

• conn2.count( )

  같은 객체의 count가 1에서 2가 된다.

• conn3 = Connection.get( )

  역시 같은 객체를 반환한다. conn3도 같은 객체를 가리킨다.

• conn3.count( )

  같은 객체의 count가 2에서 3이 된다.

마지막에 conn1.getCount( )를 출력하지만, conn1/conn2/conn3가 모두 같은 객체를 가리키므로 count 값은 3이다.

10번 해설 이 코드는 static 변수와 일반(인스턴스) 변수가 어떻게 다르게 동작하는지 확인하는 문제이다.

Static.b는 static 변수이므로 클래스 전체에서 하나만 공유된다.

st.a는 객체마다 따로 가지는 인스턴스 변수이다.

- a = 10;

  main의 지역 변수 a는 10이 된다.

- Static.b = a;

  static 변수 b에 10이 저장된다. 즉 b는 10이 된다.

- System.out.println(Static.b++);

  b++는 현재 값을 출력한 뒤에 1 증가하는 후위 증가이다. 따라서 출력은 10이고, 출력 후 b는 11이 된다.

- System.out.println(st.b);

  st로 접근해도 b는 static 변수이므로 같은 값(11)을 출력한다.

- System.out.println(a);

  지역 변수 a는 바뀐 적이 없으므로 10이 출력된다.

- System.out.print(st.a);

  st 객체의 인스턴스 변수 a는 기본값으로 20이므로 20이 출력된다.

11번 해설 Python 문자열은 인덱스로 부분을 잘라낼 수 있다. 슬라이싱 s[start:end]는 start 위치부터 end−1 위치까지의 문자를 가져온다.

문자열 "Miracle Youngjin PATH"에서 s[0 : 7]은 0~6번째 문자이므로 "Miracle"이 된다.

s[8 : 16]은 "Youngjin"에 해당하지만, 이 값은 b에 저장만 되고 사용되지 않는다.

s[17 :]은 17번째 문자부터 끝까지이므로 "PATH"가 된다.

따라서 result = a + " " + c는 "Miracle PATH"가 되고, 그대로 출력된다.

12번 해설 서브쿼리는 직원 테이블에서 가장 큰 급여 값 하나를 구해 바깥쪽 WHERE 절에 전달하는 역할을 해야하므로 MAX 함수를 사용한다.

따라서 서브쿼리는 SELECT MAX(급여) FROM 직원이 되어 최고 급여 값을 구하고, 바깥쪽 쿼리는 그 값과 같은 급여를 가진 직원의 이름과 급여를 출력한다.

13번 해설 SELECT 학과 FROM student는 student 테이블의 모든 행에 대해 학과 컬럼 값을 조회한다. DISTINCT가 없으므로 같은 학과 값이 여러 번 있어도 행 수만큼 그대로 출력된다.

따라서 튜플 수는 전체 학생 수인 50 + 100 + 50 = 200이다.

14번 해설 인덱스(index)는 테이블에서 특정 컬럼을 빠르게 찾기 위해 만드는 검색용 구조이다. 인덱스가 있으면 DBMS가 조건에 맞는 행을 더 빨리 찾을 수 있어 조회 성능이 좋아진다. 대신 인덱스를 만들면 저장 공간이 추가로 필요하고, INSERT/UPDATE/DELETE처럼 데이터가 바뀔 때 인덱스도 함께 갱신해야 하므로 작업이 조금 느려질 수 있다.

UNIQUE는 인덱스를 유일 인덱스로 만들어, 해당 컬럼(번호)에 같은 값이 중복되어 저장되는 것을 허용하지 않는다. 따라서 중복되는 값 없이 인덱스를 생성하려면 CREATE UNIQUE IN-DEX 형태로 작성한다.

구분	기본 형태
인덱스 생성	CREATE [UNIQUE] INDEX index_name ON table_name (column1, column2, ...);
인덱스 변경	ALTER INDEX index_name ...
인덱스 삭제	DROP INDEX index_name; (또는 ALTER TABLE table_name DROP INDEX index_name;)

15번 해설 상품별로 총판매액을 구하려면 같은 상품명을 가진 행들을 먼저 하나의 그룹으로 묶어야 한다. 이때 사용하는 키워드가 GROUP BY이다. 따라서 GROUP BY 상품명이 된다.

그다음 HAVING은 그룹으로 묶인 결과에 조건을 거는 구문이다. 즉, 상품별로 계산된 SUM(판매액)이 10000 이상인 상품만 남겨서 출력한다.

01	chmod 764 report.txt
02	ifconfig
03	16
04	5678
05	8
06	false
07	00001111
08	18
09	15
10	419
11	IAO
12	30
13	DROP(또는 DROP COLUMN)

14

인원수
3

15 ① CREATE   ② AS

01번 해설 chmod의 8진법 권한 표기는 사용자/그룹/기타 순서로 권한 값을 합산하여 결정하는 방식이다. 읽기(r)는 4, 쓰기(w)는 2, 실행(x)은 1로 계산하며, 필요한 권한을 더해 각 자리의 값을 만든다. 사용자(rwx)는 4+2+1=7, 그룹(rw-)는 4+2+0=6, 기타(r--)는 4+0+0=4이므로 최종 권한은 764가 된다.

따라서 chmod 764 report.txt로 설정한다.

참고로 권한의 확인은 ls -l report.txt로 할 수 있다.

02번 해설 ifconfig는 네트워크 인터페이스의 설정 정보를 확인하는 Linux 터미널 명령어이다. 이를 통해 IP 주소, MAC 주소 등 네트워크 환경 정보를 확인할 수 있다.

참고로 Windows 운영체제에서는 ipconfig가 비슷한 기능을 한다.

03번 해설 val1은 32이며, 2진수로 나타내면 100000(2)이다. 여기서 <<는 비트를 왼쪽으로 이동시키고, >>는 비트를 오른쪽으로 이동시키는 연산이다.

- val1 << 2 : 100000(2)를 왼쪽으로 2비트 이동하면 뒤에 0이 2개 붙어 10000000(2)이며 10 진수로는 128이다.
- 128 >> val2 : 위 결과에 대해 >> val2를 수행한다. val2는 3이므로 3비트 오른쪽 이동이다. 10000000(2)를 오른쪽으로 3비트 이동하면 오른쪽의 3비트가 버려지고 10000(2) 즉 10진수 16이 된다.

참고로 시프트 연산은 2의 제곱을 이용하여 다음과 같이 계산할 수도 있다.

$32 << 2$는 $32 \times 2^2 = 128$, $128 >> 3$은 $128 \div 2^3 = 16$

04번 해설 이 코드는 정수 number의 각 자릿수를 뒤에서부터 하나씩 꺼내(result에 붙여) 거꾸로 만든 값을 구하는 프로그램이다. 여기서 divisor가 10이므로 10진수 자릿수 처리를 의미한다.

반복문에서 수행하는 일은 다음과 같다.

- number % 10 : number의 마지막 자릿수(일의 자리)를 구한다.
- result = result * 10 : result의 자리를 한 칸 올려(왼쪽으로 밀어) 새 자릿수를 붙일 준비를 한다.
- result = result + (마지막 자릿수) : 준비된 자리 뒤에 마지막 자릿수를 붙인다.
- number = number / 10 : number에서 마지막 자릿수를 제거한다. (정수 나눗셈이므로 소수점 이하는 버림)

반복	number (시작)	number % 10	result (이전)	result*10 + (number%10)	number / 10 (다음)
1	8765	5	0	5	876
2	876	6	5	56	87
3	87	7	56	567	8
4	8	8	567	5678	0

- number가 0이 되면 반복이 종료되고, 최종 result는 5678이 된다.

이 프로그램은 2부터 20까지의 수 중에서 소수의 개수를 세어 출력한다.

isPrime 함수는 다음 방식으로 소수를 판별한다.

- 2부터 number−1까지의 수 i로 number를 나누어 본다.
- 한 번이라도 나누어떨어지면(number % i == 0) 약수가 존재하므로 소수가 아니며 0을 반환한다.
- 끝까지 나누어떨어지지 않으면 약수가 없으므로 소수이고 1을 반환한다.

main 함수에서는 i를 2부터 20까지 증가시키면서 isPrime(i)가 1인 경우에만 count를 1씩 증가시킨다.

2부터 50까지의 소수는 2, 3, 5, 7, 11, 13, 17, 19로 총 8개이므로 8이 출력된다.

이 코드는 논리값에 대해 비트 연산자 |, &, ^를 사용한다. |는 OR, &는 AND, ^는 서로 다르면 true인 XOR 연산을 한다.

(x | y) : x는 true, y는 false이므로 true OR false → true

!(y & z) : y는 false, z는 true이므로 !(false AND true)는 !false → true

(x ^ z) : x는 true, z도 true이므로 true XOR true → false

따라서 전체 true & true & false → false가 된다.

이 프로그램은 정수 num을 2진수로 바꾸고 8비트 형태로 출력하는 코드이다.

while문은 2로 나눈 나머지를 배열에 저장한다.

- num % 2는 num을 2로 나눴을 때의 나머지이므로, 이 값이 0 또는 1이 되어 2진수의 각 자릿수가 된다.
- num /= 2는 num을 2로 나누어 다음 자릿수를 계산하도록 만든다. 이때 구해지는 자릿수는 뒤에서부터(최하위 비트부터) 나오므로 배열에 0번 인덱스부터 차례로 저장된다.

반복	num(시작)	num % 2	저장 위치	binary에 저장	num /= 2 후
1	15	1	0	binary[0] = 1	7
2	7	1	1	binary[1] = 1	3
3	3	1	2	binary[2] = 1	1
4	1	1	3	binary[3] = 1	0

- while문이 끝난 뒤 배열의 앞부분은 1, 1, 1, 1이 채워지고, 나머지 칸(binary[4]~binary[7])은 처음 값 0이 그대로 남는다.

for 문은 7번부터 0번까지 역순으로 출력한다.

- 배열에 저장된 값은 최하위 비트부터 들어가 있으므로, 실제 2진수 형태로 출력하려면 뒤에서 앞으로 출력해야 한다.
- 따라서 binary[7]부터 binary[0]까지 역순으로 출력하면 00001111이 된다.

08번 해설 이 프로그램은 메서드 오버라이딩과 다형성이 어떻게 동작하는지 확인하는 코드이다.

변수 타입이 부모 클래스(ovr)라도, 실제로 생성한 객체가 자식 클래스(ovr2)라면 오버라이딩된 메서드가 실행된다.

- a1.sun(5, 3) : a1은 new ovr( )로 만든 객체이므로 ovr 클래스의 sun 메서드가 실행된다. sun(5, 3)은 x + y이므로 5 + 3 = 8이다.
- a2.sun(5, 3) : a2의 변수 타입은 ovr이지만, 실제 객체는 new ovr2( )이다. 따라서 ovr2에서 오버라이딩한 sun 메서드가 실행된다.
- ovr2의 sun은 x − y + super.sun(x, y)을 반환하며 super.sun(x, y)는 부모 클래스(ovr)의 sun을 호출하므로 x + y가 된다. 값을 대입하면 x − y = 5 − 3 = 2, super.sun(5, 3) = 5 + 3 = 8로 2 + 8 = 10이다.

따라서 a1.sun(5, 3) + a2.sun(5, 3) = 8 + 10 = 18이 출력된다.

09번 해설 이 프로그램은 오버라이딩과 다형성, 그리고 super 호출을 함께 확인하는 코드이다. 객체의 실제 타입에 정의된 메서드가 우선순위를 갖는다는 것이 중요하다.

- A obj = new B( );로 객체를 생성한다. 변수 타입은 A이지만 실제 객체는 B이므로, calculate를 호출하면 B의 메서드가 실행된다.
- obj.calculate(5)를 실행하면 obj는 new B( )로 생성되었으므로 B 클래스의 calculate(5)가 호출된다.
- B의 calculate는 super.calculate(x) + x를 반환한다. 여기서 super.calculate(5)는 부모 클래스 A의 calculate를 호출하는 것이다.
- A의 calculate는 x * 2이므로 5 * 2 = 10이다.
- 다시 B로 돌아와 super.calculate(5) + 5 = 10 + 5 = 15이다.

따라서 출력 결과는 15이다.

10번 해설 JavaScript에서 객체(Object)는 변수에 값 자체가 들어가는 것이 아니라, 객체가 저장된 위치를 가리키는 참조(reference)가 저장된다.

- let a = { x: 10, y: 20 }; a는 객체를 가리키는 참조를 가진다.
- let b = a;에서 b는 a와 같은 객체를 가리키게 된다. 즉, a와 b는 서로 다른 객체가 아니라 하나의 객체를 함께 공유한다.
- b.x = 419;는 b가 가리키는 객체의 x 값을 419로 바꾸는 것이므로, 같은 객체를 보는 a에서도 x 값이 419로 바뀐다. 따라서 console.log(a.x)는 419를 출력한다.

11번 해설 Python에서 문자열 슬라이싱은 문자열[start:stop:step]의 형태로 사용한다.

- text[: :-1]은 문자열 전체를 1칸씩 거꾸로 읽는다는 의미이다. 즉 PROGRAMMING을 뒤집 어서 GNIMMARGORP를 reversed_text에 저장한다.
- reversed_text[2: :3]은 인덱스를 2에서 시작해서 3칸씩 건너뛰며 문자를 선택하는 의미이 다.

인덱스	0	1	2	3	4	5	6	7	8	9	10
문자	G	N	I	M	M	A	R	G	O	R	P

즉 인덱스 2, 5, 8에 있는 문자 IAO가 result에 저장되어 출력된다.

12번 해설 이 코드는 리스트를 제자리에서 뒤집은 뒤, 짝수 인덱스의 합과 홀수 인덱스의 합의 차이를 출력 한다.

reverse_list(lst)에서 리스트 길이는 6이므로 len(lst) // 2는 3이다. 따라서 i는 0, 1, 2까지 반 복한다.

각 반복에서 lst[i]와 lst[-i-1]를 서로 바꿔서 앞과 뒤의 값을 교환한다.

[10, 20, 30, 40, 50, 60]

 i = 0 : lst[0] ↔ lst[-1] (10 ↔ 60)

[60, 20, 30, 40, 50, 10]

 i = 1 : lst[1] ↔ lst[-2] (20 ↔ 50)

[60, 50, 30, 40, 20, 10]

 i = 2 : lst[2] ↔ lst[-3] (30 ↔ 40)

[60, 50, 40, 30, 20, 10]

lst[: :2]는 0번 인덱스부터 2칸씩 건너뛴 값(짝수 인덱스)이다. → [60, 40, 20]

lst[1: :2]는 1번 인덱스부터 2칸씩 건너뛴 값(홀수 인덱스)이다. → [50, 30, 10]

sum(lst[::2]) = 60 + 40 + 20 = 120

sum(lst[1::2]) = 50 + 30 + 10 = 90

따라서 출력은 120 − 90 = 30이 된다.

13번 해설 테이블에서 특정 컬럼을 삭제할 때는 ALTER TABLE 테이블명 DROP COLUMN 컬럼명 형식 을 사용한다.

14번 해설 WHERE절에서 지역이 '서울'이 아닌 행만 남기므로 경기(디자인, 디자인, 컴퓨터)와 부산(사회 복지)만 대상이 된다.

이 대상 행들의 학과에 DISTINCT를 적용하여 중복을 제거하면 서로 다른 학과는 3개가 된다.

따라서 COUNT(DISTINCT 학과)의 결과는 3이고, 별칭에 의해 열 이름은 인원수로 출력된다.

15번 해설 VIEW는 SELECT 결과를 저장해두고 테이블처럼 조회할 수 있도록 만든 가상 테이블이다.

VIEW를 생성할 때는 CREATE VIEW 뷰이름 AS SELECT ... 형식을 사용한다.

01	① top	② kill	③ head

02 C:\Users\data\temp

03 81

04 17 23

05 17

06 5

07 0040

08 4

7

09 110

10 3

11 B

12 [20, 40, 60]

13 DELETE FROM

14 ① FOREIGN KEY ② ON UPDATE

15 SELECT 학번 FROM 학생 WHERE 학년 IN (3, 4);

01번 해설 ① top은 CPU와 메모리 사용량 등 시스템 자원 사용 현황을 실시간으로 보여주는 명령어이다.
② kill은 PID(프로세스 ID)를 지정하여 해당 프로세스에 종료 신호를 보내 종료할 때 사용한다.
③ head는 기본적으로 파일의 처음 10줄을 출력하는 명령어이다.

02번 해설 상대 경로에서 ..은 상위 폴더로 한 단계 이동을 의미한다.
현재 작업폴더가 C:\Users\developer\workspace\backend이므로, ..\..\..은 상위로 3번 이동한다.
1번 .. → C:\Users\developer\workspace
2번 .. → C:\Users\developer
3번 .. → C:\Users
여기에 data\temp를 붙이면 C:\Users\data\temp가 된다. 따라서 절대 경로는 C:\Users\data\temp이다.

03번 해설 이 프로그램은 재귀 함수로 거듭제곱을 계산한다.
power(base, exp)는 exp가 0이면 1을 반환하고, 그렇지 않으면 base * power(base, exp − 1)를 반환한다. 즉, base를 exp번 곱하는 방식이다.
power(3, 4) = 3 * power(3, 3)
power(3, 3) = 3 * power(3, 2)
power(3, 2) = 3 * power(3, 1)
power(3, 1) = 3 * power(3, 0)
power(3, 0) = 1 (종료 조건)
이제 아래에서부터 값을 다시 올려 계산한다.
power(3, 1) = 3 * 1 = 3
power(3, 2) = 3 * 3 = 9
power(3, 3) = 3 * 9 = 27
power(3, 4) = 3 * 27 = 81
따라서 최종적으로 81이 출력된다.

04번 해설 int *ptr = arr;에서 배열 이름 arr은 배열의 첫 번째 원소의 주소로 사용되므로 ptr은 arr[0]을 가리키게 된다.
*ptr은 ptr이 가리키는 값이므로 arr[0]의 값 15이다. 따라서 *ptr + 2는 15 + 2 = 17이 된다.
ptr + 1은 다음 원소(한 칸 뒤)를 가리키는 주소이다. 여기서 1은 1바이트가 아니라 int 한 칸(원소 1개)만큼 이동을 의미한다. 그래서 ptr + 1은 arr[1]을 가리키고 *(ptr + 1) − 2는 arr[1]의 값 25에서 2를 뺀다.
printf("%d %d", ...)에서 두 값은 공백으로 구분되어 출력된다.

05번 해설 replaceAll(정규식, 바꿀문자열)은 정규식에 해당하는 부분을 찾아 바꾸는 메서드이다.

정규식 [^a-z]는 소문자 a부터 z까지가 아닌(^) 문자를 의미한다.

정리하면 "Hello Java Programming"에서 소문자(a~z)가 아닌 문자를 모두 빈 문자열("")로 바꾸므로, 결과 문자열에는 대문자와 공백이 제거되고 소문자 "elloavarogramming"만 남게 된다.

따라서 length( )로 문자열 길이를 출력하면 17이다.

06번 해설 for문은 초기값 → 조건 검사 → 본문 실행 → 증감식(갱신) → 조건 검사 … 순서로 반복한다. 이 코드의 핵심은 i가 1씩 증가하는 것이 아니라, 매 반복마다 i = 2^i 형태로 크게 바뀐다는 점이다. 반복 과정을 순서대로 따라가면 다음과 같다.

i = 0 (0 ⟨ 10이므로 반복 진입) → count = 1

갱신 : i = 2^0 = 1

i = 1 (1 ⟨ 10) → count = 2

갱신 : i = 2^1 = 2

i = 2 (2 ⟨ 10) → count = 3

갱신 : i = 2^2 = 4

i = 4 (4 ⟨ 10) → count = 4

갱신 : i = 2^4 = 16

다음 조건 검사에서 i = 16이므로 16 ⟨ 10은 거짓이 되어 반복이 끝난다.

따라서 출력되는 count는 4이다.

07번 해설 JAVA에서 정수 리터럴이 0으로 시작하면 8진수로 해석된다.

8진수 033을 10진수로 보면 $033(8) = 3 \times 8^1 + 3 \times 8^0 = 27$ 즉 num에는 값 27이 저장된다. (char에도 16비트 정수를 저장할 수 있음)

num ⟨⟨ 3은 비트를 왼쪽으로 3칸 이동시키는 연산이다. 27은 2진수로 0001 1011이므로 왼쪽으로 3칸 이동하면 1101 1000이고 이것은 10진수로 216이다.

참고로 3비트 왼쪽 이동은 값으로는 2^3을 곱하는 것과도 같다. 27 ⟨⟨ 3 = 27 × 8 = 216

printf 문에서 %X는 16진수 대문자로 출력한다. 04는 4자리로 맞추고 빈자리는 0으로 채우는 의미이다.

1101 1000에서 1101은 $2^3 + 2^2 + 2^0 = 13$이고 1000은 $2^3 = 8$이므로 16진수로 D8이다.

따라서 00D8이 출력된다.

08번 해설 ++num1, ++num2는 증가를 먼저 하는 전위 증가 연산자이다.

||는 OR 연산자이며 앞에서 하나라도 true면 뒤를 보지 않고 넘어간다. (단락 평가)

즉 조건식 ++num1 ⟨ 5 || ++num2 ⟩ 8에서 처음 비교는 4 ⟨ 5로 true가 되는데, ||는 한쪽이 true이면 전체가 true이므로, 뒤쪽 ++num2 ⟩ 8은 아예 실행하지 않고 넘어간다.

따라서 num1은 전위 증가된 4이고 num2는 그대로 7이다.

new Text2(3, 1) 실행

- 자식 클래스(Text2)의 생성자를 실행하기 전에, 먼저 부모 클래스(Text1)의 생성자가 호출되어야 한다.
- Text2 생성자에는 super(...) 호출이 따로 없으므로, 자바는 자동으로 맨 첫 줄에 super();를 넣어 부모의 기본 생성자 Text1()를 호출한다.

부모 생성자 Text1() 실행

- Text1의 멤버 변수는 Text1.a = 2, Text1.b = 1
- Text1()은 this.a − this.b를 출력하므로 2 − 1 = 1
- 따라서 먼저 1이 출력된다.

자식 생성자 Text2(int a, int b) 실행

- Text2의 멤버 변수는 Text2.a = 3, Text2.b = 5
- Text2 생성자는 super.a * this.b를 출력한다.
- super.a는 부모(Text1)의 a이므로 2
- this.b는 자식(Text2)의 b이므로 5

따라서 2 * 5 = 10이 이어서 출력된다.

10번 해설 이 프로그램은 이진 트리의 높이(height)를 재귀 함수로 구한 뒤 출력한다. 여기서 높이는 루트에서 가장 깊은 노드까지의 노드 개수로 계산된다. (null이면 0을 반환하고, 현재 노드가 있으면 1을 더함)

코드에서 만든 트리는 다음과 같다.

```
  10 (root)
  / \
 5   30
     /
    20
```

가장 긴 경로는 10 → 30 → 20이다. 이 경로에는 노드가 3개이므로 높이는 3이 된다.

height 함수가 계산하는 방식은 다음과 같다.

- node가 null이면 0을 반환한다. (더 내려갈 노드가 없다는 뜻)
- node가 null이 아니면, 왼쪽 높이(lh)와 오른쪽 높이(rh)를 각각 구하고 더 큰 값에 1을 더해 현재 노드의 높이를 만든다.

노드 5의 높이 : 자식이 없으므로 1

노드 20의 높이 : 자식이 없으므로 1

노드 30의 높이 : 왼쪽(20)이 1, 오른쪽(null)이 0 → 1 + max(1, 0) = 2

노드 10의 높이 : 왼쪽(5)이 1, 오른쪽(30)이 2 → 1 + max(1, 2) = 3

따라서 최종 출력은 3이다.

11번 해설 ==는 값만 비교하며, 필요하면 자료형을 자동으로 변환해서 비교한다.

===는 값과 자료형을 모두 비교하며, 자동 형 변환을 하지 않는다.

1. a == b

- a는 숫자 10, b는 문자열 "10"이다.
- ==는 비교할 때 형을 맞추려고 변환을 시도하므로 "10"이 숫자 10으로 바뀌어 비교된다.
- 결과적으로 10 == "10"은 true이다.

2. a === b

- ===는 형 변환을 하지 않고 값과 자료형을 같이 비교한다.
- a는 number, b는 string이므로 자료형이 다르다.
- 따라서 10 === "10"은 false이다.

if 문을 보면, a == b && a === b → true && false는 false로 "A"는 출력되지 않는다.

그다음 else if 문에서 a !== b는 a === b의 반대이므로 true가 된다. (자료형이 다르기 때문)

따라서 true && true → true가 되어 "B"가 출력된다.

12번 해설 이 코드는 리스트에서 짝수만 골라낸 다음, 그 값들을 10배로 만들어 리스트로 출력한다.

filter(lambda x: x % 2 == 0, nums)

- filter 함수는 조건을 만족하는 값만 남긴다.
- 조건 x % 2 == 0은 "짝수인지 확인"하는 조건이다.
- nums에서 짝수는 2, 4, 6이므로 filter 결과는 2, 4, 6만 남는다.

map(lambda x: x*10, ...)

- map 함수는 각 값에 대해 함수를 적용해 새 값을 만든다.
- 여기서는 각 값을 10배 하므로 2→20, 4→40, 6→60이 된다.

map과 filter의 결과는 그대로 출력하면 형태가 다를 수 있으므로, list( )로 감싸 리스트로 만든다.

따라서 result는 [20, 40, 60]이 되고 그대로 출력된다.

13번 해설 테이블에서 조건에 맞는 행(레코드)을 삭제할 때는 DELETE FROM 테이블명 WHERE 조건; 형식을 사용한다.

따라서 회원 테이블에서 상태가 '탈퇴'인 행을 삭제하려면 DELETE FROM을 사용하여 DE-LETE FROM 회원 WHERE 상태 = '탈퇴';로 작성한다.